国家社会科学基金项目（16BJL117）：
丝绸之路经济带建设中新疆产业结构调整驱动空间布局优化研究

丝绸之路经济带背景下新疆产业发展问题研究

龚新蜀　主编
许晓莹　王　磊　张风丽　副主编

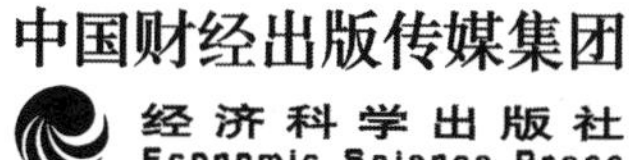

中国财经出版传媒集团
经济科学出版社
Economic Science Press

图书在版编目（CIP）数据

丝绸之路经济带背景下新疆产业发展问题研究/龚新蜀主编．—北京：经济科学出版社，2020.7
ISBN 978-7-5218-1730-0

Ⅰ.①丝… Ⅱ.①龚… Ⅲ.①地方经济-产业发展-研究-新疆 Ⅳ.①F269.274.5

中国版本图书馆CIP数据核字（2020）第130954号

责任编辑：王红英 张庆杰
责任校对：刘 昕
责任印制：李 鹏 范 艳

丝绸之路经济带背景下新疆产业发展问题研究
龚新蜀 主编
许晓莹 王 磊 张风丽 副主编
经济科学出版社出版、发行 新华书店经销
社址：北京市海淀区阜成路甲28号 邮编：100142
总编部电话：010-88191217 发行部电话：010-88191522
网址：www.esp.com.cn
电子邮件：esp@esp.com.cn
天猫网店：经济科学出版社旗舰店
网址：http://jjkxcbs.tmall.com
北京季蜂印刷有限公司印装
710×1000 16开 17.5印张 330000字
2020年11月第1版 2020年11月第1次印刷
ISBN 978-7-5218-1730-0 定价：68.00元
（图书出现印装问题，本社负责调换。电话：010-88191510）

前 言

区域经济一体化最早出现在20世纪40年代的西欧，到20世纪90年代之际，各国之间的区域经济一体化组织形式多样，内容广泛，合作领域也得到进一步加深。1967年8月，为了维护东南亚地区局势的安全与稳定，印度尼西亚、新加坡、泰国、菲律宾四国外长和马来西亚副总理在泰国首都曼谷举行会议，宣告东亚国家联盟（Association of Southeast Asian Nations，ASEAN）成立。东盟沿线国家之间的合作领域已由最初的外交和安全政策领域发展壮大到能源、科学技术和经贸投资等领域，各成员国加强彼此之间的产业分工和合作，共同促进本地区的经济增长、社会进步和文化发展，致力于建立一个繁荣和平的东南亚国家共同体。为实现区域内贸易的零关税，2002年东盟设立自由贸易区，为其成员国经济发展和对外贸易提供了巨大的便利。20世纪80年代末，国际形势逐渐缓和，全球经济一体化、贸易和投资自由化、区域之间集团化已经成为一种世界潮流。1993年11月伴随着《马斯特里赫特条约》的正式生效，欧洲联盟（European Union，EU）诞生。欧盟高度注重技术、知识和创新对产业升级和竞争力提升的作用，如21世纪各成员国以技术创新为基础，先后提出新的产业政策和结构调整目标，以期实现欧盟产业竞争力的提高和各成员国产业发展的协调和均衡。经过二十多年的发展壮大，欧洲联盟已成为目前一体化程度最高的区域合作组织，其成员国之间已实现商品、劳务、人员、资本的自由流动，经济已实现快速增长。区域经济一体化的发展使得各国的生产和流通进一步越出国界，各国逐渐认识到区域经济一体化体制改革是加速本国经济发展和提升国际竞争力的有效手段。

区域经济一体化的兴起，为中国提供了施展自己强大影响力的平台。2013年9月，中国国家主席习近平在访问哈萨克斯坦时提出了共建丝绸之路经济带的构想，丝绸之路经济带是在古丝绸之路基础上提出的一个新的区域经济合作概念。丝绸之路经济带东牵亚太经济圈，西系欧洲经济圈，辐射东亚、中亚、南亚和欧洲以及北非区域，涵盖40多个国家，是世界上最长和最具发展潜力的、横跨亚欧大陆的战略性经济带和经济大走廊。丝绸之路经济带的建设有利于沿线国家充分实现资源互补、机遇共享，共同进步与繁荣。新丝绸之路经济带不仅仅是传统意义上的贸易通道经济带，更重要的在于其实体经济层面上的产业带、产业链和价值链。经济带沿线国家要素禀赋不同，发展水平各异，决定了沿线国家在资源禀赋、技术层次、劳动力供给、经济实力、市场容量等方面优势不同，经济结构具有差异性，互补性强，具备开展产业分工合作的深厚基础。2013 年 11 月，党的十八届三中全会明确提出要建设丝绸之路经济带，进一步加强与沿线国家的经济贸易交流，推动中国与中亚经济的快速发展，提高人们的生活水平，改善人们的生活质量。丝绸之路经济带的提出也为我国新疆参与国际经济合作提供了良好的契机。2015 年国家发改委、外交部、商务部联合发布《推动共建丝绸之路经济带和 21 世纪海上丝绸之路的愿景与行动》，新疆被定为“丝绸之路经济带核心区”，表示要发挥新疆独特的区位优势和向西开放重要窗口作用，深化与中亚、南亚、西亚等国家的交流合作，形成丝绸之路经济带上重要的交通枢纽、商贸物流和文化科教中心，打造丝绸之路经济带核心区。

从世界版图来看，我国新疆地处亚欧大陆中心，在经济发达的亚太地区和欧洲统一大市场两大经济带的交汇处，历来都是我国通往中亚及欧洲的重要陆路通道。独特的区位优势使新疆成为我国与中亚、西亚、南亚及欧洲国家合作的承接地和聚合点，在我国的向西开放战略中具有重要的作用。丝绸之路经济带的复兴为我国新疆和经济带沿线国家开辟了新的合作空间，通过现代“丝绸之路”的崛起，由“交通走廊”向“经济走廊”升级，建立高层次、长远的经济贸易合作关系，已经成为丝绸之路经济带沿线国家和我国暨新疆地区一致的愿景。丝绸之路经济带的建设为新疆对外贸易发展提供了前所未有的机遇，但与此同时，也给新疆带来了一系列挑战。首先是丝绸之路经济带背景下新疆产业结构调整与空间布局优化问题。我国新疆地区与丝绸之路经济带沿线国家在产业发展中存在着产业结构趋同、与丝绸之路经济带沿线国家产业盲目竞争、不同国家与区域产业空间布局不均衡等问题。其次是丝绸之路经济带产业协同效应的新疆产业空间布局优化问题。新疆产业空间布局没有因地制宜，没有充分考虑与沿线国家的协同发展，产业布局缺乏长远和宏观理念，缺乏全局性的产业发展规划，缺乏协同共赢的政策，本地产业缺乏竞争力，呈现空洞化的趋势。再次是丝绸之路经济带建设中新疆外向型产业集群发展问题。目前新疆产业发展存在生产规模小、集中度低、不具备产业集群所特有的规模经济、大部分产业还处于集群发展培育阶段、外向型特征不明显、比较劳动生产率与技术进步率以及贸易竞争力处于较低水平的问题。最后是丝绸之路经济带建设中我国新疆地区对中亚国家的经贸合作政策问题。目前我国新疆与中亚的经贸合作政策存在层次较低、针对性不强等问题，在丝绸之路经济带的建设中，政策先行会给经贸合作的发展提供有利的支撑和保障，因此优化完善我国新疆对中亚国家的经贸合作政策是当前亟须解决的问题。

基于此，本书探讨了丝绸之路经济带背景下新疆产业发展的重大问题，通过对丝绸之路经济带背景下新疆产业结构调整的空间布局优化、基于丝绸之路经济带产业协同效应的新疆产业空间布局优化、丝绸之路经济带建设中新疆外向型产业集群发展和丝绸之路经济带建设中我国新疆对中亚国家经贸合作政策研究，提出解决方案和对策，以实现提高新疆产业核心竞争力，促进资源要素在不同国家和区域的最优配置，加快推进新疆经济持续快速发展的目的。

本书综合运用产业经济学、区域经济学以及经济地理学等学科的理论与方法，立足于丝绸之路经济带核心区的新疆，将我国新疆作为一个区域性经济体，研究丝绸之路经济带建设中新疆产业发展问题。本书共分为五章：第 1 章概念界定与理论基础。主要对产业结构调整与产业空间布局、产业协同效应、外向型经济与产业集群及经贸合作政策的相关概念进行了界定，对产业结构调整与产业空间布局、产业空间布局与产业协同效应、外向型经济与产业集群以及经贸合作政策相关理论进行分析。第 2 章丝绸之路经济带背景下新疆产业结构调整的空间布局优化研究。通过分析丝绸之路经济带背景下新疆产业结构调整的空间布局状况，从产业积累水平、产业发展动力和产业带动能力三方面评价新疆产业结构调整的空间布局效果，针对新疆产业空间布局优化的结构调整的制约因素，提出新疆产业空间布局优化的结构调整总体和具体方案。第 3 章基于丝绸之路经济带产业协同效应的新疆产业空间布局优化研究。通过分析基于丝绸之路经济带产业协同效应的新疆产业空间布局现状，从经济、社会、交通、资源四个系统构建指标体系，采用熵值法和耦合协调度模型，对我国新疆与丝绸之路经济带沿线国家产业协同成熟度进行实证分析，从结构优化效应、资源环境效应、关联带动效应、技术扩散效应、社会效应五个方面选取指标，运用 DEA 方法测度我国新疆与丝绸之路经济带沿线国家的协同效应，探究新疆产业空间布局缺陷与成因，提出基于丝绸之路经济带产业协同效应的新疆产业空间布局优化方案及建议。第 4 章丝绸之路经济带建设中新疆外向型产业集群发展研究。在分析丝绸之路经济带建设中新疆外向型产业集群发展的基础上，运用基于离差最大化和聚类分析法，从产业规模度、产业集中度、产业关联度和产业外向度四个维度测评新疆外向型产业集群发展水平，分析新疆外向型产业集群发展缺陷及制约因素，并分别针对不同形成阶段的集群设计发展路径，探讨新疆外向型产业集群发展对策及保障措施。第 5 章丝绸之路经济带建设中我国新疆对中亚国家经贸合作政策研究。通过梳理丝绸之路经济带建设中我国新疆对中亚国家的经贸合作政策现状，从经济效果和社会效果两个维度对我国新疆对中亚国家经贸合作政策的效果进行了实证分析，反思了现有政策存在的问题，对丝绸之路经济带建设中我国新疆对中亚国家的经贸合作政策进行了优化，并分别从我国国家层面和新疆地方层面提出了保障措施。

产业发展问题是一个涉及多学科多领域的问题，涵盖内容十分丰富，非本书内容所能完全涉及。随着丝绸之路经济带建设的积极推进，与此相关的理论研究也会随着实践的深入而不断丰富与发展。随着我国新疆与丝绸之路经济带沿线国家产业合作的深入，我们的研究也将会不断地深化。毋庸置疑，本书还存在许多不足之处，切望得到各位专家、学者和读者的指正！

目 录

第1章

概念界定与理论基础

1.1 概 念 界 定

1.1.1 产业结构调整与产业空间布局相关概念

1.1.1.1 产业结构

产业结构从质和量两方面理解，在量上指生产资料、技术、劳动力等资源要素在各产业部门之间的比例关系，在质上表示产业间的相互关系。产业结构具有以下三个特征：①层次性：一国或地区的经济基础、政策、技术、资源等因素影响着产业结构，形成不同的层次。一般分为三个层次：第一层次是三次产业结构；第二层次是部门结构；第三层次是行业结构。②相对性：区域产业结构随着经济基础、技术水平的发展而发生变化，也因区域的不同而不同。③相关性：产业结构的各组成部分之间是相互联系的。产业结构状况会对经济产生直接的影响。一国地区经济增长的基本态势、增长方式以及增长途径都可以从产业结构观察出，因此，调整产业结构，可以促进各资源要素在产业间有效流转，进而满足各部门的生产所需。

1.1.1.2 产业结构调整

产业结构调整是指构成产业的各要素之间的比例关系及其在空间范围内的重新组合，是合理化与高度化辩证统一的过程，一般从合理化和高度化两方面分析。产业结构合理化指产业结构各要素在各部门之间的合理配置，各产业之间及其内部具有较强的关联效应及相互作用。产业结构高度化指生产要素在各部门和区域间最优配置的基础上，产业结构呈现动态均衡。一般从三个方面进行论证：一是支柱产业依次由第一产业转向第二产业再到第三产业；二是支柱产业依次由劳动密集型向资本密集型再向技术密集型演进；三是主导产业逐渐由低附加值产业向高附加值产业演进。产业结构合理化是高度化的基础，是从低水平均衡状态发展到高水平均衡状态的过程；高度化的目标则是更高层次的合理化。

1.1.1.3 产业空间布局

区域经济的发展，应重视各产业部门的构成及其在地域范围内的布局情况，即产业空间布局。产业空间布局是产业结构在一定地域范围内的投影，研究一个地区产业的空间布局，也就是研究该地区各产业部门在区域范围内的分布及组合情况。产业空间布局可以将区域范围内的生产要素及产业部门连接起来，进而产生各种相互关联的经济活动。产业在空间范围的合理布局，不仅可以促进资源要素在区域范围内的合理配置，而且有利于培养产业集群，加快产业集群化发展，培育新的增长极进而促进产业规模化发展，产生特有的经济效益。合理的产业空间布局可以促进区域整体经济的发展，反之则起制约效果。

1.1.1.4 丝绸之路经济带

2013 年 9 月，习近平主席提出建设“丝绸之路经济带”的倡议，综合衡量了经济带沿线区域交通、资源、贸易、经济现状，以及未来沿线各国的战略趋势和格局变化。丝绸之路经济带国内区域主要包括新、陕、甘、宁、青西北五省区以及川、渝、桂、滇西南四省区市。目前丝绸之路经济带已形成分别从环渤海、长三角、珠三角出发，沿北、中、南三条通道经新疆，自西向东将沿线节点城市串联起来的通往亚洲大陆的三条交通主干道。2015 年 3 月经国务院授权，国家发展和改革委员会、外交部、商务部联合发布的《推动共建丝绸之路经济带和 21 世纪海上丝绸之路的愿景与行动》中正式提出“将新疆作为丝绸之路经济带核心区，建成交通枢纽、商贸物流和文化科教中心”。新疆作为三条通道的重要节点，必将成为新增长极，带动西北地区尤其是经济带沿线省区的经济发展。

1.1.2 产业空间布局与产业协同效应相关概念

1.1.2.1 产业布局

所谓产业布局就是通俗意义上讲的产业规划，产业规划就是对产业的发展和结构进行调整的整体布局和规划，目的就是为了实现各产业之间的协调发展，产业布局要遵循因地制宜、突出重点、扬长避短的原则，合理安排各个产业在不同地域上的空间分布。产业布局体现的是不同产业在不同地域空间上的分布，体现的是一种社会上的经济现象，具有全局性、长远性和战略性的特点。产业布局涉及不同行业、不同部门、不同的经济要素，是一种综合性的经济社会活动。

产业空间布局出现在产业革命之后的工业社会阶段，区域经济的发展效果不仅受到各种经济要素总量的影响，而且受到要素构成和空间布局的影响。产业空间结构是地区经济社会发展在空间上的反映，是体现地区产业结构合理与否的重要标志。

产业空间布局是否合理直接影响着区域经济的发展效果和状态，所以产业空间布局是区域经济发展的“指示器”。合理的产业空间布局也是区域经济发展的“助推器”和“调节器”，推动区域经济实现协调、快速和持续发展。相反，不合理的产业空间布局往往对区域经济的发展造成阻碍。对一个地区或区域的产业空间布局进行研究，也就是对各产业部门的空间分布状况和空间分布的合理性进行研究，这对一个地区的经济社会发展意义重大。

首先，通过一定的空间组织形式，产业空间布局可以将分散在地理空间上的相互关联的资源和要素连接起来，从而产生各种经济活动。换句话说，如果没有空间上的布局，就不会有资源和要素的结合，就不会有现实中的经济活动存在。其次，产业空间布局可以产生独特的经济效益，包括因为合理配置资源、选择合适的区位而减少运费、劳务支出以及管理费用而产生的收益，还有因为产业的合理集聚而使彼此获得的良好的发展机会，以及形成规模经济所产生的效益。

1.1.2.2　产业协同效应

根据已有的研究成果来看，协同学是产业协同的基础，协同学的首次提出源于20世纪70年代的德国物理学家赫尔曼·哈肯（Hermann Haken，1927），这一名称一经提出就得到了学术界广泛而一致的认可，之后便与超循环理论、耗散结构理论一起被称为三大非平衡系统理论。协同理论将一个经济系统分成了多个子系统，各个子系统之间的内部作用决定了该经济系统的整体行为。协同理论倡导协同效应的运作和实现，这里所说的协同效应，就是指各个子系统之间通过结构组合的方式，发挥这些子系统简单加和并不能达到的效果。从空间和产业发展的格局来看，经济发展在产业之间和地区之间没有绝对的平衡。而产业协同发展就是在这种不均衡发展的基础上，依托各个经济体之间复杂的协同关系促进产业发展，实现产业共同演化的局面。

本书所界定的产业协同发展是指产业要素在区域内的有效整合，整个区域内产业实现合理的优化布局，各地区根据自身的产业特色，明确产业定位，构建完整的产业链，产业链各个环节彼此相互联系、分工合作、良性互动，共享信息和技术等方面的资源，提升整个区域的产业层次和质量，创建现代的产业协作体系。

区域间产业综合协同发展能产生如下效应：一是有利于产业结构的演化变动，优化各地区产业结构，从而使区域产业呈现出由低级向高级的演化过程，形成结构优化效应；二是充分发挥各区域之间资源禀赋优势，加快区域间产业发展过程中的优势互补，减少整个区域的资源耗损，提高了资源利用效率，形成资源环境效应；三是有利于缩小区域内居民的可支配收入差距，提高居民的购买力水平，带动区域内部关联产业的发展，形成关联带动效应；四是有利于促进各区域间科技创新合作的开展，高效整合区域内的创新资源，提高整个区域的技术创新能力，形成技术扩散效应；五是有利于统筹规划和互动协调区域内国土资源的开发、利用、整治和保护，有利于各区域实现经济增长与人口资源环境之间的协调、和谐发展，形成社会效应。

1.1.3 外向型经济与产业集群相关概念

1.1.3.1 外向型经济

外向型经济是指一个国家或地区为推动本国或地区的经济发展，以国际市场需求为中心，出口为导向，积极参与国际分工与竞争而建立的经济结构、运行机制与体系。其基本内容如下：一是以国际市场需求为导向；二是以国际经济的内容与发展为依据，以参与国际分工为主建立经济结构；三是具备较为健全的市场经济秩序和经济组织结构体系；四是外贸体系的管理以经济手段为主。主要特征有以下三点：一是先进性，外向型经济作为一种开放型经济，是以国际市场竞争为动力来加强经济技术进步与效率的提升，从而促进各区域经济高层次的发展；二是合理性，外向型经济能够实现企业的跨国经营，在更广泛的范围内促进资源的合理配置，实现企业最优的规模效益；三是风险性，由于外向型经济的兴衰取决于国际市场的变化，从而容易受到经济环境制度的制约、国际市场波动的影响以及国际垄断资本的控制。

1.1.3.2 产业集群

关于产业集群概念，不同时期的学者受限于当时的产业发展现状，理解和界定方式各有不同，但相同的是均能体现出集群发展的源动力、创新力及各异的发展方向。

通过对现有学术界对于产业集群概念的梳理，本书将产业集群归纳为具有相互联系、相互协作的企业及其相关辅助机构（服务机构、专业化机构、金融机构、相关支持产业结构等）在一定区域内集中形成的一种空间经济组织形式。产业集群是介于市场和等级制之间的一种新型空间经济组织形式，根据其纵深、复杂程度的不同形成特征各异的集群。产业集群能够提高产业的整体竞争力，通过降低企业成本、加大相互竞争与合作，刺激集群内企业进行创新、提升集群内企业生产效率，从而提升地区的产业竞争力；产业集群能够加强集群内企业间的有效合作，集群内企业由于地域的靠近和领导阶层间的密切联系，形成共通的行为规范，更易建立起企业间的密切合作关系；产业集群能够加强集群内企业的创新能力，促进企业成长，集群能够为企业提供一种良好的创新氛围，既有利于促进知识和技术的转移扩散，又能降低企业创新成本，同时产业集群的资源共享效应能够增加集群内企业的比较优势。产业集群包括相关核心产业及其企业即核心价值网络、核心产业的相关支持产业及其企业即支持价值网络、资源环境技术与制度等相关要素的支持即环境价值网络等。如图1－1。

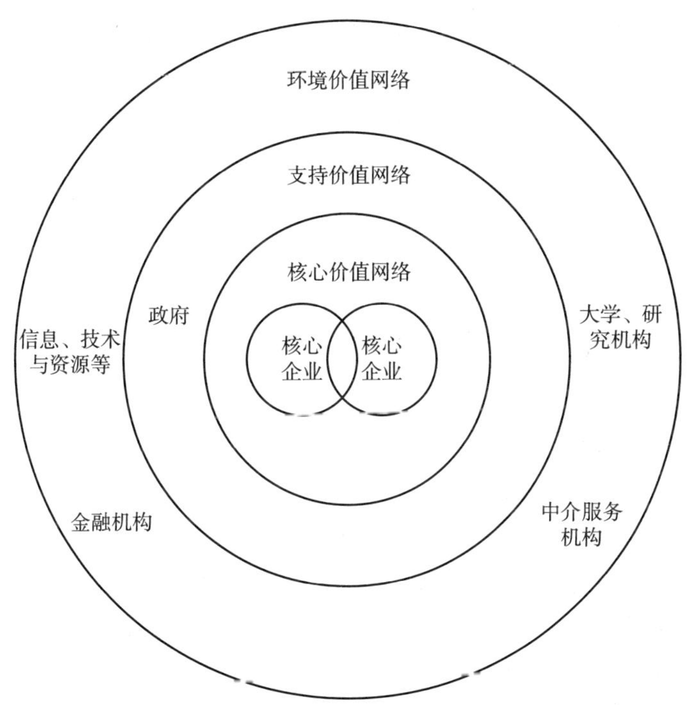

图1－1　产业集群基础网络系统

资料来源：根据相关资料整理而得

1.1.3.3　外向型产业集群

外向型产业集群作为产业集群的一种特殊存在形式，其相关概念至今在国内尚未形成统一的认知，针对不同区域的发展特点，不同的学者给出不同的解释，对于发达地区外向型集群的定义与发展滞后地区的定义有所不同，如胡小娟等（2006）针对中部内陆外向型产业集群的发展特点，将外向型产业集群定义为，在经济开放、产业发展过程中，在一定区域内形成的外资企业为核心、集群内部与外部相互关联的企业与机构协调发展，具有完整产业链和价值链的经济空间组织形式。李臻等（2011）根据沿海地区产业集群发展特点，将外向型产业集群定义为，在开放型经济、工业发展过程中，在一定区域内形成的以外商投资企业为核心，随着互相关联的内、外部企业和机构的共同发展，形成的具有完整的产业链和价值链的经济空间组织。学者们对于发展相对滞后的新疆地区外向型的产业集群的定义也有所不同，如陆婷（2013）根据新疆产业集群发展特点，认为新疆的外向型产业集群应定义为，在相对开放且集中的生产系统中，立足于本地资源及技术优势所形成的面向特定市场的，具有完整产业链和价值链的，集中在特定区域的产业空间组织。本书认为，集群的不同发展阶段表现出不同的特征，由于发达地区外向型产业集群均处于高级化发展阶段，在此过程中，通过吸引外来投资企业进行先进技术的整合与扩散，最终呈现以外资企业为核心的外向型集群特征；而新疆的集群大多处于低级发展阶段，发展目标及特征也有别于发达地区。基于上述观点，本文根据西部地区外向型产业集群特点，将其定义为，在开放型经济与产业发展过程中，集中在一定区域内形成的依托本地技术资源优势，以满足特定市场需求为主，具有完整产业链和价值链的产业空间组织形式。

1.1.4 经贸合作政策相关概念

1.1.4.1 经贸合作

现今，学者们对经贸合作的理解各异，没有明确表达出经贸合作的准确含义。2003 年出版的《2003 中国区域经济发展报告——国内及国际区域合作》，给区域经济合作这一概念做出了准确定义。文中定义区域经济合作就是一项以经济利益为重心的经济合作活动，它涉及生产要素的移动、资源的重新配置，而且它还是一项长期的经济协作活动。

虽然不同的学者对经贸合作有不同的理解，但人们对它都有一个共同的认知，即在相连或相邻的两个或两个以上的国家或地区间，人们注重国家或地区间经济集聚效应和互补效应的获取，为了产品和生产要素的最大化利用而进行一系列跨国性区域经济合作交流活动。这种组织间的相互配合就是经贸合作。

1.1.4.2 经贸合作政策

政策是指国家政权机关、政党组织和其他社会政治集团为了实现自己所代表的阶级、阶层的利益，以权威形式规定在一定的历史时期内应该达到的奋斗目标、遵循的行动原则、完成的明确任务、实行的工作方式、采取的一般步骤和具体措施。

经贸合作政策是指一国或一地区政府根据本国或本地区的经济社会状况和对外贸易目标以及经贸合作目标而制定的在一定时期内促进或抑制经贸合作水平的准则。相比强制性法律而言，对外贸易政策具有阶段性，因而更加灵活，一旦达到目的或者偏离目标，可以适时进行调整或修正。我国的对外经贸合作政策体系是在经济发展战略指导下，运用法律或行政手段来推动经济发展，不仅要贸易量的增长，而且要改善双方的贸易条件，提高贸易便利化水平，促进新疆外贸结构转型升级，扩大双方的进出口贸易，提升双方投资水平，培育对外竞争优势和保护国内生产和市场，是各种政策措施的组合。

目前，我国新疆地区对中亚国家的经贸合作政策包括国务院、商务部、财政部等制定的对外经贸合作政策，还包括自治区政府、商务厅、财政局等颁布的文件、规定等，以及中央政府与自治区政府为了促进我国新疆地区与中亚国家间的经贸合作所实施的一系列措施。

1.2 产业结构调整与产业空间布局相关理论

1.2.1 产业结构理论

学者们对产业结构进行了多方面、深层次的研究，形成了比较完善的理论体系。

1.2.1.1 配第－克拉克定理

17世纪，英国经济学家威廉·配第（William Petty，1623～1687）的研究表明，随着时间的推移，人均GDP也在增长，并且可以促使产业结构演进和劳动力在各产业间的流动。科林·克拉克（Colin Clark，1905～1989）在威廉·配第的研究基础上进一步发现了劳动力在三次产业间的转移规律，并于1940年提出“配第－克拉克定理”。

1.2.1.2 钱纳里的“标准结构”理论

1989年霍利斯·钱纳里（Hollis Chenery，1918～1994）将人均GDP和人口数量作为外生变量纳入分析产业结构的指标体系，认为在不同的经济发展阶段，存在着标准数值的经济结构与其对应，即产业结构被“标准化”衡量，这有别于库兹涅茨（Kuznets，1901～1985）的研究成果，这一标准结构作为一个参照可以衡量不同区域是否有着与其发展阶段相对应的产业结构，同时影响产业政策的制定。

1.2.1.3 赤松要的雁行发展理论

赤松要于1935年提出了雁行发展理论。他认为，在产业方面，落后国家在追逐先进国家的过程中，产业结构的变动表现为雁行状态，即落后国家是按“进口—国内生产—出口”的规律渐进发展。这一理论说明不同国家因为经济发展阶段与水平不同，它们之间会通过梯度转移的形式获得产业的均衡发展。一国若想调整产业结构，可以通过产业在国家间的梯度转移来实现。这个理论为发展中国家加速工业化进程提供了新的道路。

1.2.1.4 罗斯托的经济发展阶段论

罗斯托（Rostow，1916～2003）在其1960年出版的《经济成长的阶段》中提出了著名的经济成长阶段理论。并于1988年在《主导部门和起飞》一书中提出了主导产业扩散效应理论。他认为，经济发展的演进过程由六个不同的阶段组成，各阶段对应特定的主导产业。而主导产业一旦确定并发展起来，是不能随意更改的，这揭示了经济发展阶段水平差异的原因所在。

1.2.2 产业区位理论

区位是研究对象在区域空间的位置，以及与其他对象之间的空间联系。每一个地区都在某一生产环节具有绝对或相对的有利条件，使该区位具备区位优势，随着经济活动空间的进一步变化和扩展，区位理论逐渐形成和发展。区位理论从地理空间上研究人类经济活动的空间轨迹以及与其他地理空间的生产活动的相互关系，人类的各项经济活动只有在空间上进行合理的分布，并依托区位优势，才能获得更好的经济与社会效益。因此，区位理论作为研究区域产业空间布局的理论基础，对区域产业空间布局与演化具有重要的理论价值。

区位理论在形成与发展过程中，在不同阶段表现出不同的特点，最早的区位理论以家庭或企业为研究对象，从微观角度研究生产要素的空间配置和经济活动的空间布局，此阶段的区位理论为古典区位理论，其实质是研究生产成本最小化的区位选择问题。近代区位理论继承了古典区位理论的观点，将研究对象逐渐扩大至区域，并将利润最大化作为区位选择的核心目标。到了20世纪，区位理论逐渐成熟，该阶段的区位理论称为现代区位理论。现代区位理论从国家层面研究区域经济活动之间的关系，在研究过程中考虑更多的影响因素，其核心是探寻区域各类经济活动的最优组合（详见表1-1）。

表1-1　区位理论代表性研究概览

分类	理论	代表人物	代表著作	时间	核心理论
古典区位理论	农业区位论	杜能（J. H. Thünen）	《孤立国同农业和国民经济的关系》	1826年	杜能环
	工业区位论	韦伯（A. Weber）	《论工业区位》	1909年	运输区位法则、劳动区位法则和集聚或分散法则
	运输区位论	胡佛（Edgar M. Hoove）	《区位理论与皮革制鞋工业》	1931年	终点区位优于中间区位
近代区位理论	贸易区边界区位理论	费特尔（F. A. Fetter）	《贸易区边界区位理论》	1924年	生产地贸易分界线
	中心地理论	克里斯塔勒（W. Christaller）	《南部德国的中心地》	1933年	六边形的中心市场结构
	市场区位理论	勒施（A. Losch）	《经济的空间秩序》《经济财货与地理间的关系》	1940年	把市场需求作为空间变量
现代区位理论	区域经济学理论	艾萨德（W. Isard）普莱德（W. J. Broadus）	《区位和空间经济学》	20世纪50年代以后	最大利润原则是决定工业区位的基本条件 人的作用日渐成为区位分析的主要影响因素

资料来源：孙久文．区域经济学［M］．北京：首都经济贸易大学出版社，2011.

1.2.3 产业空间布局理论

1.2.3.1 增长极理论

增长极理论的核心观点是资源禀赋不同的区域，经济应按照不同速度增长。经济增长通常率先出现在一定的部门或区域，这个部门或区域即为增长极。由增长极开始，资本、人才、劳动力等生产要素逐渐集聚在增长极，该区域经济飞快发展，带来规模经济效益，同时技术创新水平也得到极大提升。成为增长极的地区将成为一国或区域的经济中心，进一步通过极化与扩散效应将各种先进的生产要素输送至其他经济发展水平较落后的地区，使资源要素在整个区域内得到均衡配置，进而促进区域经济更好的发展。

1.2.3.2 点轴开发理论

点轴开发理论是在增长极理论的基础上发展而来的。该理论的核心观点是经济增长依照由点到线再到面的模式发展。点轴系统中的“点”是指各区域经济发展水平较高的增长极，即区域发展的动力来源；“轴”是由生产要素在区域流通的交通道路沿线集聚带动经济发展形成的产业带，这类产业带是一个区域社会经济要素的密集地带，通过这些集中的社会经济设施对邻近地区产生扩散作用，表现较强的辐射力。

1.2.3.3 核心－边缘理论

核心－边缘理论阐述了区域产业空间结构变化的集聚与扩散机制。由于区域资源禀赋不同，以及经济基础条件的限制，不同区域的经济发展表现出不均衡的态势，进而形成了经济发展水平不同的区域：增长、核心、增长缓慢和增长停滞衰退区域，即形成了“核心－边缘”。经济增长水平最高的地区即为“核心”，与其相对，水平较低的区位即为“边缘”。核心区在区域发展中占主导地位，一般为城市中心，边缘区位于城市外围或边缘，经济水平和聚集程度相对落后，处于依附地位，二者共同组成一个完整的空间系统。

1.2.3.4 梯度推移理论

梯度推移理论是在对区域和产品生命周期理论进一步研究的基础上发展而来的。该理论认为区域经济的发展由产业结构的优劣决定。新技术、新产业等由技术创新带来的变革逐步由高梯度地区向低梯度地区转移，进而推动产业结构的优化升级。经济发展较好的高梯度区域生产要素集聚，技术水平处于区域领先水平，尤其是主导产业的发展状况，高梯度地区主导产业属于朝阳和成熟产业，随着产业部门创新潜力的下降，产业也随之向落后及衰退产业发展，则该区域所处的梯度由高向低转移。转移过程受极化效应、扩展效应的影响。极化效应使高梯度地区产业更快发展，梯度差异拉大；扩展效应则推动低梯度地区产业发展水平的提升，梯度差异缩小。

1.3 产业空间布局与产业协同效应相关理论

1.3.1 产业集聚与扩散理论

产业的集聚与分散指的是产业布局在地理空间上的直观表现。产业的集聚效应是指各种产业和经济活动在空间上逐渐集中起来，同时将投资和经济活动都吸引到中心地带，对产业链的形成和产业关联效应的发挥起到至关重要的作用。

首先，产业集聚有利于充分利用集聚效应带来的规模报酬递增，促进人口和资源的要素集聚，提高劳动、资本等要素资源在企业间的利用效率和周转速度，有利于产业的扩大和发展。产业关联强的企业在区域内的集聚，可以节约原材料和中间产品的运输费用，进一步加强产业间的技术关联和经济联系，通过降低资源利用的成本，最终提高各个产业的产出效益和经济利益。

同时，产业集聚还为企业间的人力资本、实物资本以及信息技术等资源的市场共享和资源流动创造了一个优越的条件，有利于开展产业间和产业内部的专业化分工与合作。劳动力等其他资源将通过由专业化分工低的产业向专业化分工高的产业转移而得到更充分的利用。因为产业发展的基础在于各种生产要素的投入和使用效率的提高，因此资源在产业间的转移将促使经济市场中的自然选择发挥作用，资源利用效率高的产业将被挑选出来并得到更好的发展，而劣势产业将逐渐衰落，最后引发整个地区的产业结构和产品结构甚至是技术结构的优化调整。

其次，还要明确的是，只有产业集聚发展到一定的规模才能够充分有效地发挥产业集聚的扩散效应。产业的扩散效应是指位于经济扩张中心的周边地区，通过经济集聚区的资本、人才、技术资源的流动和刺激，经济状况得到改善并逐步赶上中心地区的效应。由于产业集聚与资源配置间的互利影响是有限的，产业布局要在一个合理的规模上进行才能有助于区域内的空间资源配置和产业发展，即集聚经济的效益同样符合边际收益递减规律，产业空间布局失衡会导致社会资源的大量浪费和闲置，造成因资源拥挤而带来的产业效益损失。当产业集聚的规模报酬开始递减的时候，产业就会开始向集聚区外扩散，直到资源配置达到最佳水平。

1.3.2　产业关联理论

任何产业的生产和发展都不可能是孤立的，各产业间错综复杂的生产链关系和经济技术联系是实现区域内空间资源的有效分配、保证产业得以持续发展的关键。从生产要素的角度来看，劳动、生产原料、技术和资本投资无不受制于那些产业间的密切关联，生产资源如何在产业间形成联系，产业间关联是否是有效率的，这都是影响城市产业发展和空间资源配置的重要因素。

产业关联度是对产业间经济技术上的数量比例关系的研究，是综合测度产业带动其他上下游产业发展的主要方法和选择地区主导产业的决定性因素之一。当产业关联网中一个产业对资源的供求发生变化时，就有可能转变整个区域内资源的布局。产业关联通过前向关联、后向关联和旁侧关联三种关联方式将所有产业的发展联系到了一起，这些产业间或直接或间接的生产关联归根结底是区域内各种生产资源的联系。如果产业间未形成有效关联，资源就不能被充分利用，不良的产业关联会造成资源配置的低效率和资源的浪费。

产业间关联对城市主导产业的选择和产业规划布局有非常重要的意义。地区的主导产业与其他产业要有密切关系，能够带动整个城市的经济增长，引领和促进其他产业的发展。主导产业对其他产业的扩散作用和协同效应，通常是依靠它与其产业链上其他产业之间的经济技术联系来发挥作用的。地区主导产业的选择对此地区的资源分配、产业布局和产业结构调整有决定性意义，实际上产业结构的升级就是地区主导产业前后更迭的过程，新的主导产业用与其他行业之间更高效的产业联系淘汰了旧的产业关联，实现了更有效的空间资源配置。

1.3.3 产业生命周期理论

产业生命周期理论起源于产品生命周期理论，是现代产业组织学中的重要分支。1966 年，雷蒙德·弗农（Reymoud Vernon）提出产品生命周期理论，他通过研究产业从发达国家到欠发达国家转移的现象，将产品生产划分为导入期、成熟期和标准化期三个阶段。20 世纪 70 年代，在弗农产品生命周期理论的基础上，艾伯纳西（J. Abemathy）和厄特巴克（M. Uterback）从产品生产设计过程角度出发，将产品的生命周期分成流动、过度和稳定三个阶段，相应地提出了 A－U 模型，认为企业的创新强度与频率取决于产品生命周期的不同阶段。后来高特（Gotr）和克莱泊（Klepper）提出的 G－K 模型是第一个产业生命周期模型，他们以市场中的厂商数目为指标进行时间序列分析，发现产业中的厂商数目随着产业的成长而发生变化，据此可将产业生命周期分为引入期、大量进入期、稳定期、大量退出期和成熟期五个阶段。

一般来说，产业生命周期理论将某个产业从诞生开始直到最后衰退的整个产业演进过程视为一个生命周期，这个生命周期被划分为萌芽期、成长期、成熟期和衰退期四个阶段，某一产业在其生命周期的每个阶段中的市场增长性、产品品种、竞争者数量、行业进入壁垒和退出壁垒、技术变革等方面都在动态地发生变化。具体变化趋势详见表 1－2。

表 1－2　　产业生命周期各个阶段特点

生命周期阶段	市场增长性	产品品种	竞争者数量	行业进入退出壁垒	技术变革
萌芽期	较高	单一	较少	较低	较大
成长期	很高	多样化	增多	较高	趋于稳定
成熟期	不高	无差异化	稳定	很高	已经成熟
衰退期	下降	减少	减少	较低	较少

这里需要注意的是，在运用产业生命周期理论进行相关产业分析时，表中所列出的指标是反应产业发展情况众多因素中较具代表性的几个，而现实中影响产业发展的因素非常多，且相互关系复杂，因此，不能简单根据某几个反映产业发展情况的因素去判断其生命周期到哪一阶段，而需要将产业生命周期分析与其他分析方法结合起来进行全面的综合分析，以免分析结果出现片面性。

1.3.4 协同理论

产业协同的理论基础是协同论，产业协同理论是从协同论中衍生出来的。20世纪70年代初，联邦德国大学教授、著名物理学家赫尔曼·哈肯和他的学生共同发表了《协同学：一门协作的科学》一文，在这篇文章中第一次提出了协同的概念。

协同理论将一个经济系统分成了多个子系统，各个子系统之间的内部作用决定了该经济系统的整体行为。协同理论倡导协同效应的运作和实现，这里所说的协同效应，就是指各个子系统之间通过结构组合的方式，发挥这些子系统简单加和并不能达到的效果。从空间和产业发展的格局来看，经济发展在产业之间和地区之间没有绝对的平衡。而产业协同发展就是在这种不均衡发展的基础上，依托各个经济体之间复杂的协同关系促进产业发展，实现产业共同演化的局面。

区域经济协同发展是指区域的各子区域之间在经济发展层面上相互分工与合作、协同与共生，从而形成各个区域经济高效协调健康发展的联动过程。区域均衡发展强调的是消除区域间经济发展的异质性，区域间经济发展由不平衡向平衡发展转变，强调经济总量的平衡性，缩小彼此的差距，而区域协同发展强调各地区之间互利合作，形成协同优势的过程，通过协同共进的策略促进区域经济的发展。

1.3.5 区域分工理论

区域分工作为区域经济合作与区域经济一体化的基础，形成于地域分工之后。区域分工越成熟，区域间的合作也就会越丰富，而参与分工的地区越广，区域经济合作的方式也会越多，区域经济一体化的范围也就越大。本理论主要分为绝对优势理论、比较优势理论以及要素禀赋理论。

1.3.5.1 绝对优势理论

绝对优势理论是著名经济学家亚当·斯密（Adam Smith，1723～1790）提出来的，他在《国富论》中提到了地域分工并论证了地域分工的合理性。他从一般制造业存在的内部分工开始，分析了整个国家和社会的分工。在斯密看来，国家之间应该按照彼此间的绝对优势进行分工，这样才能使民众得到更大的利益。斯密关于国家之间分工的理论对区域间的分工同样适用。该理论认为，任何区域都有一定的绝对有利生产条件，这样就可以按照绝对有利生产条件进行地域间的分工，让每个区域都生产自己的绝对优势产品，然后进行区域间的交换，使各种生产要素得到最合理的利用，进而提高整个地区的劳动生产率，促进区域经济的发展。

1.3.5.2 比较利益理论

比较利益理论是英国经济学家大卫·李嘉图（David Ricardo，1772～1823）提出的。比较优势理论认为，由于劳动力和资本在国与国之间并不能完全自由流动，因此不应把绝对成本作为进行国际分工和贸易的原则，而应该依据比较优势来进行国际分工和贸易。一个国家无论处在什么发展阶段，其自身都有着相对优势，即使是与别国相比处于绝对劣势也仍然在一些部门存在相对优势。因此，他认为一些具有绝对优势的国家没有必要生产所有的产品，而应该在多种产品中再择优生产；在所有产品都处于劣势的国家不是什么都不生产，而是选择那些对自己不利最小的产品进行生产。这也就是他文章提到的“两利相权取其重，两弊相权取其轻”。

1.3.5.3 要素禀赋理论

瑞典经济学家赫克歇尔（ELi F Heckscher，1879～1959）和其学生俄林（B. Ohlin）在说明各个区域为何在某种产品生产上有比较优势时提出了要素禀赋理论。他们认为各国或区域间的资源禀赋的不同是产生国际分工和贸易的基本因素，也就是通常所讲的“扬长避短，发挥优势”，这也是本理论的基本思想。依据产品所需要的生产要素不同，可以把产品分为劳动密集型、资源密集型、技术密集型以及资本密集型四种类型。区域间的贸易流向就是由要素禀赋密集地区流向要素稀缺的地区。但是要素禀赋理论并没有把技术当作生产要素，因而没有提到技术进步和规模经济在区域分工中所发挥的作用。

1.4 外向型经济与产业集群相关理论

1.4.1 外向型经济相关理论

1.4.1.1 外部经济理论

外部经济理论亦称作外部理论，其主要作用表现为探讨外部经济性活动对个人乃至社会造成的影响以及怎样应对其带来的影响。英国经济学家阿尔弗雷德·马歇尔（Alfred Marshall，1842～1924）在1890年从新古典经济学的角度首先提出外部经济理论，认为企业为了追求外部经济与规模经济的共同目标而聚集在特定区域内，并指出同质性的小型企业集中在特定地方的原因，认为当一种工业一旦选择了发展区位，将会长久留在那里。阿尔弗雷德·马歇尔在其巨作《经济学原理》中指出，对于逐步扩大生产规模的企业发展，我们将它区分为依赖于产业的普遍发展而逐渐扩大生产规模和生产企业自身资源组织和管理效率促进扩大生产规模两种类型，前者称为“外部经济”，后者称为“内部经济”。同时，阿尔弗雷德·马歇尔认为产业集群与外部规模经济密切联系，集群主要由外部规模经济引起。

1.4.1.2　比较优势理论

比较优势理论起源于英国经济学家托伦斯（Robot Torrence）于1815年在《论对外谷物贸易》中提出的比较成本学，大卫·李嘉图于1817年在《政治经济学及赋税原理》中加以完善和发展，提出了比较优势理论。该理论的核心思想为“两利相权取其重，两弊相衡取其轻”，由此可知国际贸易的基础是国家或地区产品生产技术上的差异化而导致的相对产品成本差异化。各国集中出口自身具有比较优势的产品，同时进口自身具有比较劣势而别国具有比较优势的产品。比较优势理论假设条件为只有两个国家且生产要素只有一种；劳动在一国内可自由流动，在国际间不能流动；生产技术差异表现为劳动生产率差异，各国劳动生产率不变；商品和劳动市场都是完全竞争的。

1.4.1.3　要素禀赋理论

赫克歇尔于1919年提出产生比较成本差异的两个前提：两国要素禀赋存在差异；生产不同的产品所投入的要素比例不同。俄林于1933年基于要素禀赋的基本观点，提出了要素禀赋差异和区际贸易的观点，两者被称为H－O理论。要素禀赋理论指出，两种或两种以上生产要素的投入是产品生产的基本条件，由于生产具有差异性的产品所投入的要素比例不同，生产本国资源要素相对富足的产品会带来相对成本的降低，生产本国资源要素相对匮乏的产品则成本较高，因此会产生产品的相对价格优势。产品的价格差异是产生国际贸易的基础，产品价格的差异是产品生产相对成本存在差异；产品相对成本比率的差异是由于生产要素的价格比率差异，而生产要素价格比率存在差异，则是由各国生产要素禀赋的差异造成的。因此，国际间的贸易往来，其产品比较优势是由一国的要素丰裕度决定的。可以说一国应生产并出口较密集地使用其较丰裕的生产要素的产品，进口较密集地使用其较稀缺的生产要素的产品。

1.4.1.4 新竞争经济理论

波特（Porter）于1998年在《集群与新竞争经济学》中首先提出了新竞争经济理论，他指出产业集群是由独立的、非正式联系的企业及相关机构所形成的，是一种在效率、效益及韧性方面具有创造竞争优势的新型空间经济组织形式。其持续竞争优势源自一定区域内知识、联系及激励共同的作用效应，是远距离的竞争对手无法企及的。集群内核心企业间地理上的相互邻近和技术上的相互支持，以及具有竞争力的相关支持产业集聚所形成的集群是国家产业具有持续竞争优势的重要支撑。

1.4.2 产业集群相关理论

1.4.2.1 区位理论

韦伯于1909年在《论工业区位》一书中较为详细地表述了工业区位理论，该理论是用来研究工业布局和厂址选择的理论，韦伯认为，运输成本和工资是决定工业区位的主要因素，工业区位理论是在比较运输和劳动力及企业集聚等的作用前提下，来分析并选择配置企业的最佳位置。产业集群形成一般经历两个阶段：第一阶段是企业自身规模的扩张，进而形成产业集聚式发展，属于产业集群低级阶段；第二阶段是核心大企业间以完善的组织方式集中在特定区域，并吸引更多的同类企业出现，大规模生产的显著经济优势就是有效的地方性集聚效应。韦伯认为产业集群式发展有四大核心要素：一是先进的技术设备；二是人力资本的发展；三是市场化水平；四是经常性开支成本。

1.4.2.2 新经济地理理论

1991年，克鲁格曼（Krugman）在《收益递增与经济地理》一文中初步分析了新经济地理理论，并在之后的一系列作品中对其进行了深入的探讨。传统的区域经济理论以新古典经济为基础，其基本假设条件为空间具有无差异性、运输成本为零等；同时相继提出了区位理论、区域增长理论等。克鲁格曼认为产业在空间上的集中是一种经济活动较突出的地理特征，传统的经济学由于缺乏“规模经济”以及“不完全竞争”的分析工具，才致使地理空间问题长期处在主流经济学门外。克鲁格曼的产业集群模型为产业的扶持政策提供了基本的理论基础，但该模型忽略了交易费用对于产业集群形成的影响，若区域内具有较高的交易成本，即使有新的企业或者行业加入，对于形成集群也存在一定难度。

1.4.2.3　新产业空间理论

罗纳德·科斯（Ronald Coase）于1937年在《企业的性质》中首先提出“交易费用”的思想，1969年阿罗（K. J. Arrow）首次使用“交易费用”这个术语，随后威廉姆森系统研究了交易费用理论。交易费用理论指出企业和市场属于可相互替代的资源配置机制，由于现存市场中消费者的有限理性、机会主义、不确定性等限制条件促使市场生成高昂的交易费用，为了节约交易费用，企业新型交易模式逐渐代替市场，由此交易费用带动企业的产生，企业通过不同的组织方式已达到节约交易费用的目的。交易费用理论认为，产业集群作为市场中中间性的体制组织，是由于专业化分工和相互协作发展的众多企业及其相关支持机构集聚在特定区域而发展起来的产业空间组织，产业集群是介于市场和制度科层之间的一种中间组织。与市场相比，产业集群较为稳定；与制度科层相比，产业集群较为灵活。产业集群通过企业之间专业化的分工与协作，从而降低交易成本，进而达到企业追求区域范围经济的最终目的。

1.4.2.4　增长极理论

法国经济学家弗朗索瓦·佩鲁（Francois Perrour）于1950年在《经济空间：理论与运用》中首次提出了增长极的概念。多数经济学家将增长极理论与地理空间相融合来解释、预测区域经济结构与布局。1966年，布德维尔（Boudeville）将增长极理论转移至虚拟空间经济发展，他认为，产业能够形成两种不同的增长效应：一是经由现存部门间的相互关联所形成的快速膨胀的经济效果，即列昂惕夫乘数效应；二是伴随产业生产能力的提升而致使产业区外的其他关联活动而形成的极化效应。增长极理论注重优势产业—集聚—经济发展的过程研究，强调政府在产业聚集的形成与发展过程中的作用效果，表明政府对推动优势产业或专业化企业的投资支持，会促进相关关键性产业或企业的集聚效应的发挥，有利于提升创新能力，最终带动区域的经济发展。显然，这种理论在一定程度上夸大了政府在干预产业集群化发展、拉动地区经济发展中所发挥的作用。而实践证明，政府起到的辅助作用是有限的。

1.5　经贸合作政策相关理论

1.5.1　区域经济一体化理论

目前，学术界对区域经济一体化理论的研究已相当成熟。最早研究区域经济一体化的有雅各布·维纳（Jacob Viner），他在1950年发布了“关税同盟理论”，这一理论成为一体化理论的核心。1954年简·丁伯根（Jan Tinbergen）率先明确提出“一体化”的定义。随后米德（J. E. Mead）和巴拉萨（B. A. Balassa）进一步分析了一体化的动因及其发展阶段。

目前常用的区域经济一体化形式是经济学家理查德·里普塞（Richard G. Lipsey）提出的，他认为区域经济合作可以划分为优惠贸易安排、自由贸易区、关税同盟、共同市场、经济同盟和完全的经济政治一体化六种形式（详见表1-3）。

表1-3 区域经济一体化形式的比较

区域经济一体化的形式	关税优惠	商品自由流动	共同的对外关税	要素自由流动	经济政策调整	超国家的组织机构
优惠贸易安排	√					
自由贸易区	√	√				
关税同盟	√	√	√			
共同市场	√	√	√	√		
经济同盟	√	√	√	√	√	
完全的经济政治一体化	√	√	√	√	√	√

1.5.2 新制度经济学理论

凯恩斯主义在成为资产阶级经济学的正统学派后，凯恩斯（John Maynard Keynes，1883-1946）仍无法对某些社会经济问题作出解释，也提不出适当的解决办法，因而他又对此进行了深入的探讨和分析，后人将他的分析结果与观点称为新制度经济学。

1.5.2.1 市场失灵

市场经济体制能高效激活市场，使资源及时流通，各方面资源得到有效利用，从而形成最佳的经济运行机制和最高效的资源配置手段。但它也有无法掩盖的缺失：首先，它不能维持国民经济平衡稳定协调的持续发展；其次，自由的市场竞争体制会走向垄断的深渊；最后，经济外部效应无法由市场机制来控制与纠正。因此，在市场失灵时，政府的力量就极其重要了，此时就要借助政府的力量来让市场秩序回归到正常轨道上。而政府能否将市场秩序回归原位，直接衡量了政府的办事能力，以及是否能及时有效的解决问题，是否值得民众信赖。

1.5.2.2 系统失灵

顾名思义就是某些政策在局部作用显著，而在复杂体系中时，它就无法正常运作。学者们针对国家创新系统进行了一系列的研究，把这种现象称之为系统失灵。而这也警示我们适用于局部的某些政策，并不一定适用于整体，我们必须将政策纳入系统体系中来评价其效果。

1.5.3 公共政策学

公共政策可以从三个方面来划分，即政策内容、政策层次、政策功能。政策内容包含了生活的各个领域，它涉及政治、经济、文化和科技等各个方面。政策层次也可以划分为很多种，如有微观、宏观、无层次之分。而用功能来衡量，它又具有分配性、规制性、再分配、构成性等特点。在这多重分配标准中，体现出了公共政策学作为一个过渡性研究领域的独特价值，更体现出它作为政治学和管理学分支的综合特征。它基本集成了政治学和管理学所具有的领域特征，即阶级性、社会性、稳定性、时效性、强制性、合法性、整体性和多样性。

公共政策学具有改善系统、提高质量的作用。例如，我们可以通过政策约束，让其绩效最大化；我们也可以将各种政策进行数量化、系统化分析，实现政策的科学化；公共政策学也可以反映不同层次的组织、个人对利益的需求程度，实现政策民主性；它也会关注一项政策从选题到实施的全部过程，降低人们制定政策时走进误区的风险。

1.5.4 有限理性模型

西蒙（Herbent Simon）提出了具有相对性满意准则的有限理性决策模型，想要修正理性决策模型。他并不认为最优解能适用于广泛的社会生活中，因为并没有一个社会公认的最优标准用来衡量，而且在短时间内很难用有限的信息找到最优的存在，本来的最优存在经过长时间的演变也不一定仍为最优。西蒙认为应该建立一套标准的决策满意度标准，并提出一些用于解决必要冲突的行为办法，而这种办法必须要满足以下几个标准：首先，办法要适用于所有准则；其次，办法要让人能接受，当个人与组织目标不一致时可以采用协议内容；最后，在解决因组织冲突而引起的个人利益矛盾时，权术办法也不失为一种解决方式。西蒙还提出决策必须要满足收集资料、确定目标、拟订方案、抉择、反馈等过程。

1.5.5 渐进决策模型

美国政治学家兼政策科学家林德布洛姆（C. E. Lindblom）提出了著名的渐进决策模型，并在1995年出版的《“渐进调试”的科学》中做出了具体解释。渐进决策模型是对理性决策模型的批判和进一步探索。现今，在多元主体相互制衡的背景下，政党参与实现公共政策，是对现行政策局部的、边际性的，源于渐进的政治、渐进的政府决策的调适。现在的政府活动只是过去经验的一种延伸。在调试结果中，能否在渐变的社会形势中找到大众认可的既定政策是评判它成功与否的重要标准。政策的社会趋同度为它的评判提供了关键信息。渐进政策的渐进性主要表现在各政治领袖与政党对已同意的政策并不允许再作大的调整或改动，只是对一些细小的问题进行补充与完善，理论依据并不一定适用于现实政治。在进行政策的分析与制定时，通常会有许多变量因素，但我们也只对几个重要的变量方案进行考察。从渐进分析理论得出，价值只有在事实实践中才能完全展现它的作用效果，现实中已确立标准的基本价值观念，无须寻求新的价值标准。通过渐进分析的政策大多跟社会现状吻合度较高，更容易被社会基层人士所接受。林德布罗姆认为的渐进政策如图1－2所示。

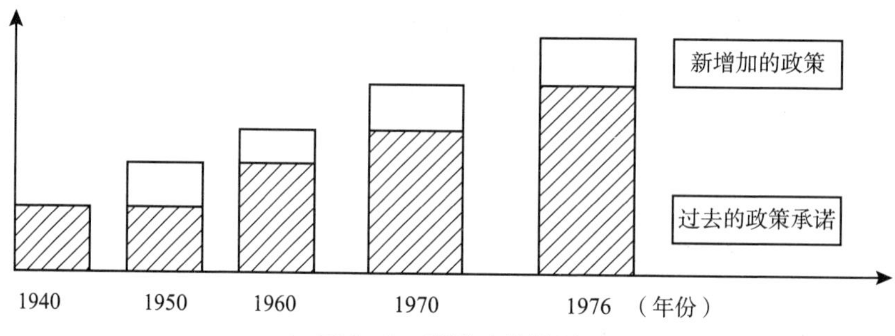

图1－2 渐进政策模型

第2章

丝绸之路经济带背景下新疆产业结构调整的空间布局优化研究

2.1 丝绸之路经济带背景下新疆产业结构调整的空间布局状况

2.1.1 新疆产业结构调整驱动空间布局优化的现实基础

2.1.1.1 资源禀赋互补性

分析各国所拥有的资源禀赋对制定产业空间布局战略具有重要意义。随着我国经济的高速增长，各类资源需求随着经济生产要素的匮乏而增加，由于我国矿产利用效率较低，资源存有量相对贫乏，能源矿产资源的供给缺口巨大，未来较长时间都将面临对外资源的高度依赖。据全国矿产资源规划统计资料显示，我国经济发展过程中主要涉及的矿产资源有45种，随着需求的不断增加，现有储量只能满足2020年之前的生产需求，在这之后，19种主要矿产资源将不能满足生产需要，其中11种为经济支柱性矿产。地理区位因素使新疆成为我国矿产资源的接替区，新疆维吾尔自治区周边各国资源种类多、储量大，可以填补我国资源供给缺口。通过贸易和对外投资等多种方式与经济带沿线国家实现矿产资源的优化配置与互补，将有效缓解国内资源不足问题。

由表2-1可以看出，中亚地区资源种类丰富，尤其是矿产资源和能源资源，已探明储量巨大，如锌、金、铅、铀、锰、铁、铝等矿产资源，以及天然气、石油等能源资源，其中石油、天然气、有色金属、稀有金属等均为优势产业资源，且资源密度远远高于我国新疆。相对来说，我国新疆地区非金属资源矿产已探明储量较大，与中亚具备一定的资源互补性。我国经济的高速发展导致矿产资源供给匮乏，可以通过与中亚国家的产业进行经济互补，进口中亚国家丰富的矿产资源来弥补我国在发展过程中出现的资源匮乏缺口，使中亚不但成为我国战略上的能源仓库，而且成为战略性的全球能源输入通道，为我国的能源战略在全球范围内的布局奠定基础。

表 2-1　　中国新疆与中亚五国资源状况

国家或地区	资源状况
哈萨克斯坦	石油天然气、钨、铀、铬、锰、铅、铁、铜、锌、铝、金
塔吉克斯坦	水资源、铅、锌、锑、钼、铜、银、金、煤、铁、岩盐、萤石
土库曼斯坦	石油、天然气、芒硝、碘、有色及稀有金属
乌兹别克斯坦	天然气、石油、煤炭、有色金属、非金属矿产资源
吉尔吉斯斯坦	金、钨、锡、汞、锑、铁、水资源
中国新疆	煤、石油、天然气、铁、锰、铬、金、铜、铝等

资料来源：新疆维吾尔自治区商务厅门户网站：http：//www. xjftec. gov. cn

2.1.1.2 产业结构互补性

产业结构相似系数是联合国工业发展组织于 1980 年提出的用以衡量产业结构同构化程度的一个指标。指数数值越大，说明两者之间产业结构同构性程度越高，互补性程度越低，反之亦然。计算公式如下：

$$S_{kj} = \frac{\sum_{i=1}^{n} X_{ki}X_{ji}}{\sqrt{\sum_{i=1}^{n} X_{ki}^2 \sum_{i=1}^{n} X_{ji}^2}} \qquad (0 \leqslant S_{kj} \leqslant 1)$$

其中，X_{ki}和 X_{ji}分别表示地区 k 和地区 j 部门 i 所占的比重。S_{kj}越大，表明两地区产业结构越相似。当 $S_{kj}=1$ 时，则 k、j 两地区产业结构完全一致；当 $S_{kj}=0$，则 k、j 两地区产业结构互补性强，同构性低。就衡量标准来看，国家或地区间衡量产业结构相似度时，以 0.85 为门槛，而在衡量国家与地区间的产业结构同构程度时，以 0.95 为判断标准，超过 0.95 则说明产业结构同构性高。

通过计算 2014 年我国新疆地区与经济带沿线国家的产业结构相似度，发现产业结构相似度较高，均在 0.9 以上，这是由于我国与这四国都属于发展中国家，经济发展阶段较相似。其中，我国新疆与乌兹别克斯坦的产业结构相似度高于0.95，说明双方有较强的产业结构同构性；与哈萨克斯坦、吉尔吉斯斯坦、塔吉克斯坦的产业结构相似度低于0.95，尤其是与塔吉克斯坦的相似度较低，低于0.92，但依然大于0.9，说明我国新疆地区与这三国的产业结构的相似性相对于乌兹别克斯坦的较低（如图2-1）。

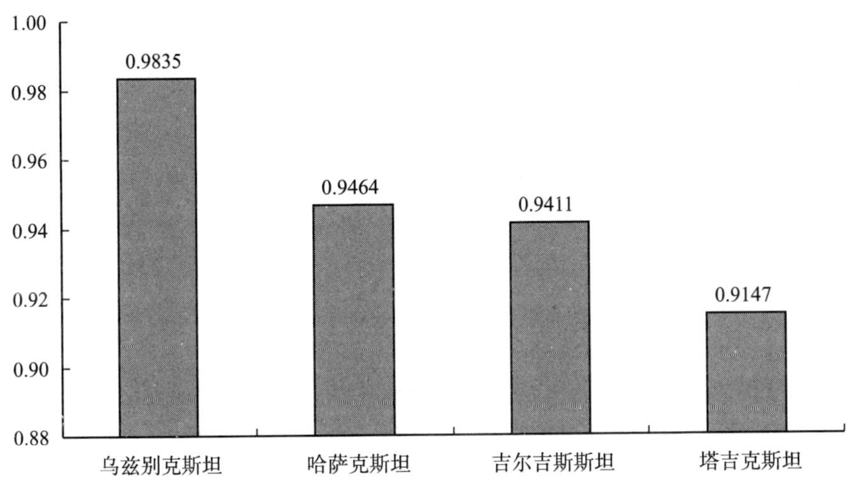

图2-1　2014年中国新疆地区与丝绸之路经济带沿线国家产业结构相似度指数

资料来源：根据历年新疆统计年鉴、世界银行数据库相关数据计算得出

2.1.1.3　贸易互补性

贸易水平与经济发展水平息息相关。经济发展水平不同的国家或地区，之间的产业结构通常也具有显著差异。如果两个经济主体间的贸易具有互补性，就可以有效避免同行业的过度竞争对经济发展的制约。可以用贸易互补性指数来衡量两个地区间的贸易互补性。贸易互补性指数用C_{ij}表示，计算公式如下：

$$C_{ij} = \sum_{k}(W_K/W) \times RCA_{xik} \times RCA_{mjk}$$

$$\begin{cases} RCA_{xik} = (X_{ik}/X_i)/(W_k/W) \\ RCA_{mjk} = (M_{jk}/M_j)/(W_k/W) \end{cases}$$

其中，W指产品的全球贸易总额，W_k指k类产品的全球贸易总额。X_i指i地区的出口总额，M_j指j地区的进口总额；X_{ik}指i地区k类产品的出口额；M_{jk}指j地区k类产品的进口额。RCA_{xik}指i地区在k类产品上的显性比较优势指数；RCA_{mjk}指j地区在k类产品上的显性比较劣势指数。RCA_{xik}大，说明i在k类商品贸易中处于比较优势；当$C_{ij}>1$时，表示i地区与j地区在商品贸易中存在互补性，并且C_{ij}越大，经济主体间贸易的互补性越强。

通过图2-2可以看出，2009~2013年我国新疆出口与哈萨克斯坦、吉尔吉斯斯坦进口[①]具有较强的贸易互补性，且都呈现出增长的趋势。

① 商品分类根据联合国秘书处起草的《联合国国际贸易商品分类》（SITC）分类方法。由于数据可得性限制只与哈萨克斯坦与吉尔吉斯斯坦比较。

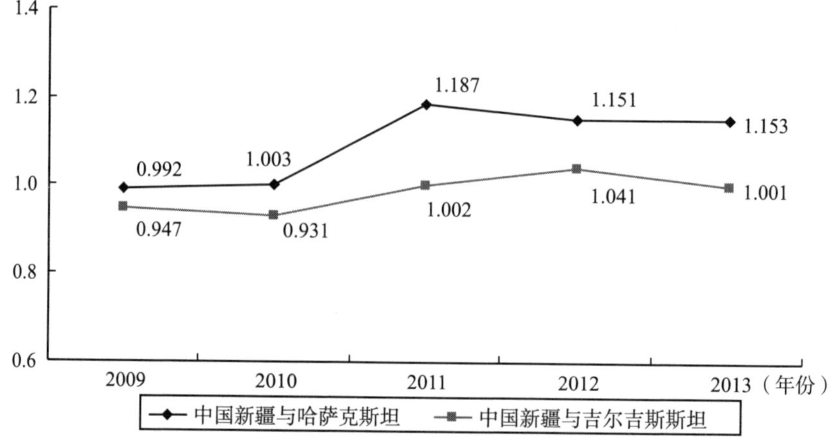

图 2－2　中国新疆出口与丝绸之路经济带沿线国家进口的互补性

资料来源：我国新疆数据根据乌鲁木齐海关数据整理；其他国家数据根据联合国贸易数据库数据整理

通过图 2－3 可以看出，2009～2013 年我国新疆进口与哈萨克斯坦、吉尔吉斯斯坦的贸易互补性指数较大。从近五年变动情况看，表现为持续增大态势。总体分析我国新疆地区进出口与沿线国家的贸易互补性，发现与哈萨克斯坦、吉尔吉斯斯坦具有双向的互补性，且进口互补性强于出口互补性，值得一提的是，我国新疆地区与吉尔吉斯斯坦的进出口互补性均在 2011 年突破 1，表明两经济主体间的双向互补性都高于世界平均水平。贸易互补性依赖于各项经济生产要素条件，反映了贸易双方进出口产品是否满足对方市场需求状况。我国新疆与哈萨克斯坦、吉尔吉斯斯坦之间表现出的高贸易互补水平表明双方在产业结构上存在显著差异。

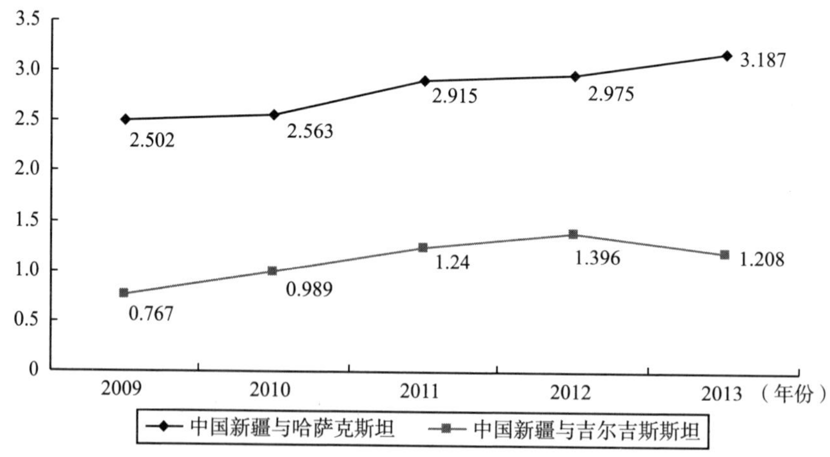

图 2－3　中国新疆进口与丝绸之路经济带沿线国家出口的互补性

资料来源：我国新疆数据根据乌鲁木齐海关数据整理；其他国家数据根据联合国贸易数据库数据整理

2.1.2　丝绸之路经济带沿线国家与我国新疆产业结构状况

2.1.2.1　哈萨克斯坦产业结构状况

在中亚五个国家中，哈萨克斯坦的产业发展水平较高，农业比重不断下降。以 2010 年为时间点，在此之前工业与服务业比重均呈现增加状态，在此之后，第二产业比重缓慢下降，而第三产业持续增加。且就增加值占 GDP 比重值的大小来看，农业、工业、服务业之间有明显差异，农业不足 10%，服务业接近 60%，可以看出，哈萨克斯坦产业结构表现出高级化趋势（如图 2－4）。

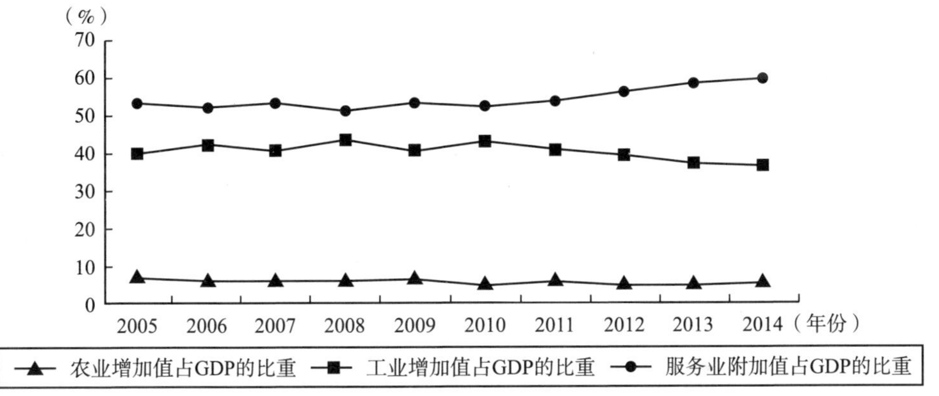

图 2－4　2005～2014 年哈萨克斯坦产业结构

资料来源：根据世界银行数据库相关数据计算得出

2.1.2.2　乌兹别克斯坦产业结构状况

乌兹别克斯坦的产业结构也属于“三二一”的格局，从 2005～2014 年产业结构的动态变化看，产业结构调整优化效果显著。但就具体值的大小看，乌兹别克斯坦农业比重虽然呈现持续下降趋势，但仍保持在 20% 左右，占比依然较高。工业增加值与服务业增加值占 GDP 比重缓慢增加（除 2012 年有较大波动外），服务业比重接近 50%，而工业比重一直徘徊在 35% 及以下，工业发展落后，产业结构仍需调整优化（如图 2－5）。

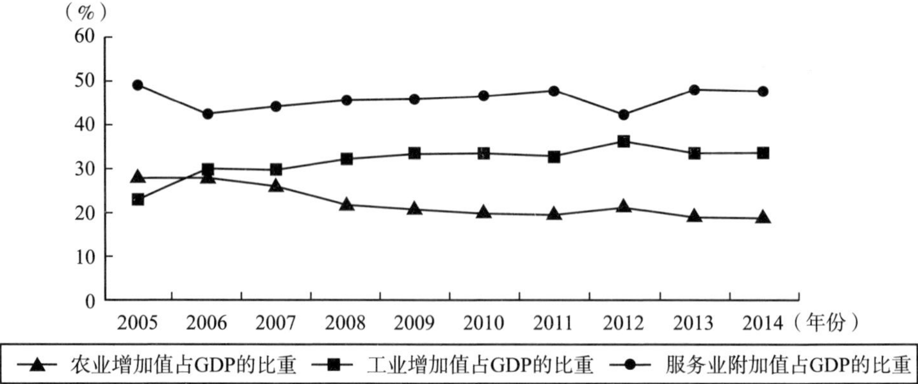

图2-5　2005~2014年乌兹别克斯坦产业结构

资料来源：根据世界银行数据库相关数据计算得出

2.1.2.3　吉尔吉斯斯坦产业结构状况

吉尔吉斯斯坦属于“三二一”的较高水平。从2005~2014年的动态变化看，农业比重有较大幅度的下降，但仍维持在20%左右；服务业有较大幅度的增加，2014年已然高于55%，发展较好；相反，工业增加值占GDP比重虽然呈现出波动上升的趋势，但其值低于30%。可以看出，吉尔吉斯斯坦产业结构虽然有一定程度的优化，但工业发展落后使其整体产业结构处于较低水平，仍需大力调整优化（如图2-6）。

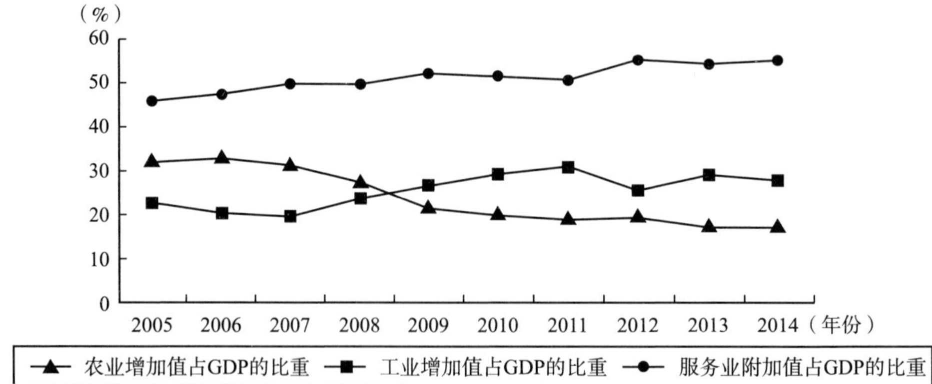

图2-6　2005~2014年吉尔吉斯斯坦产业结构

资料来源：根据世界银行数据库相关数据计算得出

2.1.2.4 土库曼斯坦产业结构状况

土库曼斯坦产业结构较其他国家有明显差异，从2005年的“三二一”调整到“二三一”的格局。其中，农业比重呈现下降的趋势，工业比重有了较大幅度的增加，从2005年的不足30%增加至2014年的60%以上，服务业比重大幅度下降，各产业之间差距明显，虽然工业发展较快，但服务业发展水平的落后制约了整体产业结构的优化（如图2-7）。

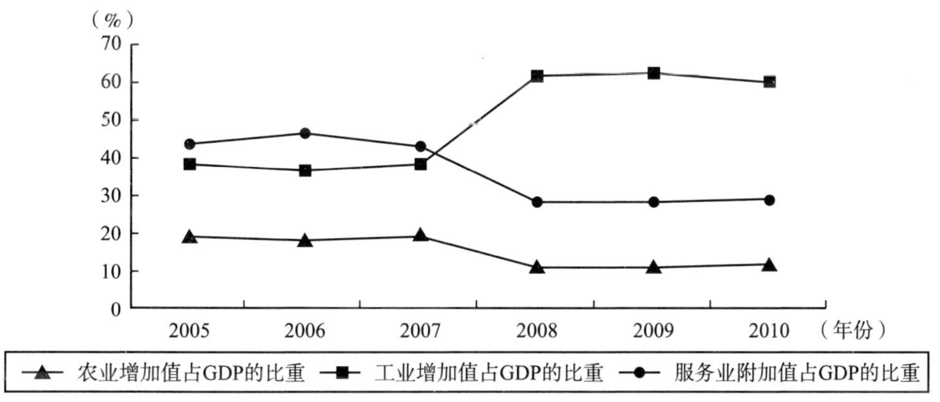

图2-7 2005~2010年土库曼斯坦产业结构

注：受数据限制，仅分析了土库曼斯坦2005~2010年产业结构变动状况

资料来源：根据世界银行数据库相关数据计算得出

2.1.2.5 塔吉克斯坦产业结构状况

从2005~2014年产业结构的动态变化看，塔吉克斯坦从“三二一”调整到“三一二”的格局，产业结构整体水平较低。服务业比重呈现波动上升的趋势，2014年有较大幅度的下降，但仍然维持在50%左右；农业比重稳步增加，在国民经济中占有较大比重，2014年接近30%；工业比重持续下降，从2010年开始，其值竟然不足25%，直到2014年有一定幅度的增加，但仍然低于30%。可以看出，塔吉克斯坦的工业发展大大落后，产业结构亟须调整优化（如图2-8）。

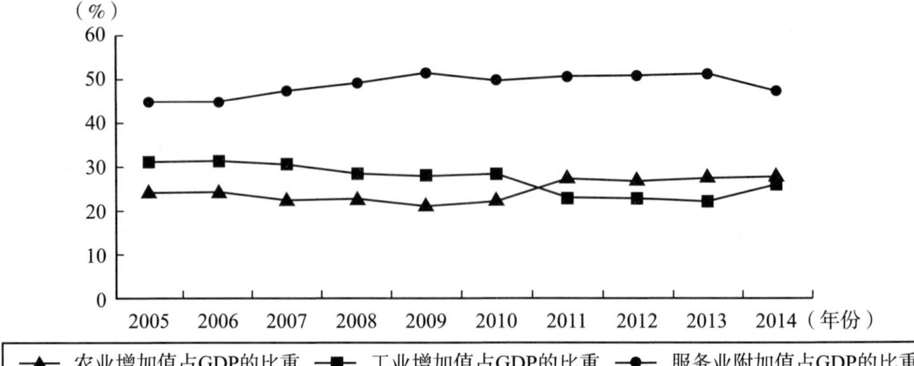

图2-8 2005~2014年塔吉克斯坦产业结构

资料来源：根据世界银行数据库相关数据计算得出

2.1.2.6 我国新疆地区产业结构状况

经过40年在产业结构方面的调整，我国新疆地区产业结构优化调整效果明显，从1978年的“二一三”结构转变为2015年“三二一”结构。一产比重持续下滑到16.72%，二产比重波动下滑，三产比重呈波动上涨态势。新疆近几十年产业结构向合理化和高度化的方向发展，但仍存在农业比重偏高，工业发展不足，服务业发展层次低的问题，产业结构的整体水平还是偏低详见表2-2。

表2-2 新疆GDP及三次产业产值与比重变化情况

年份	GDP（亿元）	第一产业		第二产业		第三产业	
		产值（亿元）	比重（%）	产值（亿元）	比重（%）	产值（亿元）	比重（%）
1978	39	14	35.9	18	46.15	7	17.95
1990	274	95	34.67	84	30.66	95	34.67
2000	1 364	288	21.12	538	39.44	538	39.44
2005	2 604	494	18.97	1165	44.74	945	36.29
2010	5 437	1 078	19.8	2 592	47.7	1 767	32.5
2014	9 264	1 538.6	16.6	3 927.8	42.4	3 797.7	41
2015	9 324.8	1 559.1	16.72	3 565	38.23	4 200.7	45.05

资料来源：根据历年新疆统计年鉴相关数据计算得出

偏离-份额分析法常被用来评价该国家（地区）该时期产业结构的优劣和产业自身竞争力的强弱。新疆经济增长偏离-份额分析结果详见表2-3。

表 2 – 3 新疆 2000 ~ 2014 年 GDP 增长偏离 – 份额分析

类别	总分量	份额分量	结构分量	竞争力分量
第一产业	995.5	1033.7	599.0	-637.2
第二产业	2 541.3	1 928.2	188.3	424.9
第三产业	2 457.1	1 928.9	-732.5	1 260.7
合计	5 993.9	4 890.8	54.8	1 048.3

资料来源：根据历年新疆统计年鉴相关数据计算得出

在表 2 – 3 的基础上，可计算新疆产业结构（竞争力）对经济增长的贡献率。其中产业结构（竞争力）贡献率 = 产业结构（竞争力）偏离分量/GDP 实际增长额，从而得出新疆产业结构对经济增长的贡献率（详见表 2 – 4）。

表 2 – 4 2000 ~ 2014 年新疆产业结构对经济增长的贡献率 单位：%

新疆	贡献率
产业结构	0.91
竞争力	17.49

资料来源：根据历年新疆统计年鉴相关数据计算得出

2000 年至 2014 年间，新疆产业结构对经济增长的贡献率只有 0.91%，说明新疆现有的产业结构对经济增长的贡献较小。第一产业偏离分量大于 0，表明在三次产业中所占比重较为合理，对于促进地区经济增长具有正向贡献，但其负向竞争力偏离分量说明一产发展对推动经济增长的作用力在不断减弱。第二产业结构推动效应不明显，其结构偏离分量不到一产的三分之一，二产近年来出现的产能过剩明显制约了经济的发展，但是，二产具有正向竞争力分量，表明新疆第二产业的发展对地区经济增长的推动作用在不断增强，对地区经济增长的贡献具有较大的提升空间。第三产业表现出负向的结构推动效应，可见，第三产业发展整体落后，但其竞争力偏离分量远远大于一产与二产，表明第三产业发展对经济增长推动效应前景广阔。

2.1.3 丝绸之路经济带沿线国家与我国新疆产业空间布局状况

2.1.3.1 哈萨克斯坦产业空间布局状况

中亚五国在促进区域产业发展的过程中，均选择具有区位和资源优势的中心城市及区域作为中心，依赖交通运输条件，形成了各自不同的产业布局。哈萨克斯坦以节点城市阿拉木图为中心，形成了以石油天然气开采、有色金属开发为主，交通运输业快速发展，向其他地区辐射，金融、商业、机械制造以及轻工业优先发展的产业布局模式。哈萨克斯坦天然气和石油资源非常丰富，已探明的石油储量约为40亿吨，因而其经济发展以及工业结构以石油天然气开采业为主。此外，在哈萨克斯坦政府的支持下，依靠丰富的矿产资源，如储量分别居于世界第一、第二的钨和铬，以及已探明储量排名世界第二的核燃料原料铀，采矿业以及金属加工业取得了较快发展，包括黑色冶金、有色冶金，以及大量的煤炭开采。由于有着适宜的自然条件，哈萨克斯坦农牧业发展水平较高，畜牧业也较为发达，皮制品加工业发展迅速。皮制品是哈萨克斯坦主要出口产品。哈萨克斯坦交通运输业是中亚国家中发展最好的，其中铁路更是连接欧亚大陆的纽带。

2.1.3.2 乌兹别克斯坦产业空间布局状况

苏联时期，乌兹别克斯坦已建立一定的工业基础，根据其关于工业发展优先次序的规划，将大力扶持建筑业、能源化工、有色冶金、机械及高品质农产品产业的发展。塔什干位于乌兹别克斯坦东南部，是乌兹别克斯坦产业布局的中心，具有极有利的区位优势及资源优势，因此形成了以资源依赖型产业为主，电力、航空、机械制造、金属加工、建材、轻工等产业优先发展的布局模式。在储量巨大的矿产及能源资源条件的支撑下，乌兹别克斯坦能源开采、有色金属的加工、机械制造、轻工业、食品加工业等的发展取得显著成就，尤其是石油和天然气产业。但乌兹别克斯坦仍侧重于原材料的开采加工，工业化进程仍处于初级阶段。乌兹别克斯坦农业主要依靠种植棉花，粮食种植业发展极为落后，75%的粮食来源于进口。此外，乌兹别克斯坦的交通运输建设比较迟缓，影响了生产要素在区域及部门间的流动与配置，严重制约着乌兹别克斯坦工业的发展。

2.1.3.3 吉尔吉斯斯坦产业空间布局状况

吉尔吉斯斯坦位于欧亚大陆腹地，尤其是其中部地区，地理优势明显，是其产业布局的中心及重要节点城市。在发展产业过程中，除了依赖于具有资源优势的石油天然气开采等产业外，重点布局了交通运输业、食品加工和纺织业。吉尔吉斯斯坦同样拥有储量巨大的矿产资源，其黄金储量高达400吨，汞的储量约为世界总储量的20%等，因此吉尔吉斯斯坦的工业主要集中于矿产资源的开发，采矿业在国民经济中所占比重较大，此外，石油、天然气、煤炭、电力工业、有色金属加工业、机器制造和食品工业在吉尔吉斯斯坦取得了一定的发展，还有制革、纺织、木材加工业等轻工业也有所发展。吉尔吉斯斯坦工业发展水平受低技术水平的制约，处于较低水准。吉尔吉斯斯坦政府规划大力发展在实现经济现代化中有重要作用的机器制造和金属加工业。吉尔吉斯斯坦农业以畜牧业为主，种植业发展落后。以交通运输为主的第三产业的发展在加快，在国民经济中所占比重在逐渐上升。

2.1.3.4　土库曼斯坦产业空间布局状况

土库曼斯坦的天然气和石油储量也很大，工业以石油天然气的开采加工为主，纺织、机械制造业、交通运输、通信业也取得了较大发展，尤其是纺织业和石油天然气产业、棉花的加工业能力有极大的提升，90%的纺织产品用于出口，占土库曼斯坦出口总额的5.3%，石油天然气产值更是占到了国民经济的50%，成为土库曼斯坦的战略产业。阿什哈巴德位于土库曼斯坦西南部，是土库曼斯坦产业布局的中心城市，土库曼斯坦在产业布局中以阿什哈巴德为中心节点城市，形成了以电力、食品加工、轻工业、机械制造和金属加工、交通运输、文化产业等为主的产业体系，但是仍受技术水平与基础设施建设水平落后的限制。土库曼斯坦自独立以来就高度重视农牧业的发展，农牧业以棉花种植业、畜牧业为主，粮食产业可以满足自身需要，牲畜业发展良好。

2.1.3.5　塔吉克斯坦产业空间布局状况

塔吉克斯坦是正在向工业国转型的发展中国家，农业在其经济增长中有重要地位。自然条件的限制让塔吉克斯坦的农业集中在棉花种植业。塔吉克斯坦同样拥有丰富的矿产资源，资源优势使得其工业以采矿业、金属加工、水利水电、化工、机械制造、轻工业和食品工业为主。塔吉克斯坦北部地区处于三国的交汇处，具有其他区域无法拥有的区位优势，是塔吉克斯坦重点发展中心。因此，在塔吉克斯坦产业布局中，从北部区域开始，依靠资源优势，除了大力发展具有资源优势的石油天然气开发及矿产资源开采外，重点发展及扶持机械加工制造、交通运输、食品加工等产业；其中铝的生产加工是塔吉克斯坦的支柱行业，其产值的工业占比达40%以上；化学工业受制于原材料，发展缓慢；食品工业具有出口优势，但受制于技术水平，产业发展太慢；机械制造受国内形势的影响，在逐步恢复发展；其中水能资源属于绝对的产业优势，人均拥有量世界第一，但由于技术水平低下，开发利用率极低，因而塔吉克斯坦政府提出大力扶持水利水电，将其作为优先发展的产业。

2.1.3.6　我国新疆地区产业空间布局状况

1. 产业结构特征

自改革开放以来，新疆地区的产业结构在不断调整优化。根据《新疆统计年鉴2015》相关数据，就三次产业占国民生产总值的比重来看：第三产业发展水平显著提升，占比从1978年的17.95%增加至2015年的40.90%，呈现持续上升趋势；第一产业占比明显下降，从1978年的35.9%下降至2015年的16.60%，在国民经济中仍占有重要的地位；第二产业比重呈现波动下降态势，2015年仅有42.50%，较1978年的46.15%下降了3.65个百分点，下降速度较快，工业对国民经济的贡献性下降至较低水平。就具体产业看：农业比重达到55.7%，牧业也占较大比重，为29.5%，其余林业相较其他产业很低，农业仍然是第一产业发展的根基；新疆第二产业的发展仍以重工业为主，轻工业仅占第二产业总值比重的9.9%，其中加工业和原料工业是新疆第二产业发展的主要来源，又以加工业为主，占比达到46.6%；以交通运输仓储邮政业为主的传统服务业在第三产业发展中占比为33.7%，依然是第三产业发展的主动力。在现代服务业中，金融与房地产业发展水平高，占比分别为15.4%、12.6%，服务业发展取得较大进步，但内部结构需要继续调整优化。可以看出，第一产业仍然是新疆经济发展的基础，第二产业是主导因素，第三产业已然成为新的增长极，但仍然表现出层次较低、整体发展水平偏低的问题。从图2－9可以看出1978年和2014年新疆三次产业比重状况。

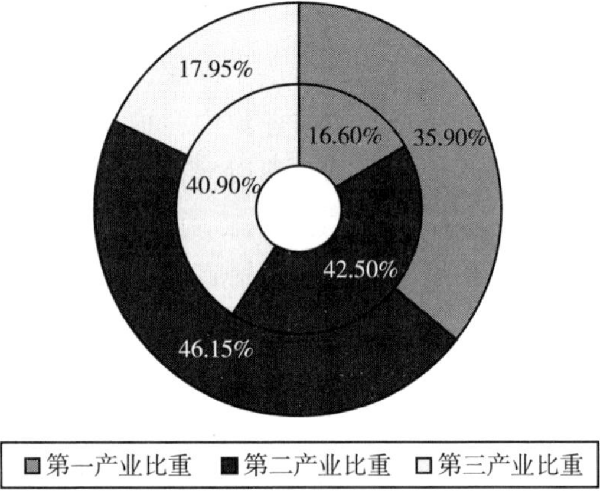

图2－9　1978年、2014年新疆三次产业产值比重状况

注：外圈为1978年新疆三次产业比重，内圈为2014年新疆三次产业比重

资料来源：根据《新疆统计年鉴2015》相关数据计算得出

2. 产业集聚水平

区位熵指数是定量测度产业效率和效益的重要指标，可用来判断哪些产业存在产业聚集与行业优势。一般用区位熵指数（*Location Quotient*，*LQ*）来测算区域产业聚集程度。计算公式如下：

$$LQ_i = (x_i / \sum_{i=1}^{n} x_i) / (X_i / \sum_{i=1}^{n} X_i)$$

其中，LQ_i 指给定区域 i 产业的区位熵，x_i 为 i 产业的增加值。当 $LQ_i > 1$ 时，说明 i 产业在该地区的集聚水平超出全国平均水准，该区域 i 产业存在产业集群的可能性。当 $LQ_i > 1.2$ 时，就可以认定产业具有较高的集中度，是区域经济发展的优势产业。当 $LQ_i < 1$ 时，认为该地区的集聚水平差于全国平均线。

（1）三次产业分析。

由表 2－5 可知，新疆第一产业区位熵为 1.81，明显高于全国平均水平。优越的自然条件为农业发展提供了有利条件，加之农业机械化水平处于全国前列，新疆现代化农业发展迅速，在全国范围内具有一定的竞争力。第二产业区位熵为 0.99，较全国平均水准略差。随着工业化进程的推进，新疆工业取得了较快的发展，但由于在发展中过度依赖资源，后续工业发展速度放缓，加之技术水平的制约，新疆第二产业水平仍需提升。第三产业区位熵为 0.85，较全国平均水平低。虽然西部大开发等政策带来服务业发展的新契机，但发展基础的薄弱使其不具有竞争优势。

表 2－5　2014 年全国与新疆三次产业区位熵计算

区域	GDP（亿元）	第一产业		第二产业		第三产业	
		产值（亿元）	比例（%）	产值（亿元）	比例（%）	产值（亿元）	比例（%）
全国	636 138.7	58 336	9.2	271 764.5	42.7	306 038.2	48.1
新疆	9 264.1	1 538.6	16.6	3 927.8	42.4	3 797.7	41
新疆区位熵		1.81		0.99		0.85	

资料来源：根据《中国统计年鉴 2015》与《新疆统计年鉴 2015》相关数据计算得出

（2）三大产业内部结构分析。

①农业内部结构分析。

由表 2－6 可知，新疆农业（种植业）区位熵为 1.31，超出全国平均水准。牧业为 0.83，略低于全国平均线，但与林业（0.43）、渔业（0.07）相比较高，尤其是渔业，仅有 0.07，弱势地位明显。这与新疆特殊的自然条件有关，渔业缺少发展所需的自然条件，林业受沙漠、戈壁等地貌条件制约，牧业受逐渐恶化的生态环境制约，发展水平低，处于相对弱势地位。

表 2－6　　2014 年全国与新疆农业内部结构区位熵计算

区域	农林牧渔总值（亿元）	农业（种植）		林业		牧业		渔业	
		产值（亿元）	比例（%）	产值（亿元）	比例（%）	产值（亿元）	比例（%）	产值（亿元）	比例（%）
全国	98 318. 1	54 771. 5	55. 7	4 256. 0	4. 3	28 956. 3	29. 5	10 334. 3	10. 5
新疆	2 675. 3	1 955. 1	73. 1	49. 4	1. 8	651. 2	24. 3	19. 6	0. 7
新疆区位熵		1. 31		0. 43		0. 83		0. 07	

资料来源：根据《中国统计年鉴 2015》与《新疆统计年鉴 2015》相关数据计算得出

②工业（规模以上企业）内部结构分析。①

由表 2－7 可知，新疆采掘业在第二产业中占比较全国要高，区位熵为 3. 12，远超出全国平均水平，竞争优势明显；原料工业区位熵为 1. 46，是新疆第二产业中区位熵高于全国平均水平的另一产业，资源优势使新疆原料工业的发展有很好的基础条件；轻工业区位熵为 0. 83，以纺织业等为主的轻工业取得了较快发展，但受技术水平的限制，发展有限；占到第二产业 46. 6% 比重的重型加工业区位熵仅有 0. 06，在全国范围内基本没有竞争优势，反映了新疆工业发展的不均衡问题。新疆工业发展面临技术创新水平低下、产品附加值低、产业链短等问题，对新疆经济的贡献需进一步提升。

表 2－7　　2014 年全国与新疆工业（规模以上企业）内部结构区位熵计算

区域	工业总值（亿元）	轻工业		重工业					
				采掘业		原料工业		重型加工业	
		产值（亿元）	比例（%）	产值（亿元）	比例（%）	产值（亿元）	比例（%）	产值（亿元）	比例（%）
全国	956 777. 2	94 507. 6	9. 9	147 218. 3	15. 4	269 223. 2	28. 1	445 828. 1	46. 6
新疆	3 151. 3	259. 3	8. 2	1 511. 85	48. 0	1 297. 9	41. 2	82. 25	2. 6
新疆区位熵		0. 83		3. 12		1. 46		0. 06	

资料来源：根据《中国统计年鉴 2015》与《新疆统计年鉴 2015》相关数据计算得出

① 本段中采掘业主要指煤炭开采和洗选业、石油和天然气开采业、黑色金属矿采选业、有色金属矿采选业、非金属矿采选业、其他采矿业。原料工业主要指石油加工、炼焦及核燃料加工业、化学原料及化学制品制造业、黑色金属冶炼及压延加工业、有色金属冶炼及压延加工业。重型加工业主要指通用设备制造业、专用设备制造业、交通运输设备制造业、电气机械及器材制造业、通信设备、计算机及其他电子设备制造业、仪器仪表及文化办公用机械制造业。

③第三产业内部结构分析。

由表 2 - 8 可知，新疆第三产业区位熵水平均较低，没有竞争优势。传统服务业区位熵为 0.92，较全国平均水平略差，但占第三产业总产值的比重很大，新疆交通设施建设水平还需提升。在现代服务业中，金融占比略高于其他，其区位熵为 0.92，也较其他产业高，说明在新疆沿边开发开放发展中，金融业发展取得显著成效；而房地产业依然低迷，在第三产业增加值中比例为 12.6%，但区位熵仅有 0.59，与全国平均水平差距明显，处于比较劣势地位；这说明现代服务业对新疆经济发展的作用还有待提升。

表 2 - 8　　2014 年全国与新疆第三产业内部结构区位熵计算

区域	第三产业总值（亿元）	传统服务业		金融业		现代服务业			
						房地产业		其他服务业	
		产值（亿元）	比例（%）	产值（亿元）	比例（%）	产值（亿元）	比例（%）	产值（亿元）	比例（%）
全国	303 068.3	102 164.4	33.7	46 572.7	15.4	38 166.6	12.6	116 164.6	38.3
新疆	3 785.9	1 173.96	31.0	536.94	14.2	281.56	7.4	1 793.44	47.4
新疆区位熵		0.92		0.92		0.59		1.24	

资料来源：根据《中国统计年鉴 2015》与《新疆统计年鉴 2015》相关数据计算得出

综上，由表 2 - 5 到表 2 - 8 对区位熵的分析来看，总体上，新疆第一产业现有布局的效果明显，第二和第三产业处于较低水平，尤其是第三产业。具体来说，新疆现有产业布局效果明显的依次为采掘业、原料工业、农业以及其他服务业，可以看出新疆在产业布局上主要集中于有资源优势的产业，重点发展资源依赖型产业，形成的是以原料型重工业为主，农业为辅，第三产业为未来方向的产业布局体系。

3. 区际产业关联特征

就地区间产业空间关系而言，我国新疆与中亚五国间产业关联是否紧密，能否形成互为依托的产业发展关系，对于新疆产业结构升级、产业空间布局优化有着非同寻常的意义和价值。中亚的工业以石油天然气开发、采矿、冶金为优势产业，但缺乏轻工业产品。新疆得益于我国的改革开放以及西部大开发战略，大量基础设施建设正在进行，并在各项战略推动下，发展取得显著成效。新疆在能源化工等方面具有优势，这与以农牧业、资源型产业为主的中亚国家在多方面存在合作空间。首先，新疆有储量极大的煤炭资源，但石油储量极为有限，这导致我国需要从石油储量丰富的中亚五国进口能源资源。除此之外，中亚五国还有丰富的稀有金属等，储量均居世界前列。在能源种类及储量上的差距，反映了两者经济合作的空间。其次，中亚国家处于工业化的初级阶段，以原材料和初级产品加工为主，工业发展水平较低，体系不完善，导致大量生活资料亟须进口。此外，中亚国家的发展需要资金支持，因而对中国企业的投资寄予厚望，需要资本以推动国内经济的发展，因此积极吸引外来投资和先进技术。

由表2-9可知，凭借丰富的矿产资源和能源资源，我国新疆与中亚国家在产业布局上均以资源优势为选择标准，发展具有资源依赖性的石油、天然气开发，有色金属加工业，纺织业，采矿业等，形成了石油化工为主导产业，有色金属加工、采矿及纺织等轻工业优先发展的产业布局体系。但通过测算发现，我国新疆与中亚五国产业结构同构性高，产业结构与布局存在一定的趋同现象。石油、天然气开发，有色金属加工业，纺织业，采矿业等作为我国新疆与中亚国家均集中发展的产业，一方面有利于在区域范围内形成产业集聚，延长产业链，增加产业附加值，有效促进区域间产业联系与合作；另一方面，由于相似的资源优势及产业结构，导致我国新疆与中亚国家在产业布局中产业选择的范围有限，致使出现区域同质竞争等问题。因此，我国新疆与中亚国家需要通过产业调整与空间布局的优化，有效避免区域产业同质现象的进一步深化。

表2-9　　丝绸之路经济带沿线国家与中国新疆的优势产业比较

国家或地区	优势产业
哈萨克斯坦	钢铁工业，有色金属工业，石油、天然气开发，农牧业
乌兹别克斯坦	农牧业，石油、天然气开发，有色金属开发
土库曼斯坦	石油、天然气开发，纺织业，农牧业
塔吉克斯坦	石油、天然气开发，煤炭工业，铝业，纺织业
吉尔吉斯斯坦	农业，有色金属资源开发
中国新疆	农业、石油、天然气开发，化工，冶金，建筑装备制造等

资料来源：新疆维吾尔自治区商务厅门户网站：http：//xjftec. gov. cn；世界银行数据库（2009～2013）；中经网统计数据库（2013）。

2.1.4 新疆不同区域产业空间布局现状

西部大开发以来，由于区位及自然资源等要素的不同，新疆不同区域在产业发展中均呈现出了以节点城市为中心的集群化发展态势，形成了具有规模的四个产业带：天山北坡产业带、天山南坡产业带、北疆北部沿边产业带、南疆三地州产业带。

2.1.4.1　天山北坡产业带产业空间布局状况

天山北坡产业带坐落于天山北麓，包含 23 个县、市、地区。良好的交通设施、建设环境和自然条件使其成为新疆经济发展水平最高的区域。天山北坡产业带以乌昌经济区为核心，经济发展主要依靠矿产加工、石油天然气化工、纺织、食品加工、旅游业等，对全疆具有较强的辐射带动作用。天山北坡产业带自然条件优越，聚集了全疆 68.3% 的经济总量，是新疆经济发展的核心区域和主要推动力。如图 2－10 所示，天山北坡产业带区域呈现出“二三一”的产业结构特征，区域内一、二、三产业占区域经济总量的比重分别为 13.09%、43.55%、43.36%，工业化发展水平较高，为区域经济发展的支柱产业。表 2－10 为新疆不同区域三次产业区位熵，天山北坡产业带第二产业、第三产业均略高于新疆平均水平，说明天山北坡产业带第二产业与第三产业的发展水平在新疆整体中处于优势地位，而第一产业区位熵水平低于新疆平均水平，这与天山北坡产业带产业结构特征相符合。

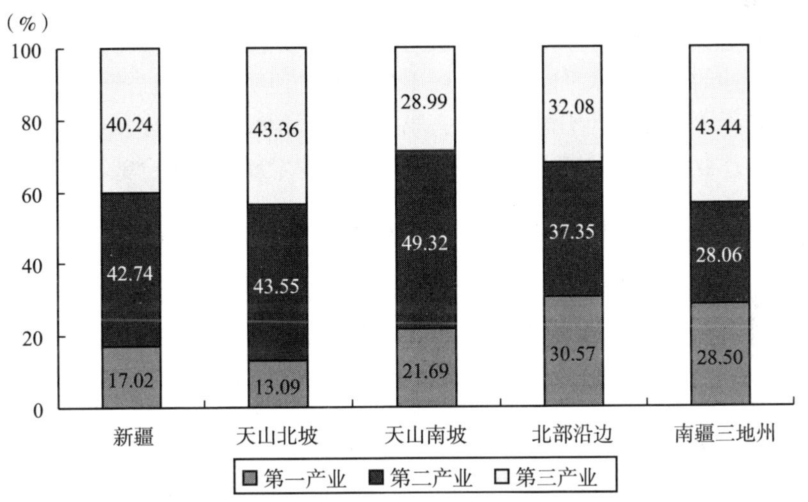

图 2－10　2014 年新疆不同区域产业结构特征

资料来源：根据《新疆统计年鉴 2015》相关数据计算得出

表 2－10　2014 年新疆不同区域三次产业区位熵

区域	第一产业	第二产业	第三产业
新疆	1.81	0.99	0.85
天山北坡	0.77	1.02	1.08
天山南坡	1.27	1.15	0.72

续表

区域	第一产业	第二产业	第三产业
北部沿边	1.80	0.87	0.80
南疆三地州	1.67	0.66	1.08

资料来源：根据《中国统计年鉴2015》与《新疆统计年鉴2015》相关数据计算得出

2.1.4.2 天山南坡产业带产业空间布局状况

天山南坡产业带坐落于天山南麓，多种矿产资源丰富且储量高。天山南麓资源的开发，使天山南坡产业带成为另一个具有发展潜力和资源优势的区域，经济发展主要依靠石油天然气、煤化工、纺织、农副产品精深加工等产业。2014年，该区域GDP占全疆GDP比重的16.2%，在四大区域中处于第二位，如图2-10天山南坡产业带区域内一、二、三产业结构占区域经济总量的比重分别是21.69%、49.32%、28.99%，其中，以石油化工产业为主的第二产业对区域的贡献最大，仅次于天山北坡产业带。但是，目前天山南坡产业带产业结构层次较低，产业竞争力不高等问题也在一定程度上阻碍了其迅速发展。从表2-10来看，天山南坡产业带、第二产业的区位熵水平略高于新疆平均水平，说明天山南坡产业带第二产业的发展水平在新疆整体中处于优势地位，第三产业区位熵水平低于新疆平均水平，说明天山南坡产业带经济发展主要依靠工业，服务业发展水平较全疆来看有待提升。

2.1.4.3 北疆北部沿边产业带产业空间布局状况

北疆沿边高寒地区位于天山以北、阿尔泰山以南，包括21个县市。北疆北部沿边产业带以阿勒泰地区为节点，依靠其丰富的矿产资源要素大力发展采矿业，并依据其口岸等区位优势发展边境贸易，以及生态旅游业、畜牧等为主的特色优势产业。北疆北部沿边产业带属于沿边高寒地区，受区域自然条件的影响，经济发展水平低。2014年一、二、三产业占全疆比重分别为12.7%、6.2%和5.7%，如图2-10，区域内产业结构呈现“二三一”的产业结构特征，三次产业产值结构占区域经济总量的比重分别是30.57%、37.35%、32.08%。从表2-10可以看出，北疆北部沿边产业带第二产业、第三产业的区位熵水平均低于新疆平均水平，说明北疆北部沿边产业带第二产业与第三产业的发展水平在新疆整体中处于劣势地位，第一产业区位熵水平略低于新疆平均水平，说明北疆北部沿边产业带农业发展较好，而工业与服务业发展较新疆整体水平落后，产业结构层次较低，在一定程度上阻碍了北疆北部沿边产业带经济的快速发展。

2.1.4.4 南疆三地州产业带产业空间布局状况

南疆三地州产业带是新疆自然条件艰苦、经济发展缓慢的地区，包含喀什地区、和田地区和克孜勒苏柯尔克孜自治州。南疆三地州产业带经济发展主要依靠特色林果产品生产加工、民族特色产品生产加工以及旅游业。2014 年，南疆三地州的经济总量仅为全疆的 8.4%，对整体经济发展的贡献低。从图 2 – 10 可以看出，区域内产业结构呈现“三一二”的产业结构特征，三次产业产值结构占区域经济总量的比重分别是 28.5%、28.06%、43.44%。就区位熵水平来看，南疆三地州产业带第三产业的区位熵水平超出新疆平均水平，第二产业呈现低态势。南疆三地州产业带农业在产业结构中占重要地位，工业发展非常水平低，第二产业只占全疆第二产业比重的 5.5%，第三产业也只占到全疆的 9%。农业、服务业对经济增长的贡献大于工业，服务业比重相对较高，但这是由于南疆三地州经济总量低下，造成第三产业比重出现虚高状态。

2.2　丝绸之路经济带背景下新疆产业结构调整的空间布局效果测度

由于新疆四大产业带涉及地区较多，整体数据不容易统计，因此选取区域内具有代表性的 15 个地州市来间接反映新疆四大产业带的发展现状。天山北坡产业带：乌鲁木齐市、克拉玛依市、石河子市、哈密市、吐鲁番市、昌吉回族自治州、博尔塔拉蒙古自治州、伊犁哈萨克自治州直属县（市）。天山南坡产业带：巴音郭楞蒙古自治州、阿克苏地区。北疆北部沿边产业带：阿勒泰地区、塔城地区。南疆三地州产业带：喀什地区、克孜勒苏柯尔克孜自治州、和田地区。以下对选取的 15 个地州市进行分析。

2.2.1　实证方法及数据说明

2.2.1.1　实证方法

对于复杂经济问题的分析，一般认为分析指标越多，对问题的解释就越全面，但实证分析证明，有些指标本身就是对问题同一特征的不同解释方式，为了有效避免因冗杂的指标选择所带来的分析的重复与多余，可以采用因子分析法对指标进行降维，选取极少数有效指标的组合来全面反映问题。

因子分析法中原始变量由两部分构成，第一部分是可解释部分 F_1，F_2，……，F_m，是由 p 个变量 X_1，X_2，……，X_p 共有的公因子，但各公因子组成的向量集合 $F=(F_1, F_2, \cdots, F_m)$ 是不可解释的，各公因子之间相互独立。

其计算公式如下：

$$\begin{cases}X_1 = a_{11}F_1 + a_{12}F_2 \cdots a_{1n}F_m + a_1\varepsilon_1 \\ X_2 = a_{21}F_1 + a_{22}F_2 \cdots a_{2n}F_m + a_2\varepsilon_2 \\ \cdots \\ X_p = a_{p1}F_1 + a_{p2}F_2 \cdots a_{pn}F_m + a_p\varepsilon_p\end{cases}$$

各因子得分如下：

$$\begin{cases}F_1 = \beta_{11}X_1 + \beta_{12}X_2 + \cdots + \beta_{1P}X_P \\ F_2 = \beta_{21}X_1 + \beta_{22}X_2 + \cdots + \beta_{2P}X_P \\ \cdots \\ F_m = \beta_{m1}X_1 + \beta_{m2}X_2 + \cdots + \beta_{mP}X_P\end{cases} \quad (m<p)$$

另一部分是不能够由公因子解释的 ε_1。$E(\varepsilon)=0$，与 F 相互独立。由 a_{p1}、a_{p2}，…，a_{pn}所构成的向量 $A(a_{ij})$ 为因子载荷矩阵，其分向量 a_{ij}代表了第 i 个变量在第 j 个公因子上的权值，值的大小反映公因子对原始变量的解释程度。值大，则解释力度越大，反之则越小。因子分析法善于用简单组合的指标分析复杂的经济问题，因此本书选用因子分析法。

2.2.1.2 数据说明

所选关于新疆人均 GDP、GDP 增长速度、劳动生产率等数据均整理自历年《新疆统计年鉴》，关于乌鲁木齐、阿勒泰等 15 个地州市的各项数据均整理自历年《乌鲁木齐统计年鉴》《阿勒泰统计年鉴》等新疆 15 个地州市统计年鉴（详见表 2－11）。

表 2－11　　2014 年新疆 15 个地州市主要经济指标

地州市	人均 GDP（亿元）	GDP 增长速度（%）	投资率（%）	利税率（%）	人均利用外资（元）	劳动生产率（%）
乌鲁木齐市	70 428	11.74	421.37	7.99	56.70	9.81
克拉玛依市	153 084	－0.64	0.00	19.59	45.96	29.73
石河子市	81 370	14.69	509.20	3.93	82.76	5.23
哈密市	65 646	20.44	140.00	5.97	156.13	7.55
吐鲁番市	40 457	－0.33	0.75	5.73	128.06	5.54
昌吉回族自治州	66 005	13.18	265.09	5.08	135.22	9.04
博尔塔拉蒙古自治州	52 448	16.18	2.74	3.77	92.92	6.70
伊犁哈萨克自治州直属县（市）	26 453	8.98	16.72	2.85	112.85	4.55

续表

地州市	人均 GDP（亿元）	GDP 增长速度（%）	投资率（%）	利税率（%）	人均利用外资（元）	劳动生产率（%）
巴音郭楞蒙古自治州	79 055	10.01	129.16	24.71	83.92	10.42
阿克苏地区	29 293	8.27	80.47	5.59	81.63	4.76
阿勒泰地区	35 932	6.96	146.16	10.64	109.11	6.03
塔城地区	44 851	9.43	38.79	4.85	82.81	7.30
喀什地区	16 024	11.52	4.28	2.83	121.01	4.25
克孜勒苏柯尔克孜自治州	15 222	14.65	94.45	2.24	120.46	2.58
和田地区	8 993	15.60	0.00	-1.21	159.14	2.59

地州市	人均社会消费品零售总额（元）	二产比重（%）	三产比重（%）	外贸依存度（%）	非农业人口比重（%）
乌鲁木齐市	33 975.65	36.8	62.1	20.67	72.90
克拉玛依市	18 857.30	75.5	23.9	3.71	98.88
石河子市	13 896.56	59.2	37.3	25.57	90.73
哈密市	12 212.08	56.1	34.4	6.18	55.88
吐鲁番市	5 899.23	53.8	30.0	0.88	27.84
昌吉回族自治州	15 073.30	48.8	28.5	8.28	49.12
博尔塔拉蒙古自治州	6 976.31	27.7	48.3	52.05	54.75
伊犁哈萨克自治州直属县（市）	5 727.66	30.7	45.4	65.46	40.73
巴音郭楞蒙古自治州	6 129.76	61.2	22.3	1.21	49.09
阿克苏地区	4 379.11	31.7	38.9	4.62	31.47
阿勒泰地区	8 086.87	45.0	35.7	42.19	49.63
塔城地区	6 589.00	34.4	30.7	9.08	52.53
喀什地区	3 306.05	30.5	39.5	17.13	22.34
克孜勒苏柯尔克孜自治州	2 752.41	32.1	53.2	37.36	30.47
和田地区	1 424.59	17.6	52.9	0.33	16.73

2.2.2 变量选取与指标体系构建

2.2.2.1 变量选取

区域产业布局体现为区域的产业结构及发展态势是否有利于地区经济的可持续发展，因此，从数据可得性与可操作性出发，选取反映产业积累水平的人均GDP(X_1)、GDP 增长速度（X_2）、投资率（X_3）、工业企业资金利税率（X_4）、人均利用外资（X_5）、反映产业发展动力的劳动生产率（X_6）、地区人均社会消费品零售总额（X_7）、反映产业带动能力的第二产业增加值占 GDP 的比重（X_8）、第三产业产值占 GDP 的比重（X_9）、外贸依存度（X_{10}）、非农业人口比重（X_{11}）共 11 个变量衡量新疆的产业布局优化水平。

2.2.2.2 指标体系构建的原则

为更科学、更合理客观地反映新疆各区域产业空间布局效果，在构建指标体系时，应遵循以下原则：

（1）科学性原则。对经济问题的分析要建立在实际经济基础上，选取的指标要具有科学依据，并且要与研究内容相关，不脱离问题本身。本文对新疆产业空间布局效果的测度主要从产业积累水平、产业发展动力和产业带动能力三个维度共 11 个指标来衡量。

（2）可得性原则。数据能否获得是分析经济问题的基础，只有所选取的资料可以通过各种渠道查找或者整理获得，才能更进一步建立指标体系分析问题，数据的合理及真实性保证了研究的学术及实用价值。

（3）层次性原则。任何一个经济问题都是由不同要素组成的复杂集合体，对复杂的经济问题要分析得透彻，则需要抽丝剥茧，分不同的层次进行研究检验。从不同层次建立产业布局效果测度的指标体系，能更清晰地反映产业布局的问题及缺陷，政府可以更透彻地把握产业发展的重点。

（4）可比性原则。在比较不同主体之间的同一问题时，则需要对不同地区的衡量标准或指标有同一的统计口径，这样无论是在数据选取上还是在结果比较上，各主体间都具有可比性，方便研究，能使研究结果更具科学严谨性。

2.2.2.3 新疆产业结构调整的空间布局效果测度指标体系的构建

产业布局优化的目标及原则是“充分发挥区域优势，保持产业结构的合理化，实现产业结构的高级化，并带动地区技术进步和经济效益提高，减缓就业压力”。①

① 李格锐．我国矿业城市发展与矿业产业布局优化研究［D］．中国地质大学，2014.

以此得出衡量地区产业布局合理性的评价标准：①充分有效利用人力、财力、物力、自然资源等区域资源；②区域产业的技术结构合理，有利于技术水平的提升及新产业的衍生；③区域各产业部门间关联，带动周边产业发展；④区域产业结构具有较强的调整能力，能充分应对外部因素的影响；⑤具有较高的产业结构效益，能实现个体和整体的效益共增。

结合产业布局优化的一般目标及原则，以及衡量产业布局合理性的评价标准，以此构建产业布局效果的评价指标体系。[①]

1. 产业积累水平

产业积累水平是产业布局调整的经济基础，一区域产业良好的发展可增强该区域对产业空间布局进行优化的可行性。其中，人均 GDP 可以有效反映经济发展的整体水平，最能直观说明经济发展的实际情况。GDP 增长率反映某一国家或地区经济发展的速度，表征该区域的经济发展趋势。投资水平的提升能有效扩大再生产，要保持经济较快增长，需要维持较高的投资水平。资金利税率从微观层面体现了某一产业或行业的经济效益和对国家财政所做的贡献。人均外商直接投资水平的提升则是促进地区经济发展市场化进程加快的重要手段。

2. 产业发展动力

创新能力和市场潜力是促进地区产业发展的两大动力。创新能力通过产业内外创新扩散产生的乘数效应以及技术创新基础上的产业竞争导致的选择效应对产业结构产生影响。在影响产业竞争力提升的众多因素中，技术创新具有重要的地位。随着技术创新水平的提升，技术密集型产业可以得到极大发展，国民经济的主导产业也随之改变，进而带来产业布局的改变；市场潜力主要指区域的内外部需求水平，由人均社会消费品零售总额表征。经济发展水平的提高带来人均可支配收入的增加，居民消费观念也随之日益成熟，消费层次不断提升，以消费为目的的生产也随之改变。生产结构的变化会对现有产业结构产生强大的压力，新兴产业淘汰过剩产业迅速发展，新主导产业的出现以及旧主导产业的衰弱或淘汰会对产业布局产生不同的拉力，促使其不断调整优化。

3. 产业带动能力

产业带动能力包括产业结构调整和产业政策导向。资源要素在区域产业部门间的优化配置可以促进产业结构的更合理化发展，进而优化产业结构。其中，第二产业增加值比重反映一国或地区在不同市场需求环境中，灵活调整产业结构以适应市场的能力，第三产业增加值比重反映地区就业结构和生产生活辅助对经济发展的协调推动作用；产业政策能够影响一国或地区产业结构调整的外部环境，进而影响区域的产业布局。一国或地区可以通过营造不同的产业发展的政策环

---

① 本书指标体系的构建是在借鉴徐杰、段万春关于西部地区产业布局优化水平研究相关成果的基础上根据新疆产业发展实际得出的。

境，来引导不同区域形成不同的产业分工体系和城镇结构。城市化水平的提升能促进剩余劳动力的有效转移，在解决就业的同时带来服务业的快速发展，从而提高区域整体的经济效益和社会效益。产业分工是建立在各个国家产业优劣势差异的基础上的，外贸水平作为参与产业分工的重要内部因素推动区域产业的发展。

结合指标体系的构建原则，围绕产业积累水平、产业发展动力和产业带动能力三个维度构建评价新疆产业布局效果的综合指标体系（详见表2－12）。

表2－12　　新疆产业布局效果的综合评价指标体系

系统层	准则层	指标层	指标释义
产业布局优化效果测度	产业积累水平	人均 GDP	经济发展水平
		GDP 增长速度	经济发展趋势
		投资率	扩大再生产
		利税率	产业发展带来的经济效益
		人均利用外资	吸收资本的能力
	产业发展动力	劳动生产率	技术水平和技术创新能力
		人均社会消费品零售总额	居民消费水平
	产业带动能力	第二产业增加值占 GDP 比重	产业结构层次
		第三产业增加值占 GDP 比重	就业与生活辅助的协调推动作用
		外贸依存度	进出口对产业的带动能力
		非农人口比重	城市化水平

为了消除指标间的序列相关性，应用 SPSS 22.0 将数据做标准化后，再做相关性①检验。可以看出在 0.05 的显著性水平下，大部分变量间存在相关。其中，人均 GDP 与劳动生产率（0.905）、第二产业增加值占 GDP 比重（0.841）及城市化水平（0.883）、第二产业增加值占 GDP 比重与工业企业资金利税率（0.725）、第三产业增加值占 GDP 比重（0.725）及城市化水平（0.678）等指标之间均具有强相关性，这会导致计量结果的不理想，因此对其进行降维处理。

① |r|≥0.3，即说明指标之间存在相关性；0.3≤|r|<0.5，为低度相关；0.5≤|r|<0.8，为显著相关；|r|≤0.8，为高度相关。

2.2.3 基于因子分析法对新疆产业结构调整的空间布局效果的测度分析

2.2.3.1 新疆产业结构调整的空间布局效果的测度

1. 变量的 KMO 和 Bartlett 检验

该检验是为了确定变量是否适合做因子分析。Bartlett 检验是对指标数值的大小进行判断，检验值较大，则适合，反之，变量不适合进行因子分析。KMO 检验用来判断变量间偏相关系数的大小，一般认为检验值大于 0.5 才能对变量做因子分析。由表 2－13 可知，检验的 KMO 值为 0.628，大于 0.5，且在 0.000（<0.5）的显著性水平下，Bartlett 检验值为 135.016，服从近似卡方分布，因此变量可以做因子分析。

表 2－13　　　KMO 与 Bartlett 检验

取样足够度的 Kaiser－Meyer－Olkin 检验		0.628
Bartlett 的球形检验	近似卡方	135.016
	df	55
	显著性	0.000

2. 共同度

共同度反映了公因子对原始变量的解释程度。“初始”表示将所有变量方差标准化，使所有原始变量均可被解释。“提取”表示在一定约束下提取特征值后变量的共同方差。

由表 2－14 可知，所有变量的共同方差均超过 0.6，其中人均 GDP、城市化水平及第二产业增加值占 GDP 比重更是达到 0.936、0.899 和 0.871，说明公因子对这三个变量的解释程度很强，达到了 93.6%、89.9% 和 87.1%，各原始变量信息丢失均较少，因子分析方法评价指标体系的结果较理想。

表 2－14　　　共同度分析

指标	初始	提取
X_1	1.000	0.936
X_2	1.000	0.720
X_3	1.000	0.835

续表

指标	初始	提取
X_4	1.000	0.723
X_5	1.000	0.796
X_6	1.000	0.841
X_7	1.000	0.805
X_8	1.000	0.871
X_9	1.000	0.824
X_{10}	1.000	0.630
X_{11}	1.000	0.899

提取方法：主成分分析法

3. 总方差的分解

由表 2－15 可知，第一个因子特征值达到 5.399，其方差贡献率为 49.080%，说明它能解释 11 个初始变量的 49.080%。特征值大于 1 的还有两个因子，方差贡献率分别为 20.637%、10.945%，三个因子对所有初始变量的累计贡献率达到 80.662%，即提取的三个因子对原始数据的解释程度能达到 80.662%，总体上反映了初始变量的大部分信息。

表 2－15　　总方差的分解

因子	初始特征值		
	初始特征值	方差贡献率（%）	累计贡献率（%）
1	5.399	49.080	49.080
2	2.270	20.637	69.717
3	1.204	10.945	80.662
4	0.716	6.510	87.172
5	0.538	4.889	92.061
6	0.413	3.754	95.814
7	0.284	2.586	98.400
8	0.104	0.946	99.346
9	0.039	0.356	99.702
10	0.021	0.191	99.893
11	0.012	0.107	100.000

提取方法：主成分分析法

通过碎石图（如图 2－11）也能清晰地看出，前三个因子特征值大于 1，其余均小于 1，对初始变量的贡献率都很小，是可以被忽略的“碎石”。因此，提取前三个因子评价新疆 15 个地州市产业空间布局优化效果是合理的。

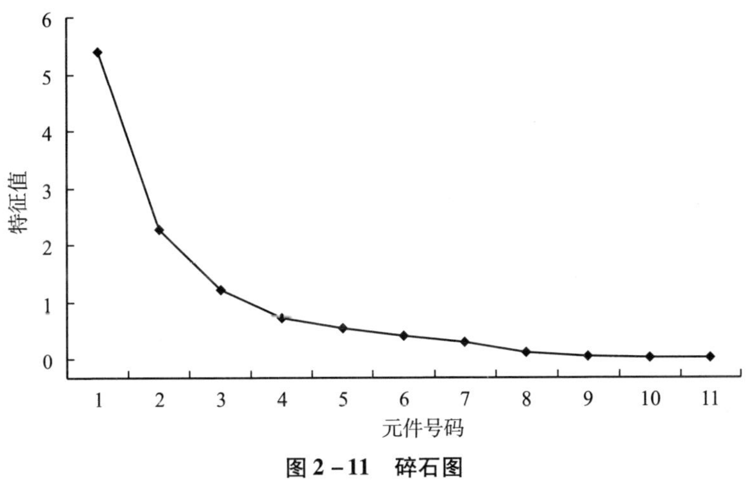

图 2－11　碎石图

4. 未旋转的成分矩阵

从表 2－16 可以看出，11 个指标在第一个因子上的负荷都很高。其中，X_1 在第一个因子上的负荷达到 0.962，二者间的相关程度非常高。

表 2－16　　成分矩阵 a

指标	成分		
	1	2	3
X_1	0.962	0.080	0.050
X_2	-0.487	0.505	0.469
X_3	0.286	0.767	0.408
X_4	0.789	-0.287	-0.050
X_5	-0.689	-0.254	0.506
X_6	0.889	-0.139	-0.180
X_7	0.616	0.651	0.047
X_8	0.871	-0.170	0.289
X_9	-0.561	0.655	-0.280

续表

指标	成分		
	1	2	3
X_{10}	-0.315	0.415	-0.600
X_{11}	0.836	0.448	-0.030

提取方法：主成分分析法
a：提取三个主成分

5. 旋转后的成分矩阵

对因子负荷矩阵进行旋转是为了更好地解释因子负荷量，有“正交旋转”和“斜交旋转”两种方法。采用正交旋转法对因子负荷矩阵旋转后可以最大程度地保证新生成的因子之间不存在相关性，因此本书采用“方差极大的正交旋转法”。

从表2-17可以看出，进行旋转后，第一个因子主要解释人均GDP、GDP增长速度、利税率、人均利用外资和劳动生产率。这五个变量在第一因子上有较大的负荷，分别为0.645、0.772、0.677、0.773和0.792，主要反映新疆产业空间布局优化的产业发展动力的大小。第二个因子主要解释投资率、人均社会消费品零售总额及非农人口比重。这三个变量在第二因子上的负荷分别为0.885、0.854、0.780，综合反映新疆产业空间优化布局的产业积累水平、产业发展动力和产业带动能力。第三因子主要解释第二产业增加值占GDP比重、第三产业增加值占GDP比重和外贸依存度这三个变量，其载荷值分别为0.697、0.810、0.790，其意义可表示新疆产业布局优化的产业带动能力。

表2-17　　旋转成分矩阵a

指标	成分		
	1	2	3
X_1	0.645	0.571	0.439
X_2	-0.772	0.297	-0.170
X_3	-0.229	0.885	0.002
X_4	0.677	0.159	0.489
X_5	-0.773	-0.409	0.175
X_6	0.792	0.289	0.362
X_7	0.272	0.854	-0.040
X_8	0.483	0.390	0.697
X_9	-0.370	0.162	-0.810

续表

指标	成分		
	1	2	3
X_{10}	0.067	-0.010	-0.790
X_{11}	0.524	0.780	0.124

提取方法：主成分分析法
a：提取三个主成分

6. 因子得分系数矩阵

根据回归算法，结合标准化后的原始变量值可以计算得出因子得分函数的系数（详见表 2-18），则旋转后的因子得分表达式如下：

$$F_1 = 0.092X_1 - 0.368X_2 - 0.257X_3 + 0.163X_4 - 0.341X_5 + 0.229X_6 - 0.006X_7 - 0.022X_8 - 0.013X_9 + 0.240X_{10} + 0.083X_{11}$$

$$F_2 = 0.133X_1 + 0.248X_2 + 0.399X_3 - 0.039X_4 - 0.033X_5 + 0.009X_6 + 0.302X_7 + 0.092X_8 + 0.112X_9 - 0.027X_{10} + 0.232X_{11}$$

$$F_3 = 0.095X_1 + 0.111X_2 + 0.079X_3 + 0.107X_4 + 0.297X_5 + 0.006X_6 - 0.080X_7 + 0.283X_8 - 0.370X_9 - 0.480X_{10} - 0.050X_{11}$$

表 2-18　　因子得分系数矩阵

指标	成分		
	1	2	3
X_1	0.092	0.133	0.095
X_2	-0.368	0.248	0.111
X_3	-0.257	0.399	0.079
X_4	0.163	-0.039	0.107
X_5	-0.341	-0.033	0.297
X_6	0.229	0.009	0.006
X_7	-0.006	0.302	-0.080
X_8	-0.022	0.092	0.283
X_9	-0.013	0.112	-0.370
X_{10}	0.240	-0.027	-0.480
X_{11}	0.083	0.232	-0.050

提取方法：主成分分析法
旋转方法：具有 Kaiser 标准化的正交旋转法

根据因子得分表达式得到因子得分表，详见表2－19。

表2－19　　因子得分表

序号	地区	$F1$	$F2$	$F3$
1	乌鲁木齐市	0.196	2.195	－1.341
2	克拉玛依市	2.774	0.404	0.922
3	石河子市	－0.558	1.917	0.180
4	哈密市	－1.335	0.669	1.330
5	吐鲁番市	0.211	－1.188	0.878
6	昌吉回族自治州	－0.824	0.630	1.053
7	博尔塔拉蒙古自治州	0.279	－0.119	－1.412
8	伊犁州直属县（市）	0.450	－0.711	－1.570
9	巴音郭楞蒙古自治州	0.578	－0.169	1.477
10	阿克苏地区	0.047	－0.675	－0.124
11	阿勒泰地区	0.400	－0.291	－0.369
12	塔城地区	0.249	－0.457	0.063
13	喀什地区	－0.443	－0.943	－0.125
14	克孜勒苏柯尔克孜自治州	－0.582	－0.402	－0.926
15	和田地区	－1.441	－0.861	－0.037

7. 因子得分协方差矩阵

表2－20表示因子得分的协方差矩阵，发现三个因子间相关系数均为0，即三者间不存在任何相关关系，这就说明因子分析得到的每个公因子所包含的原始数据的信息是不重复的，实现了因子分析的目标。

表2－20　　因子得分协方差矩阵

成分	1	2	3
1	1.000	0.000	0.000
2	0.000	1.000	0.000
3	0.000	0.000	1.000

提取方法：主成分分析法

旋转方法：具有 Kaiser 标准化的正交旋转法

8. 综合得分的计算结果

根据分析结果，对新疆 15 个地州市产业布局效果进行综合测度。权重由因子的方差贡献率给定，综合评价得分计算公式如下：

$$F=\frac{(49.080\% \times F_1+20.637\% \times F_2+10.945\% \times F_3)}{80.662\%}$$

综合评价得分值的大小可以确定某一地州产业布局的综合水平，详见表 2－21。

表 2－21　新疆产业空间布局效果综合评价得分及排序

产业带	地区	Y	排序	人均 GDP（元）	排序
天山北坡（0.213）	乌鲁木齐市	0.499	3	70 428	4
	克拉玛依市	1.916	1	153 084	1
	石河子市	0.175	4	81 370	2
	哈密市	－0.461	12	65 646	6
	吐鲁番市	－0.052	7	40 457	9
	昌吉回族自治州	－0.198	11	66 005	5
	博尔塔拉蒙古自治州	－0.056	8	52 448	7
	伊犁哈萨克自治州直属县（市）	－0.121	9	26 453	12
天山南坡（0.174）	巴音郭楞蒙古自治州	0.509	2	79 055	3
	阿克苏地区	－0.161	10	29 293	11
北疆北部沿边（0.081）	阿勒泰地区	0.119	5	35 932	10
	塔城地区	0.043	6	44 851	8
南疆三地州（－0.737）	喀什地区	－0.528	13	16 024	14
	克孜勒苏柯尔克孜自治州	－0.582	14	15 222	13
	和田地区	－1.102	15	8 993	15

通过对新疆产业布局优化效果的实证分析，发现四大产业带之间与 15 个地州市之间产业布局水平均存在明显的差异，新疆整体产业布局也表现出较低的合理化水平。因此，将 11 个初始指标及产业布局优化综合评价指标 Y 组成新的分析矩阵，对新矩阵进一步进行相关性分析。

由表 2－22 的相关系数矩阵可以得出下列结论：

①产业布局优化综合评价得分 Y 与劳动生产率（X_6）相关系数极近，是 0.897，二者高度相关，说明技术创新水平仍是影响新疆产业布局的最主要因素，反映在准则层上则为产业发展动力是产业空间布局优化的主要制约因素；其次为

表 2-22 各指标数据的相关矩阵

	Y	X_1	X_2	X_3	X_4	X_5	X_6	X_7	X_8	X_9	X_{10}	X_{11}
Y	1	0.888**	-0.619**	0.130	0.770**	-0.818**	0.897**	0.562*	0.725**	-0.436	-0.099	0.794**
X_1	0.888**	1	-0.323	0.279	0.700**	-0.605*	0.905**	0.625**	0.841**	-0.491*	-0.272	0.883**
X_2	-0.619**	-0.323	1	0.308	-0.453*	0.445*	-0.510*	-0.057	-0.399	0.448*	0.182	-0.129
X_3	0.130	0.279	0.308	1	0.022	-0.256	-0.055	0.655**	0.271	0.163	-0.007	0.535*
X_4	0.770**	0.700**	-0.453*	0.022	1	-0.544*	0.696**	0.273	0.725**	-0.600**	-0.290	0.466*
X_5	-0.818**	-0.605*	0.445*	-0.256	-0.544*	1	-0.584*	-0.514*	-0.333	0.092	-0.050	-0.674**
X_6	0.897**	0.905**	-0.510*	-0.055	0.696**	-0.584*	1	0.502*	0.698**	-0.461*	-0.284	0.701**
X_7	0.562*	0.625**	-0.057	0.655**	0.273	-0.514*	0.502*	1	0.385	0.153	-0.081	0.716**
X_8	0.725**	0.841**	-0.399	0.271	0.725**	-0.333	0.698**	0.385	1	-0.725**	-0.356	0.678**
X_9	-0.436	-0.491	0.448*	0.163	-0.600**	0.092	0.461	0.153	-0.725**	1	0.451*	-0.228
X_{10}	-0.099	-0.272	0.182	-0.007	-0.290	-0.050	-0.284	-0.081	-0.356	0.451*	1	0.028
X_{11}	0.794**	0.883**	-0.129	0.535*	0.466*	-0.674**	0.701**	0.716**	0.678**	-0.228	0.028	1

**：相关性在 0.01 水平上显著（单尾）

*：相关性在 0.05 水平上显著（双尾）

人均 GDP(X_1)，与 Y 的相关系数达到 0.888，也属于高度相关，说明地区的经济发展水平对产业布局的基础性决定作用，即产业积累水平是产业空间布局优化的基础条件；与产业布局优化高度相关的还有同样反映产业积累水平的人均利用外商直接投资（X_5），相关系数为 0.818；反映产业带动能力的指标与 Y 的相关系数相对较小，可以看出产业带动能力未能较好实现和反映在新疆的产业布局中。

②人均 GDP(X_1）与劳动生产率（X_6）、第二产业增加值占 GDP 比重（X_8）、非农人口比重（X_{11}）表现很强的相关水平，相关系数依次为 0.905、0.841、0.883。而人均 GDP(X_1）与投资率（X_3）的相关系数较低，为 0.279。这说明产业布局积累水平主要依靠技术创新能力、产业结构层次和城市化水平的提升，投资的作用未能很好体现。

③劳动生产率（X_6）与人均 GDP(X_1)、第二产业增加值占 GDP 比重（X_8）、非农人口比重（X_{11}）具有较强的相关性，相关系数分别为 0.905、0.698、0.701，而劳动生产率（X_6）与第三产业增加值占 GDP 比重（X_9）之间的相关性较低，相关系数为 0.461。这说明产业发展的动力主要依靠工业的快速发展与城镇化水平的提升，而第三产业的发展带来的动力有限。

④第二产业增加值占 GDP 比重（X_8）与劳动生产率（X_6)、非农人口比重（X_{11})、第三产业增加值占 GDP 比重（X_9）呈现较强的相关关系，相关系数分别为 0.698、0.678、－0.725。而第二产业增加值占 GDP 比重（X_8）与投资率（X_3)、人均社会消费品零售总额（X_7）之间的相关系数较低，依次为 0.271、0.385。这表明产业的带动能力主要依靠技术创新能力的提升、城市化水平的提高与第三产业的不断发展，而吸引投资与扩大消费需求对产业带动能力的贡献不足。

2.2.3.2　实证研究结果

利用因子分析法综合测度新疆产业空间布局优化效果，根据综合得分的计算结果，可以看出新疆产业空间布局有以下特点：

1. 从地区层面看

从整体产业空间布局水平看，只有 6 个地州市产业空间布局效果综合评价测度的得分大于零，为克拉玛依、乌鲁木齐、石河子、巴音郭楞、阿勒泰、塔城，其综合评价得分依次为 1.916、0.499、0.175、0.509、0.119、0.043；剩余 9 个地州市——吐鲁番、博州、伊犁、阿克苏、昌吉州、哈密、喀什、克州及和田的综合评价得分均小于零。根据综合评价得分值的大小，可将新疆产业布局效果分为三个层次：第一层次为克拉玛依，综合评价得分值大于 1，远高于其他地区，产业空间布局效果较好；第二层次为巴州、乌鲁木齐、石河子、阿勒泰和塔城，其综合评价得分均在［0，1］之间，现有布局取得了一定成效，仍有较大优化空间；第三层次为吐鲁番、博州、伊犁、阿克苏、昌吉州、哈密、喀什、克州、和田9个地州市，其综合评价得分均小于零，产业空间布局效果不理想，亟须优化调整。

2. 从产业带层面看

从四大产业带产业布局水平看，新疆天山北坡产业带、天山南坡产业带、北疆北部沿边产业带与南疆三地州产业带产业布局效果综合评价得分依次为0.213、0.174、0.081、－0.737。产业布局合理化综合评价得分最高的是天山北坡产业带，其次是天山南坡产业带与北疆北部沿边产业带，最低的是南疆三地州产业带。其中，产业布局合理化综合评价得分最高的天山北坡产业带与最低的南疆三地州产业带之间的差值达到0.95，接近1，差距明显。

（1）天山北坡产业带：从产业布局综合评价得分看，天山北坡产业带产业布局效果有明显的区别，可分为三个层次：第一层次包含克拉玛依、乌鲁木齐及石河子三个地区，综合评价得分排名分别为1、3、4，人均GDP排名为1、4、2，产业布局效果与经济发展水平相适应。第二层次包含伊犁州、吐鲁番、博尔塔拉蒙古自治州三个地区，产业布局综合评价得分均小于零，分别为－0.121、－0.052、－0.056。第三层次包含昌吉、哈密两个地区，其人均GDP分别排第5、6名，经济发展水平在天山北坡产业带城市中处于中等水平，而产业布局综合评价得分仅有－0.198、－0.461，较其他7个城市有较大幅度的差别。

（2）天山南坡产业带：巴音郭楞蒙古自治州产业布局综合评价得分较高，为0.509，在15个地州中排名第二。阿克苏地区产业布局综合评价得分小于零，仅有－0.161，排名第10，天山南坡产业带产业布局效果呈现两极分化状态。

（3）北疆北部沿边产业带：阿勒泰和塔城两地区产业布局综合评价得分在整个地区处于中上水平，阿勒泰排名第5，为0.119，塔城地区与阿勒泰有明显差别，为0.043，综合排名为第6。

（4）南疆三地州产业带：喀什、克州、和田综合评价得分分别为－0.528、－0.5582、－1.102，在15个地州中处于较低水平，在所有区域中排名后3位。

3. 从地州层面看

从15个地州市产业布局水平看，新疆产业布局合理化综合评价得分由大到小依次为克拉玛依、巴州、乌鲁木齐、石河子、阿勒泰、塔城、吐鲁番、博州、伊犁、阿克苏、昌吉州、哈密、喀什、克州、和田。其中，产业布局合理化综合评价得分最高的是克拉玛依，为1.916，得分最低的和田地区，仅为－1.102，二者间的差值竟达到3.018。

2.2.4　我国新疆与丝绸之路经济带沿线国家产业结构调整的空间布局效果分析

我国新疆与丝绸之路经济带沿线国家在区域范围内的空间布局，一是要促进产业结构的优化升级，二是使产业互补性发展，因此，对我国新疆和丝绸之路经济带沿线国家产业结构调整的空间布局效果从产业互补性及产业结构动态演变状况两方面进行评价分析。

从产业结构的动态变化看，近十年，吉尔吉斯斯坦和乌兹别克斯坦产业结构从“三一二”调整到“三二一”，虽然农业比重仍然较大，但产业结构优化升级明显；哈萨克斯坦与乌兹别克斯坦的三次产业结构升级变动虽不明显，但都实现了农业比重的进一步降低和三产业比重的升高，产业结构也得到了优化调整，值得注意的是，乌兹别克斯坦二产比重也明显提升；土库曼斯坦产业结构水平也有一定提升，土库曼斯坦实现了工业比重的增加，农业比重的下降，其中工业比重大幅度提升；塔吉克斯坦产业结构水平出现了下降的趋势，农业和服务业比重增加，工业比重下降明显（详见表2－23）。

表2－23　**2005年和2014年丝绸之路经济带沿线国家产业结构**　单位：%

产业	年份	哈萨克斯坦	吉尔吉斯斯坦	塔吉克斯坦	乌兹别克斯坦	土库曼斯坦
第一产业	2005	6.8	31.9	24	28	18.8
	2014	4.6	17.3	27.4	18.8	11.5
第二产业	2005	40.1	22.4	31.3	23.2	37.6
	2014	36	26.7	21.7	33.7	60.0
第三产业	2005	53.1	45.7	44.7	48.8	43.6
	2014	59.4	56	50.9	47.5	28.5

注：受数据限制，仅分析土库曼斯坦2005～2010年产业结构变动情况
资料来源：世界银行数据库

通过计算产业结构相似度来分析2014年我国新疆与丝绸之路经济带沿线国家产业结构互补性状况，总体来看，我国新疆与中亚五国的产业结构相似度系数均高于0.9，说明我国新疆与中亚国家间均存在较强的产业结构趋同性，互补性相对较低。具体来看，只有与乌兹别克斯坦的产业结构相似度高于0.95，说明二者之间产业结构互补性较低；与哈萨克斯坦、吉尔吉斯斯坦、塔吉克斯坦的产业结构相似度低于0.95，仍然表现出明显的趋同特征（详见表2－24）。

表 2-24　　中国新疆与丝绸之路经济带沿线国家产业结构相似度指数

年份	中国新疆与哈萨克斯坦	中国新疆与吉尔吉斯斯坦	中国新疆与塔吉克斯坦	中国新疆与乌兹别克斯坦
2014	0.9464	0.9411	0.9147	0.9835

注：受数据限制，不对土库曼斯坦进行分析

资料来源：根据世界银行数据库相关数据计算得出

2.2.5 结论分析

新疆作为我国向西开放的桥头堡、丝绸之路经济带的核心区，是丝绸之路经济带中最重要的战略枢纽，在我国和欧亚国家的经贸格局及产业格局中起到举足轻重的作用。新疆产业布局的优化，有利于新疆实现产业结构转型和产业升级，增强新疆区域综合竞争力，将会为新疆乃至中国打开新的巨大的增长空间。

通过对我国新疆与丝绸之路经济带沿线国家的产业空间布局效果进行评价发现，我国新疆地区与中亚五国的产业空间布局效果明显，但仍然存在一些问题。从产业结构的动态变化特征看，除塔吉克斯坦外，我国新疆与其他中亚国家产业结构水平均有一定程度的提升。就产业内部结构看，中亚五国仍以原材料和初级产品加工为主，现代服务业发展落后，产业结构单一，呈现低级化发展态势；高新技术产业匮乏，尤其表现出对资源的重度依赖，劳动密集型产业占比较大，产业层次较低。从产业互补性情况看，现阶段的产业空间布局没有完全实现我国新疆与中亚五国产业的互补性发展，没有实现区域内产业的合理有效分工，产业结构趋同现象明显。综合来看，我国新疆与中亚五国产业空间布局取得一定成效，但仍有巨大的改善空间，需要及时调整产业空间布局，提升产业结构水平。

通过对新疆产业布局合理化的综合评价发现，新疆整体产业布局优化水平较低。四大产业带的产业布局优化水平存在明显差距，产业布局优化水平最高的是天山北坡产业带，其次是天山南坡产业带与北疆北部沿边产业带，最低的是南疆三地州产业带。新疆 15 个地州市产业布局优化水平也存在较大差异，克拉玛依、巴州、乌鲁木齐、石河子等地区产业布局合理化综合评价得分较高，而喀什、克州及和田等地区产业布局合理化综合评价得分较低。对产业布局合理化的主要影响因素分析表明，产业布局的积累水平和产业发展动力在较大程度上影响和决定了新疆各地区的产业布局合理化水平，产业带动能力对产业布局优化的作用不明显。

新疆受地理位置、交通条件、自然环境、人文环境等因素的影响，经济发展水平相对滞后，南北疆经济差异化非常明显。技术水平与技术创新能力是促进新疆产业布局优化最重要的因素，但新疆仍在走资源驱动、投资驱动的低质增长的老路，高新技术产业发展滞后，人力资本、技术创新环境等方面发展相对内地比较滞后，且不同区域技术创新能力和水平差异较大，提高技术创新能力对新疆而言非常紧迫。而且用以推动产业结构升级、解决就业问题的第三产业未得到充足的发展，现代服务业发展相对滞后，传统服务业仍占主导地位。

2.3　丝绸之路经济带背景下新疆产业结构调整的空间布局缺陷及制约因素

2.3.1　丝绸之路经济带背景下新疆产业结构调整的空间布局缺陷

2.3.1.1　我国新疆与丝绸之路经济带沿线国家产业空间布局缺陷

在我国新疆与中亚五国的产业空间布局中，各地区之间由于在区位、资源等要素方面的共性，均形成了以石油天然气开采、化学工业为支柱产业的工业体系，没有形成地区产业特色，致使出现区域产业结构趋同、产业间盲目竞争等问题。在现有布局下，区域整体产业发展水平较低，资源依赖型的产业体系由于产业结构低级化状态长期得不到调整，区域间分工固化，地区之间盲目的市场竞争加剧，阻碍了区域整体竞争力的提升。

1. 我国新疆与哈萨克斯坦产业空间布局缺陷

哈萨克斯坦现有布局模式，依然选择优先发展资源依赖型的石油天然气、矿产资源开发产业，而中亚五国及我国新疆均具有丰富的石油天然气及矿产资源，哈萨克斯坦仅局限于对现有资源的开发，在区域范围内并不具有比较优势。哈萨克斯坦农牧业发展有良好的天然环境，食品加工、纺织等轻工业应重点布局，却并未体现在现有的布局体系中。对于高技术含量、高附加值的机械制造等高新技术产业的重视不够，在丰富的矿产资源条件下，哈萨克斯坦应重视提升产业技术水平，将资源优势向比较优势转化。第三产业在哈萨克斯坦国民经济中的比重占到60%，但在现有布局体系中，仅有金融业，其他应该作为产业布局的未来方向。

2. 我国新疆与乌兹别克斯坦产业空间布局缺陷

与哈萨克斯坦相同，资源依赖型的石油天然气、矿产资源开发为乌兹别克斯坦现有产业布局的重点，但受制于有限的技术水平，产业发展仍侧重于原材料的开采加工，在我国新疆与中亚五国区域范围内，乌兹别克斯坦在该产业发展上并不具有比较优势。乌兹别克斯坦提出要大力扶持建筑业、能源化工、有色冶金、机械及高品质农产品产业的发展。在建筑业发展中，乌兹别克斯坦仅限于混凝土等建筑材料的发展，发展水平远远落后于我国新疆；在能源化工产业发展中，化工原料依赖进口，技术水平在中亚国家中并不具有优势；在机械工业发展中，其发展水平仍处于初级阶段，高技术精密设备仍需从外部引进。乌兹别克斯坦在现有布局体系中，能源资源优势没有显现，提倡发展的产业比较优势不显著，产业布局亟须调整优化。

3. 我国新疆与吉尔吉斯斯坦产业空间布局缺陷

吉尔吉斯斯坦也拥有丰富的资源，政府提出重点发展能源及矿产资源产业，但受制于技术升级和设备更新因素的制约，这些产业发展远远滞后，甚至国内正常需求依赖从邻国进口，虽然吉尔吉斯斯坦提出大力发展水利水电产业，却没有足够重视通过技术水平的提升来促进能源矿产资源产业的发展；同样的问题也出现在乌兹别克斯坦政府产业布局中，重点发展的制革、纺织、木材加工业由于产品技术含量低，在区域产业发展中属于弱势产业。与乌兹别克斯坦相同，吉尔吉斯斯坦现有布局体系中，资源优势没有显现，重点发展产业比较优势缺失，应重新从区域及国家高度对产业布局进行调整。

4. 我国新疆与土库曼斯坦产业空间布局缺陷

土库曼斯坦同样拥有丰富的资源，作为政府重点扶持的战略产业，占到国民经济50%的石油天然气产业发展较快，纺织业发展水平提升较快，90%的产品用于出口。但作为优化产业结构、提升产业层次的机械制造和金属加工等产业，受限于技术水平与基础设施建设水平的落后，在区域范围内的比较优势并未显现；食品加工等轻工业与文化产业虽然在土库曼斯坦有一定的发展空间，但与我国新疆和其他中亚国家比，发展水平还有待提升。土库曼斯坦产业整体发展水平较低，其产业布局重点仍局限于资源依赖型，对于未来产业布局方向没有重点把握，产业布局效果不理想。

5. 我国新疆与塔吉克斯坦产业空间布局缺陷

塔吉克斯坦的产业布局中，具有资源优势的石油天然气开发及矿产资源开采也依然占据重要地位，与中亚其他四国相同，在石油天然气开发及矿产资源开采的布局方面雷同，我国新疆也存在同样的问题，各经济体之间没有从区域视角出发，在对能源矿产资源的开采开发中确定各自的比较优势产业。水利水电也是塔吉克斯坦的绝对优势产业，但受制于技术水平，开发利用率极低。塔吉克斯坦政府重点扶持的化工产业，由于原材料依赖于进口，发展同样缓慢。轻工业和食品工业作为优先发展的产业，技术及设备水平低下，发展水平受限。我国新疆在这些产业的发展上，水平处于前列。

2.3.1.2 新疆不同区域产业空间布局缺陷

通过对新疆产业布局效果的综合评价发现，现有布局状态下，新疆整体产业布局水平较低，各地区产业布局水平存在明显差距，并且各区域没有形成合理的产业分工体系，各地州市之间产业合作水平较差。产业布局过于集中在少数城市，以克拉玛依最强、最集中；其次为乌鲁木齐、博州、石河子。新疆各地州市是按行政管辖范围来组织地区经济发展的，各地州市往往通过行政手段进行产业与基础设施的重复建设，从而使区域的资源不能得到合理有效的利用，区际产业协调十分薄弱，没有形成良好的产业布局体系。

1. 天山北坡产业带产业空间布局缺陷

天山北坡产业带是新疆经济发展水平最高的区域，其产业布局水平也较新疆其他三个区域高。就天山北坡产业带布局状况看，产业布局重点主要沿乌—昌—石经济区、克拉玛依地区集中分布，其他地区布局分散。区域内各地州市产业布局差距明显，伊犁州与吐鲁番市较差。就具体产业来看，能源矿产资源、精深加工业、发展战略性新兴产业和制造业技术水平低，产业核心竞争力不强；商贸物流、商务服务、金融保险业等现代服务业发展水平低。就产业集聚发展水平来看，只有石油和天然气开采业、有色金属矿采选业呈现集聚发展态势；石油加工、炼焦及核燃料加工业、黑色金属冶炼及压延加工业显现出集聚发展态势，但集聚度逐年走低。其他行业并未显现出产业集聚态势。

2. 天山南坡产业带产业空间布局缺陷

天山南坡产业带是继天山北坡产业带之外另一个具有发展潜力的区域，其产业布局水平在新疆四个区域中位列第二，与天山北坡产业布局水平差距很小，而与其他两个产业带差距较大。就天山南坡产业带产业布局状况看，产业布局主要以巴音郭楞蒙古自治州为中心，阿克苏地区水平很差，区域内部产业布局不均衡。就具体产业来看，天山南坡产业带未能充分发挥能源资源和特色农业资源优势，石油天然气、煤化工业、纺织业、农副产品精深加工业等特色优势产业产业链短，产品附加值低；就产业集聚发展水平来看，石油天然气开采业、纺织业、特色农产品加工业显现出聚集发展态势，但并未形成产业集聚，其他产业并未显现出产业集聚态势。

3. 北疆北部沿边产业带产业空间布局缺陷

北疆北部沿边产业带属于沿边高寒地区，其产业布局受区域自然条件的影响，产业布局水平在新疆四个区域中位列第三，水平较低。就北疆北部沿边产业带产业布局状况看，产业沿阿勒泰和塔城地区分布，由于两地区资源和区位等要素的相似性，产业没有在两地区间合理分工，重复建设现象严重。就具体产业来看，北疆北部沿边产业带对矿产资源开发不足，边境贸易为主的特色优势产业发展水平低，产业对经济的拉动效益不足。就产业集聚发展水平来看，只有特色农牧产品加工业显现出集聚发展态势，但尚未形成产业集聚，其他产业均未显现出产业集聚态势。

4. 南疆三地州产业带产业空间布局缺陷

南疆三地州经济发展缓慢，其产业布局水平较差，是新疆四大区域中布局水平最低的区域，且与其他三大区域差距较大。就南疆三地州产业带产业空间布局状况看，喀什、和田、克州布局水平为新疆 15 个地州市中最差的三个地州市，农业在该区域产业布局中有重要地位，但这三个地区特色农业发展水平仍有待提升。就具体产业来看，南疆三地州产业带对农业资源优势的开发利用程度还有待提升，林果、畜禽、棉花、药材等农副产品加工等产业对经济的贡献不如第三产业，而服务业则是由于整体经济总量小才导致虚高状态。就产业集聚发展水平来看，农产品深加工及纺织业刚显现出集聚发展态势，并未形成产业集聚，其他所有产业均未显现出产业集聚态势。

2.3.2 丝绸之路经济带背景下新疆产业空间布局优化的产业结构问题

2.3.2.1 我国新疆与丝绸之路经济带沿线国家产业空间布局优化的产业结构问题

我国新疆与中亚五国在产业格局上农业比重均较大，工业以能源矿产资源开发、冶金为优势产业，但缺乏轻工业产品，食品加工业、机械制造业也比较落后。产业结构单一化、低级化发展，对资源重度依赖，高新技术产业匮乏。我国新疆在与中亚国家产业布局中，仍然以劳动密集型的制造业为主，资本密集型产业为辅，技术密集型产业比重低，且工业制成品的附加值低，结构层次低。从区域发展的角度看，在丝绸之路经济带背景下对区域产业进行布局，需要注重区域间的产业结构互补问题，依托自身优势，建立合理的区域产业分工体系。

我国新疆与经济带沿线国家的产业结构相似度较高，均在 0.9 以上，说明我国新疆与乌兹别克斯坦、哈萨克斯坦、吉尔吉斯斯坦、塔吉克斯坦之间有较强的产业结构同构性，各区域经济增长主要来自重工业的贡献。各地区按行政区划自主发展经济，在原有经济基础上进行经济扩张，把已有的传统支柱产业作为主导产业，导致农产品产业附加值低，工业仍然以原材料工业为主，资本密集型产业占比较大，而现代服务业发展落后。产业层次较低，没有在区域经济一体化大环境下，根据市场导向及比较优势发展产业，也没有对区域进行统筹发展，形成丝绸之路经济带新疆段的产业集群化效应，更没有形成各自的产业特色，各地区之间盲目竞争（如图 2 - 12）。

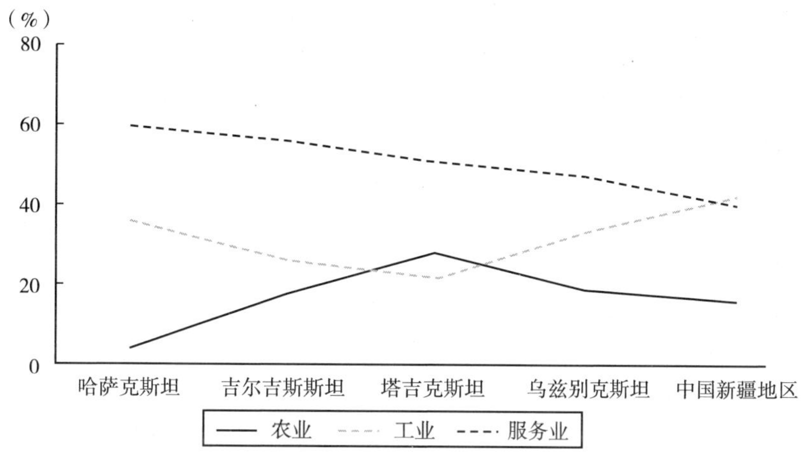

图 2-12　2014 年中国新疆与丝绸之路经济带沿线国家产业结构对比图

资料来源：根据《新疆统计年鉴 2015》与世界银行数据库相关数据计算得出

1. 我国新疆与哈萨克斯坦产业结构问题

哈萨克斯坦产业结构已逐步实现“三二一”的高级化发展，除石油天然气等产业外，有色和黑色冶金、机械制造、化工、电力、建材、食品加工和纺织等产业也取得快速发展。哈萨克斯坦是我国新疆地区最大的外贸伙伴，双方在商品结构上有较强的互补性，但就与我国新疆的商品贸易结构看，仍然出口原油、“三废”金属等原料工业，进口番茄酱、各类食品、纺织品等劳动密集型加工制造业。我国新疆在食品加工、机械装备制造、矿产业加工等方面取得了较快发展，而哈萨克斯坦亟须引进技术含量较高的产业来促进产业发展水平的提升，提升产业结构层次。但就我国新疆与哈萨克斯坦的产业结构看，还需要调整优化。

2. 我国新疆与乌兹别克斯坦产业结构问题

乌兹别克斯坦产业结构发展呈现“三二一”的格局，但农业占比依然较高，工业化进程也处于初级阶段。由于乌兹别克斯坦经济结构单一，工业主要有采矿、纺织、化肥、石油加工、电力等，农业主要为棉花种植业和畜牧业，我国新疆与乌兹别克斯坦产业结构的互补性不强。就双方的进出口商品结构看，我国新疆从乌兹别克斯坦进口的 70% 以上为棉花，其他为能源载体、飞机备件等劳动密集型加工产品；而出口除塑料制品、服装、食品等劳动密集型产品外，主要为通信设备、电器及电子产品等技术密集型产品。我国新疆与乌兹别克斯坦仍以劳动密集型产业为主，资本密集型及技术密集型产业发展不足。

3. 我国新疆与吉尔吉斯斯坦产业结构问题

吉尔吉斯斯坦第三产业的发展占据较大比重，但以采矿、有色冶金、机械制造、电力、建材、食品加工等为主的第二产业发展滞后，工业化水平处于初级阶段。在我国新疆与吉尔吉斯斯坦的进出口商品结构中，新疆主要出口劳动密集型的服装、百货、五金、塑料制品等，进口的主要为油、废旧金属等原料产品，双方产业结构互补性较强。但在我国新疆与吉尔吉斯斯坦的产业互补性发展中，产业结构呈现明显的低级化态势，以劳动密集型产业或原料工业为主，对于技术密集型产业的合作水平低，未来发展方向应向技术密集型产业转变，提升双方的产业结构层次。

4. 我国新疆与土库曼斯坦产业结构问题

土库曼斯坦是新兴工业国，产业结构基本呈现“二三一”发展格局，产业结构单一，工业以石油、天然气开采和加工为主，工业发展水平低。在与我国新疆的进出口贸易中，主要出口矿产资源、棉纺产品和农产品，进口的主要为机电产品，说明我国新疆与土库曼斯坦的商品结构有一定的互补性。从进出口商品结构可以看出，在我国新疆与土库曼斯坦产业互补性发展中，主要表现在原料工业及劳动密集型产业，资本密集型与技术密集型产业发展不足，双方高新技术产业及现代服务业在产业结构中的优势没有显现，产业结构层次低。

5. 我国新疆与塔吉克斯坦产业结构问题

塔吉克斯坦产业结构与吉尔吉斯斯坦类似，产业结构单一，以农业为主，但工业化水平较塔吉克斯坦更低。塔吉克斯坦是中亚发展比较缓慢的国家，经济结构比较单一，因此贸易商品结构简单。我国新疆与塔吉克斯坦进出口的商品中，原料性产品比重大，以中低档产品为主，其中进口的主要为矿产金属等原材料产品，出口的是包含机电产品在内的技术密集型产品。可以看出，我国新疆与塔吉克斯坦产业结构水平呈现低级化态势，对资源依赖性大，高技术含量产业发展滞后，结构层次低。

2.3.2.2 新疆不同区域产业结构问题

从产业结构角度看，新疆第一产业比重仍然较大，对农业的依赖性较大；第二产业绝对地位不稳定，发展较为缓慢，甚至略有下降，且结构单一。新疆资源依赖型的产业石油、电力对第二产业的贡献率达 59.07%，而技术密集型产业如钢铁、机器制造、汽车以及食品加工以及纺织等民生产业发展水平不高。新疆仍以传统服务业为主导，政府对于现代服务业的扶持力度低，如金融、房地产、通信等现代服务业发展不足。新疆的产业布局总体上较分散，在地域上主要集中在天山北坡产业带（如图 2－13）。

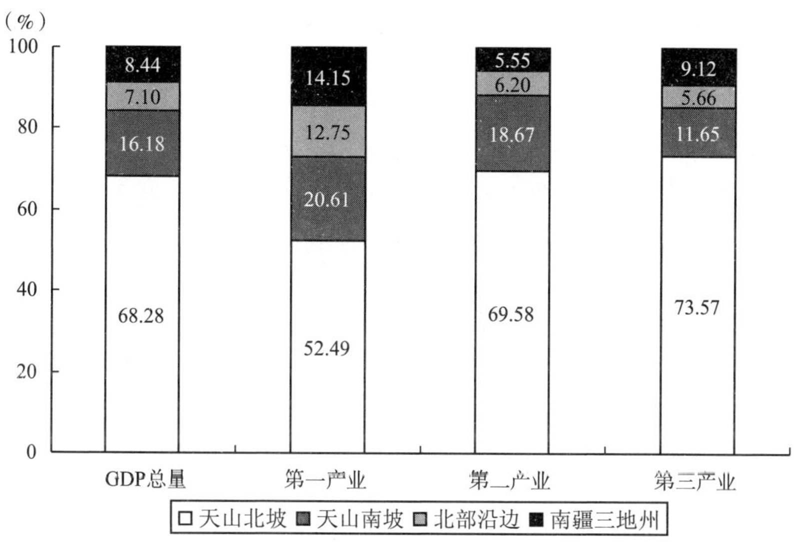

图 2-13　2014 年新疆各地区产业结构在新疆总体中的比重

资料来源：根据《新疆统计年鉴 2015》相关数据计算得出

1. 天山北坡产业带产业结构问题

天山北坡产业带一、二、三产业占区域经济总量的比重为 13.08%、45.55%、43.36%，工业与服务业占比较大，农业占比相对低。较产业内部结构看，天山南坡产业带第二产业中能源工业如石油、电力产业、纺织业占比较高，高附加值的高新技术装备业、矿产资源深加工业发展水平较低；第三产业发展仍以交通运输仓储邮政业为主，现代物流业、金融业、特色旅游业等发展不足。可以看出，天山北坡产业带劳动密集型产业发展水平较高，而技术密集型产业发展水平仍有待提升。

2. 天山南坡产业带产业结构问题

天山南坡产业带一、二、三产业占区域经济总量的比重为 21.69%、49.32%、28.99%，呈现"二三一"的产业结构特征。与天山北坡产业带不同的是，天山南坡产业带虽然产业结构特征相同，但南坡产业带一产占比仍然较高，三产占比较低，第三产业发展水平相对落后，产业结构不均衡。就产业内部结构看，天山南坡产业带特色农产品种植业发展较快，第二产业不均衡发展，仍然依靠石油化工产业，技术密集型重工业发展不足，而劳动密集型轻工业如纺织业发展较快。第三产业传统服务业占比较大，而商贸物流业、旅游业等现代服务业发展明显滞后。

3. 北疆北部沿边产业带产业结构问题

北疆北部沿边产业带一、二、三产业占区域经济总量的比重为 30.57%、

37.75%、32.08%，同样呈现“二三一”的产业结构特征，但与天山北坡产业带与天山南坡产业带有区别，北疆北部沿边产业带产业结构层次低，其第一产业占比接近三分之一，第二产业占比也较低，产业结构不均衡，且呈现低级化态势。就产业内部结构看，北疆北部沿边产业带第一产业集中于特色农牧产品种植；第二产业主要以矿产开发及特色产品加工业为主，重工业发展明显不足，轻工业也主要集中于劳动密集型产业，产业结构技术含量、层次低；第三产业中旅游与商贸物流业占据主要地位，其他现代服务业发展仍显不足。

4. 南疆三地州产业带产业结构问题

南疆三地州的经济总量仅为全疆的8.4%，对整体经济发展的贡献低。其一、二、三产业占区域经济总量的比重为28.50%、28.06%、43.44%，区域内产业结构呈现“三一二”的产业结构特征。农业在产业结构中占重要地位，工业发展水平非常低。就产业内部结构看，特色林果种植业在第一产业发展中占绝对主导地位；第二产业发展主要集中于纺织、农产品深加工以及特色加工业等劳动密集型轻工业，重工业发展的不足使南疆三地州第二产业整体发展水平较低；第三产业也集中于特色旅游业及商贸物流业。可以看出，南疆三地州产业结构发展水平低，呈现低级化发展态势。

2.3.3 新疆产业空间布局优化的结构调整制约因素

2.3.3.1 原有产业布局基础的制约

已经形成的产业空间结构对再进行产业布局具有重大影响。一般来说，在经济基础较好的地区，可以在现有的基础设施、产业发展水平等要素的基础上，对产业进行空间范围内的优化调整。新疆现有的四大产业带以及开发口岸等都是在区域经济发展的基础上，在政策、区位等要素的影响下逐渐形成的，这为产业空间布局的进一步优化提供了基础。新疆应充分发挥现有基础的积极作用，对区域内的产业进行有效的分工，促进区域产业集群发展，充分发挥其显示出来的集聚与关联效应以及区位优势，降低区域产业空间布局优化的经济成本，取得区域产业及经济发展的最大效益。

2.3.3.2 技术水平的制约

技术条件决定自然资源开发利用的深度和配置广度，也是工农业产品深加工、延长产业链的基本要求。从影响产业布局优化因素的实证分析可以看到，反映技术创新水平的劳动生产率与产业布局综合评价指标、经济发展水平指标的相关系数分别为0.897、0.905，说明技术水平是影响区域经济发展和产业布局的决定性因素。技术创新是提升产业竞争力的重要手段，随着技术的进步，尤其是高新技术的发展，一个国家或地区经济的结构会发生转变，改变区域内各生产要素的流动与优化配置，进而推动产业发展，直至形成与新技术对应的新产业，而新产业的发展带来产业布局的改变。尤其是在“互联网＋”“一带一路”倡议等背景下，新疆在“五大中心”“十大进出口产业集聚区”的建设中，高水平的技术创新能力是必不可少的主要动力。

2.3.3.3　人力资本的制约

根据古典区位理论的观点，地区优先发展的区域必将是劳动力大量集聚的地区。在经济发展初期，劳动力要素是影响经济发展的最主要因素，优先发展区位的选择必将影响产业布局。随着现代化进程的加快，劳动力质量相较于劳动力数量，已成为产业布局中优先考虑的因素。目前新疆有新疆大学、新疆财经大学、石河子大学等多所高等院校，这些高校聚集了大批高素质的人才和科研机构，“产学研”结合的高校培养模式，可以培养大批高素质的人力资源，促进区域高新技术产业和企业研发部门的发展，能使高校所在地成为高新技术产业基地。此外，高科技人才的引进也是不可忽视的因素，区域人才的引进，促进了高新技术产业和一些对劳动力素质要求较高的高精仪器制造业的发展，驱动区域工业技术水平的提升，同时使这些地区成为区域高技术人才的孵化区。

2.3.3.4　经济发展水平的制约

“经济基础决定上层建筑”，在产业空间布局优化过程中，经济基础同样起决定性作用。表征实际经济水平的人均国民收入与产业布局综合评价指标具有很强的正相关性，相关系数达到0.888。一般来说，在经济基础较好的地区，区域布局的支柱产业以及未来发展方向均会较其他经济发展水平较低的地方更具关联效应与辐射效应。新疆在对产业间进行空间布局的过程中，应分别针对经济基础不同的四大产业带作针对性的调整，这样不仅可以带动经济的发展，而且可以有效地缩小区域发展差距。

2.3.3.5　交通物流基础设施的制约

基础设施建设对产业布局起到了基础性的决定作用。交通设施建设反映了某一区域与另一区域进行经济活动的方便程度，主要通过铁路、公路及交通工具、交通枢纽的设备状况反映，交通设施建设越完善，物流、人流及其他生产要素的流动性越好，对产业布局和经济发展越有利。此外，运输条件和运输成本始终是影响产业经济发展成本的重要影响因素，拥有较好的交通运输条件，在区域产业布局及产业各要素配置中具有很大优势。我国新疆地区作为连接中国与欧洲的

“桥梁”，发展交通枢纽中心及商贸物流中心，尤其是发展“三通道”的提出，必将促使节点城市的交通运输条件发生改变，受物流、交通设施建设等要素影响的产业空间布局必将发生变动。

2.3.3.6 政府政策的制约

在地区经济发展中，政府是“引导者”和“监督者”，政府政策的制定和实施对产业与经济发展发挥着十分重要的引导作用。对于产业发展水平较差的地区，往往采取鼓励、扶持的手段，通过制定各种产业政策促进这些地区主导产业及重点产业的发展，如通过减免税收、设立专项发展资金等措施促进高新技术产业的发展，并引导外来投资向经济技术开发区等产业园区集中，进而辐射带动周边产业的发展，形成相互联系、合理分工的产业布局体系；相反在重工业发展集聚的地区，通过采取增加税收、限制投资等限制措施来控制高耗能、高污染、低产出产业的发展，促进技术水平的提升来引导产业转型，从而控制区域产业的不合理分布。

2.3.3.7 外商投资的制约

在经济全球化及丝绸之路经济带建设背景下，产业发展更多地展现出区域化特征。随着区域间经济关系不断紧密化的发展，越来越多的区域外部经济主体参与到区域内经济活动中，外部投资对经济活动的影响也愈渐重要。实证分析发现，新疆人均利用外商直接投资对产业布局优化的相关系数高达 0.818，说明在外部投资进入区域内部时，除了考虑到区位因素、产业的发展水平，产业集群发展的影响作用愈发显现。产业集群化发展必然是由于集聚区内有良好的经济、技术、人才以及基础设施等要素，可以产生“知识外溢”与“技术外溢”，从而吸引其他相关联产业不断向其靠拢，带动集聚区内其他企业的技术创新，并且促使产业的关联发展以及产业链的延伸。

2.4 丝绸之路经济带背景下新疆产业空间布局优化的结构调整方案

2.4.1 丝绸之路经济带背景下新疆产业空间布局优化目标

2.4.1.1 经济带产业协同发展

由于经济发展环境的制约，各国国家经济发展水平不同。中亚五国中，哈萨克斯坦属于中高等收入国家，乌兹别克斯坦、塔吉克斯坦、吉尔吉斯斯坦及土库曼斯坦经济发展水平较低，产业发展对资源的依赖性极强。中亚国家与我国新疆地区由于在区位、资源等要素方面都具有很高的相似性，导致均形成了以石油天然气开采、化学工业为支柱产业的工业体系，没有特色，趋同现象严重。因此，在丝绸之路经济带大背景下，区域内各地区要对各自产业的选择及产业发展规划的制定有自己的思考，使区域之间产业结构尽可能互补，在区域范围内建立合理的产业分工体系，既能促进区域资源的最有效配置，又能统筹协调布局，促进经济带产业协调发展。

2.4.1.2　经济带经济协调发展

经济发展理论表明，区域经济是不均衡发展的。受经济发展条件的限制，某些区域的经济只需要某一种产业作为支柱产业即可得到飞快的发展，通过集聚效应进而向其他区域扩散，而某些地区则需要选择一组基础产业来带动经济的发展。中亚五国的经济水平有较大的差异，除哈萨克斯坦外，其余四国均是中低等收入国家，且工业化进程有较大的差异。在区域经济发展处于较低水平时，需要通过技术创新能力的提升，带动经济发展方式的转变，进而促进区域整体经济的发展。因此，我国新疆与中亚五国在区域产业空间布局过程中，在不损害整体经济效益的前提下以自身经济效益的提升为先，需在区域范围内选择具有比较优势的产业，重新调整，带动经济带及辐射区域经济的全面协调发展。

2.4.1.3　经济带整体经济利益提升

我国新疆在与丝绸之路经济带沿线国家进行产业空间布局时，以丝绸之路经济带整体经济利益的提升为目标。在产业布局过程中，应以自身资源优势为基础，借助发达的交通物流网络，以经济效应最大化为目标，从经济带层面进行产业布局，有效避免由于产业布局的不合理而造成资源配置的不合理及区域间不合理分工与盲目竞争。从经济带层面看，我国新疆与沿线中亚国家在产业空间布局上具有较扎实的合作基础，同时兼有一定的竞争性，因此，依托于丰富的资源条件，加强能源合作的同时，逐步加强交通运输等硬件设施的完善以及经济合作交流软件设施的建设，为我国与中亚国家经济互补及能源合作创造条件。因此，合理的产业空间布局是我国新疆与中亚国家提升经济利益的重要前提，也是区域产业结构调整和经济增长的重要动力，因此，产业空间布局的优化需要从全局出发，最终实现区域整体利益最优化。

2.4.2 丝绸之路经济带背景下新疆产业空间布局优化的结构调整重点

2.4.2.1 根据资源禀赋确定优势产业

资源禀赋对地区经济发展与产业格局有决定性作用。无论从经济带层面还是国家层面看，新疆都具有良好的资源禀赋条件。而产业结构对于资源禀赋有很强的依赖性，调整或优化产业结构都无法脱离资源禀赋条件来实现。就目前新疆的产业结构看，经济发展主要依赖于资源型产业，然而在区域范围内，这些资源依赖型产业还未完全转化为比较优势产业。新疆现阶段经济发展还需依靠资源型产业的发展来带动，因此，新疆后续产业结构的调整应将重点落在充分利用资源优势，选择与发展具有竞争优势的产业上。

2.4.2.2 根据不同国家和区域产业结构的互补性调整和优化产业结构

经济发展的不同阶段有着不同标准的产业结构与其相适应，同一地区发展的不同阶段产业结构存在差异，不同地区之间同样也是。我国新疆与丝绸之路经济带沿线国家经济发展存在差异，其产业结构也必然存在差异，这也反映出经济主体间存在产业互补性，经济主体间具有展开产业合作的动力和物质基础。根据我国新疆与丝绸之路经济带沿线国家产业结构的互补性、地区间合理分工，拓展我国新疆与沿线国家产业合作的领域，在新疆自身产业结构调整的基础上，开拓和发展一些新形式的互补性合作，如劳务、技术的输入输出，加强中国与中亚五国的合作，优化升级双方的产业结构，在丝绸之路经济带建设中，实现区域产业合作的互利共赢。

2.4.2.3 促进高新技术产业的快速发展

在科学技术发展速度日益加快的背景下，高新技术产业已经成为很多国家的主导产业。高新技术产业产出存在空间依赖性，即产业产出具有一定的带动效应。新疆产业在发展中还存在着科技含量偏低、科技自主创新能力欠缺、科研投入相对较低等问题。在将这些资源依赖性产业转化为优势产业，提高科技含量及附加值的过程中，对提升产业发展水平的主要因素技术水平的重视度不够，提升技术水平主要依靠外部引进，自身研发能力亟待提升。就新疆来说，高端产业部门依旧匮乏，而高新技术水平的提升，不仅能提升产业附加值，而且能改善产业内部结构，促进产业结构调整优化，从而间接地影响产业布局的改变。促进高新技术产业的快速发展，可以有效地通过技术和创新，推动产业从要素驱动转变为创新驱动，促进产业产出水平的提升及结构的优化。

2.4.3　丝绸之路经济带背景下新疆产业空间布局优化的结构调整总体方案

2.4.3.1　丝绸之路经济带背景下新疆产业空间布局优化总体方案

我国新疆与丝绸之路经济带沿线国家的产业布局优化问题，其实就是处理好局部与整体关系的问题。哈萨克斯坦以节点城市阿拉木图为中心，形成了以金融业、轻工业、机械制造业等为主的产业体系；塔吉克斯坦北部地区依靠区位优势，在机械制造、有色金属加工、食品加工等产业发展中取得了成效；土库曼斯坦则在电力、机械制造、有色金属加工、食品加工等产业方面有显著成效；乌兹别克斯坦同样也在电力、机械制造、金属加工等产业发展迅速；吉尔吉斯斯坦则由于地理优势，交通运输业、食品加工和纺织业发展较快；我国新疆与中亚五国的优势产业都主要集中在具有资源优势的石油天然气、采矿、机械制造、有色金属加工等重化工业。各区域在进行产业布局时只是以自身资源优势为出发点，没有站在丝绸之路经济带整体区域高度进行产业空间布局。因此，本文基于熵权的 TOPSIS 法选择我国新疆与丝绸之路经济带沿线国家产业空间布局的优势产业进行比较研究。

由表 2－25 可知，石油和天然气开采业、纺织制造业、烟草制造业、金属矿采选业的相对贴近度排名靠前。可以看出，这些比较优势产业均具有资源优势。其次为服装等轻工业、化工制造业、电子机械制造业、通用设备制造业、酒饮料制造业、仪器仪表制造业等产业，为我国新疆与丝绸之路经济沿线国家在产业空间布局中具有潜在优势的产业。其中具有比较劣势的是金属制造业、家具制造业等产业，虽然新疆在这些行业具有资源优势，但由于资源深加工技术落后，产业附加值低下，产业链较短，导致资源优势没有充分转化为比较优势。

表 2－25　新疆优势产业综合得分及排名

产业	最优方案相对贴近度	排名
石油和天然气开采业	0.5637	1
纺织服装、鞋、帽制造业	0.4191	2
烟草制品业	0.3244	3
有色金属矿采选业	0.2789	4
非金属矿采选业	0.2509	5

续表

产业	最优方案相对贴近度	排名
黑色金属矿采选业	0.2215	6
电气机械及器材制造业	0.2191	7
石油加工、炼焦及核燃料加工业	0.2116	8
仪器仪表制造业	0.2115	9
通用设备制造业	0.1890	10
酒、饮料和精制茶制造业	0.1847	11
燃气生产和供应业	0.1810	12
专用设备制造业	0.1589	13
印刷和记录媒介复制业	0.1479	14
化学原料及化学制品制造业	0.1467	15
电力、热力的生产和供应业	0.1451	16
医药制造业	0.1444	17
食品制造业	0.1410	18
木材加工及木、竹、藤、棕、草制品	0.1389	19
煤炭开采和洗选业	0.1367	20
造纸及纸制品业	0.1350	21
汽车制造业	0.1332	22
橡胶和塑料制品业	0.1332	23
有色金属冶炼及压延加工业	0.1301	24
皮革、毛皮、羽毛（绒）及其制品业	0.1291	25
计算机、通信和其他电子设备制造业	0.1279	26
农副食品加工业	0.1278	27
纺织业	0.1266	28
非金属矿物制品业	0.1221	29
化学纤维制造业	0.1085	30
金属制品业	0.1017	31
金属制品、机械和设备修理业	0.0989	32
黑色金属冶炼及压延加工业	0.0818	33
水的生产和供应业	0.0772	34
家具制造业	0.0738	35

资料来源：根据《新疆统计年鉴2015》相关数据整理计算得出

因此，我国新疆与丝绸之路经济带沿线国家进行产业布局，应以原有布局为基础，在区位、资源禀赋等优势自然条件下，将我国新疆与中亚国家的自然资源综合考虑，合理选择比较优势产业，形成以资源开发、能源输出以及有色金属深加工为基础，高新技术产业为主导，并将医疗、金融、贸易、旅游作为未来发展方向的可持续发展的产业空间布局模式（详见表2－26），对区域产业布局进行统筹，将各地区的特色资源优势转化为区域竞争优势，实现我国新疆与中亚五国产业、经济的协调可持续发展，打造成丝绸之路经济带的增长极，通过产业带动效应，不仅使经济带层面产业获得整体可持续发展，而且要推动国家层面与节点城市层面经济的快速发展。

表2－26　丝绸之路经济带背景下新疆产业空间布局优化总体方案

基础产业	主导产业	主导产业方向	未来产业方向
石油天然气工业、采矿冶金、装备制造、机械加工等	化工	精细化工、工程塑料、合成橡胶、有机化工、煤化工等高新技术精加工产业	科研、教育、金融、贸易、生物制药、特色旅游等
	建材	新型绿色建材制品、新型合成环保材料、新型复合钢制材料及管材等	
	电子	电子陶瓷、石英晶体、新型元器件、仪器仪表等	
	机械制造	高新技术和高附加值的机械加工业和功能部件生产、高新技术装备制造业等	
	新能源	核电、风电等新能源产业	
	其他	航天技术、港口贸易、新型材料、冷轧技术产业等	

资料来源：根据中国地区发展报告（2012～2013）和中亚国家发展报告（2013）整理而成

贸易市场商品结构最能直观地反映贸易主体间的比较优势。中亚是我国新疆最大的贸易伙伴，我国新疆在与中亚国家进出口贸易中涉及的产品主要有三类：一是劳动密集型的轻加工产品，如鞋类、棉机织物等；二是劳动密集型的农产品，如番茄酱、棉花等；三是附加值较高的加工产品，如电视机等机电产品。可以看出，我国新疆在与中亚国家贸易中仍以劳动密集型的加工产品为主，主要进口原油、成品油、原木及纸板等原料产品。2014年我国新疆进口量最大的是原油，进口比重超过50%，其次为成品油、钢材等。因此，从我国新疆与中亚国家进出口商品结构着手，立足于资源优势，提出我国新疆与中亚国家的产业结构调整方案。

2.4.3.2　我国新疆与哈萨克斯坦产业结构调整方案

哈萨克斯坦是中亚五国中经济实力最强的国家，已连续20多年成为我国新疆地区最大的外贸伙伴。就我国新疆与哈萨克斯坦的产业结构看，互补性较强。哈萨克斯坦自然资源丰富，经济发展主要依赖资源，结构单一。新疆主要进口哈萨克斯坦有色金属等矿产品与化工品等原料产品，具体为原油、凝析油、废钢、废铁等。主要出口劳动密集型轻加工产品、高附加值机电产品，如番茄酱、纺织品、塑料制品、车辆、杂项产品等，且技术密集型加工品出口额有上升趋势。可以看出，我国新疆在与哈萨克斯坦的经济合作中，劳动密集型产品以及高附加值技术密集型产品具有绝对优势，因此在与上述经济体产业空间布局中，新疆产业结构调整的重点应以布局纺织、食品加工、机械装备制造、矿产业加工等具有比较优势的劳动密集型与技术密集型产业为主。

2.4.3.3 我国新疆与乌兹别克斯坦产业结构调整方案

乌兹别克斯坦的经济基础在中亚国家中仅次于哈萨克斯坦，由于乌兹别克斯坦经济结构单一，中乌经济的互补性不是很强，因此出口产品以棉花和能源等原料性产品为主，新疆从乌兹别克斯坦进口的产品主要为棉花，占到进口额的70%以上；其次为机电装备制造备件、塑料制品、棉纱线等加工产品。出口的产品有电子设备、计算机、塑料制品、服装、鞋类、茶叶、食品等。可以看出，新疆与乌兹别克斯坦在纺织、机电、能源、农业等领域具有广阔的合作前景。在与乌兹别克斯坦产业空间布局中，新疆应将产业结构调整的重点落在纺织、机电、能源、棉花、农产品加工等产业上。

2.4.3.4 我国新疆与塔吉克斯坦产业结构调整方案

塔吉克斯坦是中亚最落后贫穷的国家，经济结构相对单一，因此贸易商品结构也相对单一，以原料性产品为主。向塔吉克斯坦出口的主要产品有机电产品、机械设备等技术密集型产品与纺织品、服装、家具、茶叶、建材等劳动密集型产品，进口产品主要是原材料产品，具体包括矿产品、铝加工品、棉花、花生和鞣制皮、黑金属制品、铜及铜制品等。可以看出，我国新疆在与塔吉克斯坦产业分工合作中，依然是劳动密集型产业最具优势，部分技术密集型产业如机械加工制造业也存在一定的比较优势，因此，在与塔吉克斯坦产业空间布局中，新疆同样应选择以纺织、加工业等劳动密集型产业为主，机械工业等技术密集型产业共同发展为辅。

2.4.3.5 我国新疆与吉尔吉斯斯坦产业结构调整方案

我国新疆对吉尔吉斯斯坦出口的商品主要是劳动密集型的加工产品，如服装、纺织品、鞋类、袜子、小百货、小五金、工具、塑料制品、家具、建材等，其中消费品占所有出口额的50%以上。随着近年来与吉尔吉斯斯坦各类合作项目的增加，通信、机械设备、机电产品等附加值较高的技术密集型产品的出口额不断增加。从吉尔吉斯斯坦进口的主要为燃料油、废旧金属（钢、铝、铜）、棉花、畜皮等原材料产品。可以看出，我国新疆在与吉尔吉斯斯坦经济合作中，出口商品以劳动密集型产品为主，兼有低附加值技术密集型产品，相对具有优势，因此在两经济体产业空间布局中，新疆应主要选择劳动密集型产品，如纺织、食品加工、金属加工等比较优势产业，劳动密集型产业是未来一段时间内新疆重点发展的产业。

2.4.3.6 我国新疆与土库曼斯坦产业结构调整方案

近年来，由于中国与土库曼斯坦确定了能源合作框架，所以我国新疆向土库曼斯坦主要出口的商品中，以机电产品为主，主要包括机械设备、电子加工品及其配件、有色金属加工品等。从土库曼斯坦主要进口矿产资源、棉短绒、聚丙烯、农产品和纺织品等。可以看出，我国新疆在与土库曼斯坦的产业分工中，有明确的定位，出口产品以技术密集型产品为主，进口资源依赖型商品及劳动密集型商品，因此，在与土库曼斯坦产业空间布局中，新疆应以技术密集型产业，如机械装备制造业、金属加工业及矿产品加工业等为主。

2.4.4 丝绸之路经济带背景下新疆产业空间布局优化的结构调整具体方案

2.4.4.1 丝绸之路经济带背景下新疆产业空间布局优化具体方案

新疆提出核心区建设的总体思路是以“三通道”为主线，以“三基地”为支撑，以“五大中心”为重点，以“十大进出口产业集聚区”为载体，[①] 推进改革创新，加快开放步伐。产业的空间布局是核心区经济建设的基础。新疆产业空间布局要立足于各地区的比较优势，保证优势产业选择的合理性，从而避免产业空间布局的同质化。天山北坡经济带重点建设商贸物流中心、机械装备制造基地、矿产品加工基地、石油天然气化工基地、纺织工业基地、农产品精深加工基地；天山南坡经济带则应重点扶持石油天然气化工基地、农产品精深加工基地、纺织工业基地等的建设；北疆北部沿边产业带在绿色农牧产业发展上具有较大的比较优势，应集中建设绿色农牧产品基地、特色产品生产加工出口基地；南

---

① 其中，“三通道”指北、中、南三条通道；“三基地”指国家大型油气生产和储备基地、大型煤炭煤电煤化工基地、大型新能源基地；“五大中心”指交通枢纽中心、商贸物流中心、文化科教中心、医疗服务中心、区域性金融中心；“十大进出口产业集聚区”指机械装备出口产业集聚区、轻工产品出口加工产业集聚区、纺织服装产品出口加工产业集聚区、建材产品出口加工产业集聚区、化工产品出口加工产业集聚区、金属制品出口加工产业集聚区、信息服务业出口产业集聚区、进口油气资源加工产业集聚区、进口矿产品加工产业集聚区、进口农林牧产品加工产业集聚区。

疆三地州产业带具有较大口岸优势，应重点建设面向中亚的特色林果产品生产加工基地、纺织工业基地、商贸物流中心，以及民族特色产品生产加工基地（详见表2－27）。

表2－27　新疆不同区域产业空间布局优化方案

产业带	产业特色	地区	发展重点
天山北坡	商贸物流中心、机械装备制造基地、矿产品加工基地、石油天然气化工基地、纺织工业基地、农产品精深加工基地	克拉玛依市	石油、煤化工产业，金融、信息以及先进制造业
		乌鲁木齐市	现代物流业，金融保险、文化体育等现代服务业，生物医药、机械电子、新能源等高新技术产业
		石河子市	纺织、食品、商贸物流、金融保险、文化旅游等
		吐鲁番市	生态农业、旅游业
		博尔塔拉蒙古自治州	特色农业、特色农副产品加工业、采矿业、现代物流业
		伊犁哈萨克自治州直属县（市）	煤电、煤化工产业，商贸物流、旅游业
		昌吉回族自治州	装备制造、新型建材等能源工业，特色加工业，现代物流业，煤电、煤化工
		哈密市	煤电、风电、光电、煤炭生产、特色农业、现代物流业
天山南坡	石油天然气化工基地、农产品精深加工基地、纺织工业基地	巴音郭楞蒙古自治州	纺织业、现代物流业、特色农产品加工业、特色旅游业
		阿克苏地区	纺织、石油化工、农副产品加工业、旅游业、商贸物流业
北疆北部沿边	绿色农牧产品基地、特色产品生产加工出口基地	阿勒泰地区	矿业开发、商贸物流业、生态旅游业
		塔城地区	畜牧产业、粮食产业以及食品加工产业
南疆三地州	特色林果产品生产加工基地、纺织工业基地、商贸物流中心、民族特色产品生产加工基地	喀什地区	商贸物流业、特色旅游业、纺织业、特色加工业
		克孜勒苏柯尔克孜自治州	农产品深加工业、风电
		和田地区	农产品深加工、特色工艺品加工业、特色旅游业

2.4.4.2　天山北坡产业带产业结构调整方案

天山北坡产业带作为新疆经济发展的领头羊，从区位熵水平看，在第二产业、第三产业发展上具有比较优势，尤其在现有资源禀赋条件及核心区建设契机下，天山北坡产业带应重点发展以矿产资源精深加工、机械装备制造业、石油天然气化工产业、纺织工业、绿色食品加工为主的第二产业，以及以现代物流业、旅游业为重点的第三产业，建成全疆重要的商贸物流中心、机械装备制造基地、矿产品加工基地、石油天然气化工基地、纺织工业基地、农产品精深加工基地。其中又以乌昌石经济区为核心，乌鲁木齐应大力发展现代物流业，金融保险、文化体育等现代服务业，以及生物医药、机械、新能源等高新技术产业。昌吉州应重点发展能源工业和特色加工业，如煤电、石油和天然气化工、装备制造、新型建材、特色农产品加工、机电等，并立足自然条件和区位优势，加快现代物流业建设。石河子应依托既有产业基础与人居环境优势，重点发展纺织、食品加工、文化旅游等产业，形成食品、纺织产业集群。其他地区，如产业布局效果较好的克拉玛依应以石油化工产业为支柱产业，最大程度地延伸石油石化产业链，打造核心竞争力强的石油化工产业集群，并依靠科技，发展金融、信息以及先进制造业。吐鲁番应重点发展生态农业，促进农产品的深加工，突出大农业格局。此外，大力发展特色旅游业。哈密市应重点发展资源型工业，如煤电、风电、煤化工等产业，打造国家能源安全大通道的战略节点。并发展特色农业、现代物流业，要充分发挥新疆联系内陆省份的门户作用，进一步完善综合交通网络体系和新疆东西双向开放的综合交通枢纽。伊犁州应加快发展煤化工产业、特色旅游、商贸物流业等，促进旅游资源优势向产业优势转化。博州应加大对特色金属矿产资源的开采及优势非金属矿产资源产业的发展；加快发展特色农副产品加工业、特色农业。

2.4.4.3　天山南坡产业带产业结构调整方案

天山南坡产业带是新疆经济发展的第二增长极，在第一产业、第二产业发展中具有一定的比较优势。天山南坡产业带有着丰富的能源资源，因此应加大以石油天然气、煤化工等优势产业为主的重工业的发展，在优势产业基础上，建设国家重点的石油天然气化工基地；同时要积极发展纺织、农副产品精深加工等特色产业为主的轻工业，加快形成特色产业集群，建成农产品精深加工基地及纺织工业基地。同时还应在优势自然条件下，积极发展以特色农产品种植为主的第一产业。较具体地区来说，巴音郭楞蒙古自治州在继续发展石油化工、采矿、电力、特色农产品加工、旅游等特色产业的基础上，积极发展和培育纺织业和现代物流业。阿克苏地区应大力发展煤化工、矿产业、特色农副产品深加工业、棉纺织业、旅游业，在丝绸之路经济带核心区建设总体思路的指导下，依据通道经济，发展商贸物流业。

2.4.4.4 北疆北部沿边产业带产业结构调整方案

北疆北部沿边产业带不但第一产业发展水平比第二产业、第三产业高，而且还拥有较好的工业及服务业发展资源基础，因此北疆北部沿边产业带应充分发挥丰富的自然资源优势，发展以生态旅游业为主的第三产业；同时加快将矿产资源优势转化为产业发展优势，大力发展以采矿业为重点的第二产业；此外，还应在现有口岸资源的基础上，促进边境贸易等特色产业的发展。将北疆北部沿边产业带建设成绿色农牧产品基地、特色产品生产加工基地。塔城地区应大力发展畜牧产业、粮食产业以及食品加工产业，加快工业经济建设。阿勒泰地区应依托资源优势，以矿业精深加工为突破口，带动商贸物流业、采矿业、现代旅游业等相关产业的快速发展。

2.4.4.5 南疆三地州产业带产业结构调整方案

南疆三地州产业带的第一产业及第三产业都具有一定的资源及口岸优势。南疆三地州产业带有着喀什经济特区等重要的对外开发区位优势，可大力扶持机械加工与现代商贸物流业的发展，建成面向中亚国家的商贸物流中心；特色林果产品加工业是南疆的特色产业，可做大做强特色优势农产品精深加工，积极建设特色林果产品生产加工基地；纺织业是南疆的比较优势产业，给予政策支持，扶持阿克苏、喀什、草湖、阿拉尔等纺织园区的发展，建成纺织工业基地；大力发展民族特色手工业、民族医药、特色食品加工业，建设民族特色产品生产加工基地等。喀什地区应积极发展“三高”农业，大力发展现代畜牧业，建设畜产品精深加工生产基地。依托口岸和边境市场资源，建立商品加工基地和商品集散基地。加快发展具有民族特色的旅游业。克孜勒苏柯尔克孜自治州应大力发展农产品深加工业，有序开发流域水能资源，积极推进阿克陶抽水蓄能电站的建设。和田地区要抓住丝绸之路经济带南通道建设机遇，加快综合交通体系建设，以农产品深加工、特色工艺品等为重点，建设南疆重要的特色产业基地和交通枢纽。

2.5 丝绸之路经济带背景下新疆产业空间布局优化的结构调整对策及保障措施

2.5.1 丝绸之路经济带背景下新疆的产业结构调整对策

2.5.1.1 发展特色优势产业，避免产业结构趋同

新疆各产业带要促进经济的协调可持续发展，就必须在主导产业和支柱产业

方面有自己的独特优势，因此，从增强区域产业竞争力、提升经济发展水平的角度来说也应避免产业结构趋同。新疆各大产业带在资源要素方面有较大的相似性，经济水平的提升均依赖劳动密集的资源产业的发展，产业结构调整若都是沿着高附加值、重度资源依赖的方向进行，那么南疆三地州产业带等和已有一定发展基础的天山北坡产业带相比就明显处于劣势。因此，充分调查市场，评估自身的优势，合理配置有限的资源是新疆各区域优化产业结构的前提。此外，新疆产业结构的调整应面向丝绸之路经济带沿线国家，积极参与区域市场竞争，在区域范围内确定特色优势产业，提升在区域范围内的竞争力，促进产业结构的互补性发展。

2.5.1.2　优化三次产业内部结构，提升产业结构层次

在新疆工业结构调整过程，尤其是具有资源优势的能源产业方面，要加快将其转化为比较优势，提升能源附加值。在石油天然气开发方面，建设塔里木、准噶尔、吐哈三大油气生产基地；在石油化工业加工方面，建设独山子、乌鲁木齐、克拉玛依、南疆塔河石化等千万吨级大型炼化基地；在煤炭开采及加工方面，依托准噶尔、吐哈、伊犁、库拜四大煤田，将新疆建设成为国家第十四个大型煤炭基地。此外，还应积极推进煤制油、煤制烯烃等高水平煤化工项目，加快太阳能资源的开发，积极引进风机、光伏组件等能源装备制造项目，大力发展风光电清洁能源。

纺织服装业是极其重要的民生产业，对于消化农村剩余劳动力，提升农民生活水平有着重要的作用。大力发展纺织业要坚持全产业链高起点高水平发展、严格保护环境。在发展过程中，首先要建设纺织产业集聚区，如根据产业发展规划，积极推进阿克苏、库尔勒，以及石河子三个综合性基地的建设；在工业发展水平较低的地区，加快布置产业园区，如阿克苏纺织工业城、喀什经济开发区和阿拉尔开发区、草湖产业园区等纺织园区；同时要保障纺织产业发展的基础条件，如积极扶持建设高标准污水处理等配套基础设施；此外，依托喀什、霍尔果斯的口岸优势，积极建设纺织服装出口加工区等。新疆还应高度重视纺织业等“民生产业”，并给予政策支持。

现代服务业是经济发展的新增长点，新疆提出要建立交通枢纽中心、商贸物流中心、区域性金融中心，因此，现代物流、国际商贸、金融等现代服务业是新疆产业发展的重点。在交通枢纽中心建设中，以重要节点城市（地区）乌鲁木齐、喀什、霍尔果斯等为核心，依托现有的公路、铁路以及航空线路建立综合运输网络；在商贸物流中心建设中，以国家级商贸园区如喀什和霍尔果斯为中心，以乌鲁木齐、伊宁、喀什、库尔勒等重点城市（地区）为节点，以现有的喀什等经济开发区为基点，建立集产业园区、商贸集散基地、边境贸易市场为一体的现

代商贸物流体系；在区域性金融中心建设中，设立丝绸之路经济带产业投资专项基金，出台相关金融政策，完善人民币新疆跨境结算体系，加快发展多元化金融服务体系。此外，打造一批以新疆文化、旅游等为重点的具有新疆特色的产业集聚区。

2.5.1.3 促进产业结构优化升级，发展高新技术产业

合理的产业结构是产业空间布局的基础。技术水平的高低以及不同地区技术水平的差异都影响着区域产业分工和产业布局。新疆的石油天然气开采、化学工业及电力工业占新疆工业总产值的60%左右，这些产业均属于资源依赖型产业，产业技术含量低，自主创新能力都相对较弱，加工深度非常有限，附加值偏低。因此，发展高新技术产业是有效提升产业发展水平的方式，以高新技术支撑的先进制造业代表着未来技术和产业的发展方向。新疆应大力发展新能源等高新技术产业，促进高新技术产业的快速发展，通过技术和创新，推动产业从要素驱动转变为创新驱动，促进产业产出水平的提升及结构的优化。

2.5.1.4 大力发展优势产业，构建优势产业集群

资源优势是发展经济的有利条件，但不是唯一条件。资源优势转化成竞争优势，才能对经济的发展起到应有的推动作用。产业集群化发展能促进产业技术水平的提升，延长产业链，增加产品附加值，促进资源优势向竞争优势的转化。通过专业化产业区的合理分工与有效合作，能大力推动新疆优势产业的快速发展。新疆应立足于本地区的优势产业，构建以石油天然气化工、煤化工、电力工业、纺织业、畜牧业、旅游业为主体的产业集群，把新疆建设成重要的能源基地和石油天然气化工基地、矿产资源深加工基地、纺织加工基地，向西出口的现代物流基地、特色农牧产品深加工基地、特色旅游基地和民族特色手工品加工基地，推进新疆经济的发展。通过产业集群引导生产要素向高新技术产业集聚区域流动，提升资源的配置效率，通过生产要素在区域间的合理流动诱导产业结构的优化，促进产业结构向更高层次演进。

2.5.2 丝绸之路经济带背景下新疆产业空间布局优化的结构调整保障措施

2.5.2.1 制定全面发展规划，构建完善产业合作机制

全面发展规划的建立和完善能有效提高资源配置效率，降低由边界带来的不确定性和高昂的交易成本。一个区域拥有丰富的资源要素，却没有与之相适应的

制度运行机制以及对国家环境变化的应变能力，显然会面临许多外部环境带来的制约及发展瓶颈，致使产业结构的调整及空间布局的优化受阻，不能构建合理有效的产业空间布局体系。在丝绸之路经济带背景下对新疆产业空间布局进行优化，必须建立完善的产业合作机制，我国新疆与中亚国家产业发展市场、制度和政策环境均不同，将新疆作为经济体与中亚五国从区域角度进行区域内产业结构调整，必须建立完善的产业合作互动机制。尤其是在新疆响应丝绸之路经济带三通道而提出的新疆发展的“三通道、五中心、十基地”建设思路背景下，在落实该政府发展战略时，需要从区域、经济体、地州市每一层面制定全面的发展规划，并构建完善的产业互通机制，这样才能保障在新疆核心区建设中，产业结构调整从区域层面到地州市层面的传导。

2.5.2.2　加大技术创新扶持力度，提升产业发展水平

我国新疆地区在我国和欧亚国家的经贸格局及产业格局中起到举足轻重的作用。技术创新能力决定产业结构高度，是影响区域经济发展和产业布局的决定性因素。技术创新是提升产业竞争力的重要手段，随着技术的进步，尤其是高新技术的发展，是提高新疆的产业发展水平，以实现产业在空间上合理分布、生产要素合理配置和最优产出效益的重要手段，也是实现经济结构转型和产业升级，增强整体综合竞争力的重要手段。政府应出台相应扶持政策，从战略高度重视技术创新水平的提升。在同一产业不同部门之间引入竞争机制，提升经济主体对经济创新能力重要性的认识。对技术创新能力得到飞快提升的部门及企业给予相应政策或研发基金奖励，及时推动产业发展，形成与新技术对应的新产业，为核心区经济建设提供新的增长极。技术创新水平的提升能为新疆打开新的增长空间，是使新疆真正成为我国对外开放前沿的重要举措。

2.5.2.3　加强人力资本建设，提升人力资本素质

加快产业结构的调整，实现协同发展，人力资源是不可或缺的重要因素。高素质人才的缺乏逐渐成为制约新疆高新技术发展、提升产业技术水平的主要因素。因此，人力资源的建设是十分关键的。政府部门应加大引进力度，积极引进高校毕业生和高素质人才，采取为引进人才提供职业发展机会及待遇保障等措施来留住人才。要自主培育高素质创新型人才，走产学研一体化道路，学校与企业联合，定向委培人才，以有效促进科研成果的转化，提升区域技术创新能力，培养大批高素质的人力资源。完善人才激励机制，为其提供学习和培训机会，从精神、物质各方面激励个人积极进行技术创新。促进创新人才的自由流动。新疆由于受多民族文化及外来人口流动的限制，还不能从根本上实现人尽其才，应积极探索人才自由流动机制，实现创新人才区域间无障碍流动。

2.5.2.4 加强交通设施建设，提升基础设施水平

基础设施建设不仅是促进产业各资源要素在区域内流动合理配置的重要条件，而且是提升经济发展水平的基础条件。新疆位于我国内陆地区，基础设施建设较差。在丝绸之路经济带背景下，“道路畅通”是区域经济协调可持续发展的必要条件，新疆在今后的经济发展过程中，要继续加大对交通基础设施的投资建设力度，立足新疆的地缘优势、区位优势，联合区域内与边境地区的公路、航空等交通路线，构建完整而科学的运输机制。如打通南线铁路，建设中巴铁路，实现中吉乌公路等多条公路的对接，并适当增加与国外对接的，以乌鲁木齐、喀什机场为枢纽的航线。做好各种交通运输方式相互间的连接，真正建设符合新疆经济发展需要的内外交通通道，确定新疆综合交通枢纽的地位。

2.5.2.5 加强政府对产业发展的政策支持，提供政策保障

区域产业政策是指政府根据区域产业发展的需要，为引导产业各资源要素在区域内合理配置，促进区域产业结构优化而建立的一项经济政策。新疆在产业政策制定中，规划出有效促进区域产业发展的制度环境，以实现资源的优化配置和区域产业结构的调整优化。政府还应在促进产业协调发展方面制定相应的产业政策，扶持产业集群的发展，进而通过产业结构的调整加快地区产业布局的优化。新疆不同地区产业布局水平不同，对于产业布局水平较好的地区，如克拉玛依、乌鲁木齐、博州、石河子等地区应积极发挥增长极带动作用，促进整体经济的发展。对于产业布局水平较低的地区，如南疆三地州，应加大对基础设施建设的投入，大力扶持教育的普及，为区域产业更好的发展创造良好的基础条件，促进区域产业均衡发展。此外，新疆要加大对高新技术产业的补贴力度，以促进区域产业技术含量的提升、产业链的延伸，形成产业深加工的完整产业链，充分利用新疆的资源优势打造产业集群。政府等各部门应加强法制法规建设，制定并完善与产业政策相关的法律法规，保证政策的可行性与稳定性。

第3章

基于丝绸之路经济带产业协同效应的新疆产业空间布局优化研究

3.1 我国新疆与丝绸之路经济带沿线国家产业空间布局的基础条件

3.1.1 地缘、政治和人文基础

3.1.1.1 地缘基础

从地理位置看，我国新疆地区位于欧亚大陆的中心，亚洲的地理中心就在新疆首府乌鲁木齐附近，我国新疆不但通过中亚与西亚、欧洲相连，而且向北通过阿尔泰山脉与俄罗斯腹地融为一体，向南连通印度洋，因此其独特的地理位置在重塑丝绸之路视阈下占据重要地位。在丝绸之路经济带沿线国家中，我国新疆与哈萨克斯坦、吉尔吉斯斯坦、塔吉克斯坦接壤，与乌兹别克斯坦为近邻；在新疆的16个陆路口岸中（包含拟开放口岸），与哈萨克斯坦接壤的边境口岸有7个，分别是霍尔果斯、巴克图、吉木乃、阿拉山口、阿黑土别克、都拉塔和木扎尔特口岸；与吉尔吉斯斯坦接壤的有2个，分别是吐尔尕特、伊尔克什坦口岸，面向塔吉克斯坦的口岸有1个（卡拉苏口岸）。且各边境口岸与沿线国家对应城市的距离都在200~300千米之内，各口岸都有公路联通，运距短，运输成本低。不仅如此，第二亚欧大陆桥的畅通也为新疆的沿边开放提供了前所未有的机遇。由此可见，我国新疆与经济带沿线国家之间进行产业分工和开展地缘经济合作已经具备了优越的地理条件。

3.1.1.2 政治基础

在整个丝绸之路经济带的版图上，中亚地区不但是连接西亚、南亚以及欧洲大陆的纽带，而且该地带与我国间的地缘政治也深刻影响了我国的政治利益。20世纪末，我国新疆西邻诸国经历了动荡和变化，原有的经济关系和政治体制的变革，和中俄关系的修复都为我国新疆借助地缘优势逐渐增进与这些国家的经济往来提供了一定的基础。

1993 年 10 月，哈萨克斯坦总统纳扎尔巴耶夫访问中国，并签署了中哈两国友好关系的文件。1994 年 4 月，时任总理李鹏对中亚四国进行访问，并签署多项经济技术合作协定。进入 21 世纪后，中亚与我国新疆的安全局势因极端势力的影响，出现动荡，加之我国能源安全问题的恶化，使我国与中亚、俄罗斯等国在深化双方共同利益的基础上，增进了在能源和安全方面的合作，上海合作组织在 2001 年应时而生。2003 年 5 月，胡锦涛出访哈萨克斯坦和俄罗斯并分别签署了中哈联合声明和中俄联合声明，促进了中国同两国的睦邻友好合作。2005 年，我国与哈萨克斯坦建立了“战略合作伙伴关系”，此后又提升为“全面战略伙伴关系”。2007 年 8 月胡锦涛出访俄罗斯、哈萨克斯坦和吉尔吉斯斯坦，进一步提升了我国与三国的双边关系水平。近几年，哈萨克斯坦领导人重视与我国新疆开展边民互市，多次访问新疆边境县区并发表讲话，进一步提升了我国新疆与哈萨克斯坦的经贸往来。2013 年，习近平主席在出访哈萨克斯坦时正式提出丝绸之路经济带倡议，沿线国家纷纷响应，在丝绸之路经济带建设开展的两年实践中，沿线各国家领导人之间的亲密互动，促成了能源、交通、跨境物流、合作园区等领域的多项产能合作的顺利签署及建成竣工。2015 年，我国与欧亚 7 国签署了总额 2 107 亿元人民币的双边本币互换协议，尤其是 2015 年 10 月以来，人民银行与俄央行两次动用本币互换资金累计 100 亿卢布，主要用于双边贸易结算。此外，欧亚 7 国成为亚投行意向创始国。丝路基金、中国 - 欧亚经济合作基金、中哈产能合作基金的组建，大大丰富了我国对该地区的投资平台。2015 年我国商务部已与欧亚地区 8 国相关部门签署了共建丝绸之路经济带的部门间合作文件。

由此可见，借助丝绸之路经济带建设，我国与经济带沿线国家的政治、经济、贸易、金融等各领域的一体化进程都驶上了快车道，借助改革的东风，我国新疆与中亚各国的经贸联系借助深厚的政治基础和政策红利也愈加紧密。

3.1.1.3 人文基础

丝绸之路经济带横贯欧亚大陆，历史上曾经崛起波斯帝国、奥斯曼帝国、匈人帝国、蒙古帝国等，由不同民族和宗教构成的历史兴衰版图促进了该区域文化和经济的交流，各民族的宗教信仰、风俗习惯和生产生活方式的不断碰撞和融合，使该区域至今都是东西方文明的交汇区。新疆55个少数民族中信奉伊斯兰教且语言为突厥语系者居多，是我国穆斯林的主要聚居区，在语言、文字、宗教上和经济带沿线各国相近相通，这增加了我国新疆与各国之间的文化交流和丝绸之路经济带的区域认同度。这种语言、宗教信仰、文化习俗、生活习惯上的相似性和同源性，使新疆出口商品的认同性和针对性更高，为新疆产品的市场开拓提供了便宜条件，为我国新疆与经济带沿线国家之间的协同发展提供了坚实的人文基础。尤其是20世纪80年代以来，我国新疆与沿线国家间良好的人文基础对新疆向西开发起到了重要作用，自1992年以来，新疆一年一度的“乌鲁木齐进出口商品交易会”，到2011年的“中国—亚欧博览会”“亚欧商品贸易博览会”“新疆喀什·中亚南亚商品交易会”等大型国际会展为我国新疆与沿线国家的经贸合作提供了有利的平台。各合作主体间深厚的人文基础无疑会在丝绸之路经济带产业分工中发挥更大作用。

3.1.2 经济的互补性

3.1.2.1 资源禀赋互补性

1. 新疆资源分布状况

新疆农业资源丰富，农产品种类繁多，在国内外市场上具有竞争比较优势的农产品就有一百多种，尤其是加工番茄、枸杞、红枣、红花等特色农产品的产业。新疆的粮食作物主要是小麦、玉米和水稻，还有高粱、大麦、谷子、黄豆、豌豆和蚕豆。经济作物主要有棉花、甜菜、麻类、烟叶、蚕茧等，其中以棉花最有名。由于新疆气候的独特性，使新疆有“瓜果之乡”的美名，新疆常见的瓜果有葡萄、哈密瓜、西瓜、苹果、香梨、小白杏、樱桃、无花果、蟠桃、薄皮核桃、石榴、巴旦木等。其中吐鲁番的无核白葡萄，鄯善的哈密瓜，库尔勒的香梨，库车的白杏，阿图什的无花果，喀什的樱桃、核桃、光皮桃，叶城的石榴、棋盘梨，和田的蜜桃，伊犁的苹果等，均享有美誉。新疆且还生产天然的药物，主要有麻黄、罗布麻、甘草、贝母、雪莲等，都具有好的品质。目前，新疆已经形成特色产业带，分别是南疆的环塔里木盆地产业带，该区域以红枣、核桃、巴旦木、杏、香梨、苹果为主；东疆吐哈盆地产业带，该区域以葡萄、红枣、哈密瓜为主；北疆伊犁河谷及天山北坡产业带，该区域以葡萄、枸杞、小浆果、时令水果为主。新疆的畜牧业是农业内部继种植业之后占比最大的一个行业，2014年畜牧业总产值占农业总产值的21.73%。新疆的畜牧业具有很强的比较优势，由于天山山脉阻隔汇集了大量的水汽，草地生长较好，所以天山北坡经济带和北疆北部沿边产业带的畜牧业发展情况较好，尤其是伊犁、阿勒泰、昌吉、乌鲁木齐、哈密等地。总体而言，新疆农产品尤其是特色农产品发展优势明显，是继棉花之后农业新的支柱产业。

新疆能源和矿产种类全、储量大，开发前景开阔。到目前为止，新疆已经有4 000多处矿产地、13种矿产被发现，探明储量的矿产就有117种，其中居全国首位的有五种，前五位的有24种，前十位的有43种。新疆石油资源量约为500亿吨，占据中国的三分之一以上；天然气资源量约为13万亿立方米，占全国陆上天然气资源量的三分之一以上；煤炭的预测储量1.82万亿吨，占中国预测储量的40%。在有色金属矿产中，铜的资源总量为5 873万吨，镍的资源总量为1 671万吨、铅锌矿目前有产地150多处，其中已经探明的有大型矿床一座，中型矿床三座。非金属矿种类非常繁多，有白云母、蛭石、膨润土、石棉、花岗岩、大理石、石墨、水晶石、重晶石、水泥石灰岩等54种。新疆拥有全国最大的锂矿、铌矿、钽矿、铍矿和最大的锂盐厂，新疆的铯、铋、铂、钴、锰、碲等矿种也有相当丰富的储量，可可托海3号特大矿床有70多种矿物，被誉为世界级的“天然矿物博物馆”。[①] 具体矿产分布详见表3-1。

表3-1　新疆主要资源分布表

产业带	主要农牧产品	能源矿产
天山北坡经济带	棉花、番茄、枸杞、红花、红枣、玉米、小麦、油料、打瓜籽、甜菜、烟叶、药材、特色水果、畜产品	煤、石油、天然气、油页岩、泥炭、铁、锰、钛、铜、镍、铅、铝、金、白云岩、高岭土、水泥、盐、芒硝、硫、磷、蛇纹石、含钾岩石、石膏、珍珠岩、石墨、膨润土、石灰岩、水晶
天山南坡产业带	棉花、红枣、辣椒、特色水果、打瓜籽、畜产品	煤、石油、天然气、泥炭、锰、白云岩、盐、石膏、石棉、石灰岩、玉石
北疆北部沿边产业带	啤酒花、畜产品	煤、石油、天然气、铁、金、铍、锂、芒硝、含钾岩石、云母、膨润土、石灰岩
南疆三地州	棉花、红枣、啤酒花、番茄、辣椒、特色水果、畜产品	煤、石油、天然气、铁、金、白云岩、石膏、石灰岩、水晶、玉石

资料来源：新疆维吾尔自治区商务厅门户网站：http：//www.xjftec.gov.cn

2. 沿线国家资源禀赋状况

从农产品资源方面来看，丝绸之路经济带沿线国家与我国新疆的农产品有一定的相似性，棉花、谷物及畜牧业产品都是双方的主要农产品，但又有各自的比较优势。哈萨克斯坦主要是在小麦、大麦、玉米、谷子、黑麦、水稻等粮食作物

① 资料来源：新疆维吾尔自治区人民政府网 http：//www.xinjiang.gov.cn/ljxj/zrzy/kczy/index.html.

的种植上有很强的比较优势，随着需求趋势上升，哈萨克斯坦可能很快就会向伊朗和中国出口大量粮食。吉尔吉斯斯坦的畜牧业历史悠久且较为发达，900 多万公顷的牧场和天然割草场使得畜牧业发展具备得天独厚的条件，是中亚的畜牧大国。塔吉克斯坦的农业是经济的主导部门，以种植业和畜牧业为主，在果园业、养蚕业、葡萄、棉花的种植上具有比较优势。乌兹别克斯坦是世界第五大产棉国，第二大棉花出口国，养蚕业非常发达，年产蚕丝约 1.6 万吨，占世界第六位，生产和出口大量羔羊皮，年产量占世界第二位。土库曼斯坦主要在毛皮、皮革等畜牧业产品和粮食的生产上具有比较优势。主要资源分布详见表 3 -2。

表 3 -2　　　　丝绸之路经济带沿线国家主要资源分布表

国家	主要农牧产品	能源矿产
哈萨克斯坦	小麦、大麦、玉米、谷子、黑麦、水稻、马铃薯、棉花、羊毛、油料作物、饲料作物、肉制品、乳制品、皮革制品、毛纺织品	煤、石油、天然气、钨、铀、铬、锰、铅、铁、铜、锌、铝、金
吉尔吉斯斯坦	谷物、棉花、甜菜、油料、马铃薯、蔬菜、牛羊肉、皮、毛、蛋、奶产品	金、钨、锡、汞、锑、铁
塔吉克斯坦	小麦、黑麦、水稻、大麦、燕麦、玉米、豆类、油料作物、蔬菜、水果、烟草、牛羊马肉	铅、锌、锑、相、钨、铜、银、金、铁、岩盐、萤石
乌兹别克斯坦	谷物、小麦、稻米、玉米、马铃薯、皮棉、棉籽、番茄、白菜、葡萄、西瓜、苹果、葡萄酒、牛羊肉、羊毛、牛奶、鸡蛋	煤、石油、天然气、有色金属、非金属矿
土库曼斯坦	小麦、棉花、蔬菜、水果、玉米、大麦、水稻	煤、石油、天然气、金、钨、锡、汞、锑、铁

资料来源：新疆维吾尔自治区商务厅门户网站：http：//www. xjftec. gov. cn

丝绸之路经济带沿线国家蕴含着丰富的能源资源。截至 2014 年，哈萨克斯坦已探明的煤炭储量为 336 亿吨，占世界所有煤炭储量的 3.8%，石油储量为 300 亿桶，储产比为 48.3%，天然气储量为 1.5 万亿立方米，储产比例高达 78.2%；乌兹别克斯坦已探明的煤炭储量为 19 亿吨，占世界所有煤炭储量的 0.2%，石油储量为 6 亿吨，储产比为 24.3%，天然气储量为 1.1 万亿立方米，储产比为 19%；土库曼斯坦石油储量为 6 亿吨，储产比为 19.4%，天然气储量为 17.5 万亿立方米；由于资金不足或综合开发成本高等原因，吉尔吉斯斯坦和塔吉克斯坦的能源产量始终不高，远不能满足国内需求，每年约有 95% 的原油、天然气和石化制品需求要依靠进口满足。哈萨克斯坦煤炭、石油、天然气的产量远远大于使用量，是能源出口大国，乌兹别克斯坦的天然气产量大于消费量，土库曼斯坦的石油和天然气产量远大于消费量，能源优势显著（详见表3－3）。

表3－3　2014年丝绸之路经济带沿线国家能源产量、消费量

国家	煤炭		石油		天然气	
	产量（万吨）	消费量（万吨）	产量（千桶/日）	消费量（千桶/日）	产量（万亿立方米）	消费量（万亿立方米）
哈萨克斯坦	5 530	3 450	1 701	276	19.3	5.6
乌兹别克斯坦	140	200	—	67	57.3	48.8
土库曼斯坦	—	—	239	139	62.3	27.7

资料来源：2015年《世界能源统计年鉴》

3. 我国新疆与沿线国家资源互补性分析

随着中国经济的高速增长，我国对能源、矿产资源的需求与日俱增，由于我国矿产利用效率较低，资源存有量相对贫乏，能源矿产资源的供给缺口巨大，未来较长时间都将面临对外资源的高度依赖。据全国矿产资源规划，到2020年，中国煤炭年消费量将超过35亿吨，2008～2020年累计需求量超过430亿吨，其中，铁矿石160亿吨、石油60亿吨、铝1.6亿吨、精炼铜1亿吨等。届时在45种我国需求的主要矿产中，有19种将出现短缺，其中11种为经济支柱性矿产。新疆作为我国矿产资源的接替区，资源储量相对较大，周边各国资源种类多，储量大，通过贸易和对外投资等多种方式与经济带沿线国家实现矿产资源的优化配置与互补，将有效缓解国内资源不足问题。

中亚地区矿产资源种类丰富，尤其是金属资源和能源储量巨大。我国新疆地区非金属资源矿产储量较大，与中亚国家具备一定的资源互补性。中国快速的经济发展对矿产资源的大量需求使供需矛盾日益突出，我国可以通过新疆资源接替区充分利用中亚的矿产资源，使之服务于中国的经济建设。目前建成的中国与中亚资源运输通道有中国－中亚天然气管道和中哈原油输送管道。习近平主席访问哈萨克斯坦期间，中石油公司与哈萨克斯坦签署了合作开发里海油气田的协议，并收购哈萨克斯坦国家石油和卡沙甘油田权益。未来我国可以通过里海将油气管道延伸到伊朗、阿塞拜疆、叙利亚、伊拉克、沙特等国，使中亚不但是我国战略上的能源仓库，同时也是战略性的全球能源输入通道，为我国的能源战略在全球范围内的布局奠定基础。此外，中亚五国矿产加工技术水平不高，我国可以通过矿产资源深度加工商品以及加工技术与中亚五国形成资源互补与依存关系。

3.1.2.2 产业结构互补性

1. 产业结构状况

经过几十年的努力，新疆产业结构优化调整效果明显，从1978年的“二一三”结构转变为2014年“二三一”结构。第一产业所占比重持续下滑到16.6%，二产比重下滑后实现攀升，三产比重呈波动上涨态势（详见表3-4）。近年来，新疆在西部大开发战略的实施进程中，秉承“优化第一产业，强调第二产业，做大第三产业”的发展方针，地区产业结构优化升级成效显著。在优化第一产业的方针指导下，农业在保证粮食安全稳定的前提下，形成了以林果业为主导，围绕畜牧业的战略方向转移的南疆农业结构，和以畜牧业为主导，围绕畜牧业调优种植业的北疆农业发展方式。在新型工业化进程中，新疆工业化发展迅速，二产结构调整成效显著。近十年来，新疆积极承接东部地区的产业转移，并且加快实现由资源优势向经济优势的转变。目前已初步形成新型煤化工、石油石化、电力、纺织、盐化工、电解铝、钢铁、绿色食品加工、装备制造等九大工业基地，生产的产品在全国占据着重要地位。以特色农产品加工业为主导的轻工业发展更为迅速，已经形成了葡萄酒、番茄酱、啤酒花、乳制品、果蔬饮料、果酱等一批特色产业。但就第三产业来说，这一时期新疆服务业虽在总量上发展迅速，但服务业内部结构升级慢、结构不协调等问题一直制约着新疆整体产业结构的优化升级和发展，主要问题是新疆服务业仍以传统服务业为主导，如金融、旅游、房地产等新兴服务业发展不足。综上所述，新疆近几十年产业结构向合理化和高度化的方向发展，但仍存在一产比重偏高，二产发展不足，三产发展层次低的问题，产业结构的整体水平还是偏低。

表3-4　新疆GDP及三次产业产值与比重变化情况

年份	GDP（亿元）	第一产业		第二产业		第三产业	
		产值（亿元）	比重（%）	产值（亿元）	比重（%）	产值（亿元）	比重（%）
1978	39	14	35.9	18	46.15	7	17.95
1990	274	95	34.67	84	30.66	95	34.67
2000	1 364	288	21.12	538	39.44	538	39.44
2005	2 604	494	18.97	1 165	44.74	945	36.29
2010	5 437	1 078	19.8	2 592	47.7	1 767	32.5
2014	92 641	1 538	16.6	3 928	42.39	3 798	40.9

资料来源：历年新疆统计年鉴

从产业结构的静态现状看，2014 年我国新疆沿线各国的产业结构水平差异明显，哈萨克斯坦的产业结构属于“三二一”的较高水平；吉尔吉斯斯坦、乌兹别克斯坦的产业结构也属于“三二一”的格局，但一产所占比重较高，产业结构有待优化；塔吉克斯坦是“三一二”的格局，土库曼斯坦是“二三一”的格局。

从产业结构 2005 ~ 2014 年的动态变化看（详见表 3 - 5），近十年，吉尔吉斯斯坦和乌兹别克斯坦产业结构从“三一二”调整到“三二一”，虽然农业比重仍然较大，但产业结构优化升级明显；乌兹别克斯坦的三次产业结构升级变动虽不明显，但都实现了农业比重的进一步降低和二、三产业比重的升高，产业结构也得到了优化调整。塔吉克斯坦产业和土库曼斯坦的结构水平出现了下降的趋势。

表 3 - 5　2005 年和 2014 年丝绸之路经济带沿线国家产业结构　单位：%

年份	产业	哈萨克斯坦	吉尔吉斯斯坦	塔吉克斯坦	乌兹别克斯坦	土库曼斯坦
2005	农业	6.8	31.9	24	28	14.8
2014		4.6	17.3	27.4	18.8	14.6
2005	工业	40.1	22.4	31.3	23.2	37.6
2014		36	26.7	21.7	33.7	48.4
2005	服务业	53.1	45.7	44.7	48.8	47.6
2014		59.4	56	50.9	47.5	37.0

资料来源：世界银行数据库

2. 产业结构相似度

产业结构相似系数是 1980 年由联合国工业发展组织提出来的，主要用来衡量产业结构同构化的程度。若指数数值越大，则说明两国（地区）间产业结构同构性程度高，互补性程度低，反之亦然。指数的具体计算公式如下：

$$S_{kj} = \frac{\sum_{i=1}^{n} X_{kj}X_{ji}}{\sqrt{\sum_{i=1}^{n} X_{ki}^2 \sum_{i=1}^{n} X_{ji}^2}} \quad 0 \leqslant S_{kj} \leqslant 1$$

S_{kj}为 k 地区和 j 地区的产业结构相似度指数，X_{ki}和 X_{ji}分别表示地区 k 和地区 j 部门 i 所占的比重。S_{kj}系数越大，表明两地区产业结构越相似。当 S_{kj}值为 1 时，则 k、j 两地区产业结构完全一致；当 S_{kj}值为 0 时，则 k、j 两地区产业结构互补性强，同构性低。就衡量标准来看，国家（地区）间衡量产业结构相似度时，以

0.85 为门槛，超过 0.85 则说明产业结构同构性高，而在衡量地区与国家间的产业结构同构程度时，则以 0.95 作为判断标准。

通过计算 2000 ~ 2014 年我国新疆与沿线国家的产业结构相似度（详见表 3 – 6），可以看出，我国新疆与沿线国家的产业结构相似度较高，均在 0.9 以上，主要由于我国与中亚五国都属于发展中国家，经济发展阶段较相似。具体分析我国新疆与各国的产业结构相似状况，可以看出与乌兹别克斯坦和土库曼斯坦的产业结构相似度高于 0.95，说明与乌兹别克斯坦和土库曼斯坦之间有较强的产业结构同构性；与哈萨克斯坦、吉尔吉斯斯坦、塔吉克斯坦的产业结构相似度低于 0.95，尤其是与塔吉克斯坦的相似度较低，低于 0.92，说明我国新疆与这三国的产业结构的互补性较强（如图 3 – 1）。

表 3 – 6　　中国新疆与沿线国家产业结构相似度指数

年份	哈萨克斯坦	吉尔吉斯斯坦	塔吉克斯坦	乌兹别克斯坦	土库曼斯坦
2000	0.9682	0.9472	0.9897	0.9365	0.9854
2001	0.9791	0.9313	0.9833	0.9348	0.9756
2002	0.9799	0.9202	0.9867	0.9349	0.9863
2003	0.9583	0.9320	0.9932	0.9504	0.9979
2004	0.9508	0.9315	0.9918	0.9474	0.9991
2005	0.9447	0.8969	0.9610	0.9039	0.9846
2006	0.9481	0.8445	0.9425	0.9146	0.9649
2007	0.9444	0.8498	0.9424	0.9551	0.9824
2008	0.9497	0.8655	0.9067	0.9254	0.9964
2009	0.9540	0.9231	0.9320	0.9666	0.9877
2010	0.9280	0.9083	0.9089	0.9379	0.9940
2011	0.9340	0.9221	0.8609	0.9383	0.9980
2012	0.9440	0.9111	0.8969	0.9612	0.9979
2013	0.9505	0.9544	0.9160	0.9823	0.9928
2014	0.9458	0.9467	0.9138	0.9844	0.9934

资料来源：新疆数据来自历年《新疆统计年鉴》，中亚国家数据来自世界银行数据库

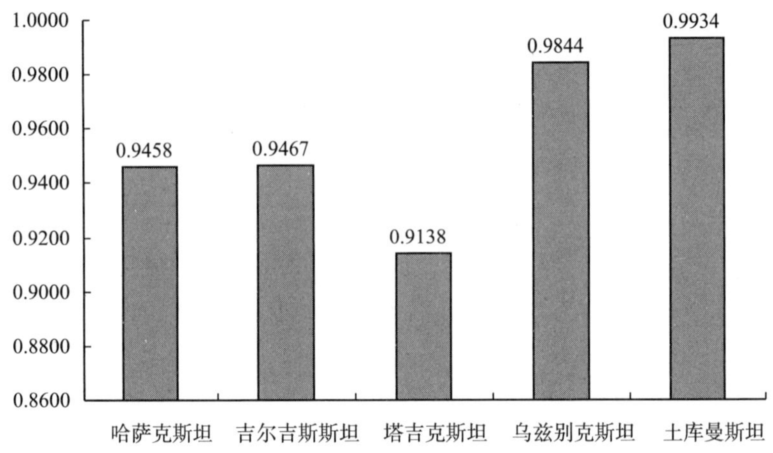

图 3－1　2014 年中国新疆与沿线国家产业结构相似度指数

3.1.2.3　贸易结合度与互补性

1. 我国新疆与沿线国家贸易结合度

贸易结合度指数（TI）是由经济学家布朗（A. J. Brown，1947）提出的，是一个比较综合性的指标，用来衡量两国（地区）在贸易方面的相互依存度。贸易结合度是指一国（地区）对某一贸易伙伴国（地区）的出口占该国（地区）出口总额的比重，与该贸易伙伴国（地区）进口总额占世界进口总额的比重之比。其数值越大，表明两国（地区）在贸易方面的联系越紧密。贸易结合度的计算公式如下：

$$TI_{ab} = (X_{ab}/X_a)/(M_b/M_w)$$

式中，TI_{ab}表示 a 国（地区）对 b 国（地区）的贸易结合度，X_{ab}表示 a 国（地区）对 b 国（地区）的出口额，X_a 表示 a 国出口总额；M_b 表示 b 国（地区）进口总额；M_w 表示世界进口总额。如果 $TI_{ab} \geq 1$，表明 a，b 两国（地区）在贸易方面的联系紧密，如果 $TI_{ab} < 1$，表明 a，b 两国（地区）在贸易方面的联系松散。

从表 3－7 可以看出，2006 年至 2015 年，我国新疆地区对中亚各国的贸易结合度指数程度不一，贸易结合度最强的三国分别是吉尔吉斯斯坦、塔吉克斯坦和哈萨克斯坦，近十年的贸易结合度基本都在 100 以上，但三国结合度的变动趋势不一，吉尔吉斯斯坦在 2008 年达到峰值后，近五年的结合度呈现下降趋势；我国新疆与塔吉克斯坦的贸易联系则呈现出逐年增强的趋势；与哈萨克斯坦的贸易结合度则出现下降趋势，结合度指数很高但贸易联系向松散趋势发展。与乌兹别克斯坦的贸易结合度平均在 10 以上，贸易结合度很强，结合度呈逐年上涨趋势，贸易联系越来越紧密。

表3-7 2006~2015年中国新疆对沿线国家贸易结合度指数

国家	2006	2007	2008	2009	2010	2011	2012	2013	2014	2015
哈萨克斯坦	213.81	178.68	139.89	169.87	197.05	146.47	113.94	146.39	173.12	166.53
吉尔吉斯斯坦	1 235.53	1 172.09	1 427.23	885.81	720.97	708.15	549.05	581.38	575.89	751.28
塔吉克斯坦	168.18	158.86	282.31	308.83	358.34	425.99	267.73	324.07	378.88	387.2
乌兹别克斯坦	43.65	39.98	27.02	25.61	23.73	24.55	23.65	32.29	29.02	24.01

资料来源：历年新疆统计年鉴、世界银行数据库

2. 我国新疆与沿线国家贸易互补性

贸易理论表明，各国应利用技术、资源或规模上的比较优势进行专业化生产，然后通过贸易满足社会多样化的需求。如果两国（地区）的贸易具有互补性，即一方集中出口的产品与另一方集中进口的产品相吻合，那么贸易关系的发展将使两国（地区）现有的生产模式得以维持，通过消除贸易壁垒与实现规模化生产可以给贸易双方带来较大利益。尽管具有互补性产业结构的国家在发展水平上通常具有较大差距，在一些产业上贸易不平衡现象尤为突出，但这样的贸易不仅可以使各国（地区）达到取长补短的目的，而且可以避免同行业的过度竞争所产生的一些负面影响，还能降低产业调整的费用。相反，如果双方的贸易互补性较小，即一方集中出口的产品并非是另一方集中进口的产品，两国（地区）贸易发展的潜力就会受到限制。

贸易互补性指数用来衡量一个国家（地区）某种产品的出口和另一个国家（地区）进口的吻合程度。贸易互补性指数（Trade Complementarity Index）用公式表示如下：

$$C_{ij} = \sum_k (W_k/W) \times RCA_{xik} \times RCA_{mjk}$$

公式中：C_{ij}表示地区i出口与地区j进口之间的贸易互补性指数；RCA_{xik}代表i地区在k类商品上的显性比较优势指数，$RCA_{xik} = (X_{ik}/X_i)/(W_k/W)$。其中，$X_i$用来表示的是一地区所有产品的出口额，$X_{ik}$用来表示的是$i$地区$k$类产品的出口额；$RCA_{mjk}$代表$j$地区在$k$类商品上的显示性比较劣势指数。其中，$RCA_{mjk} - (M_{jk}/M_j)/(W_k/W)$，这里$M_{jk}$为$j$地区$k$类商品的进口额，$M_j$为$j$地区所有商品的进口总额。$RCA_{mjk}$越大，说明该地区在此类商品生产上处于比较劣势。$W$用来表示的是所有产品的世界贸易总额，$W_k$用来表示的是$k$类产品的世界贸易总额。根据定义可知，当某地区出口的主要商品类别与另一地区进口的主要商品类别相一致时，两国间的贸易互补性指数（C_{ij}）就越大；反之则越小。当$C_{ij}>1$时，表明i地区产品的相对出口份额和j地区产品的相对进口份额的匹配程度较高，两地区产品贸易存在互补性，并且C_{ij}越大，表明i地区与j地区产品贸易的互补

性越强。C_{ij}，这一指数还可以间接反映产业间贸易在两地区贸易中所占的比例。如果两地区间的贸易以产业间贸易为主，该互补性指数就大。相反，如两地区间的贸易以产业内贸易为主，该互补性系数就小。

从表3－8、表3－9可以看出，2009～2014年我国新疆出口与哈萨克斯坦、吉尔吉斯斯坦进口具有较强的贸易互补性，且都呈现出增长的趋势；我国新疆进口与哈萨克斯坦、吉尔吉斯斯坦出口具有较强的贸易互补性，并且在近五年呈现增强的趋势。

表3－8　　中国新疆地区出口与沿线国家进口的互补性

年份	哈萨克斯坦	吉尔吉斯斯坦
2009	0.992	0.947
2010	1.003	0.931
2011	1.187	1.002
2012	1.151	1.041
2013	1.158	1.001
2014	1.154	1.069

注：由于数据可得性限制，未与塔吉克斯坦和乌兹别克斯坦进行比较

资料来源：新疆数据根据乌鲁木齐海关数据整理；其他国家数据根据联合国贸易数据库数据整理

表3－9　　中国新疆地区进口与沿线国家出口的互补性

年份	哈萨克斯坦	吉尔吉斯斯坦
2009	2.502	0.767
2010	2.563	0.989
2011	2.915	1.240
2012	2.975	1.396
2013	3.187	1.208
2014	3.098	1.286

注：由于数据可得性限制，未与塔吉克斯坦和乌兹别克斯坦进行比较

资料来源：新疆数据根据乌鲁木齐海关数据整理；其他国家数据根据联合国贸易数据库数据整理

总体分析我国新疆与沿线国家的贸易互补性，可以看出，我国新疆与哈萨克斯坦、吉尔吉斯斯坦具有双向的互补性，且进口的互补性强于出口互补性，值得一提的是我国新疆与吉尔吉斯斯坦的进、出口互补性均在2011年突破1，说明贸易双向互补性都高于世界平均水平。

综上所述，根据穆勒的相互需求原理：一国的出口供给和进口需求由该国的

生产和供给特征共同作用决定。可以看出，贸易互补性依赖于产业结构、消费需求和资源禀赋，反映了贸易双方出口供给与进口需求之间的产品吻合程度。我国新疆与哈萨克斯坦、吉尔吉斯斯坦之间贸易互补性强主要是由于双方在产业结构上差异明显，双方贸易以跨行业贸易及垂直贸易为主。

3.1.2.4 市场需求互补性

社会商品零售额是反应一国居民收入和消费水平的重要指标，可以体现一国居民的购买力，而购买力的大小直接影响一个国家的市场规模。另外，商品零售额的构成比重还可以通过食品占家庭消费总额的比重来体现居民的生活水平，即恩格尔系数。恩格尔系数越高则居民生活水平越低，恩格尔系数越低则居民生活水平越高，联合国根据恩格尔系数的大小，对世界各国的生活水平有一个划分标准，即一个国家平均家庭恩格尔系数大于60%为贫穷；50%～60%为温饱；40%～50%为小康；30%～40%属于相对富裕；20%～30%为富足；20%以下为极其富裕。相对富裕的国家居民的消费水平和消费层次就越高，市场规模则越大，反之亦然。

通过表3-10可以看出经济带沿线三个国家商品零售类消费额最高的是哈萨克斯坦，消费占比达到70.45%，而商品零售类消费额最低的是吉尔吉斯斯坦。再分析恩格尔系数可以看出，食品类消费占家庭消费总额在60%以上的国家是塔吉克斯坦，比重达到60.72，居民生活水平属于贫穷类；恩格尔系数在50%～60%的国家是哈萨克斯坦和吉尔吉斯斯坦，这两个国家的居民生活水平属于温饱类。

综合分析商品零售额和恩格尔系数可以发现，两个指标反映的国家市场规模和消费水平具有比较高的一致性，商品零售消费额较高的国家恩格尔系数较低，总体来说，沿线国家的消费需求大部分集中在以轻工业为主的商品零售类消费上，而中国在轻工业上具有较强的成本优势和技术优势，未来经济带沿线国家经济社会的高速发展将大幅提升当地的居民生活水平和消费水平，届时新疆可依托本国优势大力提升在轻工业领域的产业布局。

表3-10 2010年沿线国家按购买力平减后的家庭消费额及零售类消费构成

国家	家庭消费总额（亿美元）	商品零售类消费		食品、饮料类消费		服饰类消费		个人护理类	
		消费额（亿美元）	消费占比（%）	消费额（亿美元）	消费占比（%）	消费额（亿美元）	消费占比（%）	消费额（亿美元）	消费占比（%）
哈萨克斯坦	488.0129	343.78	70.45	286.5076	58.71	36.7476	7.53	20.5248	4.21
吉尔吉斯斯坦	81.9026	58.0038	70.82	48.2735	58.94	8.3739	10.22	1.3564	1.66
塔吉克斯坦	153.1827	97.2893	63.51	93.0098	60.72	2.3658	1.54	1.9137	1.25

注：鉴于数据可得性，未对土库曼斯坦、乌兹别克斯坦进行数据比较。
资料来源：世界银行全球消费数据库

3.1.3 产业优势及市场潜力分析

3.1.3.1 出口显示性比较优势

显示性比较优势指数（RCA）是衡量一国（地区）产品或产业在国际市场是否具有竞争力的指标。在国际贸易中，一国或地区某种产品的出口数量和金额不仅取决于其生产优势，而且受市场、加工、运输、营销等各种因素的影响。通过 RCA 指数可以判定一国或地区的哪些产业更具有出口竞争力，用该产品实际的贸易状况间接表示该产品的比较优势，实际上也反映了该国或该地区此种产品对其他产品的出口竞争力。显示性比较优势指数的计算公式如下：

$$RCA_{ij} = \frac{X_{ij}/X_{it}}{X_{wj}/X_{wt}}$$

RCA_{ij}表示 i 地区 j 商品的显示性比较优势指数，X_{ij}表示 i 地区 j 商品的出口值，X_{it}表示 i 地区所有商品的出口总值；X_{wj}表示全国 j 商品的贸易总值，X_{wt}表示全国所有商品的贸易总值。如果 $RCA_{ij} > 1$，则说明 i 地区 j 商品在全国范围内具有比较优势；如果 $RCA_{ij} < 1$，则说明 i 地区 j 商品在全国范围内没有比较优势；一般而言，RCA 指数大于 2.5 则说明有很强的竞争优势，若在 1.25 和 2.5 之间则说明具有较强的竞争优势，若大于 0.8 但小于 1.25 则具有中等竞争优势，若小于 0.8 则具有很弱的竞争优势。

本书商品分类采用联合国贸易数据库 SITC 编码，SITC 将所有贸易商品分为十大类，其中 0～4 类多为初级产品，6 类和 8 类为劳动密集型的制成品，5 类、7 类和 9 类为资本或技术密集型的制成品。表 3－11 为我国新疆与丝绸之路经济带沿线国家出口的显示性比较优势。

从表中数据来看，2010～2014 年我国新疆出口产品中，杂项制品（SITC8）、未分类的其他商品（SITC9）、轻纺产品、橡胶制品矿冶产品及其制品（SITC6）、化学品及有关产品（SITC5）、食品及主要供食用的活动物（SITC0）产品出口的显示性比较优势指数大于 0.8（接近 0.8），说明新疆的这几类产品具有出口比较优势。其中，杂项制品（SITC8）和未分类的其他商品（SITC9）指数值在 1.25 和 2.5 之间，说明这两类产品具有较强的出口比较优势，而纺产品、橡胶制品矿冶产品及其制品（SITC6）、化学品及有关产品（SITC5）、食品及主要供食用的活动物（SITC0）指数值在 0.8 和 1.25 之间，说明这三类产品具有中等竞争优势。其他产品如饮料及烟类（SITC1）、燃料以外的非食用原料（SITC2）、矿物燃料和润滑油及有关原料（SITC3）、动植物油脂及蜡（SITC4）、机械及运输设备（SITC7）指数值小于 0.8，具有比较弱的出口竞争优势。总体来看，新疆出口产品的竞争优势多体现在劳动密集型的制成品和食品的初级加工产品上，而稍显复杂的初级加工产品和资本技术密集型产品竞争优势不强。

表3-11 2010~2014年中国新疆地区与沿线国家出口显示性比较优势指数

区域	年份	SITC0	SITC1	SITC2	SITC3	SITC4	SITC5	SITC6	SITC7	SITC8	SITC9
中国新疆	2010	0.6829	0.0000	0.1263	0.4483	0.5404	0.8407	1.4882	0.2110	2.4596	2.1316
	2011	0.7190	0.0108	0.0884	0.5294	0.7721	0.7486	1.4657	0.2268	2.3644	1.9887
	2012	0.7850	0.0024	0.1216	0.4229	0.5962	0.8195	1.6109	0.2929	2.0206	2.2533
	2013	0.7826	0.0025	0.1244	0.6249	0.3353	0.9309	1.5947	0.2976	1.9767	2.1617
	2014	0.8509	0.0065	0.1299	0.7940	0.2143	0.7897	1.1311	0.3136	2.2057	2.3369
哈萨克斯坦	2010	0.0050	0.3111	0.0433	6.3707	0.3455	0.1384	0.1033	0.0283	0.2043	0.3815
	2011	0.0256	0.4710	0.0611	3.6178	0.2899	0.1160	0.1533	0.0674	0.2729	0.6562
	2012	0.0018	0.4693	0.0544	7.4762	0.1523	0.1334	0.0919	0.0551	0.2347	0.4814
	2013	0.0040	0.6485	0.2331	6.2806	0.2033	0.1306	0.1507	0.0734	0.1996	0.5637
	2014	0.0279	1.9020	0.3902	5.0315	0.2474	0.1429	0.1359	0.0814	0.2287	0.7030
吉尔吉斯斯坦	2010	0.3915	5.0652	5.3921	0.0121	4.6233	5.7553	0.1194	0.0576	0.0025	0.5340
	2011	0.6987	1.7872	3.7351	0.0001	4.3570	6.5223	0.1061	0.0734	0.0056	0.4680
	2012	0.6991	3.8607	3.3791	0.0000	3.3585	6.7442	0.0803	0.0675	0.0027	0.5535
	2013	0.8503	4.2505	2.1020	0.0000	2.9819	7.2565	0.0550	0.0382	0.0000	0.6356

资料来源：联合国贸易数据库、乌鲁木齐海关网站 http：//urumqi. customs. gov. cn

为了进一步体现我国新疆与沿线国家在产品上的比较优势，本书对哈萨克斯坦和吉尔吉斯斯坦的出口显示性比较优势指数进行分析。从表中数据可以看出，哈萨克斯坦在矿物燃料和润滑油及有关原料（SITC3）的出口上具有很强的比较优势，未分类的其他商品（SITC9）和饮料及烟类（SITC1）指数值接近0.8，说明此类产品的竞争优势正在逐步凸显。吉尔吉斯斯坦在化学品及有关产品（SITC5）、动植物油脂及蜡（SITC4）、燃料以外的非食用原料（SITC2）、饮料及烟类（SITC1）这四类产品的指数值远大于2.5，有非常强的出口竞争优势，食品及主要供食用的活动物（SITC0）指数值在2013年大于0.8，说明吉尔吉斯斯坦在该类产品上具有较弱的竞争优势，其他产品不具有竞争优势。综合来看，哈萨克斯坦的比较优势为初级产品加工，吉尔吉斯斯坦的比较优势为资本密集型产品和初级产品。

通过对比分析我国新疆与沿线国家的出口比较优势，可以得出我国新疆与沿线国家的产品出口层次都比较低，多为劳动密集型产品和初级产品的简单加工，技术和资本密集型的产品非常缺乏竞争力，所以，新疆应该加强在技术和资本密集型产品上的投入，将该类产业作为产业空间布局的重点。另外，相对于哈萨克斯坦和吉尔吉斯斯坦，新疆在杂项制品（SITC8）、未分类的其他商品（SITC9）、轻纺产品、橡胶制品矿冶产品及其制品（SITC6）的出口上竞争优势显著，可作为产业布局的重点。

3.1.3.2 市场潜力分析

市场潜力可以通过GDP增长率和居民最终消费增长率来进行分析（详见表3－12）。从GDP增速看，总体GDP增速水平较高的国家有塔吉克斯坦和乌兹别克斯坦，这两个国家2014年GDP增速在5%以上；近十年GDP增速呈现上涨趋势的国家有吉尔吉斯斯坦、塔吉克斯坦、乌兹别克斯坦；呈现下降趋势的国家有哈萨克斯坦。

表3－12 沿线国家2005～2014年GDP增长率 单位：%

国家	2005	2006	2007	2008	2009	2010	2011	2012	2013	2014
哈萨克斯坦	9.7	10.7	8.9	3.3	1.2	7.3	7.5	5	6	4.3
吉尔吉斯斯坦	-0.2	3.1	8.5	8.4	2.9	-0.5	6	-0.1	10.9	3.6
塔吉克斯坦	6.7	7	7.8	7.9	3.8	6.5	7.4	7.5	7.4	6.7
乌兹别克斯坦	7	7.3	9.5	9.4	8.1	8.5	8.3	8.2	8	8.1

资料来源：世界银行数据库

从居民最终消费支出的增长率分析（如图3－2），2014年哈萨克斯坦、吉尔吉斯斯坦、塔吉克斯坦都呈现出较高的增长率，尤其是哈萨克斯坦居民最终消费出现10%以上增长水平，比同期的GDP增长率高出8.3%；吉尔吉斯斯坦的最终消费增长率也高于同期GDP增长率，高出1.7%，说明吉尔吉斯斯坦的居民需求增长快于国家经济增长；塔吉克斯坦的最终消费增长率低于GDP增长率，主要原因是国内居民贫富差距较大。

综上所述，虽然各国GDP增长率和最终居民消费增长率差异大，但基本都保持了一定水平的正增长，未来经济带沿线国家市场需求的增长潜力无限。

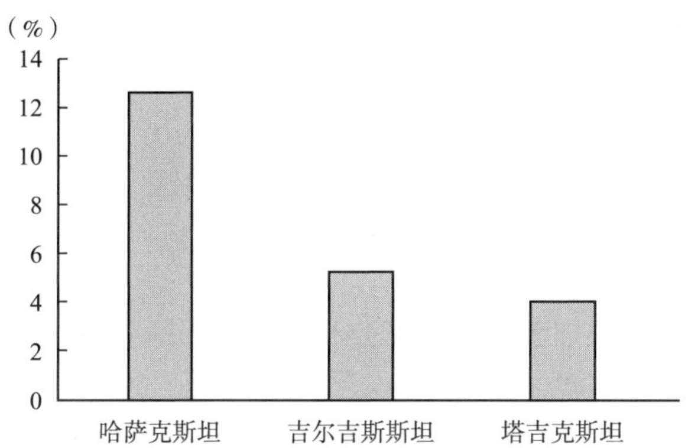

图3-2　沿线国家2014年居民最终消费支出的年增长率

注：鉴于数据可得性，未对土库曼斯坦、乌兹别克斯坦进行数据比较。
资料来源：世界银行全球消费数据库

3.1.4　结论分析

本章从地缘、政治、人文基础，经济的互补性，产业优势和市场潜力三方面对我国新疆与沿线国家产业空间布局的基础条件进行了分析，得到以下结论：

1. 我国新疆与沿线国家在地缘、政治、人文基础方面基础非常深厚，完全具备以协同为目的的新疆产业空间布局的优越条件。

2. 在资源的互补性方面，中亚国家是世界上工业资源最丰富的地区之一，各国资源储量非常大，除吉尔吉斯斯坦和塔吉克斯坦以外，其余国家石油、天然气出口量非常大，能够有效解决我国能源供应不足的问题。我国新疆的特色产品资源丰富，是沿线国家所缺少的，但目前加工程度较低，并未形成竞争优势。

3. 通过对比我国新疆与沿线国家的三次产业结构，计算分析产业结构相似度指数发现，我国新疆除了与乌兹别克斯坦产业结构同构性较强外，与其余国家产业结构相似度水平较低，产业互补性强，具备产业协同发展的空间。

4. 分析我国新疆与沿线国家的贸易结合度，得出我国新疆与沿线国家贸易结合度很高，且呈现上升趋势，说明我国新疆与沿线国家贸易越来越紧密。我国新疆与哈萨克斯坦、吉尔吉斯斯坦具有较强的贸易互补性，且为双向互补性，其中新疆进口的互补性要强于出口的互补性，因此加强我国新疆与这两国的经济联系可以有效促进对外贸易的快速发展，更好地发挥现有的比较优势。

5. 通过综合分析商品零售额和恩格尔系数，总体来说，沿线各国家的消费需求大部分集中在以轻工业为主的商品零售类消费上，新疆可依托我国在轻工业上具有较强的成本优势和技术优势展开轻工业领域的产业空间布局。

6. 分析我国新疆与沿线国家的产业出口显示性比较优势，得出相对于哈萨克斯坦和吉尔吉斯斯坦，我国新疆在杂项制品（SITC8）、未分类的其他商品

(SITC9)、轻纺产品、橡胶制品矿冶产品及其制品（SITC6）的出口上竞争优势显著，可作为产业布局的重点产业。

7. 就市场潜力而言，各国 GDP 增长率和最终居民消费增长率基本保持了一定水平的正增长，总体上各国居民个人消费的年增长率要高于 GDP 增长率，说明国家经济增长与居民消费需求提升的相互拉动效应较好，各国市场前景广阔、潜力巨大。

综上所述，如果我国新疆能够充分利用与沿线国家的地缘、政治、人文基础，利用经济的互补性和市场潜力，发挥自己的产业优势，实现合理的产业空间布局，必定能够提高整体的竞争力，实现与沿线国家的协同发展。

3.2 基于丝绸之路经济带产业协同效应的新疆产业空间布局现状

3.2.1 我国新疆与丝绸之路经济带沿线国家经贸合作状况

我国新疆与沿线国家的经贸合作涉及众多领域，合作关系非常密切。1988 年 7 月，中苏科技合作常设分委会确定，自此，我国新疆与中亚国家之间的科技合作正式拉开帷幕。之后，合作领域逐渐扩大，渗透到国民经济的各个领域。我国新疆与沿线国家双边贸易频繁，贸易额呈现逐年稳步上升趋势，经贸合作的领域和范围也在不断扩大，能源贸易仍占很大比重。

3.2.1.1 双边贸易规模不断扩大

从我国新疆与经济带沿线国家的双边贸易状况可以看出（详见表 3 - 13），2015 年和 2016 年，我国新疆与沿线国家的进出口额都呈现出波动性增长趋势，其中，2016 年我国新疆对哈萨克斯坦的出口额比 2015 年增加了 4. 81 亿美元，进口也相应增加了将近 1 亿美元；我国新疆对吉尔吉斯斯坦的出口额由 2015 年的 32 亿美元增加到了 2016 年的 38. 78 亿美元，增幅很大，进口额也增加了 0. 25 亿美元，增幅为 65. 79%；我国新疆对塔吉克斯坦的出口额排列第三，2016 年较 2015 年有所下降，下降了 1. 17 亿美元，进口额也有所下降，下降了 0. 1 亿美元；我国新疆与乌兹别克斯坦的进出口额也出现了小范围的下降，总体贸易额是呈现上升趋势的。

再分析我国新疆与沿线国家进出口额占全疆的比重可以看出，我国新疆出口到沿线国家的产品比重占了全疆出口的 60% 以上，进口产品也有近 40% 是从沿线国家进口的，说明新疆的对外贸易主要集中在与其临近的中亚国家。2015年，出口比重除了乌兹别克斯坦轻微下降外，其余国家均有所上升，哈萨克斯坦和吉尔吉斯斯坦的上升比重达到6.03%和6.09%，上升幅度较大；我国新疆从沿线国家进口产品的比重也有所上升，其中，哈萨克斯坦和吉尔吉斯斯坦的比重是上升的，而塔吉克斯坦和乌兹别克斯坦的比重出现下降，说明新疆的进口逐步呈现出多元化的态势。

表3-13　　中国新疆与沿线国家双边贸易状况

国别	2015				2016			
	出口额（亿美元）	比重（%）	进口额（亿美元）	比重（%）	出口额（亿美元）	比重（%）	进口额（亿美元）	比重（%）
哈萨克斯坦	52.62	30.06	4.86	22.39	57.43	36.09	5.85	28.54
吉尔吉斯斯坦	32.00	18.28	0.38	1.73	38.78	24.37	0.63	3.08
塔吉克斯坦	13.78	7.87	0.15	0.70	12.61	7.93	0.05	0.27
乌兹别克斯坦	3.52	2.01	1.75	8.07	3.10	1.95	1.55	7.54

注：比重为中国新疆与中亚各国的进口（出口）额/中国新疆总进口（出口）额；由于数据的可得性和与中国新疆的贸易密切程度，未对土库曼斯坦作比较

资料来源：乌鲁木齐海关网站 http：//urumqi. customs. gov. cn

3.2.1.2 贸易格局呈现多元化趋势

具体分析我国新疆与丝绸之路经济带沿线国家贸易情况可以反映我国新疆与这些国家的贸易空间格局。由表3-14可知，从2005~2016年我国新疆与沿线国家的对外贸易额状况可以看出，十二年来，我国新疆与各国的对外贸易都有明显的增长，增长速度最快的是塔吉克斯坦和吉尔吉斯斯坦，其次是乌兹别克斯坦，哈萨克斯坦的增长幅度最小。

分析我国新疆与各国对外贸易占全疆外贸的比重可以发现，我国新疆与各国家的进出口贸易集中度有下降的趋势，市场结构趋于均衡。具体而言，2005年时，我国新疆与中亚各国的外贸市场是哈萨克斯坦一家独大，占据全疆63.15%的比重，是第二名吉尔吉斯斯坦的7倍左右；而到了2016年，虽然我国新疆与各国进出口贸易占比的排名基本没有变动，但市场集中度显著降低，我国新疆与哈萨克斯坦的对外贸易占比已经大幅降低到35.23%，比重下降了将近一半，其他国家的比重上升明显，吉尔吉斯斯坦和塔吉克斯坦上升2倍多。我国新疆与沿线国家的贸易格局出现多元化发展的趋势，贸易主体逐渐从哈萨克斯坦向其他国家转移。

表 3－14　　2005～2016 年中国新疆对沿线国家进出口总额及比重

年份	项目	哈萨克斯坦	吉尔吉斯斯坦	塔吉克斯坦	乌兹别克斯坦
2005	进出口总额（万美元）	501 563	74 686	23 400	13 832
	占全疆比重（%）	63.15	9.4	2.95	1.74
2006	进出口总额（万美元）	501 472	185 729	16 926	26 631
2007	进出口总额（万美元）	697 377	325 021	60 160	33 554
2008	进出口总额（万美元）	907 074	797 269	71 895	43 638
2009	进出口总额（万美元）	689 751	297 259	30 911	38 605
2010	进出口总额（万美元）	925 918	265 725	56 889	62 140
2011	进出口总额（万美元）	1 059 664	380 556	92 778	74 142
2012	进出口总额（万美元）	1 116 736	403 899	64 442	83 111
2013	进出口总额（万美元）	1 225 493	417 290	45 420	87 194
2014	进出口总额（万美元）	1 012 953	409 776	215 090	76 456
2015	进出口总额（万美元）	574 789	323 737	139 308	52 726
2016	进出口总额（万美元）	632 856	394 174	126 690	46 454
	占全疆比重（%）	35.23	21.94	7.05	2.59

注：比重为中国新疆与中亚各国的进出口额/中国新疆总进出口额；由于数据的可得性和与中国新疆的贸易密切程度，未对土库曼斯坦作比较

资料来源：乌鲁木齐海关网站 http：//urumqi.customs.gov.cn

从表 3－15 来看，2005 年我国新疆对哈萨克斯坦出口额最高，是吉尔吉斯斯坦的 5 倍左右，总体占到了全疆出口额的 60.35%，可见新疆的出口市场集中度非常高。出口额逐年递增，到 2014 年达到鼎盛，之后出现下滑趋势，2015 年和 2016 年我国新疆出口到沿线国家的产品贸易额均有下降。到 2016 年，新疆对哈萨克斯坦出口的比重降为 36.09%，降低了将近一半，吉尔吉斯斯坦比重上升为 24.37%，上升了近 1 倍。塔吉克斯坦比重上升到 7.93%，是 2005 年的 5 倍左右，乌兹别克斯坦比重上升为 1.95%，是 2005 年比重的 2 倍多。可以看出，我国新疆的贸易格局已由哈萨克斯坦一家独大发展为目前的各国均衡发展。

表 3－15　　2005～2016 年中国新疆对沿线国家出口额及比重

年份	项目	哈萨克斯坦	吉尔吉斯斯坦	塔吉克斯坦	乌兹别克斯坦
2005	出口额（万美元）	304 203	64 591	9 018	4 148
	占全疆比重（%）	60.35	12.82	1.79	0.82

续表

年份	项目	哈萨克斯坦	吉尔吉斯斯坦	塔吉克斯坦	乌兹别克斯坦
2006	出口额（万美元）	370 757	174 737	21 217	14 002
2007	出口额（万美元）	562 463	314 099	37 479	24 359
2008	出口额（万美元）	717 035	786 321	124 991	33 914
2009	出口额（万美元）	524 671	292 803	86 281	25 126
2010	出口额（万美元）	682 821	258 836	106 057	22 966
2011	出口额（万美元）	666 499	372 071	168 395	31 699
2012	出口额（万美元）	713 941	398 808	136 722	38 472
2013	出口额（万美元）	836 941	413 392	157 579	49 175
2014	出口额（万美元）	878 754	405 974	200 119	49 936
2015	出口额（万美元）	526 152	319 972	137 797	35 190
2016	出口额（万美元）	574 325	387 847	126 142	30 991
	占全疆比重（%）	36.09	24.37	7.93	1.95

注：比重为中国新疆与中亚各国的进出口额/中国新疆总进出口额；由于数据的可得性，未对土库曼斯坦作比较

资料来源：乌鲁木齐海关网站 http://urumqi.customs.gov.cn

从我国新疆与沿线国家的进口情况来看（详见表3-16），这十几年来新疆的进口结构发生了很大的变化，2005年我国新疆从各国的进口占全疆进口额的比重依然是哈萨克斯坦独大，哈萨克斯坦一国就占到了近70%的比重，其余三国总和尚不足10%。到了2016年新疆进口市场的空间格局发生了翻天覆地的变化，哈萨克斯坦降低为28.54%，降低了近1半多，吉尔吉斯斯坦也降低了近1半，2016年占全疆出口额的3.08%，而塔吉克斯坦和乌兹别克斯坦出现了大幅度的上升，到2016年占全疆比重分别为0.27%和7.54%。由此可见，我国新疆与沿线国家的进口格局也出现了多元化趋势，哈萨克斯坦一家独大的局面已成为过去。

表3-16　2005~2016年中国新疆对沿线国家进口额及比重

年份	项目	哈萨克斯坦	吉尔吉斯斯坦	塔吉克斯坦	乌兹别克斯坦
2005	进口额（万美元）	197 360	17 469	297	9 684
	占全疆比重（%）	68.02	6.02	0.1	3.34
2006	进口额（万美元）	130 715	10 992	593	12 629
2007	进口额（万美元）	134 914	10 921	238	9 195
2008	进口额（万美元）	190 006	10 943	607	9 724

续表

年份	项目	哈萨克斯坦	吉尔吉斯斯坦	塔吉克斯坦	乌兹别克斯坦
2009	进口额（万美元）	165 080	4 456	489	13 479
2010	进口额（万美元）	243 097	6 889	1 517	39 174
2011	进口额（万美元）	393 165	8 485	3 834	42 443
2012	进口额（万美元）	402 795	5 090	4 016	44 639
2013	进口额（万美元）	388 552	3 898	923	38 019
2014	进口额（万美元）	134 200	3 802	1 045	26 521
2015	进口额（万美元）	48 637	3 765	1 511	17 536
2016	进口额（万美元）	58 531	6 327	547	15 463
	占全疆比重（%）	28.54	3.08	0.27	7.54

注：比重为中国新疆与中亚各国的进出口额/中国新疆总进出口额
资料来源：乌鲁木齐海关网站 http：//urumqi. customs. gov. cn

3.2.1.3 贸易差额逐渐缩小

我国新疆与沿线国家的贸易以常年的贸易顺差为主，我国新疆对沿线国家的出口额远远大于从沿线国家进口产品的额度，长期的贸易顺差并不利于双方的友好贸易往来，容易引起贸易争端，也不利于双方的产业结构调整。近年来，我国新疆与沿线国家的贸易顺差得到一定的缓解，我国新疆与乌兹别克斯坦的贸易已变为贸易逆差，差额幅度在 2 亿美元左右，贸易状况较为理想。我国新疆与哈萨克斯坦贸易差额除了在 2008 年和 2014 年出现两个大的拐点之外，其余年份均较为平缓，2011 ~2014 年贸易顺差持续加大，2014 年到达顶峰，之后便开始下降。我国新疆与吉尔吉斯斯坦的贸易顺差也是非常严重的，2008 年贸易顺差将近 80 亿美元，受金融危机的影响，2009 年出现急剧下降，自此便在波动中保持平稳发展的局面。我国新疆与塔吉克斯坦的贸易顺差在 2006 ~2014 年之间呈现逐步增大的趋势，但在 2015 年之后出现下降，说明新疆的进口商品也开始向多元化、多品种的方向发展，进口商品的层次在进一步丰富（如图 3 -3）。

总体来看，我国新疆同沿线国家之间的长期贸易顺差关系已初步得到改善，与各国之间的贸易差额也在逐渐缩小，整体呈现良好的发展态势。贸易商品结构也不再是只顾出口而全然不顾进口的局面了，随着丝绸之路经济带的进一步推进，双边贸易关系将会越来越频繁，贸易结构也会得到优化和改进，经贸关系逐渐走上互通有无、资源利益共享的友好和谐的发展道路。

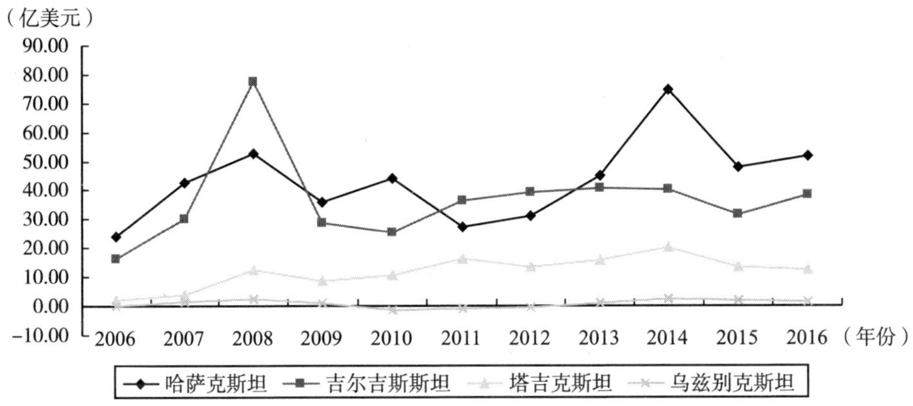

图3-3 中国新疆与沿线国家进出口差额折线图

资料来源：乌鲁木齐海关网站 http：//urumqi. customs. gov. cn

3.2.2 我国新疆与丝绸之路经济带沿线国家产业空间布局现状

3.2.2.1 新疆产业空间布局现状

产业空间布局要综合考虑区位交通、资源环境、人口分布、经济发展等因素，而衡量地区具有竞争优势的产业显得尤为重要，通过优势产业的关联带动，形成优势产业增长极，可以快速带动关联产业的发展，进一步实现全区经济协调发展。区位熵法可以选择地区具有竞争力的优势产业，而资源禀赋系数可以反映一个地区某种资源的相对丰富程度，两种方法的结合，旨在资源相对丰富的地区发展与该资源相关的具有竞争力的产业，优化资源配置。

区位熵（LQ）指某地区特定部门的产值在该产业总产值中所占的比重与全国该部门产值在全国该产业总产值中所占比重的比值，$LQ>1$，说明该地区该行业具有一定的比较优势，$LQ\leqslant1$，表明该地区该行业不具有优势；一般而言，当一个地区某行业的 $LQ>1.5$ 时，表明比较优势非常明显。其计算公式如下：

$$LQ_{ij}=\frac{L_{ij}/\sum L_{ij}}{P_i/\sum P_i}$$

资源禀赋系数（EF）指某地区主要产品产量占地方 GDP 的比重与全国该产品产量占全国 GDP 的比重的比值，是用于来反映一个国家或地区一种资源相对丰富程度的计量指标。一般经验认为 $0<EF<1$ 表示主要产品资源禀赋缺乏区域比较优势，$1<EF<2$ 表示主要产品资源禀赋有一定的区域比较优势，$EF>2$ 表示主要产品资源禀赋具有较强的比较优势。计算公式如下：

$$EF=\frac{V_{xt}/V_{ct}}{Y_{xt}/Y_{ct}}$$

1. 新疆第一产业空间布局现状

（1）新疆各地州农业内部各行业比较优势分析。

从表3－17可以看出，新疆14个地州农业两极分化严重，南疆三地州农业产值占三次产业产值的比重高达60%以上，农业比较优势明显，但受到机械化程度和技术水平的制约，农业的生产效率并不高。在农业内部各行业中，全疆种植业所占比重高达71.25%，牧业占23.73%，农业服务业和林业分别占2.5%和1.8%，渔业最少，仅为0.71%。在14个地州中，很明显，南疆地区种植业所占比重高于北疆地区，而北疆地区的畜牧业高于南疆地区。各地州农业服务业占比都很低，但部分地区如克拉玛依、博州、克州的农业服务业比较优势已经显现。

表3－17　2014年新疆各地、州、市农业各产业比较优势

地区	种植业		林业		牧业		渔业		农林牧渔服务业	
	比例（%）	*LQ*	比例（%）	*LQ*	比例（%）	*LQ*	比例（%）	*LQ*	比例（%）	*LQ*
全疆	71.25	—	1.80	—	23.73	—	0.71	—	2.50	—
乌鲁木齐市	41.72	0.59	2.24	1.24	53.88	2.27	1.71	2.39	0.46	0.18
克拉玛依市	41.78	0.59	18.47	10.26	30.94	1.30	0.98	1.38	7.83	3.13
吐鲁番市	82.43	1.16	0.74	0.41	15.51	0.65	0.09	0.13	1.23	0.49
哈密市	53.58	0.75	2.71	1.51	42.00	1.77	0.52	0.73	1.19	0.48
昌吉州	43.79	0.61	0.90	0.50	53.80	2.27	0.60	0.84	0.91	0.36
伊犁州直属	43.92	0.62	2.73	1.52	51.15	2.16	0.64	0.90	1.55	0.62
塔城地区	65.81	0.92	0.68	0.38	32.08	1.35	0.25	0.35	1.19	0.48
阿勒泰地区	51.51	0.72	2.14	1.19	42.75	1.80	1.89	2.65	1.71	0.68
博州	77.49	1.09	0.68	0.38	15.29	0.64	0.82	1.15	5.71	2.28
巴州	75.55	1.06	1.85	1.03	19.10	0.80	0.48	0.67	3.01	1.20
阿克苏地区	79.65	1.12	1.01	0.56	15.59	0.66	0.74	1.04	3.01	1.20
克州	58.14	0.82	2.00	1.11	34.69	1.46	0.10	0.14	5.08	2.03
喀什地区	70.95	1.00	2.41	1.34	24.31	1.02	0.32	0.45	2.01	0.80
和田地区	67.01	0.94	2.61	1.45	28.75	1.21	0.30	0.43	1.33	0.53

注：表中“比例”表示该行业总产值占农业总产值的比重
资料来源：2015年《新疆统计年鉴》

（2）新疆各地州农业空间布局现状。

新疆种植业占农业总产值的71.25%。新疆的特色农产品主要有番茄、枸杞、辣椒、打瓜籽、啤酒花等，具有特色农产品比较优势的地区主要为昌吉、巴州和喀什，塔城在番茄和辣椒的生产上也具有一定的比较优势，阿勒泰、和田的啤酒花比较优势较强。新疆的水果种植依然集中在南疆地区，巴州、阿克苏、喀什、和田是具有比较优势的水果种类最多的四个地区，阿克苏的苹果和梨远近闻名，新疆的红枣产业也是未来新疆农业必须大力发展的特色产业之一。北疆地区阿勒泰、哈密、吐鲁番、伊犁等地虽然也有具有比较优势的水果种植业，但种类比较单一，这与当地的气候、土壤和水资源有一定的联系。

虽然新疆的林业只占到了农业产值的 1.8%，但由于新疆特殊的地理位置，林业肩负着保护新疆生态环境的重任，是新疆经济社会发展不可或缺的一部分。2014 年，新疆总人工林面积为 149 102 公顷，其中防护林面积为 106 201 公顷，占比为 71.23%，经济林面积为 38 611 公顷，占比为 25.9%，可见，新疆林业生产主要以防护林为主，经济林和用材林次之。新疆林业生产总体比较优势较强的地区主要为哈密、伊犁和克拉玛依，而能为新疆带来经济效益的经济林比较优势主要体现在巴州、喀什、和田，尤其是喀什的经济林，2014 年其产值占喀什整个林业产值的 57%。所以，除了要巩固防护林的基础作用之外，还要发展以经济林为主的能带来经济效益的林业。

新疆的畜牧业是农业内部继种植业之后占比最大的一个行业，2014 年牧业产值占农业总产值的 23.73%。新疆畜牧业具有显著比较优势的地区主要集中在北疆地区，尤其是天山北坡经济带，伊犁、阿勒泰、昌吉、乌鲁木齐、哈密等地具有大规模的草场，为畜牧业的发展提供了便利。塔城和巴州虽然畜牧业整体比较优势一般，但养殖种类非常丰富，可作为未来畜牧业发展的新方向。阿克苏畜牧业不具有比较优势，但单个产品的生产比较优势还是比较强的，这主要是因为阿克苏其他行业占比高导致的畜牧业比较优势不显著。整体上新疆的畜牧业分布较为涣散，各地州均有生产，但没有形成规模，导致新疆畜牧业资源非常丰富，但产值一直不高。

2. 新疆第二产业空间布局现状

（1）新疆工业内部优势产业分析。

参照全国规模以上工业企业所属行业划分，选取新疆 33 个工业行业作为研究对象，将表 3 – 18 中区位熵值排列前 15 的工业行业作为新疆具有比较优势的产业。下述产业的工业总产值在所有工业行业中也位居前列，这些产业以石油、煤炭开采和加工，有色金属矿、黑色金属矿等资源型产业的加工为主，食品加工业和农副食品加工业也在近年得到大力发展，成效较为显著，化学纤维、化学原料等新材料产业发展较为迅速，是未来新疆产业布局的重点。但新疆制造业的发展还是很欠缺，所以在丝绸之路经济带的契机下，制造业应该作为大力发展的对象。

表 3-18 2014 年新疆工业内部优势产业划分

产业	工业总产值（万元）	位次	区位熵
石油和天然气开采业	14 003 689. 1	2	14. 39
石油加工、炼焦及核燃料加工业	17 687 257. 4	1	5. 05
燃气生产和供应业	1 008 704. 1	17	2. 27
电力、热力生产和供应业	9 963 216. 4	3	2. 05
黑色金属矿采选业	1 470 453. 5	12	1. 85
有色金属冶炼及压延加工业	7 061 993. 8	4	1. 62
化学纤维制造业	877 337. 1	18	1. 44
食品制造业	2 242 112. 0	11	1. 29
有色金属矿采选业	668 451. 2	19	1. 25
煤炭开采和洗选业	2 698 818. 9	10	1. 04
黑色金属冶炼及压延加工业	6 609 946. 3	6	1. 04
化学原料及化学制品制造业	6 842 085. 5	5	0. 97
非金属矿物制品业	4 289 241. 9	8	0. 88
农副食品加工业	4 743 071. 6	7	0. 87
酒、饮料和精制茶制造业	1 186 303. 9	15	0. 85

资料来源：2015 年《新疆统计年鉴》

（2）新疆各地州工业空间布局现状。

通过计算 2014 年各地州主要工业产品 EF 系数，得出各地州不同工业产品的比较优势，以此作为新疆工业产业空间布局的参考。工业可以划分为重工业和轻工业，新疆的重工业产品如粗钢、钢材、生铁、水泥等主要集中在以乌鲁木齐、昌吉、伊犁为中心的天山北坡经济带上，南疆三地州和巴州在水泥的生产上也具有一定的比较优势。新疆的轻工业产品如纱、布、糖、纸、塑料、酒等产品已经发展得较为成熟，但从其分布状况可以发现，轻工业的分布仍然集中在乌-昌-石经济圈所在的天山北坡经济带上，哈密、吐鲁番、伊犁和博州作为乌-昌-石经济圈的外延部分，在轻工业的发展上很有比较优势，况且伊犁和博州靠近哈萨克斯坦，面对庞大的中亚市场，这两个地州可以作为丝绸之路经济带上轻工业发展的重要基地。南疆三地州主要以发展农业为主，工业基础薄弱，在工业的发展上不具有比较优势，但喀什和克州靠近塔吉克斯坦和吉尔吉斯斯坦，在地理位置上占有一定优势，所以新疆的工业应该逐步由北向南转移，以工业的发展来带动关联产业的发展，优化产业结构，提升南疆三地州的经济发展水平。

3. 新疆第三产业空间布局现状

（1）新疆各地州服务业比较优势分析。

由三次产业区位熵可以得出，新疆第三产业发展比较优势较为明显的只有乌鲁木齐，因为乌鲁木齐集新疆的交通、物流、通信、金融、文化、医疗于一体，是丝绸之路经济带上一个非常重要的节点城市，是新疆服务业发展的成熟区。伊犁、博州、克州、和田也具有服务业比较优势，但均不是很强，有待进一步发展。克拉玛依、哈密、阿勒泰、阿克苏、喀什服务业比较优势较弱，难以形成竞争优势，南疆阿克苏和喀什具有潜在发展优势，属于潜力发展区域。

从表3－19新疆各地州社会消费品零售总额分布表可以看出，新疆批发零售业、住宿餐饮业均呈现出北疆优于东疆，而东疆优于南疆的发展格局。其中，乌鲁木齐、昌吉、伊犁和喀什的批发零售和住宿餐饮的产值均位列前四，而吐鲁番、博州、和田、克州的批发零售和住宿餐饮业的产值排在最后，各地州之间差异明显。

表3－19　　2014年新疆各地州社会消费品零售总额分布

地区	社会消费品零售总额（万元）	批发和零售业（万元）	位次	住宿和餐饮业（万元）	位次
乌鲁木齐市	9 068 442	8 076 235	1	992 207	1
昌吉州	2 129 254	1 764 371	2	364 883	2
伊犁州直属	1 723 510	1 461 941	3	261 569	3
喀什地区	1 483 821	1 279 720	4	204 101	4
阿克苏地区	1 108 135	986 231	5	121 904	6
巴州	857 369	757 893	6	99 476	9
哈密市	753 363	618 791	7	134 572	5
塔城地区	692 833	579 062	8	113 771	7
克拉玛依市	557 799	503 715	9	54 084	10
阿勒泰地区	546 511	441 040	10	105 471	8
吐鲁番市	385 279	346 160	11	39 119	13
博州	344 560	295 415	12	49 145	11
和田地区	321 700	281 051	13	40 649	12
克州	164 154	143 818	14	20 336	14

资料来源：2015年《新疆统计年鉴》

（2）新疆各地州服务业空间布局现状。

新疆的旅游资源非常丰富，旅游景点的分布也较为分散，没有形成旅游产业的集聚区，也没有很好地带动交通、餐饮、住宿等相关产业的快速发展，优化提升空间很大。整体来看，新疆旅游业主要分布在天山北坡经济带和天山南坡产业带上，另外，阿勒泰地区的喀纳斯湖和喀什地区的部分景点比较出名，可作为当地的优势产业进行布局。

新疆通信业的布局仍然集中在经济发展状况比较好的天山北坡经济带上，尤其以乌－昌－石经济圈为中心，位于北疆北部沿边产业带上的阿勒泰地区通信发展也较为成熟，但南疆三地州由于其经济发展落后、交通不便等问题，通信业的布局不是很完善，需要进一步加大通信投资力度。

3.2.2.2 沿线国家产业空间布局现状

1. 哈萨克斯坦产业空间布局现状

哈萨克斯坦矿产资源丰富，里海地区是哈萨克斯坦石油开采量增长潜力最大的地区，石油探明储量 80 亿吨。滨里海盆地是当今世界油气储量最丰富的地区之一。不仅如此，哈萨克斯坦煤炭资源也很丰富，位列全球第八，已探明和开采的煤田有 100 多个，其中大部分煤田分布在中部（卡拉干达、埃基巴斯图兹和舒巴尔科里煤田）、北部（图尔盖煤田）和东哈萨克斯坦州。铀矿主要集中在南部楚河—萨雷苏河铀矿区、锡尔河铀矿区和北部铀矿区。金矿也是哈萨克斯坦的主要矿产，主要分布在北部、东部和东南部地区。锰矿资源全部集中在卡拉干达州。钨矿主要集中在中部卡拉干达州及东南部的 12 个矿区，多为钨钼共生矿，最大的钨矿是位于卡拉干达州阿塔苏东大约 100 千米的上凯拉克特矿。

哈萨克斯坦地广人稀，全国可耕地面积超过 2 000 万公顷，每年农作物播种面积约 1 600 ~ 1 800 万公顷，粮食产量在 1 800 万吨左右。主要农作物中小麦占 90% 左右，玉米、大麦、燕麦、黑麦也是其主要农作物。粮食主产区在北部的科斯塔奈州、北哈萨克斯坦州和阿克莫拉州，南方部分地区可种植水稻、棉花、烟草、甜菜、葡萄和水果等。

工业主要为采矿业和加工制造业，采矿业是哈萨克斯坦国民经济的支柱产业，其中，石油天然气开采业是主要产业之一。采油企业主要集中在哈萨克斯坦西南部的 5 个州，铜、锌、铝等有色金属开采业主要集中在南部、北部和中西部地区，煤炭工业主要在中部的巴甫洛达尔州，铀矿开发地则在南部和北部地区。加工制造工业主要包括石油加工和石化工业、轻纺工业、建材、家用电器和汽车制造、机械设备和黑色、有色金属材料生产、烟酒和食品及制药工业。近几年，哈萨克斯坦加工制造业有了很大的发展，但就整体而言，加工制造业薄弱，机械制造业带来的增加值仅占经济总增加值的 0.6%，本国工业制品消费基本依靠国外进口，进口占国内机械产品消费总量的92.1%，占国内服装消费总量的95%，占部分农产品的65%。

2. 吉尔吉斯斯坦产业空间布局现状

矿业是吉尔吉斯斯坦的支柱产业，据国家地质与矿产署统计，吉尔吉斯斯坦现已探明储量的优势矿产有金、钨、锡、汞、锑、铁。金矿开采在吉尔吉斯斯坦有着举足轻重的地位，金也是吉尔吉斯斯坦最重要的矿产品出口商品。吉尔吉斯斯坦是全球重要的锑生产国和贸易国，以海达尔坎汞业集团为基础，形成了卡丹塞和海达尔肯的锑有色金属冶炼工业中心。受苏联经济社会分工影响，吉尔吉斯斯坦作为农业区、资源输送和储备基地，国家没有钢铁、铜和铝的冶炼产业，国内钢铁、铜和铝消费几乎全部依赖进口。

吉尔吉斯斯坦农业发展缓慢，近十年来维持2%的年均增速，产值约占国内生产总值的15%~18%。吉尔吉斯斯坦工业基础薄弱，以采矿业为主，每年开采黄金约18~20吨，出口额最大的商品也是黄金。制造业中稍具规模的是纺织缝纫业，每年产值约1.3~1.6亿美元，占工业总产值的6%，其产品仅次于黄金和农产品，是吉尔吉斯斯坦第三大出口商品。

3. 塔吉克斯坦产业空间布局现状

塔吉克斯坦93%为高山峻岭，虽然能源矿产资源丰富，但是开发程度非常有限。各项资源中，水力资源丰富，但开发量不足10%；油气资源约100多处油气点需要进行勘探和开采，开发潜力巨大；煤炭资源目前已发现有褐煤、石煤、焦炭和无烟煤等，探明储量共计46亿吨；金属矿产资源种类全，储量大，目前已探明有金、银、铅、锌、锡、钨、锑等金属矿，宝石、半宝石矿，以及石灰石等50多种矿物质。

铝业生产是塔吉克斯坦的支柱产业，处于绝对领军地位。但是由于受到原材料全部依赖进口、设备陈旧、技术落后、流动资金短缺等因素的限制，塔吉克斯坦的铝业生产也面临着不少困难，很多企业只能生产出初级产品如铝锭。塔吉克斯坦生产的焦炭质量及储量都属中亚之最，是精炼优质金属不可缺少的燃料，主要分布在艾尼区。煤炭以露天开采为主，开采条件好，目前共有17个煤矿区和24个含煤矿区，由于经济困难，塔吉克斯坦无力对煤炭开采业进行规模投入。塔吉克斯坦95%以上的石油产品及天然气都依赖进口。纺织业相对比较落后，但是发展潜力很大，目前纺织业占轻工业的比重为60%，主要以棉花加工业为主。

4. 乌兹别克斯坦产业空间布局现状

乌兹别克斯坦是中亚重要的水果和蔬菜产地，政府鼓励农场和农户种植蔬菜瓜果，目前年产瓜果220万吨左右，各类蔬菜500万吨左右，每年有大量的瓜果蔬菜出口到哈萨克斯坦、俄罗斯等邻国。乌兹别克斯坦虽然果蔬丰富且质量优良，但深加工能力差，产品附加值低。为此，政府积极发展果蔬储存和深加工，努力实现高附加值成品出口。食品行业主要是利用自身原材料，加工制造奶油产品和甜食制品。

乌兹别克斯坦的支柱产业主要为黄金、石油、棉花、天然气。乌兹别克斯坦目前重点发展加工业，大幅提升油气加工能力，发展聚乙烯、聚丙烯等天然气化学工业。化学工业方面目前生产的品种主要有化肥，有机和无机物，人造纤维，聚合材料，能源、开采黄金及化学工业用试剂，植物保护剂等。所需原料包括天然气、石油、煤、硫、地蜡、食盐、有色金属材料及棉籽 - 麻加工物等。乌兹别克斯坦轻工业领域优先发展纺织工业，纺织企业生产和出口的产品主要有棉纱、棉织物、针织布、针织和缝纫制品等初级产品，且以纺纱为主。乌兹别克斯坦纺织业原料充足，发展潜力巨大，年产皮棉 100 万吨以上，纺织业目前仅利用了皮棉产量的 25% 。电气工业主要产品为电缆、导线产品、电灯、电子技术、变压器、电表和电机等。乌兹别克斯坦砖和水泥需求旺盛，产能在不断提高。此外，市场对卫生洁具、陶瓷制品、隔热材料、黏合剂、油漆、涂料等产品需求大。

5. 土库曼斯坦产业空间布局现状

土库曼斯坦的主要产业有油气产业、电力行业、纺织行业、化工建材行业等。油气产业是土库曼斯坦经济的支柱产业，天然气主要分布在东部盆地与中部的阿姆达利亚地区，目前已探明气田有 132 个，其中有 28 个已在开采。主要气田区块有复兴气田区块、阿姆河右岸天然气区块、达夫列塔巴特区块。石油储量相对较少，主要分布在西部盆地及里海土库曼斯坦沿岸地区。电力行业是土库曼斯坦重要的经济部门，除满足国内需求外，土库曼斯坦的电力还出口伊朗、土耳其、阿富汗等周边国家。纺织行业是土库曼斯坦国民经济的重点产业之一，逐步形成棉纺、毛纺和丝绸三大主线的纺织工业体系。土库曼斯坦独立以后，采取了一系列措施促进本国化工和建材工业的发展。通过对大型石油加工业的扩建，目前大型企业生产的产品超过本国总量的四分之一，化工和建材工业取得了非常大的进步。此外，土库曼斯坦还生产各类石化产品，包括焦炭、液化气、聚丙烯、润滑油、聚乙烯、苯等。

3.2.2.3 我国新疆与沿线国家产业空间布局现状

通过上述分析可以得出，新疆的特色农业产业带主要有南疆的环塔里木盆地产业带，该区域以红枣、核桃、巴旦木、杏、香梨、苹果为主；东疆吐哈盆地产业带，该区域以葡萄、红枣、哈密瓜为主；北疆伊犁河谷及天山北坡产业带，该区域以葡萄、枸杞、小浆果、时令水果为主。工业的分布主要还是集中在资源、人口密度较高的天山北坡经济带，石油、天然气开采业和食品加工业在天山南坡产业带上的巴州和阿克苏地区也有一定的体现。新疆的服务业以旅游、批发零售、住宿餐饮、通信产业为主，旅游业集中在新疆的特色旅游景区，而批发零售、住宿餐饮、通信产业主要分布在以乌－昌－石经济圈为中心的天山北坡经济带。

对比分析沿线国家的产业空间布局，可以得出，哈萨克斯坦农业的布局以北部的粮食和南部的棉花、烟草、水果等为主；工业以采矿业和加工制造业为主，主要分布在西南部的5个州。吉尔吉斯斯坦农业发展缓慢，工业基础薄弱，产业布局主要以采矿业和纺织产品制造业为主。塔吉克斯坦的产业布局以铝业生产和布局为主，煤炭的开采以露天煤矿为主。乌兹别克斯坦是中亚重要的水果和蔬菜产地，但加工能力弱，依然以初级产品布局为主；工业以化学工业基地和纺织工业基地的布局为主。土库曼斯坦的主要产业有油气产业、电力行业、纺织行业、化工建材行业等，其中油气产业是土库曼斯坦经济的支柱产业，是产业布局的重点对象。

3.2.3　我国新疆与丝绸之路经济带沿线国家产业协同发展现状

产业协同发展是指通过地区间资源分布和经济发展的不均衡态势，依托相互之间内部复杂的协同关系进行产业之间的相互促进，实现产业共同演化的局面。产业是否协同发展，究其根本就是产业的发展和分布状况是否能够体现彼此的资源优势，各经济体之间的产业是否相互促进和提升，能否实现双方的互利共赢。我国新疆与沿线国家产业发展的情况可以通过双方商品贸易的现状体现出来，所以，本文根据我国新疆与沿线国家的优势资源和重点产业，以及比较分析双方产业的贸易情况来体现产业之间的演化促进情况，进而体现产业之间的协同发展状况。

3.2.3.1　我国新疆与哈萨克斯坦产业协同发展现状

从第三章我国新疆与沿线国家资源禀赋互补性分析可知，新疆的特色农产品资源丰富，如棉花、枸杞、番茄、油料、干果等，目前新疆大力发展的工业产业主要为石油、天然气开采和加工业，黑色、有色金属加工业，电力生产和机械制造业，农副食品加工业等。哈萨克斯坦在粮食的种植上非常有竞争力，煤炭、石油、天然气等能源资源非常丰富，是世界能源出口大国。

从2005～2014年哈萨克斯坦出口到我国新疆的各类产品比重（详见表3－20）可以看出，2005年出口比重最大的是轻纺产品、橡胶制品矿冶产品及其制品（SITC6），比重高达72.097%，矿物燃料和润滑油及有关原料（SITC3）、燃料以外的非食用原料（SITC2）次之。在这十年之中，轻纺产品、橡胶制品矿冶产品及其制品（SITC6）的比重在直线下降，而化学品及有关产品（SITC5）和矿物燃料和润滑油及有关原料（SITC3）的比重在逐渐上升，到2014年两种商品出口的比重达到了58.281%和23.527%，占到了哈萨克斯坦出口我国新疆商品的80%以上。从2005～2014年我国新疆出口到哈萨克斯坦的分类产品比重（详见表3－21）可以看出，这十年间杂项制品（SITC8）一直是出口的重点，其次是轻纺产品、橡胶制品矿冶产品及其制品（SITC6）和机械及运输设备（SITC7），这三类产品的比例达到了出口总额的90%以上，虽然食品及主要供食用的活动物（SITC0）在新疆有很强的资源优势，但出口比例只有2.021%。

综合分析我国新疆与哈萨克斯坦产业协同状况，哈萨克斯坦能源丰富，新疆虽然投入了大量人力、物力、财力来开采加工能源，但仍然免不了能源依靠进口的事实；在农业资源上，与哈萨克斯坦相比较，我国新疆的特色农产品资源丰富，但食品加工出口所占比重很低，完全未能体现竞争优势；纺织工业和橡胶制品是新疆近年来重点发展的产业，但双方在该产业的贸易上是进口和出口并存的竞争状态，新疆出口要略高；轻工业一直是哈萨克斯坦的弱项，而新疆的轻工业发展优势却很明显，以杂项制品为代表的轻工业出口占出口总额的60%以上，充分体现了该类产品的竞争优势；机械制造业并不是新疆的优势产业，但哈萨克斯坦对机械制造产品的需求很大，所以新疆应该大力发展本地制造业。综上所述，我国新疆与哈萨克斯坦产业部分达到了协同共处的局面，但仍然有部分产业并没有实现资源和产业的优势互补，没有将资源优势转化为竞争优势。

表3-20 2005~2014年哈萨克斯坦对中国新疆各分类产品出口占出口总额比重 单位：%

类别	SITC	2005	2006	2007	2008	2009	2010	2011	2012	2013	2014
初级产品	0	0.028	0.067	0.046	0.023	0.07	0.086	0.032	0.463	0.391	2.056
	1	0	0	0	0.003	0.001	0.002	0	0.001	0.003	0
	2	9.365	13.263	7.485	20.657	19.647	16.578	9.886	0.593	1.021	4.333
	3	13.285	37.994	65.369	65.605	58.759	71.197	82.835	12.255	11.937	23.527
	4	0	0	0.016	0.001	0	0	0	0	0.003	0.362
劳动密集	6	72.097	44.14	26.021	13.189	21.152	10.332	5.738	5.581	6.588	10.987
	8	0	0.001	0.005	0.001	0.08	0.006	0.001	0.002	0.001	0.003
资本/技术密集	5	4.622	4.63	1.179	0.442	0.348	1.08	0.462	82.065	80.052	58.281
	7	0.035	0.042	0.096	0.054	0.047	0.003	0.008	0.001	0.007	0.008

注：产品分类采取《联合国国际贸易标准分类》SITC分类方法①

资料来源：乌鲁木齐海关网站 http：//urumqi. customs. gov. cn

① SITC分类标准：食品及主要供食用的活动物（SITC0）、饮料及烟类（SITC1）、燃料以外的非食用原料（SITC2）、矿物燃料和润滑油及有关原料（SITC3）、动植物油脂及蜡（SITC4）为初级产品，而将其余五类产品划分为工业制成品，分别为化学品及有关产品（SITC5）、轻纺产品、橡胶制品矿冶产品及其制品（SITC6）、机械及运输设备（SITC7）、杂项制品（SITC8）、未分类的其他商品（SITC9）。在工业制成品中，化学品及有关产品（SITC5）和机械及运输设备（SITC7）又可以归为资本及技术密集型产品，其他产品则归为劳动及资源密集型产品。

表3－21 2005～2014年中国新疆对哈萨克斯坦各分类产品出口占出口总额比重 单位：%

类别	SITC	2005	2006	2007	2008	2009	2010	2011	2012	2013	2014
初级产品	0	1.314	1.09	1.141	1.464	2.076	1.516	1.971	2.111	2.207	2.021
	1	0.001	0.005	0.006	0	0	0	0.003	0.001	0.001	0.001
	2	0.113	0.155	0.752	0.3	0.075	0.084	0.064	0.032	0.017	0.025
	3	1.429	0.907	0.68	0.967	0.308	0.842	1.161	0.931	1.624	2.147
	4	0.001	0	0.001	0.006	0.003	0	0	0	0	0
劳动密集	6	19.823	19.92	20.12	24.466	26.08	20.837	19.828	18.598	16.987	15.307
	8	63.122	61.477	55.656	59.219	56.054	59.631	58.845	57.489	58.451	61.704
资本/技术密集	5	7.105	6.575	4.867	3.981	4.446	3.53	3.197	3.163	3.115	3.068
	7	6.859	9.306	15.492	8.705	9.796	11.867	13.603	16.201	15.275	14.53

资料来源：乌鲁木齐海关网站 http：//urumqi. customs. gov. cn

3.2.3.2 我国新疆与吉尔吉斯斯坦产业协同发展现状

从吉尔吉斯斯坦出口到我国新疆的各类产品比重（详见表3－22）可以看出，2005年轻纺产品、橡胶制品矿冶产品及其制品（SITC6）的出口占比高达97.618%，出口结构非常单一，经过十年的发展，出口产品结构逐步呈现多元化的趋势，到2014年，轻纺产品、橡胶制品矿冶产品及其制品（SITC6）的比重降为67.945%，而食品及主要供食用的活动物（SITC0）、燃料以外的非食用原料（SITC2）的比重上升为15.248%和11.893%。从我国新疆出口到吉尔吉斯斯坦的各类产品比重（详见表3－23）可以看出，杂项制品（SITC8）的比重最高，2014年为65.459%，其次为轻纺产品、橡胶制品矿冶产品及其制品（SITC6）和机械及运输设备（SITC7），占出口的比重分别为21.486%和9.069%，食品及主要供食用的活动物（SITC0）在新疆有很强的资源优势，但出口比例很小，只占到了1.308%。

通过比较分析我国新疆与吉尔吉斯斯坦的资源优势，可以得出，在纺织工业、橡胶生产上，新疆虽然具有很强的资源优势，近年来也一直在大力发展特色纺织业，但成效并不是很显著，相对来说，吉尔吉斯斯坦的纺织业比我国新疆的更具有竞争优势，目前双方在该产业上存在出口与进口并存的产业内贸易状态，存在竞争的可能性；新疆的特色食品加工业具有非常丰富的资源基础，新疆番茄、枸杞、甜菜、油料作物等都可以作为食品加工的天然原料，新疆存在大量的天然草场，为畜牧业提供了便利条件，但新疆的食品加工业并没有体现出相应的竞争力，相反，吉尔吉斯斯坦在食品及主要供食用的活动物产业上具有较强的竞争力；新疆的机械及运输设备制造业并不发达，出口产品多为内地转运至新疆口岸的产品，但吉尔吉斯斯坦对轻工、农用机械设备的需求非常大，新疆目前的机械设备制造业根本无法满足其需求，所以新疆应该加大制造业的发展力度。综上所述，我国新疆与吉尔吉斯斯坦的产业协同情况并不良好，产业之间存在的同质竞争较多，没有很好地利用自身资源，形成产业分工协作的局面。

表 3-22　2005~2014 年吉尔吉斯斯坦对中国新疆各分类产品出口占出口总额比重

单位：%

类别	SITC	2005	2006	2007	2008	2009	2010	2011	2012	2013	2014
初级产品	0	0.065	0.351	0.448	2.218	1.914	1.462	0.457	1.698	15.406	15.248
	1	0	0	0	0	0.043	0.147	0.011	0	0.064	0.597
	2	0.246	0.511	0.172	0.417	1.559	0.538	13.509	14.341	6.581	11.893
	3	0.661	2.823	3.203	2.174	2.293	7.6	4.442	2.144	4.217	0.961
	4	0	0	0	0	0	0	0	0	0	0.053
劳动密集	6	97.618	92.326	92.846	89.451	93.004	86.704	79.655	82.186	72.106	67.945
	8	0.01	0.191	0.49	0.716	0.163	0.1	0.253	0.587	1.388	0.294
资本/技术密集	5	1.122	3.599	2.604	2.668	0.262	0.166	0.148	0	0.125	0.02
	7	0.07	0.015	0	0	0.063	0.063	0.034	0.383	0.01	0.013

资料来源：乌鲁木齐海关网站 http://urumqi.customs.gov.cn

表 3-23　2005~2014 年中国新疆对吉尔吉斯斯坦各分类产品出口占出口总额比重

单位：%

类别	SITC	2005	2006	2007	2008	2009	2010	2011	2012	2013	2014
初级产品	0	2.784	2.059	1.45	0.608	1.487	1.792	1.273	1.132	1.049	1.308
	1	0	0	0	0	0.002	0	0	0	0	0
	2	0.126	0.041	0.077	0.037	0.042	0.026	0.048	0.098	0.054	0.071
	3	0.003	0.001	0.002	0	0.005	0.001	0.019	0.002	0.009	0.008
	4	0.043	0.018	0.026	0.027	0.041	0.057	0.062	0.044	0.026	0.003
劳动密集	6	25.897	19.489	18.622	11.038	23.072	26.813	30.361	35.076	36.508	21.486
	8	54.922	67.712	72.186	84.389	67.943	62.991	58.999	53.388	50.421	65.459
资本/技术密集	5	6.907	5.078	3.806	1.567	3.333	3.098	3.109	2.811	3.073	2.369
	7	9.148	5.574	3.913	1.717	3.906	4.519	5.668	6.589	7.575	9.069

资料来源：乌鲁木齐海关网站 http://urumqi.customs.gov.cn

3.2.3.3 我国新疆与塔吉克斯坦产业协同发展现状

从塔吉克斯坦对我国新疆各分类产品出口比重（详见表 3-24）可以看出，

塔吉克斯坦对我国新疆出口产品的种类非常少，2014 年 86.401% 的产品为轻纺产品、橡胶制品矿冶产品及其制品（SITC6），7.309% 的产品是燃料以外的非食用原料（SITC2），6.256% 的产品为食品及主要供食用的活动物（SITC0），这三类产品几乎涵盖了所有塔吉克斯坦对我国新疆的出口产品。从我国新疆对塔吉克斯坦各分类产品的出口比例（详见表 3－25）可以看出，我国新疆对塔吉克斯坦出口的产品种类比较繁多，占比最高的为杂项制品（SITC8），2014 年比重为 47.282%，将近所有出口额的一半。轻纺产品、橡胶制品矿冶产品及其制品（SITC6）出口占比排列第二，2014 年为 31.271%，再接下来为机械及运输设备（SITC7）和化学品及有关产品（SITC5），比重分别为 16.716% 和 3.568%。

通过以上分析，综合考虑第三章我国新疆与塔吉克斯坦资源禀赋及优势产业的发展情况，可以得出，塔吉克斯坦的优势产业为铝及铝制品，以及棉花的种植，而在对我国新疆的出口产品中，并没有充分体现自身的产业优势，相反，出口的大量产品是新疆具有资源比较优势的产品，在纺织业和橡胶制品上双方存在出口与进口并存的产业内贸易局面，可能存在一定程度的竞争性；塔吉克斯坦的国内需求主要集中在轻工业产品、机电产品方面，这些产品在新疆具有一定的比较优势，以杂项制品为代表的轻工业产品出口比重较大，体现出了一定程度的竞争优势，满足了塔吉克斯坦的市场需求，但是新疆出口的机电产品大部分并不是新疆的本地产品，而是从内地转运的过境贸易产品，新疆只起到了贸易通道的作用。所以，总体而言，我国新疆与塔吉克斯坦的产业协同性不强，存在产业内无序竞争的状况。

表 3－24　2005～2014 年塔吉克斯坦对中国新疆各分类产品出口占出口总额比重

单位：%

类别	SITC	2005	2006	2007	2008	2009	2010	2011	2012	2013	2014
初级产品	0	0	0	0	0	0	0.456	0.137	0.001	0.369	6.256
	1	0	0	0	0	0	0	0	0	0	0
	2	55.224	17.767	0.005	0.781	0.176	58.442	90.322	97.643	1.632	7.309
	3	0	0	0	0	0	0	0	0.001	0	0
	4	0	0	0	0	0	0	0	0	0	0
劳动密集	6	45.612	82.213	99.942	110.37	97.981	39.881	6.404	4.736	94.807	86.401
	8	0.004	0	0.004	0.004	0	0	0	0.005	0	0
资本/技术密集	5	0	0	0	1.369	0	1.083	0.223	0.823	4.899	0.112
	7	0.026	0.017	0.024	0.049	1.636	0.111	0.025	0	0	0

资料来源：乌鲁木齐海关网站 http://urumqi.customs.gov.cn

表 3-25　　2005～2014 年中国新疆对塔吉克斯坦各分类产品出口占出口总额比重　　单位：%

类别	SITC	2005	2006	2007	2008	2009	2010	2011	2012	2013	2014
初级产品	0	0.397	0.822	0.938	0.277	0.275	0.623	0.215	0.231	0.29	0.377
	1	0	0	0.005	0	0	0	0	0	0	0.001
	2	0.13	0.088	0.233	0.243	0.155	0.031	0.016	0.041	0.105	0.154
	3	3.116	0.319	0.759	0.003	0.003	0	0.044	0.042	0.034	0.022
	4	0	0	0.036	0.096	0.15	0	0.045	0.033	0	0
劳动密集	6	44.319	47.781	29.507	17.279	36.102	28.986	29.132	36.364	38.578	31.271
	8	35.495	33.228	42.635	66.831	45.997	55.679	58.803	46.165	39.113	47.282
资本/技术密集	5	11.466	11.026	7.476	3.066	4.578	3.855	2.719	3.704	5.1	3.568
	7	5.253	6.369	17.249	8.132	10.757	10.472	7.337	12.879	16.094	16.716

资料来源：乌鲁木齐海关网站 http：//urumqi.customs.gov.cn

3.2.3.4 我国新疆与乌兹别克斯坦产业协同发展现状

我国新疆与乌兹别克斯坦的贸易额历年来都很低，2016 年我国新疆与乌兹别克斯坦进出口总额占全疆进出口总额的比重为2.59%，各类产品的比重更是没有详细汇总，但是根据相关资料记载，我国新疆出口到乌兹别克斯坦的产品主要为家用电器等小型家电，通信设备、电脑等电子设备，石油设备和拖拉机等机电产品，化工产品，服装、鞋类纺织产品，还有茶叶和食品。虽然出口数量及金额不是很大，但是种类繁多，充分体现了新疆出口产品的多元化。我国新疆从乌兹别克进口的产品主要为石油、棉花和生丝等。通过对比分析我国新疆与乌兹别克斯坦的资源禀赋和产业优势，可知乌兹别克斯坦的化学工业较为成熟，轻工业中纺织工业发展具有很强的资源优势，但乌兹别克斯坦的化工产品依然依靠从我国新疆进口，优势产业并没有形成较强的国际竞争力。新疆的纺织工业也具有很强的资源优势，但发展程度不高，依然依靠从别国进口，纺织业竞争力不强。我国新疆出口到乌兹别克斯坦的电子设备和机电产品等具有竞争力的产品多为内地生产，并不能体现新疆本地产业的竞争优势，所以，综合来看，我国新疆与乌兹别克斯坦的产业并没有形成协同发展的状况。

3.2.3.5 我国新疆与土库曼斯坦产业协同发展现状

土库曼斯坦致力于同美国、英国等西方国家的合作，同我国的贸易比例非常低，与我国新疆的双边贸易更是非常少。我国新疆向土库曼斯坦出口的产品主要为石油机械及配件、金属制品、运输工具、餐具和茶叶等。我国新疆从土库曼斯坦进口的产品主要以天然气为主。土库曼斯坦能源资源丰富，我国新疆从土库曼斯坦进口能源可以有效解决我国的能源不足问题。我国新疆出口到土库曼斯坦的产品绝大部分都不是新疆本地的优势产品，所以，双方的贸易究其根本还是中国与土库曼斯坦的贸易，到目前为止，新疆本地产品的优势并没有体现在双方的贸易中，双方的产业并没有形成协同发展的格局。

3.2.4　结论分析

本节对我国新疆与丝绸之路经济带沿线国家经贸合作状况、产业空间布局现状、产业协同现状进行分析，得到以下结论：

1. 我国新疆与沿线国家经贸合作领域涉及众多，合作非常频繁，通过分析我国新疆与沿线国家的经贸合作状况，可以得出，双边贸易规模不断扩大，我国新疆与沿线国家的进出口额都呈现出波动性增长趋势；贸易格局呈现多元化，进出口均由十几年前哈萨克斯坦一家独大的局面转变为各国之间均衡发展；贸易差额逐渐缩小，新疆长期贸易顺差关系已得到初步改善，整体呈现良好的发展态势。

2. 通过分析我国新疆与沿线国家产业空间布局的现状，可以得出，新疆的特色农业产业带主要有南疆的环塔里木盆地产业带，该区域以红枣、核桃、巴旦木、杏、香梨、苹果为主；东疆吐哈盆地产业带，该区域以葡萄、红枣、哈密瓜为主；北疆伊犁河谷及天山北坡产业带，该区域以葡萄、枸杞、小浆果、时令水果为主。工业的分布主要还是集中在资源、人口密度较高的天山北坡经济带，石油、天然气开采业和食品加工业在天山南坡产业带上的巴州和阿克苏地区也有一定的体现。新疆的服务业以旅游、批发零售、住宿餐饮、通信产业为主，旅游业集中在新疆的特色旅游景区，而批发零售、住宿餐饮、通信产业主要分布在以乌－昌－石经济圈为中心的天山北坡经济带。

对比分析沿线国家的产业空间布局，可以得出，哈萨克斯坦农业的布局以北部的粮食和南部的棉花、烟草、水果等为主；工业以采矿业和加工制造业为主，主要分布在西南部的5个州。吉尔吉斯斯坦农业发展缓慢，工业基础薄弱，布局主要以采矿业和纺织产品制造业为主。塔吉克斯坦的产业布局以铝业生产为主，煤炭的开采以露天煤矿为主。乌兹别克斯坦是中亚重要的水果和蔬菜产地，但加工能力弱，依然以初级产品为主；工业以化学工业基地和纺织工业基地的布局为主。土库曼斯坦的主要产业有油气产业、电力行业、纺织行业、化工建材行业等，其中油气产业是土库曼斯坦的经济支柱产业，是产业布局的重点对象。

3. 通过分析我国新疆与沿线国家产业协同现状，可以得出，我国新疆与沿线国家在新疆的轻工业和沿线国家的能源产业方面体现出了双方资源与产业的双重优势，协同情况较好。但在其他产业上并没有很好的实现协同，新疆的特色农产品资源丰富，但食品加工业完全未能体现竞争优势；机械制造业并不是新疆的优势产业，但沿线国家对机械制造产品的需求很大，新疆本地产品并不能满足沿线国家的市场需求；纺织工业和橡胶制品是新疆近年来重点发展的产业，但我国新疆与沿线国家在该产业的贸易上是进口和出口并存的产业内贸易状态，存在恶性竞争的可能性。所以，综合来看，我国新疆与沿线国家的产业协同发展状况不强，有待通过新疆产业空间布局的优化达到更进一步的协同发展。

3.3 我国新疆与丝绸之路经济带沿线国家产业空间布局的协同效应测度

3.3.1 我国新疆与丝绸之路经济带沿线国家产业协同成熟度评价

在产业协同程度的测量方法上，以往学者主要是从产业协同与区域协同的概念与内涵出发，通过构建指标体系来对协同度进行测量。王传民（2006）、李三保（2010）运用德尔菲法和层次分析法，构建指标体系，对县域经济产业协同成熟度及其影响因素进行了分析。叶峰（2011）以四川省为例，运用因子分析法，用主因子贡献率来量化产业协同程度，对不同市区的产业程度进行了分析。肖萍（2015）运用耦合协调度模型对江苏省文化产业与旅游产业的耦合协同程度进行了测算。

区域产业协同发展系统可以分成社会、经济、科技、地理、环境等子系统，各子系统要素之间以及与外部环境之间都存在着密切的相互作用关系。本文研究的是我国新疆和沿线国家这两个大系统之间的相互协同关系，所以，本文从经济、社会、交通、资源四个子系统入手，运用耦合协调度模型，分别对我国新疆与沿线国家这四个子系统之间的协同程度，以及总体协同程度进行分析。

3.3.1.1 评价指标体系的构建

1. 经济系统

经济体之间的产业协同，与该地区的经济发展情况息息相关，由于各地区不同的生态环境和资源禀赋，以及国家政策的侧重不同，其经济发展也有所不同，所以，经济发展程度不同的地区之间产业协同的程度也会有所不同。在丝绸之路经济带的契机下，我国新疆的产业空间布局要综合考虑与沿线国家的协同效应，因此，经济指标是衡量我国新疆与沿线国家协同效应的必要因素。本书选取我国新疆与中亚五国（哈萨克斯坦、吉尔吉斯斯坦、塔吉克斯坦、土库曼斯坦、乌兹别克斯坦）的人均 GDP、第二产业比重、第三产业比重、GDP 增速、居民消费水平五个二级指标作为经济系统指标，来衡量我国新疆与沿线国家在经济发展层面的协同程度。

2. 社会系统

人力资源是社会系统中最重要的支撑者，是必不可少的影响因素，因为人既是生产者，又是消费者，人口数量、人口素质、人口结构甚至人口分布和迁徙都会对整个社会的发展产生影响。一般来说，人口数量密集的地区主要以发展人口密集型产业为主，而人口素质较高的地区就会偏向于发展技术密集型产业，因此，我国新疆与沿线国家产业的协同效应必然离不开人口层面的协同。因此，本书选取我国新疆与沿线国家城镇人口比重、乡村人口比重、女性占总人口比重、入学率、第二产业就业率、第三产业就业率五个二级指标作为社会系统的衡量指标。

3. 交通系统

根据现代区位理论和区位比较优势理论，区位不同，自然、社会、经济、环境和条件都会有所不同，经济区位的优劣决定着市场范围的大小，进而决定着产业的集聚程度和分布状况。大部分国家的产业都选择在地理位置较好、交通方便的区域，同时，那些交通方便、距离经济发展中心较近的地区资源，往往最先得到开发。交通系统也是衡量产业协同程度必须要考虑的重要因素。选择与沿线国家协同发展的一个很重要的原因就是我国新疆的地理位置，我国新疆与哈萨克斯坦、吉尔吉斯斯坦、塔吉克斯坦接壤，通往中亚的铁路、公路也已经全面开通，所以，交通系统指标是衡量协同效应的重要依据。本书选取铁路运营里程、铁路客运量、铁路货运量、民用航空客运量、民用航空货运量五个指标作为交通系统的衡量指标。

4. 资源系统

由于自然条件、自然资源对劳动生产率、产品质量等有着直接或间接的影响，在市场经济条件下，市场的竞争会导致产业活动向资源条件最优的区域集中，形成一定规模的各具特色的专业化生产部门，进而完成产业在不同地域上的大分工。各经济体之间要实现协同发展，必定在资源的分布上有一定的互补性，互补的资源条件可以为双方的产业发展和产业合作带来更大的机会，为更进一步的产业协同提供基础条件，因此，我国新疆与沿线国家的产业协同发展要建立在资源协同的基础上。本书选取 GDP 单位能源消耗、人均石油使用量、电力消耗、农业用地占比和耕地面积占比来衡量我国新疆与沿线国家的资源协同性。具体指标详见表 3－26。

表 3-26　　中国新疆与沿线国家产业协同成熟度测评指标

一级指标	二级指标	指标计算方法
经济系统指标	人均 GDP	GDP/总人口
	第二产业比重	第二产业产值/地区生产总值
	第三产业比重	第三产业产值/地区生产总值
	GDP 增速	GDP 增加值/上年 GDP
	居民消费水平	人均居民最终消费支出
社会系统指标	城镇人口比重	城镇人口/总人口
	乡村人口比重	乡村人口/总人口
	女性占总人口比重	女性人口/总人口
	入学率	入学人数/学龄儿童人数
	第二产业就业率	第二产业就业人数/总就业人数
	第三产业就业率	第三产业就业人数/总就业人数
交通系统指标	铁路运营里程	铁路运营里程（千米）
	铁路客运量	铁路客运量（万人）
	铁路货运量	铁路货运量（万吨）
	民用航空客运量	民用航空客运量（万人）
	民用航空货运量	民用航空货运量（万吨）
资源系统指标	GDP 单位能源消耗	GDP/能源消耗量（石油）
	人均石油使用量	石油使用量/总人口
	电力消耗	电力消耗（人均千瓦时）
	农业用地占比	农业用地面积/土地总面积
	耕地面积占比	耕地面积/土地总面积

3.3.1.2　我国新疆与沿线国家产业耦合评判模型

耦合是指两个或多个系统通过相互之间的作用而彼此影响的现象。如果各系统之间相互配合、互相促进，就称其为良性耦合；相反，则称其为不良耦合。耦合度是指各个系统之间相互作用和相应的程度。协调是指各个系统之间良性互动、互相配合、和谐相处，维持各个系统健康发展。耦合协调度体现的是系统从无序走向有序的过程，用来测量各个系统和谐一致的程度。本研究基于物理学耦合理论原理，将我国新疆与中亚五国定义为两个相互作用、相互影响的系统，分别采用耦合度、协调度模型来研究我国新疆与中亚五国之间协同发展程度。

1. 熵值法

熵值法是一种客观赋权法，根据各项指标观测值所提供的信息的大小来确定指标权重。设有 m 个待评方案，n 个评价指标，得到原始的指标数据矩阵 $X=(X_{ij})_{m\times n}$，对于某个指标 x_j，指标值 x_{ij} 相差越大，则该指标在综合评价中的作用越大；如果某个指标的各个指标值全部相等，则该指标对综合评价不起作用。

其主要步骤如下：

（1）初始数据矩阵：

构建初始数据矩阵：$X=(X_{ij})_{m\times n}$

（2）无量纲化处理：

由于指标体系中的各项具体指标具有不同的量纲和量纲单位，故需对各指标进行相应的标准化处理，将各指标量值转化为无量纲的相对量。本研究采用的无量纲化方法，属于极值化方法之一，是用每一变量值与变量的最小值之差除以该变量最大值与最小值之差。同时，为了避免求熵值的过程中取对数计算时出现无意义的情况，还需要对数据作非负化处理，公式如下：

对于越大越优型指标：$v_{ij}=\dfrac{x_{ij}-\min(x_j)}{\max(x_j)-\min(x_j)}$

对于越小越优型指标：$v_{ij}=\dfrac{\max(x_j)-x_{ij}}{\max(x_j)-\min(x_j)}$

其中，$\max(x_j)$ 为第 j 项指标的最小值，$\max(x_j)$ 为第 j 项指标的最大值。

（3）计算第 j 项指标下第 i 个区域占该指标的比重：

$$P_{ij}=\frac{X_{ij}}{\sum_{i=1}^{m}X_{ij}}\ (j=1,\ 2,\ \cdots,\ n)$$

（4）计算第 j 项指标的熵值：

$$e_j=-k\times\sum_{i=1}^{m}P_{ij}\ln(P_{ij})$$

其中，$k>0$，ln 为自然对数，式中常数 k 与区域 m 有关，一般令 $k=\dfrac{1}{\ln m}$，则 $0\leqslant e\leqslant 1$。

（5）计算第 j 项指标的差异系数：

对于第 j 项指标，指标值 X_{ij} 的差异越大，对方案评价的作用越大，熵值就越小。

$$g_j=1-e_j$$

（6）计算第 j 项指标的权重：

$$W_j=\frac{g_j}{\sum_{j=1}^{n}g_j},\ j=1,\ 2,\ \cdots,\ n$$

（7）计算各指标的综合得分：

$$U_t = \sum_{j=1}^{n} W_j * V_{ij}，(i=1，2，\cdots，m)$$

2. 耦合度模型

在借鉴前人相关研究成果的基础上，本书将变异系数作用于我国新疆与中亚五国耦合度模型的推导中。变异系数又称离散系数，是反映两组数据离散程度的绝对值，是标准差与平均数的比值，可用来比较度量不同单位数值的变异程度。对于不同系统的数值，比较大小没有意义，而变异系数只是一个比值，没有单位区分，因此适用于比较不同单位数值的离散程度。我国新疆与中亚五国表示两个不同的系统，因此可以使用变异系数来构建两者之间的耦合度模型。

$$CV = \frac{S}{\bar{X}} = \frac{\sqrt{\frac{1}{n}\sum_{i=1}^{n}(Xi-\bar{X})^2}}{\bar{X}} = \frac{\sqrt{\left(X-\frac{X+Y}{2}\right)^2+\left(Y-\frac{X+Y}{2}\right)^2}}{\frac{X+Y}{2}}$$

$$= \sqrt{\frac{\frac{(X+Y)^2}{2}-2XY}{\left(\frac{X+Y}{2}\right)^2}} = \sqrt{2\left(\frac{X-Y}{X+Y}\right)^2}$$

$$= \sqrt{2\left[\frac{(X+Y)^2-4XY}{(X+Y)^2}\right]^2} = \sqrt{2\left[1-\frac{4XY}{(X+Y)^2}\right]^2}$$

其中，CV 是变异系数，其值越小，则离散程度越低；X 和 Y 是总体的两个单位，经过公式的演变，CV 最小时，$\frac{4XY}{(X+Y)^2}$取最大值，所以，本书将耦合度定义如下：

$$C = \left\{\frac{4f(x)\times g(x)}{[f(x)+g(x)^2]}\right\}^{\theta}$$

其中，C 是耦合度，θ 为调节系数，$f(x)$ 为我国新疆各指标综合得分的无量纲值，$g(x)$ 为中亚五国各指标综合得分的无量纲值，由于$1-\frac{4XY}{(X+Y)^2}\geqslant 0$，因此$\frac{4XY}{(X+Y)^2}\leqslant 1$，即 C 的取值区间［0，1］，C 值大，代表高度耦合；C 值小，代表低度耦合（见表 3－27）；此处 θ 取 0.5，则公式可以演变如下：

$$C = 2\sqrt{\frac{f(x)\times g(x)}{[f(x)+g(x)^2]}}$$

耦合度等级区间见表 3－27。

表 3-27　耦合指数等级区间

耦合度 C	[0, 0.3]	[0.3, 0.5]	[0.5, 0.8]	[0.8, 1]
耦合等级	低度	较低	较高	高度

3. 耦合协调度模型

耦合度仅仅能从数值上反映两者联系的密切程度，但是很难清晰地反映两者之间的协同关系。如我国新疆与中亚五国指标的综合得分都不高，也可能得到比较高的耦合度，所以说，并不是简单的数值耦合就能反映出我国新疆与沿线国家之间的协调机制，仍然需要进一步构建耦合协调模型来阐述我国新疆与中亚五国产业协同的程度，公式如下：

$$D = [C \times T]^{r}$$

其中，D 为耦合协调度，C 为耦合度，T 为我国新疆与中亚五国产业的调和指数，反映的是我国新疆与中亚五国产业的协同效应，$T = \alpha f(x) + \beta g(x)$，且 $\alpha + \beta = 1$，α、β 为我国新疆与中亚五国产业的贡献系数，也就是权重，本文假定贡献系数相同，则取 $\alpha = \beta = 0.5$，γ 表示调节系数，一般取 0.5。

耦合协调度用来测度我国新疆和中亚五国产业之间的相对水平，比耦合度模型更具有实用性和稳定性，可以比较我国新疆与沿线国家不同产业之间的协调程度。耦合协调度值越大，说明两地区之间协同程度越好，相反说明两地区之间的协同程度越差（详见表 3-28）。

表 3-28　耦合协调度等级划分标准

序号	协调度区间	协调等级	序号	协调度区间	协调等级
1	0 ~ 0.1	极度失调	6	0.5001 ~ 0.6	勉强协调
2	0.1001 ~ 0.2	严重失调	7	0.6001 ~ 0.7	初级协调
3	0.2001 ~ 0.3	中度失调	8	0.7001 ~ 0.8	中级协调
4	0.3001 ~ 0.4	轻度失调	9	0.8001 ~ 0.9	良好协调
5	0.4001 ~ 0.5	濒临失调	10	0.9001 ~ 1	优质协调

3.3.1.3　我国新疆与沿线国家综合协同度评价

1. 数据来源及处理

关于 2005 ~ 2014 年我国新疆相关指标样本数据均来源于历年《新疆统计年鉴》，关于 2005 ~ 2014 年中亚国家相关指标样本数据均来源于世界银行数据库，人均 GDP 和居民消费水平等样本数据是根据 2010 年不变价美元兑换成人民币计算所得，GDP 单位能源消耗等样本数据是根据 2011 年不变价美元兑换成人民币计算所得，涉及比例的指标是参照表中公式计算所得。

2. 评价结果分析

（1）我国新疆与沿线国家产业综合发展水平评价结果。

本书通过以上测度方法，对无量纲化和加权后的各指标值进行计算，得出 2005～2014 年我国新疆与沿线国家产业综合发展水平评价结果，见表 3－29 所示。由于土库曼斯坦各指标数据严重缺失，所以只对我国新疆与中亚四国（哈萨克斯坦、吉尔吉斯斯坦、塔吉克斯坦、乌兹别克斯坦）产业的综合发展水平进行评价。

根据表 3－29 计算出的我国新疆与沿线国家产业综合发展水平评价结果，以及图 3－4 中我国新疆与沿线国家产业综合发展水平折线图，可以看出，从我国新疆与沿线国家产业综合发展水平的横向比较来看，我国新疆与沿线国家的产业综合发展水平均不高，最高为 2014 年新疆的产业综合发展水平，数值为 0.7124。2005 年，塔吉克斯坦的产业综合发展水平最高，数值为 0.6144，乌兹别克斯坦排名第二，吉尔吉斯斯坦的产业综合发展水平最低，仅为 0.1563。到 2014 年，经过 10 年的快速发展，我国新疆的产业综合发展水平已经跃居第一，哈萨克斯坦排名第二，为 0.6804，乌兹别克斯坦为 0.6020，吉尔吉斯斯坦也由 2005 年的 0.1563 增长为 0.5782，塔吉克斯坦最低，为 0.4061。从我国新疆与沿线国家产业综合发展水平纵向来看，在 2005 年到 2014 年间，除了塔吉克斯坦以外，我国新疆与哈萨克斯坦、吉尔吉斯斯坦、乌兹别克斯坦的产业综合发展水平虽然稍有波动，但总体都呈现出上升趋势，吉尔吉斯斯坦的上升幅度最高，我国新疆与哈萨克斯坦、乌兹别克斯坦的增长步调趋同，而塔吉克斯坦从 2008 年以后产业综合发展水平开始下滑，到 2014 年时已下滑至最低。综合来看，我国新疆与沿线国家由于具有相似的资源禀赋和气候环境，三产中农业所占的比重仍然较大，产业的综合发展水平也接近，但整体的发展程度偏低，仍需要进一步加强发展。

表 3－29　中国新疆与沿线国家产业综合发展水平评价结果

年份	中国新疆	哈萨克斯坦	吉尔吉斯斯坦	塔吉克斯坦	乌兹别克斯坦
2005	0.3944	0.3583	0.1563	0.6144	0.4758
2006	0.4011	0.3483	0.1731	0.6060	0.4744
2007	0.4517	0.3439	0.2448	0.4915	0.4265
2008	0.3686	0.3182	0.3056	0.6658	0.4389
2009	0.3210	0.3102	0.3445	0.5267	0.3589
2010	0.3252	0.5078	0.4120	0.5125	0.4998

续表

年份	中国新疆	哈萨克斯坦	吉尔吉斯斯坦	塔吉克斯坦	乌兹别克斯坦
2011	0.4681	0.5417	0.4990	0.4815	0.4787
2012	0.5938	0.6707	0.5582	0.4533	0.5787
2013	0.6876	0.6955	0.6303	0.4351	0.5816
2014	0.7124	0.6804	0.5782	0.4061	0.6020

资料来源：历年《新疆统计年鉴》和世界银行数据库

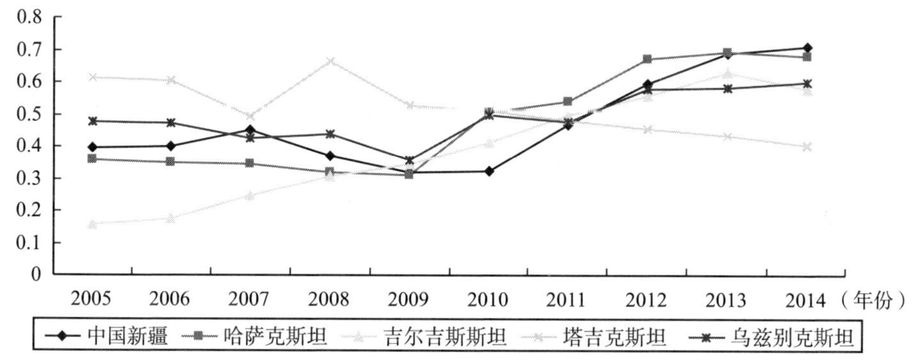

图3-4 中国新疆与沿线国家产业综合发展水平折线图

资料来源：历年《新疆统计年鉴》和世界银行数据库

（2）我国新疆与沿线国家产业综合耦合度评价。

根据耦合度的计算公式，对2005～2014年我国新疆与哈萨克斯坦产业综合耦合度、我国新疆与吉尔吉斯斯坦产业综合耦合度、我国新疆与塔吉克斯坦产业综合耦合度、我国新疆与乌兹别克斯坦产业综合耦合度分别进行计算，结果详见表3-30，由于土库曼斯坦的相关指标数据严重缺失，无法计算与我国新疆的产业耦合度，故将其按缺失值处理。

从我国新疆与沿线国家产业综合耦合度的数值来看，我国新疆与哈萨克斯坦、吉尔吉斯斯坦、塔吉克斯坦、乌兹别克斯坦产业的综合耦合度都很高，均在0.9以上，甚至在个别年份，如2013年与哈萨克斯坦的产业耦合度为1，2011年与塔吉克斯坦和乌兹别克斯坦的产业耦合度为0.9999，2012年与乌兹别克斯坦的产业耦合度也为0.9999，非常接近于1。产业耦合度均为高度的产业耦合，说明我国新疆与沿线国家之间产业发展水平总体上呈现出耦合发展的状态，然而，高度的耦合发展并不能说明我国新疆与沿线国家的产业之间是协同发展的，只能说明我国新疆与沿线国家的产业之间的互相依赖程度较高，联系较为紧密。所以，要想了解我国新疆与沿线国家之间的产业协同成熟度，还需做进一步的耦合协调度分析。

表 3－30　中国新疆地区与沿线国家产业综合耦合度评价

年份	中国新疆－哈萨克斯坦		中国新疆－吉尔吉斯斯坦		中国新疆－塔吉克斯坦		中国新疆－乌兹别克斯坦	
	耦合程度	耦合等级	耦合程度	耦合等级	耦合程度	耦合等级	耦合程度	耦合等级
2005	0.9988	高度	0.9017	高度	0.9759	高度	0.9956	高度
2006	0.9975	高度	0.9178	高度	0.9791	高度	0.9965	高度
2007	0.9908	高度	0.9549	高度	0.9991	高度	0.9996	高度
2008	0.9973	高度	0.9956	高度	0.9578	高度	0.9962	高度
2009	0.9999	高度	0.9994	高度	0.9701	高度	0.9984	高度
2010	0.9757	高度	0.9930	高度	0.9747	高度	0.9773	高度
2011	0.9973	高度	0.9995	高度	0.9999	高度	0.9999	高度
2012	0.9981	高度	0.9995	高度	0.9910	高度	0.9999	高度
2013	1.0000	高度	0.9991	高度	0.9744	高度	0.9965	高度
2014	0.9997	高度	0.9946	高度	0.9618	高度	0.9965	高度

资料来源：历年《新疆统计年鉴》和世界银行数据库

（3）我国新疆与沿线国家综合产业耦合协调度评价。

根据耦合协调度的计算公式，对 2005～2014 年我国新疆与中亚四个国家（哈萨克斯坦、吉尔吉斯斯坦、塔吉克斯坦、乌兹别克斯坦）的产业耦合协调度进行计算，得到综合耦合协调度及协调等级，详见表 3－31。

从表中耦合协调度来看，在中亚四个国家中，我国新疆与哈萨克斯坦的产业协调度最高，2014 年为 0.8344，与乌兹别克斯坦和吉尔吉斯斯坦的协调度相差不大，排名第二第三，与塔吉克斯坦的协调度相对较低，2014 年为 0.7336，协调等级为中级协调，还需要进一步加强合作与交流，与其余三个国家的协调度均为良好协调。从图 3－5 可以看出，除了 2009 年，其他年份产业协调度均呈现上升态势，而 2009 年是由于受到 2008 年全球金融危机的影响，我国新疆与各个国家的产业在整体上都出现了下降趋势，产业之间的协调度也出现下跌。

我国新疆与哈萨克斯坦产业协调度在 2005 年到 2014 年这十年间经历了从初级协调到中级协调，最后达到良好协调的发展历程，协调度从 2005 年 0.6131 增加到 2011 年 0.7096，到 2014 年已增加到 0.8344，说明我国新疆与哈萨克斯坦在经济系统、社会系统、交通系统和资源系统这四个方面逐步协同，双方的产业结构和经济发展各方面的联系也在逐渐紧密，协同的效应是逐渐显著的，从近年来两地相互之间越来越频繁的贸易与合作交流也能说明此结论。

我国新疆与乌兹别克斯坦产业协调度在四个国家中排名第二，从图3－5也可以看出，在2005～2014年间，我国新疆与乌兹别克斯坦的产业协调度一直处于相对较高的水平，其增长较为缓慢，历经了从初级协调到中级协调，最后发展为良好协调的历程。我国新疆与乌兹别克斯坦在人口、民族以及文化习俗等方面都存在较高的相似性，是双边贸易展开的坚实基础。近年来，我国新疆对乌兹别克斯坦的贸易一直占中乌双边贸易的30%左右，新疆在中乌双边贸易中有着举足轻重的地位。据不完全统计，在乌兹别克斯坦经营的新疆公司有20多家，正式注册的公司和成立的办事处有近10家，所以从双边贸易的角度也足以说明我国新疆与乌兹别克斯坦在产业的综合发展方面具有较高的协同度。

我国新疆与吉尔吉斯斯坦的产业协调度在我国新疆与沿线国家的协调度中是发展最为迅猛的，从图3－5可以看出其增长速度是最快的，经历了从濒临失调、勉强协调、初级协调、中级协调，最后发展到良好协调的过程，其协调度在2005年为0.4983，到2010年已增加到0.6050，发展到2014年，协调度为0.8011，仅次于我国新疆与乌兹别克斯坦的产业协调度。

我国新疆与塔吉克斯坦的产业协调度是在除去土库曼斯坦外沿线国家中最低的，塔吉克斯坦已成为我国新疆地区第四大贸易伙伴，2014年双方进出口贸易额为20.1亿美元，占当年中国与塔吉克斯坦贸易总额的79.8%。截止到2014年，我国新疆与塔吉克斯坦的产业协调度达到0.7334，已发展为中级协调程度。从图3－5来看，我国新疆与塔吉克斯坦的产业协调度几乎呈现一个平稳的态势，相较于其他国家，我国新疆与塔吉克斯坦的产业之间还存在较大差异，需要更深入的交流和合作。

表3－31　　中国新疆与沿线国家综合产业耦合协调度评价

年份	中国新疆－哈萨克斯坦		中国新疆－吉尔吉斯斯坦		中国新疆－塔吉克斯坦		中国新疆－乌兹别克斯坦	
	协调度	协调等级	协调度	协调等级	协调度	协调等级	协调度	协调等级
2005	0.6131	初级协调	0.4983	濒临失调	0.7016	中级协调	0.6582	初级协调
2006	0.6114	初级协调	0.5134	勉强协调	0.7022	中级协调	0.6605	初级协调
2007	0.6278	初级协调	0.5767	勉强协调	0.6864	初级协调	0.6625	初级协调
2008	0.5852	勉强协调	0.5793	勉强协调	0.7038	中级协调	0.6342	初级协调
2009	0.5618	勉强协调	0.5767	勉强协调	0.6412	初级协调	0.5826	勉强协调
2010	0.6375	初级协调	0.6050	初级协调	0.6389	初级协调	0.6349	初级协调

续表

年份	中国新疆－哈萨克斯坦		中国新疆－吉尔吉斯斯坦		中国新疆－塔吉克斯坦		中国新疆－乌兹别克斯坦	
	协调度	协调等级	协调度	协调等级	协调度	协调等级	协调度	协调等级
2011	0.7096	中级协调	0.6952	初级协调	0.6890	初级协调	0.6880	初级协调
2012	0.7944	中级协调	0.7588	中级协调	0.7203	中级协调	0.7656	中级协调
2013	0.8316	良好协调	0.8114	良好协调	0.7396	中级协调	0.7952	中级协调
2014	0.8344	良好协调	0.8011	良好协调	0.7334	中级协调	0.8092	良好协调

资料来源：历年《新疆统计年鉴》和世界银行数据库

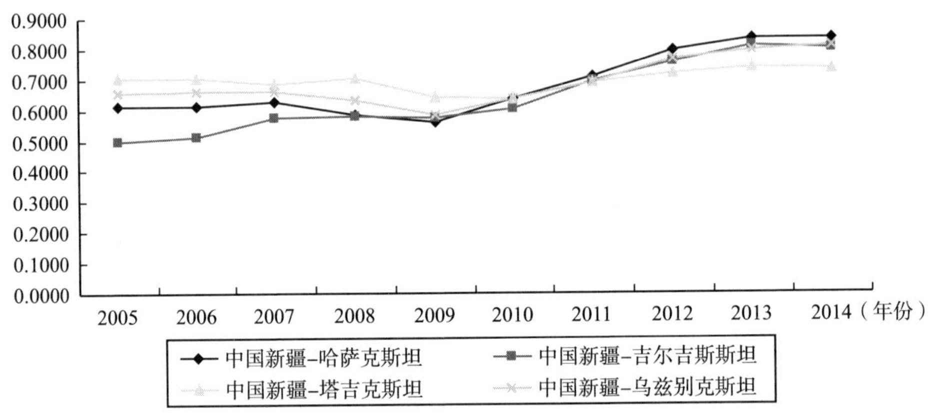

图3－5　中国新疆与沿线国家产业耦合协调度折线图

资料来源：历年《新疆统计年鉴》和世界银行数据库

3.3.2　我国新疆与丝绸之路经济带沿线国家产业综合协同效应的测评

目前国内外学者关于区域产业协同的实证研究多是从社会、经济、交通、资源环境等角度来分析的，因为本书研究的范围很广，影响因素很复杂，所以很难对我国新疆与沿线国家产业协同的具体程度进行精确的评估。本书所用的耦合评价模型对不同区域产业之间的相互依赖程度和协调发展程度都可以测量。对于产业协同发展效应的研究，目前并不多见，王建峰（2013）将区域产业转移的综合协同效应归纳为要素互动效应、技术溢出效应、关联带动效应、结构优化效应、竞争学习效应、协同发展效应、社会效应和环境效应。杨文静（2013）运用灰色关联分析方法对产业转移背景下湘南三市产业协同成熟度进行测评，并运用数据包络分析方法对湘南三市产业协同发展与区域合作综合效率做了测度。本书运用数据包络分析方法，对我国新疆与沿线国家产业协同发展的效率进行测评，进一步评价产业协同发展效应。

3.3.2.1 评价指标体系构建

考虑到我国新疆与沿线国家产业协同产生的效应，以及数据的可得性，本文分别从结构优化效应、资源环境效应、关联带动效应、技术扩散效应、社会效应五个方面选取了十一个指标作为我国新疆与沿线国家产业协同发展的输入指标，选取人均 GDP、GDP 增速和地方财政收入作为协同发展的输出指标（见表 3－32）。

选取 2006～2014 年数据进行分析，数据主要来源于《新疆统计年鉴 2007～2015》、世界银行数据库、乌鲁木齐海关网站。各指标数据除 GDP 增速外，其余均为我国新疆与中亚五国相同指标之和，而 GDP 增速为我国新疆与中亚五国 GDP 增速的平均数。考虑到各指标数据单位的不统一，为避免对结果产生影响，运用熵值法对各指标进行赋权后计算。

表 3－32　中国新疆与沿线国家产业协同效应评价指标

指标	协同效应	指标名称	权重
输入指标	结构优化效应	第二产业产值	0.0506
		第三产业产值	0.1126
	资源环境效应	GDP 单位能耗	0.0588
		人均石油使用量	0.0691
		电力消耗	0.0481
	关联带动效应	人均居民消费支出差额	0.0623
		双边贸易额	0.0403
	技术扩散效应	研发机构人员数	0.1063
		研发经费支出	0.1134
	社会效应	医疗卫生支出	0.0804
		铁路运营里程	0.0505
输出指标		人均 GDP	0.0630
		GDP 增速	0.0601
		财政收入	0.0845

3.3.2.2 我国新疆与沿线国家协同效应模型选取

数据包络分析方法（Data Envelopment Analysis，简称 DEA）用于评价多个投入和多个产出的决策单元（Decision Making Unit，DMU）相互之间的相对有效性，主要运用数学规划模型。本研究运用班克（Banker），查恩斯（Charnes）和库珀（Cooper）提出的 BC^2 模型（C^2GS^2 模型）来评价每个决策单元的有效性和投入冗余。假设研究中具有 n 个 DMU，每个 DMU 都有 m 个投入 X 和 s 个产出 Y，记作 $X=(X_{1j},\ X_{2j},\ \cdots X_{mj})^T$，$Y=(Y_{1j},\ Y_{2j},\ \cdots Y_{sj})^T$，$j=1,\ 2,\ \cdots n$，模型表达式如下：

$$\min\left[\theta-\varepsilon\left(e^TS^-+e^TS^+\right)\right]$$

$$\sum_{j=1}^{n}X_j\lambda_j+S^-=\theta X_{j0}$$

$$\sum_{j=1}^{n}Y_j\lambda_j-S^+=Y_{j0}$$

$$\sum_{j=1}^{n}\lambda_j=1$$

$$(\lambda_j\geqslant 0;\ j=1;\ 2,\ \cdots,\ 6;\ \theta\geqslant 0;\ S^-\geqslant 0;\ S^+\geqslant 0)$$

上述模型中，θ 表示每个决策单元的有效程度，是 DMU 的效率值。若 $\theta=1$，且 $e^TS^{-0}+e^TS^{+0}=0$，则 DMU_{j0} 为 DEA 有效，说明该 DMU 技术效率最佳；若 $\theta=1$，且 $e^TS^{-0}+e^TS^{+0}>0$，则 DMU_{j0} 仅为弱 DEA 有效，有部分超量投入或亏量产出；若 $\theta<1$，则 DMU_{j0} 不为 DEA 有效。

3.3.2.3 我国新疆与丝绸之路经济带沿线国家产业综合协同效应评价

本书运用 DEA 模型以及赋权处理后的各指标值，使用软件 MATLAB7.0，运行得到我国新疆与沿线国家产业协同效应程度（详见表 3-33）。

我国新疆与沿线国家的产业协同效应具体体现为对结构优化的影响、对资源使用和环境的促进、互相之间的关联带动、技术在区域内的传播和扩散，以及对整个社会的提升五个方面。从表 3-33 的测算结果来看，我国新疆与沿线国家产业协同效应整体上为无效状态，仅有个别年份体现为弱 *DEA* 有效。我国新疆与沿线国家结构优化效应不强，2006～2014 年间，前三年为勉强有效，之后效率值大多小于 1，且呈现出下降趋势，这是因为沿线国家产业结构合理程度要高于我国新疆，沿线国家大部分已达到“三二一”的产业格局，而我国新疆仍然处于“二三一”的产业格局。从资源环境效应可以看出，我国新疆与沿线国家在资源环境方面有较高的协同性，这是因为我国新疆与沿线国家地理位置接近，资源互补性很强，双边贸易多集中于资源型产业之间。我国新疆与沿线国家的关联带动效应很弱，只有 2006 年为 1.0003，其余年份均小于 1，说明我国新疆与沿线国家的合作和贸易往来并没有很好地带动互相之间的产业发展，从双边贸易的数据中也可以发现，我国新疆与沿线国家的贸易往来多为新疆出口，沿线国家进口，长期的贸易顺差将会形成沿线国家在某些产品上的依赖感，不利于双边贸易的长远发展和双方的协同发展。我国新疆与沿线国家的技术扩散效应也不强，呈现很强的波动性，2014 年为 0. 9455，并未达到有效状态，虽然我国新疆与沿线国家的技术交流较为密切，但由此产生的效果并不是很显著，因为双方科技合作中，大型合作项目匮乏，合作力度不够，合作领域中，基础科学领域多，高科技领域少；科学研究领域多，生产领域少。并且双方合作模式长期停留在互换型的低级阶段，合作缺乏深度；双方合作时断时续，缺乏连贯性和技术性。由于资金困难，双方的科技合作是以对等交换科研人员和资料的形式启动的，但这种方式把双方合作局限在了狭小的领域，制约了可以开展合作的范围。我国新疆与沿线国家的社会效应虽然也程度不高，但相对于结构优化效应、关联带动效应和技术扩散效应来说，还是略显优势。我国新疆与沿线国家关系较为和谐，面向哈萨克斯坦的口岸有 7 个，分别是霍尔果斯、巴克图、吉木乃、阿拉山口、阿黑土别克、都拉塔和木扎尔特口岸；面向吉尔吉斯斯坦的口岸有 2 个（吐尔尕特、伊尔克什坦口岸）；面向塔吉克斯坦的口岸有 1 个（卡拉苏口岸）。在丝绸之路经济带建设布局下，中吉乌铁路建设正在紧锣密鼓的推进，同时还将建设将军庙至哈密、库尔勒至格尔木、额济纳至哈密的铁路，届时新疆南北铁路通道将全线贯通。一个以乌鲁木齐为中心，以边境口岸为前沿，以沿边城市为节点，向沿线国家辐射的全方位、多层次的国际公路、铁路、航空网络已现雏形。

表 3－33　中国新疆与沿线国家产业协同效应评价

年份	结构优化效应	资源环境效应	关联带动效应	技术扩散效应	社会效应
2006	1. 0000	1. 0000	1. 0003	0. 4802	1. 0000
2007	1. 0000	1. 0000	0. 7665	1. 0000	1. 0000
2008	1. 0000	0. 8380	0. 4671	1. 0000	0. 9846
2009	0. 7895	1. 0000	0. 8113	0. 7309	0. 5474
2010	0. 8514	0. 9614	0. 7466	1. 0000	0. 6530
2011	0. 7838	0. 8672	0. 6707	1. 0000	0. 8299
2012	0. 7409	0. 9789	0. 7017	0. 7752	0. 8285
2013	0. 7401	0. 9687	0. 7032	0. 6405	1. 0000
2014	0. 7179	1. 0000	0. 8326	0. 9455	0. 9131

资料来源：历年《新疆统计年鉴》、世界银行数据库、乌鲁木齐海关网站

3.3.3 结论分析

根据熵值法测算我国新疆与沿线国家产业综合发展水平，得出我国新疆的产业综合发展水平要略高，其次是哈萨克斯坦，各国总体产业发展水平偏低；根据耦合度模型的测算结果，我国新疆与沿线国家的产业耦合均为高度耦合，说明我国新疆与沿线国家产业之间的互相依赖程度较高，联系较为紧密；根据耦合协调度模型测算结果，我国新疆与沿线国家的产业协调度整体呈上升趋势，其中，我国新疆与哈萨克斯坦的产业协调度最高，其次是乌兹别克斯坦和吉尔吉斯斯坦，最后为塔吉克斯坦。

根据区域产业协同发展的效应可知，我国新疆与沿线国家产业协同效应具体体现为对产业结构优化的影响、对资源使用和环境的促进、互相之间的关联带动、技术在区域内的传播和扩散，以及对整个社会的提升。本书运用数据包络分析方法测度我国新疆与沿线国家产业协同效应，得出我国新疆与沿线国家产业整体不协同，其中，结构优化效应、关联带动效应和技术扩散效应很弱，资源环境效应和社会效应相对较好。主要原因是我国新疆与沿线国家资源的互补性很强，资源的协同性较好，而且我国新疆与沿线国家贸易往来非常密切，人文条件也有相似之处，所以产业协同的资源环境效应和社会效应较好。而沿线国家的产业结构的高级化程度要高于我国新疆，互相之间的贸易往来多表现为新疆出口、沿线国家进口，长期的贸易顺差也不利于双方的协同发展，再者，在双方技术合作中，基础科学领域多，高科技领域少；科学研究领域多，生产领域少；双方合作时断时续，缺乏连贯性；合作缺乏深度，资料残缺不全；合作模式长期停留在互换型的低级阶段等原因都限制了双方的产业协同发展，所以，我国新疆与沿线国家产业协同的结构优化效应、关联带动效应和技术扩散效应很弱。

3.4 基于丝绸之路经济带产业协同效应的新疆产业空间布局缺陷与成因

3.4.1 基于丝绸之路经济带产业协同效应的新疆产业空间布局缺陷

3.4.1.1 我国新疆与沿线国家产业空间布局的总体缺陷

1. 没有因地制宜，本地产业缺乏优势

从贸易商品的内部结构来看，我国新疆与沿线国家贸易的商品主要为劳动密集型产品，技术密集型产品占比不足10%。在我国新疆对沿线国家的出口产品中，新疆本地产品的出口比重不足20%。新疆本地产品结构单一、产业层次太低、产品竞争力弱、对资源的依赖性太强，这是目前新疆本地产业面临的重要问题。沿线国家在轻工业产品、机械电气类产品的市场需求量很大，但就目前新疆的产业情况来看，我国新疆出口到沿线国家的这类产品绝大多数为从内地转运或进口，只能获取其中很少一部分利润，无法从实际上带动新疆本地产业的发展。新疆制造业发展滞后，缺乏高端装备制造业，但近几年新疆大力发展工业园区，意在利用工业园区推动加工制造业向更高的层次发展。新疆本地企业产品出口主要是食品加工、家具制造，近两年来以橡胶和塑料制造为主的劳动密集型产品和化工制造、电气制造为主的资本技术密集性产品出口比重有所上升。从资源角度看，新疆特色农业资源非常丰富，但食品加工业一直没有竞争力，甚至要依靠从沿线国家进口食品，归根结底是因为本地产业没有因地制宜，没有在资源充裕的地区集中力量发展特色产业，利用科学技术把特色产业做强做大，使其转换为该地区具有国际竞争力的优势产业。

2. 产业趋同性高，存在恶性竞争

从我国新疆与沿线国家产业同构性指数可以看出，我国新疆与沿线国家产业同质化现象很明显，因为我国新疆与沿线国家的产业大部分属于资源依赖性产业，由于其地理位置接近，资源、环境、气候等较为相似，经济发展也较为相似，所以相应的产业发展也具有较高的同质性。具体分析我国新疆与各国的产业结构相似状况，看得出与乌兹别克斯坦的产业结构相似度非常高，说明新疆与乌兹别克斯坦之间有较强的产业结构同构性；与哈萨克斯坦、吉尔吉斯斯坦、塔吉克斯坦的产业结构相似度要稍低，尤其是与塔吉克斯坦的相似度更低，说明我国新疆地区与这三国的产业同质性较低。产业同构性指数高意味着我国新疆与沿线国家产业存在重复布局、资源存在浪费现象。产业同构性指数越高，GDP增长率就会越低，说明我国新疆与沿线国家的产业同质化在一定程度上制约了新疆的经济发展。从目前情况来看，我国新疆在与丝绸之路经济带沿线国家的贸易中主要承担“东联西出”的“走廊”作用，80%以上的产品都是从内地生产运往新疆，本地出口产品不但比重低，而且多年来都以初级产品为主，导致出口对本地经济的影响很小。以协同发展为目的的产业空间布局应该是突出本地优势产业，做强做大特色产业，避开重复规划建设的资源集约型的产业布局，所以，新疆的产业空间布局应该以自身的特色和优势产业为主，提升产业的技术含量，打造自己的品牌产业。

3.4.1.2 我国新疆与沿线各国产业空间布局的缺陷

1. 我国新疆与哈萨克斯坦产业空间布局的缺陷

哈萨克斯坦从1992年以来已经连续二十几年成为我国新疆地区最大的贸易

伙伴。从对我国新疆与哈萨克斯坦的资源禀赋、产业结构、贸易结构、市场需求互补性分析可以得出，新疆与哈萨克斯坦虽然在资源分布上有较高的相似性，但更多的还是体现在资源的互补上，从贸易商品结构来看，哈萨克斯坦在能源出口上占有很强的优势，而对加工制造，尤其是对机械制造产业的市场需求非常大；新疆在杂项制品、纺织产品、橡胶制品的出口上具有比较优势，但是新疆本地的制造业无法满足哈萨克斯坦的市场需求。新疆制造业主要分布在以乌－昌－石经济圈为核心的天山北坡经济带，各工业园区的建设也大部分在该产业带上布局，当前园区的布局考虑到人力、资本、交通便利等各方面的原因，并不能完全体现因地制宜的原则。随着城市的发展壮大，有些早期的园区布局已经不能适应城市发展的需要，电力机械、化学制造对人类生活环境产生影响，但迁移成本过高，导致部分制造业发展基地并没有发挥它的作用。再者，以协同发展为目的的产业空间布局应该以沿线国家的市场需求为基础，根据本地优势发展具有竞争力的产业。新疆在轻工业和机械制造等装备制造业上的布局还缺乏力度。

2. 我国新疆与吉尔吉斯斯坦产业空间布局的缺陷

吉尔吉斯斯坦经济实力较小，经济基础相对薄弱，主要以农牧业为主，工业基础薄弱，但是吉尔吉斯斯坦是沿线国家中对外开放力度最大的。对这样一个工业欠发达的国家，我国新疆占据着地理位置上的绝对优势，应该将产业空间布局的重点放在工业产业上。但是从我国新疆与吉尔吉斯斯坦贸易商品的结构来看，出口到吉尔吉斯斯坦的产品大部分为杂项制品，轻纺产品、橡胶制品和机械运输设备虽然占到一定比重，但总体比重不高，远不能满足吉尔吉斯斯坦对工业产品的需求。况且，新疆出口的产品中，大部分都不是新疆本地生产的产品，新疆只起到一个贸易通道的作用。新疆本地工业发展以能够带动经济迅速增长的能源开采加工为主，大量开采煤矿、有色金属、黑色金属矿产，对沿线国家市场需求量很大的农用机械、电力设备、高新技术设备等装备制造业缺乏合理规划布局。

3. 我国新疆与塔吉克斯坦产业空间布局的缺陷

塔吉克斯坦经济基础非常薄弱，与我国新疆产业结构互补性最强。塔吉克斯坦的能源开采难度大，主要依靠进口；铝业是其支柱产业，但受到原材料、设备、技术、资金等方面的限制，产品生产只能停留在初级阶段；纺织业发展落后，但潜力很大，主要是棉花产量充足。从我国新疆出口到塔吉克斯坦的商品结构可以看出，新疆出口的产品中将近 50% 为杂项制品，其余大部分为纺织产品和橡胶制品，而机械运输设备及化学品的出口只占到了 3.5%，比重很低。所以，从我国新疆与塔吉克斯坦协同发展的角度分析，与之毗邻的南疆三地州能源资源也很丰富，但受到人力、资金等方面的制约，开采力度欠缺。新疆在棉花的种植上也具有很强的原材料优势，但纺织业的发展起步较晚，近几年才开始作为着重规划布局的产业，在技术设备的投入力度上有所欠缺。在制造业的产业布局上同其余沿线国家存在同样的问题，本地制造业空洞化是目前新疆产业布局存在的最大问题。

4. 我国新疆与乌兹别克斯坦产业空间布局的缺陷

乌兹别克斯坦能源丰富，其支柱产业主要为黄金、石油、棉花、天然气。乌兹别克斯坦是中亚的水果和蔬菜产地，但受技术条件制约，加工程度不高；化工业起步较早，生产产品众多；纺织业原料充足，但仍然停留在初级产品的加工阶段。乌兹别克斯坦大力发展电力行业，对砖和水泥的需求很大，除此之外，对卫生洁具、陶瓷制品、隔热材料、黏合剂、油漆、涂料等产品的需求也很大。所以，面对乌兹别克斯坦的市场需求及产业情况，新疆应该充分利用自身优势，积极打入中亚市场。从目前情况来看，我国新疆出口的产品主要是家用电器、通信设备、电脑、运输设备、化工产品和纺织服装，在这些产品中，轻工业和通信、运输设备在乌兹别克斯坦需求很大。新疆在砖和水泥的生产上具有很强的比较优势，但没有形成统一的规划布局，分布在全疆各地，缺乏国际竞争力。

5. 我国新疆与土库曼斯坦产业空间布局的缺陷

相比较沿线其他国家，我国新疆与土库曼斯坦的贸易比重很小，所以新疆的产业空间布局几乎没有考虑与土库曼斯坦的协同发展。土库曼斯坦的油气、天然气资源非常丰富，电力和纺织行业也具有较强的竞争力，而农业资源比较匮乏，种植业主要以棉花为主，粮食不能实现自给。相对来说，新疆的农业资源非常丰富，除了经济作物，新疆的特色农产品如番茄、辣椒、枸杞、油料、水果等非常丰富，但新疆的特色农产品缺乏具有技术含量的大型加工出口基地，缺乏统一规划，没有形成产业的集群效应，导致新疆的特色农产品在出口问题上完全没有竞争力。

3.4.1.3　新疆各经济带产业空间布局的缺陷

1. 天山北坡经济带产业空间布局的缺陷

通过分析沿线国家产业空间布局现状和与我国新疆的商品贸易状况，可以得出沿线国家除塔吉克斯坦和吉尔吉斯斯坦能源不足以外，其余国家能源都非常丰富，是我国能源的主要供应地。沿线五个国家除土库曼斯坦，其余四国农业资源都较为丰富。沿线国家产业空间布局的共同点就是重工业占有优势，而轻工业非常匮乏，机械制造业的市场需求非常大。天山北坡经济带是新疆经济发展水平最好的区域，北坡经济带产业空间布局的重点为农业畜牧业、加工制造业、能源开采和加工业、化工和高新技术产业。该经济带农牧业资源丰富，也是我国重要的粮棉产区，主要农产品有棉花、油料、粮食、甜菜等。该经济带是全疆第二第三产业发展的核心地带，其中乌－昌经济圈是经济带发展的重要支柱。比较分析北坡经济带与沿线国家的产业空间布局状况，可以看出，经济带的产业布局并没有充分考虑与沿线国家的协同发展，沿线国家对机械制造业的市场需求庞大，而北坡经济带的制造业布局仍然以传统的资源型产业为主，高端装备制造业缺乏合理的规划布局；在农副食品加工业的产业布局上，经济带与沿线国家还存在产业重复布局的问题，存在低端产品的竞争，新疆在双方贸易上处于劣势，因为新疆与沿线国家农产品都存在资源丰富但深加工力度不足的问题。

2. 天山南坡产业带产业空间布局的缺陷

天山南坡产业带油气资源丰富，开发潜力巨大，而且还蕴藏着丰富的煤炭和矿产资源。在石油天然气、煤化工、纺织业和农副食品加工业等特色产业上具有比较优势，但是工业相对落后，农业一直以种植业为主，产品深加工不足，缺乏在国际市场上具有竞争力的农业制成品；以石油天然气开采和煤化工为主的工业虽然带动了产业带整体的经济增长，但是本地此类产业的深加工依然有限，深加工产品很少，附加值低，在出口问题上不占优势。相对于农业资源和能源资源非常丰富的沿线国家来说，南坡产业带的产业空间布局仍然存在很大的缺陷。首先，在农产品加工业上与沿线国家存在重复布局的状况，尤其是棉花生产加工上，纺织业是我国新疆与沿线国家共同布局的产业，但天山南坡产业带并没有把棉花种植优势转变为纺织业的优势，缺乏竞争力。其次，石油天然气等能源的开采加工业也与沿线国家存在重复状况，很显然在能源加工业上我国新疆处于劣势地位，缺乏能源的深加工产品，初级产品在国际市场上完全没有竞争力。最后，相对沿线国家，天山南坡产业带在特色林果业上具有显著的资源优势，有着许多沿线国家都没有的特色林果，但是新疆并没有将其作为产业空间布局的重点。

3. 北疆北部沿边产业带产业空间布局缺陷

北疆北部沿边产业带主要涵盖塔城和阿勒泰地区，是新疆的沿边高寒地区，受到气候影响，该产业带种植业不具备产业优势，但天然的草场资源为畜牧业发展带来机会。加上口岸优势和特色旅游景区的带动，旅游业发展较好。工业主要以矿业开采为主，但深加工程度不高。面对能源及其丰富的沿线国家市场，该产业带的能源开采业只能供应本地区的能源需求，在国际市场上毫无竞争力。从畜牧业的角度来说，虽然本地畜牧业资源优势明显，但新疆每年还要从沿线国家进口大量的肉类及动物毛皮，本地畜牧业的布局过度分散，相对于能源开采业来说并不能较快地带动经济增长，所以未能引起政府的足够重视。分析新疆各地州产业优势，可知塔城地区的辣椒、番茄和阿勒泰的啤酒花都是本地的特色产品，并且是沿线国家缺乏的，但这类产业的布局也缺乏规模化的生产和加工，未能形成集群效应，竞争力欠缺。

4. 南疆三地州产业空间布局缺陷

南疆三地州是新疆经济发展最为落后的地区，与北疆天山北坡经济带差距很大，贫困县市占全疆的70%以上。南疆三地州农业比重高达60%，农业整体具有明显的资源比较优势，但是农业的生产效率并不高，发展非常落后。农业内部主要以种植业为主，在啤酒花、辣椒、番茄和红枣、葡萄等特色瓜果的种植上非常有优势。南疆三地州工业基础欠缺，先天发展不足，后天缺乏动力，只在水泥的生产上具有一定的比较优势。但从我国新疆与沿线国家贸易商品的结构来看，南疆三地州的这两类产业优势均没有转化为竞争优势。从前文分析可知，乌兹别克斯坦在大力发展电力行业，对砖和水泥的市场需求很大，南疆三地州在水泥生产上具有比较优势，就应该通过合理的规划和布局将其作为重点发展的产业，使其走向沿线国家市场，但就目前情况来看，当前的产业布局显然没有认识到这一点。

3.4.2　基于丝绸之路经济带产业协同效应的新疆产业空间布局的制约因素

3.4.2.1　产业布局缺乏长远和宏观理念

地区的产业布局不可能在短期内凸显成效，产业布局是一项战略性、长期性的任务，一个新兴的产业布局往往要经过几年甚至几十年的发展才能成熟壮大，要想在短期内获得显著成效，势必会忽略产业布局的合理性，违背产业发展的规律和与人类、自然的和谐相处。所以，产业布局要从长远的角度出发，不可盲目追求短期利益。产业布局不仅要从长远的角度考虑，而且要从宏观方向把握，因为有时就单个产业的选址和布局来看，并未发现不合理之处，但是将周围所有的产业综合起来考虑，就会出现问题。各地区本着资源优势、因地制宜的原则在本地区选择相关产业进行布局，但是从宏观角度看，可能周边已有地区在发展该种产业，拥有资源的县市并不愿意仅仅做一个资源的供给者，各地区都从自己的利益出发，却忽略了新疆整体的经济利益。

3.4.2.2　产业布局缺乏全局性发展规划

政府作为产业空间布局的主体，在产业规划和布局的过程中起着决定性的作用。如果产业布局缺乏全局性的发展规划，势必会造成产业发展与地区资源不符或对城市的发展造成阻碍。虽然自治区在产业的发展规划上提出了各个区域产业发展的大方向，但是具体到各地州甚至各县市时，缺乏明确的、全局性的产业空间布局的定位方案，况且在具体产业的选择和布局上缺乏对相关产业关联性的整体考虑。地方政府在各自产业的选择和规划时各自为政，没有站在全局发展的高度去统一布局和制定规划方案，各级政府缺乏全局性的产业布局观念。各级政府在制定产业布局方案时，为了能够充分利用本地区的优势资源，在确定具体的产业和产业发展规模时大多数采用“大而全”的策略，就是将能够发展的产业全部作为产业布局的对象同时发展，这样导致的结果就是地区的优势产业不突出，毫无竞争力，甚至有些不适宜。放在一起的产业布局会形成相互制约的局面，阻碍产业的进一步发展。比如在新疆同样的产业园区在各个地方广泛分布，甚至在同一地州的不同县市分布，产业的重复布局，加上区域之间资源的趋同性，必然会出现产业雷同的现象。

3.4.2.3 产业布局缺乏协同共赢政策

地区产业发展并不能脱离整个社会群体而单独存在，我国新疆地处亚欧大陆腹地，与丝绸之路经济带沿线国家联系紧密，在资源、产业、贸易等方面存在很强的互补性，各经济体也有各自的优势产业，新疆面临庞大的中亚市场，在产业空间布局的决策上不能只顾自身的资源和产业发展，而应该将协同发展的理念融入整体布局的决策方案中，以与沿线国家的协同共赢为目的来展开本地产业空间布局，集中精力发展在沿线国家市场上具有需求、发展潜力大、在本地区具有优势的产业。从目前新疆维吾尔自治区政府的产业空间布局策略来看，并没有充分考虑与沿线国家的协同发展，各级政府也都从自己的利益出发，将有利于本地经济发展的产业作为地区发展的主导产业，所以导致新疆本地产业缺乏竞争力，部分产业与沿线国家存在重复布局的现象，这一点从双边贸易的商品结构也可以看出，贸易产品存在既有进口又有出口的产业内贸易状况，并且多为水平型的同类商品的产业内贸易，体现的不是协同共赢的理念，而是一定程度上的恶性竞争。而且，从政策的制定上也没有体现出协同共赢的理念，丝绸之路经济带的进一步推进，必然会使我国新疆与沿线国家成为一个经济上互联互通的融合体，在此背景下新疆进行产业空间布局如果不考虑与沿线国家的协同发展，势必会使新疆本地产业受到沿线国家与内地发达省份产业的双重冲击，造成新疆产业的“空洞化”。

3.5 基于丝绸之路经济带产业协同效应的新疆产业空间布局优化

3.5.1 基于丝绸之路经济带产业协同效应的新疆产业空间布局优化原则

3.5.1.1 因地制宜原则

地区的产业发展受到自然、经济和社会等条件的影响，不同的基础条件对应着不同的产业布局，所以在确定一个地区重点发展什么产业时，应该从当地的实际出发，考虑地区的具体条件，选择本地区的比较优势产业，充分发挥本地区的比较优势。比如技术含量较高、对人才要求较高的产业应该布局在经济发达、人才聚集的地区；采掘业和矿产加工业等对资源要求较高的产业应该布局在资源密集的地区；农业和农产品的加工业应该布局在气候适宜、水资源丰富、土地肥沃等农业基础较好的地区。

3.5.1.2 效率优先、协调发展原则

在产业发展水平较低时，政府一般采取极核发展的形式来使部分地区优先发展，而到了发展的后期阶段，地区间差距过大会严重制约区域的整体发展。初期阶段的产业空间布局应该优先考虑自然资源丰富、经济状况良好、交通便利的区域；但是当经济发展进入后期阶段时，就必须要考虑发展那些资源贫瘠、经济落后的地区了。产业空间布局必须要考虑效率和协调的问题，保证地区经济持续稳定的发展。在优先发展某些地区时，并不能一味地追求经济发展的速度，而不顾地区之间的差距，必须把差距保持在一定的合理范围。但是我们要追求地区发展的绝对平衡也是不可能的，所以在落后地区进行产业空间布局时，也要进一步提升产业结构的层次，使产业结构走向更高的质量。

3.5.1.3 可持续发展原则

可持续发展是指在产业空间布局的过程中，要综合考虑城市的资源环境承载力问题，不能因为追求经济的增长而不顾环境的破坏，最良好的状态就是产业的发展与环境相互协调、和谐共处。坚持可持续发展，就是要促进人口、资源、环境与产业之间协调发展，所以地区在产业空间布局的过程中，应该大力倡导资源的循环利用，致力于建设一个资源节约型与环境友好型的城市。

3.5.1.4 区域协同共赢原则

丝绸之路经济带的提出将沿线六十多个国家和地区密切地联系在了一起，所以此背景下的产业空间布局不仅要注重区域内部各地区之间的协调发展，而且要重视与沿线国家和地区的优势互补和协同发展。我国新疆作为丝绸之路经济带的核心区，“十三五”规划的重点是要加快交通枢纽、商贸物流、文化科教、医疗服务、区域性金融“五大中心”和“十大进出口产业集聚区”的建设，促进国内国际要素有序流动、资源高效配置、市场深度融合，努力形成全方位对外开放的互利合作新格局。借助丝绸之路经济带产业协同发展的背景，重视区域产业发展的特色化，形成功能互补、布局合理的区域产业协同体系，利用我国新疆的优势，带动周边沿线国家实现优势互补，提高区域整体竞争能力。

3.5.2 基于丝绸之路经济带产业协同效应的新疆产业空间布局优化方案

3.5.2.1 新疆产业空间布局的总体优化方案

根据我国新疆与沿线国家资源优势、贸易商品结构、优势产业以及产业空间布局的现状和产业协同发展的现状，综合考虑我国新疆与沿线国家产业空间布局的缺陷，制定出以与沿线国家产业协同为目的的新疆产业空间布局的总体优化方案。

沿线国家在电力、机械制造等装备制造业，小型家电和轻纺织业上有着很大的市场需求，加之新疆的特色农产品资源丰富，但产业缺乏竞争力，本书将产业空间布局的重点主要集中在制造业、轻纺织业和特色农产品加工业上，着重展开对这些产业的空间布局的优化。根据“点－轴”增长理论，新疆产业空间布局的重心可以分为三个中心、三个小型增长极、三条轴线。第一个中心是以乌鲁木齐、昌吉、石河子为中心加上周边辐射区域的制造业集散中心，该中心的产业空间布局主要以高端装备制造、煤化工装备制造、发电装备制造、大型农牧机械等为主。在该中心内部布局两个小型增长极，分别是乌－昌增长极和石河子－玛纳斯增长极，乌－昌经济圈可以充分利用周边吐哈等地光伏和风力资源，大力发展发电装备制造业；而石河子－玛纳斯增长极具备轻工业和纺织业发展的基础条件，将此地区作为轻纺织业和纺织机械发展的中心，可以将纺织机械应用到塔城、伊犁等地，进而走出国门、走向中亚。第二个中心是位于南坡产业带的阿克苏－库尔勒－阿拉尔经济圈，该地区农业资源丰富，重点布局中小型农业机械制造、纺织工业和农副食品加工制造业。在此中心内部设立一个小型增长极——阿克苏－阿拉尔增长极，作为集中精力和资源首要发展的重心，以此辐射带动周边县市的发展。第三个中心是喀什－和田经济圈，该中心以农业为主，特色农产品资源丰富，有很多农产品是沿线国家所缺乏的，但是受加工技术的限制深加工不足，所以在该地区发展特色农产品加工是产业布局的重点，加上沿线国家对砖和水泥等基础工业有需求，而南疆三地州在水泥的生产上有很强的比较优势，所以将基础工业布局在此中心内，争取在沿线国家市场上谋得一席之地。三条轴线的布局分别是以两个大型经济圈为中心向周边地区辐射，辐射区域的资源、人力等都可以通过增长中心形成集聚趋势，形成制造业产业集群，提高新疆制造业的整体竞争力。

3.5.2.2 新疆各经济带产业空间布局的优化方案

本书在总体产业空间布局优化的基础上，依据因地制宜、效率优先、协调发展、可持续发展、协同发展的原则，制定了新疆四大产业带十六个产业集聚区产业空间布局的优化方案，详见表3－34。

1. 天山北坡经济带产业空间布局重点

天山北坡经济带是新疆各产业率先发展的产业带，是新疆产业的增长极，包含了丝绸之路经济带通道上的大部分节点城市，所以，以与丝绸之路经济带沿线国家协同发展为目的的新疆产业空间布局必须要着重发挥天山北坡经济带的集聚效应，产业布局的重点应该是沿线国家市场需求庞大的电力、机械等装备制造业，具体产业有光伏发电装备、风力发电装备、工程及建筑机械、轨道交通制造、大型农牧机械、煤化工装备及铸造、石油化工装备制造、纺织机械制造和轻纺工业，利用与丝绸之路经济带沿线国家的沿边优势，重点发展天山北坡经济带，将其打造成为丝绸之路经济带核心区的大型装备制造业基地，满足沿线国家的市场需求，推动整个丝绸之路经济带的协同发展。

2. 天山南坡产业带产业空间布局重点

天山南坡产业带能源矿产资源和特色农产品非常丰富，尤其是特色林果业。产业带的发展要落后于天山北坡经济带。所以，天山南坡产业带空间布局的主要目标应该是形成特色产业集群，基于丝绸之路经济带的优势互补原则，将天山南坡产业带建设成为新疆重要的中小型农牧机械制造基地、石油化工装备制造基地、农产品精深加工基地、纺织服装工业基地。加快产业集聚园区建设，重点发展库尔勒经济技术开发区、轮台工业园区、库车化工业园区、拜城重化工业园区、阿拉尔工业园区，使其成为天山南坡产业发展的重要载体和增长点。加快推进库尔勒、阿克苏轻工业综合产业区建设，引导石油天然气化工下游产业、农副产品加工业集聚发展。大力推进库尔勒、阿克苏纺织服装工业城的建设，辐射和推动南疆乃至全疆纺织服装工业大发展。

3. 北疆北部沿边产业带产业空间布局重点

北疆北部沿边产业带主要以塔城和阿勒泰为重点城市，该产业带是丝绸之路经济带北通道的重要门户，直接通往哈萨克斯坦，以协同为目的的新疆产业空间布局应该致力于在沿边地区打造霍阿（霍尔果斯－阿拉山口）、喀阿（喀什－阿图什）、阿北（阿勒泰　北屯）、中哈国际经济示范区，形成区域内的小型增长极，构建沿边地区全方位开放的新格局。积极引导周边地区轻工、纺织、食品、矿产品深加工等特色产业向该产业带集聚，加快培育一批资源加工出口基地。优化沿边经济带城镇布局，完善沿边区域公共服务设施，加强口岸基础设施建设，加快重点口岸城镇化建设，推动边境口岸经济的发展，大幅度提升新疆沿边开放程度。

4. 南疆三地州产业空间布局重点

南疆三地州主要以农业为主，少数民族所占比重非常大，出口机电产品加工组装、特色农产品加工业、砖、水泥等基础工业是该产业带布局的重点。从目前南疆三地州经济发展的情况来看，由于受到人力、物力、财力还有社会稳定等各方面因素的制约，大中型制造业在该产业带的发展较为困难，但是沿线国家在砖和水泥等基础工业上有一定的市场需求，南疆三地州刚好在基础工业上具有资源和劳动力比较优势，所以可以考虑将基础工业的布局中心放在南疆三地州。在喀什设立出口机电产品加工组装基地，可以将南坡产业带及周边地区的机电产品运输至该基地进行组装，进而出口至沿线国家。

表 3-34　　基于丝绸之路经济带产业协同效应的新疆产业空间布局

产业带	产业集聚区	中心城市	产业布局重点
天山北坡经济带	吐鲁番-鄯善产业集聚区	吐鲁番市	风电装备、光伏发电装备、煤化工装备及铸造产业
	哈密产业集聚区	哈密市	风电装备、光伏发电装备、煤化工装备及铸造产业
	乌昌产业集聚区	乌鲁木齐市	电力装备、交通制造、工程机械制造、大型农牧业机械、煤矿机械、输变电装备、农牧机械及精密铸造产业
	石河子-玛纳斯-沙湾产业集聚区	石河子市	轻工业、纺织工业、农牧机械制造、纺织机械制造
	克拉玛依-奎屯-乌苏产业集聚区	克拉玛依市	石油、化工装备制造，再制造及维修
	博乐-阿拉山口-精河产业集聚区	博乐市	光伏发电装备、风电装备、食品加工制造
	伊宁-霍尔果斯产业集聚区	伊宁市	出口机电产品加工组装、特色农产品出口加工
天山南坡产业带	库尔勒-轮台产业集聚区	库尔勒市	石油、化工装备制造、纺织工业
	阿克苏-阿拉尔产业集聚区	阿克苏市	中小型农牧机械、光伏发电装备、纺织工业、纺织服装制造业、农副食品加工业
	库车-拜城产业集聚区	库车县	能源加工制造
	且末-若羌产业集聚区	若羌县	能源、矿产加工制造、农副食品加工业
北疆北部沿边产业带	塔城-额敏产业集聚区	塔城市	轻纺织业、特色农产品加工业
	阿勒泰-北屯产业集聚区	阿勒泰市	煤化工机械制造业

续表

产业带	产业集聚区	中心城市	产业布局重点
南疆三地州产业带	喀什－阿图什产业集聚区	喀什市	出口机电产品加工组装、特色农产品加工业、砖、水泥等基础工业
	和田－洛浦－墨玉产业集聚区	和田市	特色农产品加工业、砖、水泥等基础工业
	麦盖提－莎车－泽普－叶城产业集聚区	莎车县	砖、水泥等基础工业

3.5.3　基于丝绸之路经济带产业协同效应的新疆产业空间布局优化建议

3.5.3.1　加大人才培养力度，开展产业联合布局

当前产业空间布局存在的一个很大的问题就是地方政府之间缺乏交流和沟通，在地方的产业空间布局上各自为政，盲目追求眼前利益，谁都不愿意放弃本地资源去支持其他地区的产业发展，导致区域内的同类产业竞争严重。究其原因，主要是因为地方政府人才缺乏，制定产业发展规划的人员思想已经不符合丝绸之路经济带大背景下的新疆产业空间布局，而具有前沿的人才难以引进。所以，地方政府应该积极引进和培养相关人才，在制定产业发展规划时，摒弃过去的思想和眼前的利益，从产业发展的长远角度考虑，加强地方政府之间的相互交流合作，尝试开展产业的联合发展布局。资源相似度高的地区之间尝试相互沟通、商榷，统一规划，不断整合地区原材料，打造同一产业的上下游产业，通过延长产业链的方式来增加产品附加值，进而促进整个产业的发展壮大。

3.5.3.2　以核心区建设为重心，制定产业发展规划

我国新疆与沿线国家同处于丝绸之路经济带的核心区地段，在资源和经济等方面的互补性很强，所以新疆产业的布局和规划也不能脱离整个核心区建设，而是应该以核心区建设为重心，制定相关的产业发展规划。从目前新疆产业空间布局来看，产业的发展规划大多体现为产业发展的大方向，具体产业的分布仍然有很大的不确定性，况且各级政府对产业规划大方向的理解也存在一定程度偏差，导致资源相似的地区产业同构现象很明显，制约了产业的整体发展。所以，在丝绸之路经济带大背景下，地方产业的布局规划不能仅仅从自身资源的角度出发，不能闭门造车，而是要从整个新疆，甚至从丝绸之路经济带整个核心区的高度出发，制定出在新疆具有比较优势的、在经济带沿线国家有市场需求的产业作为布

局的重点。政府在规划的同时还要注意加强对产业的引导，通过合理的方式引导相关产业的集聚，通过产业集群的发展更进一步提升产业的国际竞争力。

3.5.3.3 开拓沿线国家市场，制定协同共赢政策

随着丝绸之路经济带的进一步推进，我国新疆与沿线国家的联系会越来越密切，同样作为整个经济带上的核心区，我国新疆与沿线国家应该充分利用优势互补，充分体现自己产业的竞争优势，考虑对方的市场需求，以双方互利共赢、协同发展的原则来展开产业布局规划。政府不但要在产业布局规划的制定上充分体现与沿线国家协同共赢的理念，而且要在相关配套政策的制定上突出协同政策，这样才能使地方政府在实施政策和制定布局方案时理解透彻，更好地实现政策的贯彻落实，制定出有利于我国新疆与沿线国家协同发展的产业空间布局的方案。除了与沿线国家的协同共赢，我国新疆内部各地区之间也应该建立区域共赢政策，通过制定联合发展的利益分配政策，平衡各区域之间的利益分配。

3.6 基于丝绸之路经济带产业协同效应的新疆产业空间布局优化保障措施

3.6.1 产业空间布局的基础设施支撑

3.6.1.1 完善综合交通网络

交通是产业空间布局的基础，因为产业空间布局要在合适的区位选择合适的产业进行发展。完善综合交通网络，通过建立对内通达对外畅行的交通体系才能保障产业布局的顺利实施。新疆综合交通网络的建设，应该以天山北坡经济带为中心，向其他产业带扩散，实现陆地和空运两方面的交通设施对接、客货运枢纽对接，完善新疆综合交通网络。通过拓展周边城区发展，首先从交通上打通各个地区封闭的局面，加强区域之间的合作交流。依托现有交通网络体系，加快公共交通路线向四周辐射的速度，扩大公共交通覆盖面，选择性开辟乡镇公交，逐步建立完善的综合公共交通网络，为新疆产业空间布局的实施提供基础性保障。

3.6.1.2 建设高速信息网络

在这个信息高速发展的时代，信息网络在任何行业都无处不在，产业空间布局缺少了信息网络的支撑，就会显得孤立无援。强大的信息网络不仅可以节约信

息交流的成本，而且能促进产业之间形成产业集聚，最终产生集群效应。所以，合理的产业布局方案的实施，必须要有完善的高速信息网络作为支撑。新疆应该加快展开高速信息工程的建设，逐步完善各地州宽带信息基础建设，重点将天山北坡经济带各地州打造为信息化、智能化、数字化建设的示范区，实现无线网络、高速信息网络全覆盖，然后逐步向南向北扩散，实现南坡产业带和南疆三地州等地信息化的普及，最终将信息网络深入基层、遍布全疆，进而提升各地州之间以及新疆与外界的沟通联系，推进产业空间布局的进一步深入。

3.6.1.3 加强环境基础设施

生态环境是产业空间布局的重要因素，过去的产业布局往往忽略了生态环境，直接的后果就是造成当前城市水源污染、空气污染，而且污染处理成本高，严重威胁了人类生存的环境，有些产业因为环境污染问题不得不停止发展，造成资源的严重浪费，所以，新疆要积极转变经济发展方式，由原来粗放型的、以环境污染为代价的产业发展方式转变为集约型、环境友好型发展方式。新疆应该依托资源的空间分布特点，结合各产业对资源的需求和对环境的影响，优化环境基础设施，在产业布局的同时规划建设固体废弃物、污水处理、清洁水源和供水管网等设施，重视对环境的保护程度和对水资源的利用率，加强与产业发展相关的资源配套设施建设。

3.6.2 产业空间布局的体制机制保障

3.6.2.1 产业空间布局的人才管理体制

新疆产业空间存在缺陷的主要原因就是政府在制定产业发展规划时缺乏相关知识，究其根本其实是人才的缺乏，所以想要从根本上解决这个问题，就必须保障人才尤其是高水平人才的供给。新疆目前的问题就是本地培养人才有限，东部地区高校毕业生不愿意来，本地生源的毕业生也不愿意去南疆基层工作，设法留住人才是工作的重点，所以，通过制定相关的人才培养机制和薪酬管理机制，加大引进人才的力度，扩大培训范围，根据各个地州实际发展的需求，引进和培养能够支撑产业空间布局所需的各级高端人才，从根本上解决产业发展规划欠合理、产业空间布局雷同等问题，保障基于协同效应的新疆产业空间布局优化方案的有效实施。

3.6.2.2 产业空间布局的利益协调机制

要做好产业空间布局，必须要协调处理各级相关主体之间的利益，避免经济主体各自为政的现象，减少各主体之间的利益冲突。目前地区的产业布局都是追求区域内的经济利益最大化，通过对新疆各地州产业布局进行合理的协调，实现产业布局优化与提升，能有效实现各经济主体之间的互利共赢。在后工业化发展阶段，更需要一种协调机制来均衡各方利益，实现政府之间和各企业之间的互利共赢。新疆目前各地州产业重复布局、同质化现象严重，在此情形下建立利益协调机制，平衡区域内和区域之间的利益分配，为实现各地州之间产业的联合布局奠定了坚实的基础。通过建立合理的分配机制，协调合作双方或多方的利益，促进地区产业均衡发展。

3.6.2.3 产业空间布局的市场机制

产业空间布局的主体主要为政府和市场，政府可以通过制定发展规划来决定产业布局的具体区位，但是资金、技术、信息、企业等的流动还需要市场这只“看不见的手”来进行调节。政府在产业布局规划的时候还需要通过市场机制和政策来引导区域内的人口、资金、技术和企业向着具有产业发展优势的地区集聚，实现产业布局的合规性。所以，新疆要建立规范化的市场经济环境，完善市场经济对资源配置的基础作用，还要充分发挥政府直接调控和间接引导的能力，逐步完善产业空间布局的市场机制，为实现合理的产业空间布局打好基础。

3.6.3 产业空间布局的政府支撑体系

3.6.3.1 产业空间布局的政策支撑

充分发挥新疆的区位和地缘优势，拓展对外联结通道，发挥口岸和交通枢纽的作用，加强与中亚、南亚、西亚和东欧的紧密合作，实现优势互补、互利互惠、共同发展，努力打造“外引内联、东联西出、西来东去”的开放合作平台，提升新疆向西开放的地位，推动形成我国“陆上开放”与“海上开放”并重的对外开放新格局。充分利用“两个市场、两种资源”，充分利用丝绸之路经济带、中亚区域经济合作机制，加强同沿线国家进行以能源资源互补为主的深层次合作。支持鼓励新疆和东中部地区的企业到境外从事能源资源的开发合作。加大国家急需的石油、天然气等能源资源及铁、铜、镍、铝、磷矿等矿产资源的进口力度，使新疆成为我国进口能源和紧缺矿产资源的陆上安全大通道。

3.6.3.2 产业空间布局的法律支撑

产业在地方的发展必然离不开法律的保障和限制，产业空间布局必须是在合法之后才考虑合理的问题，所以法律保障是基础。要想保证产业空间布局的合理实施，必须要制定和完善相关产业组织的法律规章，在制定产业布局的法律和政策时，不仅要制定能够促进产业结构合理化的产业组织政策和法律，而且要制定有利于产业之间资源分配的政策和法律。为了进一步促进同类产业之间的发展壮大，还要制定企业合并、重组等方面的法律制度，通过企业之间的联合、兼并、重组等手段，形成一批在沿线国家中具有国际竞争力的大集团和大公司。同时，对于中小企业，要制定保障其合法权益的法律制度，还要明确其应该承担的权利和义务，以及需要承担的法律责任，便于企业在地方合法合规进行经营活动。

3.6.3.3　产业空间布局的制度支撑

产业发展区位的确定会带来人口的集聚，同时人口的集聚能保障产业的顺利发展，所以，在产业空间布局的相关制度制定方面，人口管理制度是非常重要的一个方面。首先是流动人口的管理制度，新疆流动人口比重非常大，通过解决流动人口的教育、医疗、社会保障、住房等问题和一些流动人口的歧视性政策，可以从一定程度上缓解新疆的人力资本缺乏问题。随着新疆开放程度的提高，户籍改革制度也成为对人力资本的约束，外来务工人员及其他流动人口不能享受与城市居民相等的公共资源，阻碍了对人员的保障。与产业空间布局相关的另一个保障制度就是土地征用制度，土地征用制度的合理进行，对产业布局选择区位以及前期资金投入等方面都有影响，还要保障居民的合法利益，所以需要谨慎进行，避免产生不必要的麻烦。

3.6.3.4　产业空间布局的财政支撑

为了合理优化产业空间布局，应该针对重点产业制定区别对待的税收优惠政策。用税收优惠政策调整产业结构，特别对引进的新兴产业及配套产业施行更加优惠的税收政策。加大所得税的优惠力度，增加关于增值税、营业税等间接税种的优惠政策。对本地区的高科技企业给予更为优惠的税收政策，对相关配套企业给予一定的税收优惠。新疆要加大加强技术创新的软硬件投入，加大补贴力度，以良好的技术创新环境吸引人才的流入，为合理的产业空间布局提供技术支持。对能延伸新疆本地企业产业链的中东部企业给予技术创新补贴，补贴金额按购进新疆本土上游企业产品额计算，以此鼓励纺织、精细化工、农产品深加工等下游高新技术企业入驻新疆，形成就地深加工的完整的产业链，充分利用新疆的资源优势打造产业集群，优化新疆本地产业空间布局。

第4章

丝绸之路经济带建设中新疆外向型产业集群发展研究

4.1 丝绸之路经济带建设中新疆外向型产业集群发展基础

4.1.1 新疆外向型产业集群发展的现实基础

近年来，国内外贸易形势与政策的不断转变为新疆外向型经济的快速发展带来机遇，实现了新疆外向型经济发展的全面提速，特别是“一带一路”倡议的实施，为新疆外向型经济的快速发展造就了前所未有的推动力与政策保障，同时我国新疆与丝路沿线国家经贸、天然资源优势的互补，为新疆外向型产业集群的快速发展奠定了现实基础。

4.1.1.1 资源禀赋互补性

国内经济高速增长，对资源的需求也在逐步增长，全国矿产资源规划统计资料表明，我国矿产资源有45种，现有储量只能满足2020年之前的生产需求。因此，新疆凭借天然的地理区位优势与自身丰富的资源条件可为我国未来矿产资源的供给问题弥补缺口，与我国新疆接壤的周边各国各种类资源储量丰富，通过经贸交流和国际对外直接投资等方式实现新疆与丝路沿线各国矿产资源的优化配置与互补，将有效弥补国内资源未来供给不足的问题。

由表4-1可知，中亚各国资源种类丰富，尤其是各类能源资源与矿产资源，已探明储量巨大，如天然气、石油等能源资源以及锌、金、铅、铀、锰、铁、铝等矿产资源，其中石油、天然气、有色金属、稀有金属等均为优势产业资源，且远远高于我国新疆的资源密度。新疆的非金属资源矿产已探明储量较大，与中亚具备一定的资源互补性。我国经济的高速发展致使矿产资源供给已无法满足需求的增加。由此，我国新疆可以通过与中亚国家的资源禀赋互补，出口新疆相对丰富而中亚国家相对稀缺的矿产资源，同时进口中亚国家相对丰富而我国相对稀缺的矿产资源，使得丝绸之路经济带中亚段成为我国“一带一路”倡议上的能源平衡仓库，为我国新疆与丝绸之路经济带国家的对外贸易的快速发展奠定基础。

表4－1　　　　中国新疆地区与中亚五国资源概况

国家或地区	资源概况
哈萨克斯坦	石油天然气、钨、铀、铬、锰、铅、铁、铜、锌、铝、金
塔吉克斯坦	水资源、铅、锌、锑、钼、铜、银、金、煤、铁、岩盐、萤石
土库曼斯坦	石油、天然气、芒硝、碘、有色及稀有金属
乌兹别克斯坦	天然气、石油、煤炭、有色金属、非金属矿产资源
吉尔吉斯斯坦	金、钨、锡、汞、锑、铁、水资源
中国新疆	煤、石油、天然气、铁、锰、铬、金、铜、铝等有色金属、稀有金属和非金属矿产

资料来源：新疆维吾尔自治区商务厅门户网站：http：//www. xjftec. gov. cn

4.1.1.2　产业结构互补性

结构相似系数为联合国工业发展组织（UNIDO）国际工业研究中心于1979年提出，是用以衡量各国或地区产业结构相似度的指标，即产业同构程度。测度数值越大，表明两国或地区间产业结构相似度越高，互补性越低，反之亦然。表达式如下：

$$S_{kj}=\frac{\sum_{i=1}^{n}X_{kj}X_{ji}}{\sqrt{\sum_{i=1}^{n}X_{ki}^{2}\sum_{i=1}^{n}X_{ji}^{2}}}\quad(0\leqslant S_{kj}\leqslant 1)$$

式中 S_{kj} 表示 k 区域与 j 区域产业结构相似系数，X_{ki} 表示 i 部门在地区 k 所占比重，X_{ji} 表示 i 部门在 j 地区所占的比重。S_{kj} 越大，表明两地区产业结构同构性越强。当系数为1时，则两地区产业结构完全同构。从三次产业层次测算2014年我国新疆与经济带沿线国家三次产业结构的相似度，根据《中国统计年鉴2015》的数据，2003年我国新疆与经济带沿线国家三次产业结构的相似度较高，2003年农业在新疆占比比较高，为22%，工业为42.4%，服务业为35.6%，与沿线国家三次产业比重相近，因此呈现出较高的相似系数值。之后的十几年，伴随着全国工业化进程的发展，农业在GDP中的占比持续下降，2014年新疆农业占比16.6%，工业与服务业占比则有所上调，分别为42.6%和42.8%。我国新疆与丝绸之路经济带沿线国家的三次产业结构相似度缩小（详见表4－2）。

表4－2　　中国新疆与丝绸之路经济带沿线国家三次产业结构相似度系数

年份	哈萨克斯坦	吉尔吉斯斯坦	塔吉克斯坦	乌兹别克斯坦	土库曼斯坦
2003	0.99	0.96	0.98	0.96	0.70
2014	0.95	0.94	0.91	0.98	0.78

资料来源：根据《新疆统计年鉴》、世界银行数据库在线数据库整理计算得出

联合国工业发展组织研究认为，工业化程度较高的国家制造业亦存在多样化，由此工业结构具有较高的相似性；然而，对于尚未实现工业化的国家而言，其产业结构变动性较高，结构相似度较低。而中亚国家只有哈萨克斯坦处于工业化阶段，我国新疆与哈萨克斯坦分别处于工业化发展的不同阶段，两者的工业结构必定存在一定差异，因此本书测算了我国新疆与哈萨克斯坦工业结构的相似度，实证表明两者的工业结构具有很高的互补性，结果详见表4－3。

表4－3　　中国新疆与哈萨克斯坦工业结构相似度系数

年份	2012	2013	2014
相似系数	0.67	0.70	0.71

资料来源：根据《新疆统计年鉴》《哈萨克斯坦统计年鉴2015》、世界银行数据库在线数据库整理计算得出

4.1.1.3　贸易互补性

贸易互补指数用来衡量贸易双方的互补程度，从而分析两者的贸易潜力。贸易互补性指数（*TCI*）用 C_{ij} 表示，其表达式如下：

$$\begin{cases} RCA_{xik} = (X_{ik}/X_i)/(W_k/W) \\ RCA_{mjk} = (M_{jk}/M_j)/(W_k/W) \end{cases}$$

双边综合贸易互补指数公式如下：

$$C_{ij} = \sum_k (W_K/W) \times RCA_{xik} \times RCA_{mjk}$$

式中 W 指商品贸易总额，W_k 指 k 商品贸易总额。X_i 指 i 国（地区）商品出口额，M_j 指 j 国（地区）进口额；X_{ik} 指 i 国（地区）k 商品的出口额；M_{jk} 指 j 国（地区）k 类产品进口额。RCA_{xik} 指 i 国（地区）在 k 类商品上的显性比较优势指数；RCA_{mjk} 表示 j 国（地区）在 k 类商品上的显性比较劣势指数。当贸易互补指数大于1时，数值越大，说明 i 国（地区）与 j 国（地区）间贸易互补性越强。

本书根据联合国秘书处起草的《联合国国际贸易标准分类》（SITC）将商品分为以下九大类：食物及活动物（P0）、饮料和烟酒（P1）、非食用原料（P2）、矿物燃料（P3）、动植物油脂（P4）、化学制品（P5）、轻纺织品和橡胶制品（P6）、机械与运输设备（P7）、杂项制品（P8）、未分类品（P9）。通过计算我国新疆与丝路沿线国家各商品的贸易互补指数，来考察新疆与丝路沿线国家贸易互补程度以及变动趋势（详见表4－4与表4－5）①。

表4－4显示，样本区间内双方贸易互补性整体呈现上升趋势，尤其在轻纺织品和橡胶制品（P6）、杂项制品（P8）此两类劳动密集型商品以及机械及运输设备（P7）类资本密集型商品的出口与哈萨克斯坦进口的互补性在近十几年内较强，贸易潜力巨大。

表4－4　2003～2015年中国新疆出口与哈萨克斯坦进口的产品间贸易互补系数

年份	P0	P1	P2	P3	P4	P5	P6	P7	P8
2003	0.7595	0.2485	0.2569	0.3241	0.0227	0.5619	1.8739	1.0443	1.3832
2004	0.7213	0.3843	0.1933	0.3124	0.0126	0.3877	1.6967	1.4156	1.2238
2005	0.6178	0.2779	0.1987	0.1783	0.0122	0.3711	1.7832	1.2967	1.2934
2006	0.5934	0.2041	0.1312	0.1227	0.0155	0.3499	1.7637	1.5008	1.2562
2007	0.4899	0.2344	0.1179	0.0076	0.2534	0.3569	1.7356	1.5388	1.3146
2008	0.4768	0.2106	0.0995	0.1127	0.0035	0.4671	2.0810	1.4006	1.2437
2009	0.4427	0.1924	0.0628	0.0998	0.0073	0.3657	2.3976	1.4323	1.2096
2010	0.5948	0.1902	0.0665	0.0877	0.0140	0.4893	1.6081	1.4686	1.5121
2011	0.6486	0.2247	0.0534	0.0876	0.0046	0.4941	1.6427	1.5389	2.2362
2012	0.5240	0.2121	0.0879	0.0741	0.0038	0.4476	1.8968	1.5135	1.8415
2013	0.5361	0.3189	0.0241	0.1952	0.0052	0.3768	2.1522	1.2654	3.6740
2014	0.6409	0.4536	0.1302	0.1989	0.0673	0.4600	2.3008	1.5901	3.6963
2015	0.6653	0.4762	0.0977	0.2143	0.0741	0.4713	2.4655	1.5721	3.6902

资料来源：中国新疆数据根据乌鲁木齐海关数据整理，其余国家数据根据UNcomtrade（联合国贸易数据库）整理

表4－5呈现了2003年至2015年我国新疆出口与吉尔吉斯斯坦进口的各类商品的贸易互补系数值，可以看出我国新疆轻纺织品和橡胶制品（P6）类商品

① 由于数据的可得性，只比较哈萨克斯坦与吉尔吉斯斯坦，同时考虑到本书外向型产业集群的研究前提是以出口为主的外向型产业的贸易状况，故仅给出我国新疆出口商品与哈萨克斯坦、吉尔吉斯斯坦进口商品的贸易互补性系数。

的出口与吉尔吉斯斯坦进口的贸易互补程度较高，逐年上升趋势较为明显，且系数值在2013年至2015年均超出2.0。杂项制品（P8）类商品贸易互补指数在2013年就达到了2.7871，这意味着制品类商品与吉尔吉斯斯坦的互补性较强，贸易潜力巨大。其余产品贸易互补性较弱，这表明新疆此类产品的国际竞争优势相对缺乏。

表4-5　2003~2015年中国新疆出口与吉尔吉斯斯坦进口的产品间贸易互补系数

年份	P0	P1	P2	P3	P4	P5	P6	P7	P8
2003	0.9541	0.9354	0.4781	0.7346	0.1971	0.5755	1.3217	0.5122	1.5049
2004	0.9433	0.9764	0.3271	0.6537	0.1762	0.5506	1.3596	0.5327	1.1850
2005	1.1202	0.8752	0.3269	0.4318	0.2509	0.5778	1.2748	0.5387	1.1499
2006	1.1621	0.5541	0.2994	0.2882	0.1994	0.4379	1.2231	0.7575	1.1083
2007	1.0856	0.5389	0.1950	0.3171	0.1069	0.4765	1.2630	0.6967	0.9407
2008	0.7876	0.4398	0.1441	0.0461	0.1210	0.3712	1.2122	0.6148	1.7278
2009	0.8428	0.4279	0.1075	0.0387	0.1199	0.3316	1.4533	0.6417	1.7655
2010	0.9522	0.5401	0.1746	0.2392	0.1231	0.4241	1.2973	0.8634	1.6400
2011	0.9455	0.4976	0.0787	0.1547	0.1126	0.5045	1.4805	0.9632	1.8743
2012	0.7338	0.4965	0.0842	0.1493	0.0817	0.4379	1.6041	1.0001	1.8848
2013	0.5792	0.6738	0.0632	0.3721	0.0568	0.3766	2.3107	0.8528	2.7871
2014	0.9963	0.7648	0.1043	0.4357	0.0764	0.3598	2.4639	1.0058	2.7699
2015	0.6790	0.7754	0.1100	0.3896	0.1121	0.4503	2.5366	1.0154	2.7603

资料来源：中国新疆数据根据乌鲁木齐海关数据整理；其余国家数据根据UNcomtrade（联合国贸易数据库）数据整理

4.1.2　新疆外向型产业集群发展的外向型经济基础

4.1.2.1　我国新疆面向哈萨克斯坦外向型经济状况

1. 哈萨克斯坦产业结构分析

哈萨克斯坦是中亚国家经济发展的领头羊，同时也是近些年中亚国家中经济实力最强、发展速度最快以及产业发展水平较高的国家。由图4-1可以明显看出，哈萨克斯坦呈现出第三产业、第二产业、第一产业发展由高到低的产业结构变动趋势，其中，农业比重一直较低，不足GDP比重的10%，而服务业比重高于50%并处于迅速上升阶段，至2016年其比重已高达60%以上。以2010年为时间节点来看，2010年之前，第二产业与第三产业比重均呈缓慢上升趋势，之后，第二产业比重缓慢下降，而第三产业逐步回升，第一产业没有明显波动。就各产业增加值占GDP比重的具体数值来讲，三次产业之间具有显著差异，农业占比不足10%，工业不足40%，而服务业逐渐上升至60%，由此本书认为，哈萨克斯坦产业结构呈现出向高级化发展的趋势。

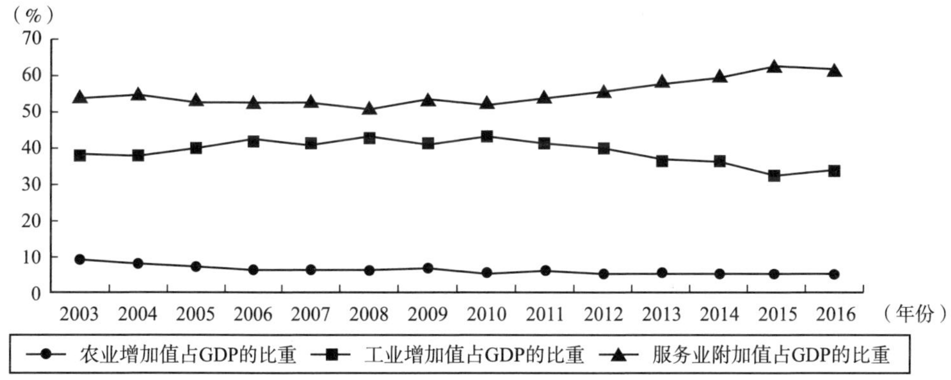

图4－1　2003～2016年哈萨克斯坦产业结构状况

资料来源：世界银行数据库

2. 我国新疆与哈萨克斯坦贸易规模

就中国在哈萨克斯坦的贸易地位来看，随着两国双边贸易的增加，中国在哈萨克斯坦的贸易地位也逐步提高。据驻哈萨克斯坦经济商务参赞处消息，根据哈萨克斯坦海关统计公布的数据，2006年中国成为哈萨克斯坦第四大贸易伙伴国，2007年成为第二大贸易伙伴、第二大进口国、第三大出口国，2015年中国成为哈萨克斯坦第二大进口国（占哈萨克斯坦进口总额的16.8%，第一大国为俄罗斯，占比33.9%，排名第三为德国，占比6.6%）以及第二大出口国（占哈萨克斯坦出口总额的12%，第一大国为意大利，占比17.8%，排名第三为荷兰，占比10.9%），表明我国与哈萨克斯坦的经贸合作正逐步加深，双方贸易潜力巨大。

就双方贸易规模而言，哈萨克斯坦是我国在中亚最大的贸易伙伴国。进入21世纪以来，中哈贸易得到迅猛发展，而中国与中亚国家贸易额的70%左右都是由我国新疆完成的，同时中亚国家对我国稀缺的投资项目也都集中在新疆，因此，我国新疆一直保持与中亚国家密切的贸易往来。根据表4－6我国新疆与哈萨克斯坦贸易规模一览表，从2004年开始，新疆与哈萨克斯坦由贸易逆差转为顺差，并且顺差额处于上升趋势。出口贸易额增速显著高于进口增速。2003年以来，双方贸易额平均占中哈贸易总额的60%以上。可见我国新疆也把哈萨克斯坦的合作放在重要的位置。

表 4－6　　2003～2015 年中国新疆与哈萨克斯坦贸易规模

年份	金额（万美元）				同比增速（%）			中哈贸易额（万美元）	中国新疆占中哈贸易比（%）
	进出口	出口	进口	顺差	进出口	出口	进口	进出口	
2003	254 613	127 293	127 320	－27	86. 46	188. 05	37. 85	329 188	77. 35
2004	328 607	178 166	150 441	27 725	29. 06	39. 97	18. 16	449 809	73. 05
2005	501 563	304 203	197 360	106 843	52. 63	70. 74	31. 19	680 611	73. 69
2006	501 472	370 757	130 715	240 042	－0. 02	21. 88	－33. 77	835 775	60. 00
2007	697 377	562 463	134 914	427 549	39. 07	51. 71	3. 21	1 387 777	50. 25
2008	907 074	717 035	190 039	526 996	30. 07	27. 48	40. 86	1 755 234	51. 68
2009	689 751	524 671	165 080	359 591	－23. 96	－26. 83	－13. 13	1 412 913	48. 82
2010	925 918	682 821	243 097	439 724	34. 24	30. 14	47. 26	2 044 852	45. 28
2011	1 059 664	666 499	393 165	273 334	14. 44	－2. 39	61. 73	2 496 123	42. 45
2012	1 116 736	713 941	402 795	311 146	5. 39	7. 12	2. 45	2 568 157	43. 48
2013	417 290	413 392	3 898	409 494	－62. 63	－42. 10	－99. 03	2 859 596	14. 59
2014	409 776	405 974	3 802	402 172	－1. 80	－1. 79	－2. 46	2 245 167	18. 25
2015	574 789	526 152	48 637	477 515	40. 27	29. 60	1 179. 25	1 429 019	40. 22

资料来源：《新疆统计年鉴》《中国统计年鉴（2004～2016）》

3. 我国新疆对哈萨克斯坦出口产品结构

根据海关统计（详见表 4－7），2014～2016 年我国新疆主要向哈萨克斯坦出口纺织制品（平均占比 20% 以上）、鞋类等劳动密集型产品，但近年来所占出口比重呈现出逐渐下降趋势；同时，所出口的机电产品等机械设备、车辆、金属制品等高附加值高技术型的产品所占比重呈上升趋势。值得注意的是，新疆是我国棉花的主要产地，纺织工业也逐渐被列为新疆重点建设的支柱产业和重要的民生产业，因此纺织工业一直在我国包括新疆对哈萨克斯坦的出口产品中占据重要位置。

表 4－7　　2014～2016 年中国新疆对哈萨克斯坦出口产品结构

年份	排序	产品类别	金额（亿美元）	占出口额比重（%）
2014	1	纺织原料及纺织制品	32. 53	25. 58
	2	机电、音像设备及其零件、附件	28. 16	22. 15
	3	鞋帽伞类等	22. 77	17. 9
	4	车辆、航空器、船舶及运输设备	6. 47	5. 09
	5	塑料及其制品：橡胶及其制品	5. 67	4. 46

续表

年份	排序	产品类别	金额（亿美元）	占出口额比重（%）
2015	1	机电、音像设备及其零件、附件	21.77	25.79
	2	纺织原料及纺织制品	15.81	18.72
	3	鞋帽伞类等	13.76	16.30
	4	贱金属及其制品	8.46	10.02
	5	塑料及其制品：橡胶及其制品	4.32	5.12
2016	1	纺织原料及纺织制品	20.61	24.86
	2	机电、音像设备及其零件、附件	18.04	21.76
	3	鞋帽伞类等	12.80	15.45
	4	车辆、航空器、船舶及运输设备	3.86	4.66
	5	塑料及其制品：橡胶及其制品	3.75	4.53

注：由于中国与中亚平均 70% 以上贸易额来源于中国新疆，同时考虑到数据的可得性，故用全国数据代表新疆进行分析

资料来源：中华人民共和国海关总署

4.1.2.2　我国新疆面向乌兹别克斯坦外向型经济状况

1. 乌兹别克斯坦产业结构分析

乌兹别克斯坦的经济实力在中亚国家中仅次于哈萨克斯坦，其产业结构也属于“三二一”的演变状态，由图 4－2 可以得知，乌兹别克斯坦 2003～2016 年的产业结构调整优化效果显著，尤其是 2006 年以来，农业比重明显下降，工业与服务业呈现逐步上升趋势。就具体值的大小看，乌兹别克斯坦农业比重虽然呈下降趋势，然而所占比重一直保持在 20% 左右，占比较高，服务业增加值所占比重接近 50%，而工业增加值所占比重一直徘徊在 30% 左右，工业发展相对滞后，产业结构仍需进一步优化升级。

2. 我国新疆与乌兹别克斯坦贸易规模

随着两国双边贸易额的提升，中国在乌兹别克斯坦的贸易地位也逐步提高，2007 年中国成为乌兹别克斯坦的第五大贸易伙伴国，前四位是俄罗斯、哈萨克斯坦、乌克兰与土耳其；2009 年两国双边贸易额达 19.2 亿美元，占乌兹别克斯坦贸易总额的 9.7%，排在第一位的是俄罗斯（占乌兹别克斯坦外贸总额的 21%）。据驻乌兹别克斯坦经商参赞处消息，2011 年中国成为乌兹别克斯坦第三大贸易伙伴国，我国所占乌兹别克斯坦贸易总额比重上升到 20.1%，第一大国为俄罗斯，占比 26.2%，排名第二的为哈萨克斯坦，占比 10.9%。2014 年中国与乌兹别克斯坦双边贸易额达 42.8 亿美元，中国成为乌兹别克斯坦第二大

贸易伙伴国。这同样表明我国与乌兹别克斯坦的经贸合作正逐步加深，双方贸易潜力有待深入挖掘。

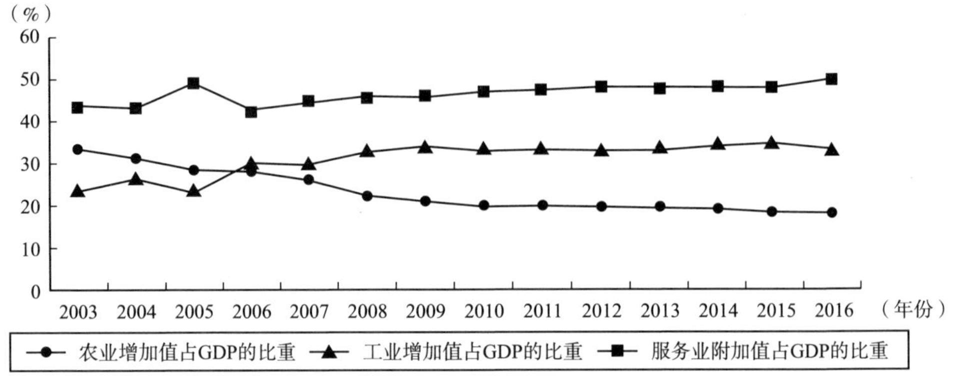

图 4-2　2005~2016 年乌兹别克斯坦产业结构状况

资料来源：世界银行数据库

就中国与乌兹别克斯坦的贸易规模而言，我国对乌兹别克斯坦的贸易规模虽然不大，但一直处于平稳增长状态，波动性加大。对于新疆来说，如表 4-8 中所示，新疆占中乌贸易的比重在逐步增加，我国新疆对乌兹别克斯坦出口增速近年来有所下降，然而一直以来，我国新疆对于乌兹别克斯坦的贸易都处于顺差状态。

表 4-8　　2003~2015 年中国新疆与乌兹别克斯坦贸易规模

年份	金额（万美元）				同比增速（%）			中乌贸易额（万美元）	中国新疆占中乌贸易比（%）
	进出口	出口	进口	顺差	进出口	出口	进口	进出口	
2003	3 773	799	2 974	-2 175	97.23	-53.27	1 365.02	34 703	10.87
2004	8 576	1 648	6 928	-5 280	127.30	106.26	132.95	57 551	14.90
2005	13 832	4 148	9 684	-5 536	61.29	151.70	39.78	68 056	20.32
2006	26 631	14 002	12 629	1 373	92.53	237.56	30.41	97 209	27.40
2007	33 554	24 359	9 195	15 164	26.00	73.97	-27.19	112 819	29.74
2008	43 638	33 914	9 724	24 190	30.05	39.23	5.75	160 670	27.16
2009	38 605	25 126	13 479	11 647	-11.53	-25.91	38.62	192 087	20.10
2010	62 140	22 966	39 174	-16 208	60.96	-8.60	190.63	248 327	25.02

续表

年份	金额（万美元）				同比增速（%）			中乌贸易额（万美元）	中国新疆占中乌贸易比（%）
	进出口	出口	进口	顺差	进出口	出口	进口	进出口	
2011	74 142	31 699	42 443	-10 744	19.31	38.03	8.34	216 661	34.22
2012	83 111	38 472	44 639	-6 167	12.10	21.37	5.17	287 519	28.91
2013	87 194	49 175	38 019	11 156	4.91	27.82	-14.83	455 145	19.16
2014	76 457	49 936	26 521	23 415	-12.31	1.55	-30.24	427 612	17.88
2015	52 726	35 190	17 536	17 654	-31.04	-29.53	-33.88	349 583	15.08

资料来源：《新疆统计年鉴》《中国统计年鉴（2004～2016）》

3. 我国新疆对乌兹别克斯坦出口产品结构

由表4-9可知，2014～2016年我国新疆向乌兹别克斯坦主要出口机械设备及器具（所占比重均在20%以上）、机电等零部件、天然气管道、钢板等钢铁制品等高附加值产品。机械设备一直是我国新疆出口的重要产品，这主要得益于中亚天然气管道建设及金属贸易等大型合作项目的达成，带动了乌兹别克斯坦市场对我国机械设备等产品的需求。

表4-9　　2014～2016年中国新疆对乌兹别克斯坦出口产品结构

年份	排序	产品类别	金额（亿美元）	占出口额比重（%）
2014	1	机械设备及器具	5.85	21.87
	2	天然气管道、钢板等钢铁制品	4.68	17.49
	3	机电、音像设备及其零件、附件	3.17	11.85
	4	车辆及其零部件	1.93	7.23
	5	塑料及其制品	1.76	6.59
2015	1	机械设备及器具	4.86	23.64
	2	机电、音像设备及其零件、附件	3.03	14.74
	3	塑料及其制品	1.44	7.00
	4	钢板钢丝等零部件	1.28	6.22
	5	天然气管道等钢铁制品	1.26	6.12

续表

年份	排序	产品类别	金额（亿美元）	占出口额比重（%）
2016	1	机械设备及器具	4.86	20.57
	2	机电、音像设备及其零件、附件	3.17	11.76
	3	塑料及其制品	1.52	5.65
	4	天然气管道等钢铁制品	0.89	3.36
	5	车辆及其零部件	0.67	2.87

注：由于中国与中亚平均70%以上贸易额来源于中国新疆，同时考虑到数据的可得性，故用全国数据代表新疆进行分析

资料来源：2014 年数据来自中华人民共和国商务部，2015～2016 年数据来自驻乌兹别克斯坦大使馆经商参赞处

4.1.2.3 我国新疆面向吉尔吉斯斯坦外向型经济状况

1. 吉尔吉斯斯坦产业结构分析

吉尔吉斯斯坦地理位置贯通南北，联系东西，具有重要的战略位置，是中亚产品的集散中心，同时也是中国工业产品的中转站。吉尔吉斯斯坦近年来产业结构基本保持“三二一”的发展趋势。由图 4－3 可知，2003～2016 年农业比重在20%上下波动，表明其农业发展水平所占比重居高不下；服务业有较大幅度的上升，接近 50%，发展势头较好；工业比重则呈现出波动下降的趋势，近几年一直处于 30% 以下的波动状态。可以得知，吉尔吉斯斯坦产业结构有了一定程度的升级优化，但工业发展相对滞后，需要进一步提升，从而带动本国产业结构的整体调整优化。

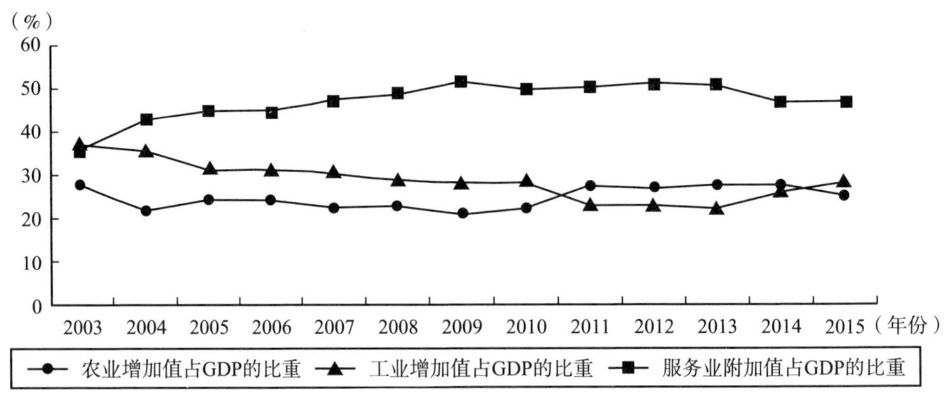

图 4－3　2005～2014 年吉尔吉斯斯坦产业结构状况

资料来源：世界银行数据库

2. 我国新疆与吉尔吉斯斯坦贸易规模

就我国在吉尔吉斯斯坦的贸易地位来看，我国一直保持着与吉尔吉斯斯坦的重要贸易伙伴关系。据中国驻吉尔吉斯斯坦经济商务参赞处消息，2003 年我国占吉尔吉斯斯坦出口总额的 4%、占吉尔吉斯斯坦进口总值的 10.8%，是吉尔吉斯斯坦第五大贸易伙伴，在吉尔吉斯斯坦进口贸易中发挥重要作用。2005 年，我国成为吉尔吉斯斯坦第四大进口国，进口额达 1.03 亿美元，占吉尔吉斯斯坦进口总额的 9.2%。2016 年我国已超过俄罗斯成为吉尔吉斯斯坦第一大贸易国（占吉尔吉斯斯坦外贸额的 30.6%），排在后四位的有俄罗斯（19.1%）、哈萨克斯坦（14.4%）、瑞士（9%）和土耳其（5.1%）。

就中国对吉尔吉斯斯坦的贸易规模而言，吉尔吉斯斯坦作为目前我国在中亚的第一大贸易伙伴国，其优越的地缘优势，使其成为中亚商品的集散中心，具有重要的战略地位。新疆作为我国向西开放的桥头堡，是我国与中亚各国贸易往来的中转站和集散地，因此我国新疆与吉尔吉斯斯坦的贸易状况直接映射出我国与中亚的贸易状况。表 4-10 中，我国新疆平均占中吉贸易比重的 80% 左右，同时我国新疆与吉尔吉斯斯坦近年来一直保持着稳定增长的贸易顺差往来，出口增速较大，可以看出中吉贸易的增长主要得益于我国对吉尔吉斯斯坦出口的增长。

表 4-10　　2003~2015 年中国新疆与吉尔吉斯斯坦贸易规模

年份	金额（万美元）				同比增速（%）			中吉贸易额（万美元）	中国新疆占中吉贸易比（%）
	进出口	出口	进口	顺差	进出口	出口	进口	进出口	
2003	23 094	16 266	6 828	9 438	50.10	63.48	25.61	31 430	73.48
2004	46 206	35 771	10 435	25 336	100.08	119.91	52.83	60 229	76.72
2005	74 686	64 591	10 095	54 496	61.64	80.57	-3.26	97 220	76.82
2006	185 729	174 737	10 992	163 745	148.68	170.53	8.89	222 570	83.45
2007	325 021	314 099	10 922	303 177	75.00	79.76	-0.64	377 923	86.00
2008	797 269	786 321	10 948	775 373	145.30	150.34	0.24	933 338	85.42
2009	297 259	292 803	4 456	288 347	-62.72	-62.76	-59.30	533 028	55.77
2010	265 725	258 836	6 889	251 947	-10.61	-11.60	54.60	419 964	63.27
2011	380 556	372 071	8 485	363 586	43.21	43.75	23.17	497 645	76.47
2012	403 899	398 808	5 091	393 717	6.13	7.19	-40.00	516 232	78.24
2013	417 290	413 392	3 898	409 494	3.32	3.66	-23.43	513 770	81.22
2014	409 776	405 974	3 802	402 172	-1.80	-1.79	-2.46	529 794	77.35
2015	323 737	319 972	3 765	316 207	-21.00	-21.18	-0.97	434 069	74.58

资料来源：《新疆统计年鉴》《中国统计年鉴（2004~2016）》

3. 我国新疆对吉尔吉斯斯坦出口产品结构

我国新疆对吉尔吉斯斯坦出口的产品主要包括服装、纺织品、鞋类、袜子、建材、五金、小百货等，总额一半以上为消费品出口。据吉尔吉斯斯坦数据统计，2014 年我国向吉尔吉斯斯坦出口服装及服装配件共 1.35 亿美元，铸铁和钢铁共 0.95 亿美元。近年来两者出口比重占据主要位置，这得益于为更好地建设“一带一路”，在 2014 年底达成的“中国－吉尔吉斯”铁路项目。2016 年我国成为吉尔吉斯斯坦的第一大投资来源国，主要投入石油化工、矿产资源开采、建材等领域的大型项目，显著带动了国内机械设备、通信、机电等高附加值产品的出口。

4.1.2.4 我国新疆面向土库曼斯坦外向型经济状况

1. 土库曼斯坦产业结构分析

土库曼斯坦产业发展结构相对中亚其他国家有明显差异，如图 4－4 所示，由 2004 年的“三二一”结构调整为 2007 年后的“二三一”结构。从图中可以明显看出，自 2007 年以来，工业增加值比重由原来的不足 40% 上升至 60%，但同时服务业增加值由原来的 40% 骤降为不足 30%，农业比重也由 20% 下降至 10% 左右。总体来看，工业发展速度较快，服务业比重大幅度下降，各产业之间差距明显，工业发展较快的同时，忽略了服务业的发展进步，导致服务业发展滞后，从而制约了整体产业结构的优化。

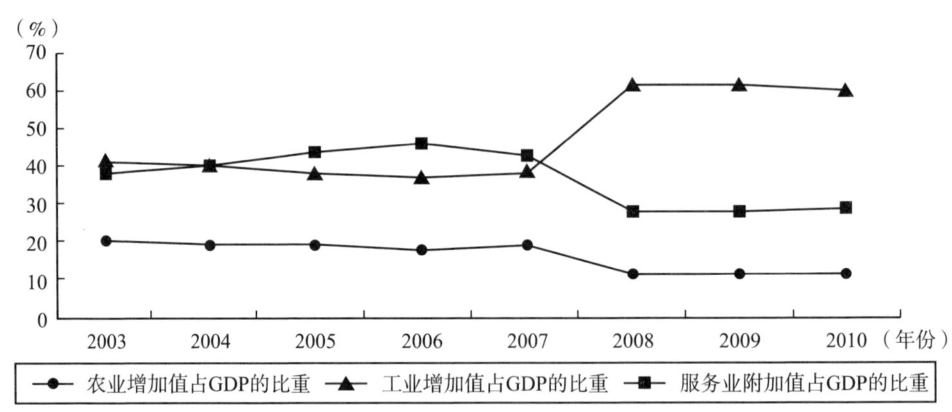

图 4－4 2003～2010 年土库曼斯坦产业结构状况

注：受数据限制，仅分析土库曼斯坦 2003～2010 年产业结构变动状况

资料来源：世界银行数据库

2. 我国新疆与土库曼斯坦贸易规模

土库曼斯坦与我国贸易规模正不断提升，从表 4－11 可以看出，两国贸易额在 2005 年首次突破 1 亿美元，到 2012 年超过 10 亿美元，短短几年时间增幅巨

大。就我国新疆与土库曼斯坦的贸易规模来看，近年来新疆处于贸易顺差水平，顺差额不断上升，进出口同比增幅也在波动中增大，2005年贸易总额同比增幅达到277.44%，表明两国贸易潜力较大。

表4-11　2003~2015年中国新疆与土库曼斯坦贸易规模

年份	金额（万美元）				同比增速（%）			中土贸易额（万美元）	中国新疆占中土贸易比（%）
	进出口	出口	进口	顺差	进出口	出口	进口	进出口	
2003	2 472	2 397	75	2 322	148.94	147.62	200.00	8 292	29.81
2004	359	236	123	113	-85.48	-90.15	64.00	9 844	3.65
2005	1 355	1 259	96	1 163	277.44	433.47	-21.95	10 996	12.32
2006	4 328	4 193	135	4 058	219.41	233.04	40.63	17 858	24.24
2007	3 956	3 734	222	3 512	-8.60	-10.95	64.44	35 268	11.22
2008	7 741	7 621	120	7 501	95.68	104.10	-45.95	83 038	9.32
2009	7 243	6 122	1 121	5 001	-6.43	-19.67	834.17	95 744	7.56
2010	12 883	10 989	1 894	9 095	77.87	79.50	68.96	156 964	8.21
2011	11 824	10 640	1 184	9 456	-8.22	-3.18	-37.49	547 734	2.16
2012	13 849	13 488	361	13 127	17.13	26.77	-69.51	1 037 250	1.34
2013	15 192	14 795	397	14 398	9.70	9.69	9.97	1 003 090	1.51
2014	13 291	13 013	278	12 735	-12.51	-12.04	-29.97	1 047 044	1.27
2015	9 153	8 466	687	7 779	-31.13	-34.94	147.12	864 313	1.06

资料来源：《新疆统计年鉴》《中国统计年鉴（2004~2016）》

3. 我国新疆对土库曼斯坦出口产品结构

我国向土库曼斯坦出口的产品主要包括机械及配件、金属制品、运输工具、茶叶、石油天然气设备等，其中机电产品占80%以上。目前，“土库曼斯坦康采恩”与“土库曼天然气”分别与我国中油技术开发公司、新疆国际实业公司及中国铁路物资公司签订了油钻机及油井设备的供货合同，我国石油机械价廉质优、方便操作维修，受到土库曼斯坦市场的认可。

4.1.2.5　我国新疆面向塔吉克斯坦外向型经济状况

1. 塔吉克斯坦产业结构分析

塔吉克斯坦是中亚国家中最为贫穷落后的国家，从2003~2015年的产业结构演变趋势来看（如图4-5），从“三二一”调整到了“三一二”的格局。服务业增加值比重一直以来呈现波动上升的趋势，维持在50%左右；同时农业比重稳步上升，在国民经济中占比较大，2011年以来接近30%；工业比重则表现为持续下降，从2010年开始占比不足25%，直到2013年才又表现出一定幅度的增加，但仍不超过30%。由此可知，塔吉克斯坦的工业发展较为落后，产业结构亟须调整优化。

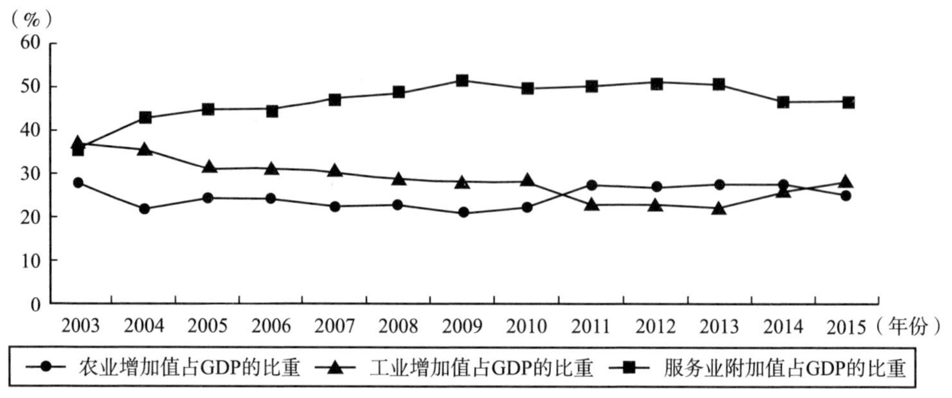

图4-5　2003~2015年塔吉克斯坦产业结构状况

资料来源：世界银行数据库

2. 我国新疆与塔吉克斯坦贸易规模

就我国与塔吉克斯坦的贸易规模来看，据塔吉克斯坦方统计，2013年中国是塔吉克斯坦第四大贸易伙伴，前五大贸易伙伴及贸易额分别如下：俄罗斯，6.33亿美元；土耳其，4.43亿美元；哈萨克斯坦，4.23亿美元；中国，4.15亿美元；伊朗，2.10亿美元。2016年中国位列塔吉克斯坦第二大贸易伙伴，仅次于俄罗斯，中国和塔吉克斯坦两国贸易额同比增长45%（为6.2亿美元），同期，塔吉克斯坦、俄罗斯两国贸易额下降10%（为6.6亿美元）。

就我国与塔吉克斯坦的贸易规模而言，贸易规模发展迅速，从表4-12可以看出，在我国新疆与塔吉克斯坦贸易规模方面，新疆占中塔贸易比重的70%，出口增幅巨大，2004年增幅达到588.15%，可见我国与塔吉克斯坦贸易规模的大幅度上升主要是由于出口大幅度增加。

3. 我国新疆与塔吉克斯坦出口产品结构

我国新疆对塔吉克斯坦主要出口的商品有纺织品、服装、建材、氰化钠、颜料等。我国对塔吉克斯坦出口的商品主要包括纺织品、机械设备、鞋类、电机电器、车辆及零备件等。可以看出，我国新疆的纺织品及其衍生品服装等深受塔吉克斯坦的欢迎，未来出口潜力的扩大将取决于新疆纺织品及其制品的专业化生产能力及技术质量水平。

表 4－12　　2003～2015 年中国新疆与塔吉克斯坦贸易规模

年份	金额（万美元）				同比增速（%）			中塔贸易额（万美元）	中国新疆占中塔贸易比（%）
	进出口	出口	进口	顺差	进出口	出口	进口	进出口	
2003	873	329	544	－215	83.79	235.71	44.30	3 882	22.49
2004	3 088	2 264	824	1 440	253.72	588.15	51.47	6 893	44.80
2005	9 931	9 018	913	8 105	221.60	298.32	10.80	15 794	62.88
2006	21 810	21 217	593	20 624	119.62	135.27	－35.05	32 378	67.36
2007	37 717	37 479	238	37 241	72.93	76.65	－59.87	52 405	71.97
2008	125 447	124 991	536	124 455	232.60	233.50	125.21	149 993	83.64
2009	86 770	86 281	489	85 792	－30.83	30.97	－8.77	140 669	61.68
2010	107 574	106 057	1 517	104 540	23.98	22.92	210.22	143 256	75.09
2011	172 229	168 395	3 834	164 561	60.10	58.78	152.74	206 901	83.24
2012	140 738	136 722	4 016	132 706	－18.28	－18.81	4.75	185 670	75.80
2013	158 502	157 579	923	156 656	12.62	15.26	－77.02	195 812	80.95
2014	201 164	200 119	1 045	199 074	26.92	27.00	13.22	251 594	79.96
2015	139 308	137 797	1 511	136 286	－30.75	－31.14	44.59	184 742	75.41

资料来源：《新疆统计年鉴》《中国统计年鉴（2004～2016）》

4.1.3　新疆外向型产业集群发展的优势产业基础

从经济意义上讲，产业集群的发展主要以本地相对完善的优势产业为依托，针对新疆不同区域优势产业特征培育和发展新疆产业集群是丝路建设中新疆外向型产业集群发展的前提。国家西部大开发实施以来，新疆基于区位及自然资源禀赋的差异，不同区域的产业发展均呈现出了以节点城市为中心的集群化发展特征，形成了四个具有规模的产业经济带：天山北坡经济带、天山南坡经济带、北疆北部沿边经济带、南疆三地州经济带，具体分布情况如下。

4.1.3.1　天山北坡经济带外向型产业集群发展的优势产业基础

天山北坡经济带坐落于天山北麓，具有完善的交通设施，良好的生态环境和自然条件推动经济较快发展，属于新疆经济水平最高的区域。天山北坡经济带主要以乌昌经济区为核心，产业基础条件好，大多国企、大型企业在此集聚，农业机械化水平与专业化程度较高。其矿产加工、石油天然气化工、纺织、食品加工、旅游业等发展较为完善，对全疆的产业集群发展发挥着辐射带动作用。天山北坡经济带作为全疆经济发展的核心区，集聚了新疆68.3%的经济总量，呈现出“二三一”的产业发展特征，分别占区域经济比重的43.55%、43.37%和13.08%（如图4-6），因此，区域内工业化水平较高，属本区域内支柱产业。就产业集聚水平来看，天山北坡经济带二、三产业集聚程度略高于新疆平均水平，这表明天山北坡经济带的工业和服务业发展水平在新疆处于优势地位，在很大程度上存在产业集群的可能（见表4-13）。

4.1.3.2 天山南坡经济带外向型产业集群发展的优势产业基础

天山南坡经济带坐落于天山南麓，具有储量高且丰裕的资源基础，拥有着特色农业和能源等资源优势，天山南坡经济带是新疆又一个具有巨大经济发展潜力的区域。优势产业主要包括纺织、农副产品加工、石油天然气、煤化工产业等，已经形成了具有辐射带动作用的产业中心。2015年，天山南坡经济带GDP占全疆GDP比重为19.8%，处四大区域第二位。产业结构呈现出“二三一”的特征，所占比重分别为49.32%、28.99%、21.69%（如图4-6），以石油化工为主的第二产业占比最大。然而天山南坡经济带面临着产业结构层次低、产业竞争力水平低等问题。就产业集聚程度来看，天山南坡经济带第二产业集聚程度均高于新疆平均水平，这表明天山南坡经济带工业在新疆处于优势地位，在很大程度上存在产业集群的可能（见表4-13）。

4.1.3.3 北疆北部沿边经济带外向型产业集群发展的优势产业基础

北疆沿边高寒地区坐落于天山以北、阿尔泰山以南地带，以阿勒泰、塔城等沿边城市为节点，矿产资源丰富，因此矿产资源开发等产业集群发展势头较好，依靠自身区位优势发展边境贸易，具有特色的生态旅游、畜牧等优势产业。由于北部沿边经济带地处沿边高寒地区，受自然条件的限制，经济发展水平相对较低。三次产业表现为“二三一”的结构特征，所占比重分别为37.35%、32.08%、30.57%（如图4-6）。就产业集聚水平来看，北部沿边经济带第二、三产业集聚程度均低于新疆平均水平，第一产业集聚水平略低于新疆平均水平，这表明北部沿边经济带农业产业集群发展潜力较大（详见表4-13）。

4.1.3.4 南疆三地州经济带外向型产业集群发展的优势产业基础

南疆三地州经济带属于新疆自然条件恶劣、经济发展较滞后的地区。其经济发展主要以特色林果产品、民族特色肉制品加工以及特色矿产业为主，已经建立起包含有色金属及贵金属为主的矿产产业园区、黑色金属产业园区、有色金属玉石矿产产业园区。区域产业结构呈现“三一二”的结构特征，所占比重分别为43.44%、28.50%、28.06%。就产业集聚水平来看，南疆三地州经济带第三产业集聚程度均高于新疆平均水平，第一、二产业则低于全国水平，这表明南疆三地州经济带农业在产业结构中占重要地位，服务业对经济增长的贡献大于农业和工业。服务业占比过高，可以认为南疆三地州经济总量过低，从而凸显出服务业比重出现了虚高状态。

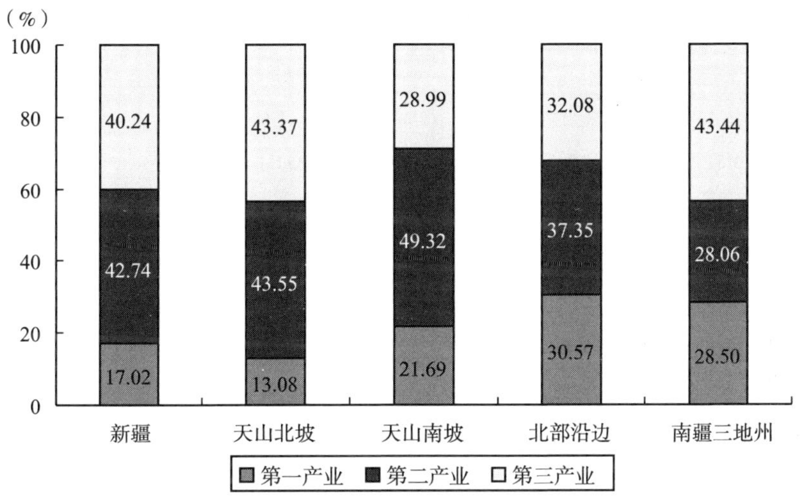

图 4-6 新疆不同区域产业结构特征

资料来源：根据《新疆统计年鉴 2016》相关数据计算得出

表 4-13 新疆不同区域三次产业区位熵

	第一产业	第二产业	第三产业
新疆	1.82	0.99	0.87
天山北坡	0.78	1.12	1.09
天山南坡	1.29	1.18	0.76
北部沿边	1.81	0.88	0.83
南疆三地州	1.72	0.76	1.15

注：为避免重复，对于区位熵公式的说明在此处不再赘述，详细公式具体见 4.2.2.1

资料来源：根据《中国统计年鉴 2016》《新疆统计年鉴 2016》相关数据计算得出

4.1.3.5 新疆整体区域外向型产业集群发展的优势产业基础

综上可知，新疆在石油天然气化工、纺织、旅游业、农副产品加工、煤化工产业、生态旅游业、畜牧业等产业具有较大优势。综合我国新疆与中亚五国的外向型经济状况，可以发现新疆面向中亚国家的优势产业主要集中在石油天然气设备、农副食品加工业、矿石加工业、机械设备制造业、有色金属加工业等资源型产业。基于新疆整体区域的视角，应以哪些产业为重点培育与发展面向“丝路经济带”的外向型产业集群的重点产业？基于此疑问，本书运用《新疆统计年鉴 2012～2016》的平均数据，选用熵权 TOPSIS 法选择出面向“丝路经济带”沿线国家外向型产业集群培育和发展的重点领域，最终选出综合排名前十的产业，详见表 4－14。

表 4－14　新疆发展外向型产业集群的重点产业综合得分及排名

产业	最优方案相对贴近度	排名
石油和天然气开采业	0.6103	1
纺织服装、鞋、帽制造业	0.5431	2
烟草制品业	0.4624	3
有色金属矿采选业	0.3779	4
食品制造业	0.2909	5
黑色金属矿采选业	0.2765	6
电气机械及器材制造业	0.2591	7
石油加工、炼焦及核燃料加工业	0.2416	8
农副食品加工业	0.2315	9
纺织业	0.2290	10

资料来源：根据《新疆统计年鉴 2012～2016》平均数据整理计算得出

4.2　丝绸之路经济带建设中新疆外向型产业集群发展水平分析

本书将从四个维度综合测度目前新疆外向型产业集群的发展水平，并分析各外向型产业集群发展中所存在的优势与不足。书中结合《国民经济行业分类与代码》（GB/T 4754－2011）的二级分类代码、《新疆投入产出表》以及《中国工业经济统计年鉴》中的分类标准，将新疆工业划分为 34 个主要的产业进行测度和分析（见表 4－15）。

4.2.1　实证方法甄选及数据说明

4.2.1.1　实证方法甄选

放眼诸多研究成果可以发现，目前识别产业集群的方法非常多，至今未形成统一的衡量标准，现有的研究方法大多是抓住产业集群的某一类特征，仅仅反映产业的集聚水平，在实际的运用中具有一定局限，不能依据集群各维度特征全方位地反映产业集群的真实发展状况。本文试图构建全面涵盖集群特征的各维度集群识别指标体系，采用离差最大化方法和聚类分析法实证分析新疆外向型产业集群发展状况，即通过离差最大化构建各衡量指标的权重以及各产业集群的综合指标，并据此对34个产业进行排序，得出具有不同集群水平的产业。然后通过运用聚类分析法对所有产业集群进行分类，了解各集群存在的优劣势，从而挑选出标准的产业集群，为后文外向型产业集群发展模式的构建奠定基础。

多指标离差最大化属于多指标决策和排序的方法，其基本原理可表述为，所有方案的指标属性 y_j 值与其他方案的离差越大，表明该指标属性对该方案综合评价指标的排序提升作用越大，应给予较大的权重，反之亦然。设方案集为 $A=\{A_1, A_2, \cdots, A_n\}$，属性集（指标集、目标集）为 $G=\{G_1, G_2, \cdots, G_m\}$，而具体属性值（指标值）为 $y_{ij}(i=1, 2, \cdots, n; j=1, 2, \cdots, m)$，决策矩阵 $Y=(y_{ij})_{n\times m}$。首先对各指标值进行无量纲化处理，记归一化处理后决策矩阵为 $Z=(Z_{ij})_{n\times m}$，则属性值的加权向量为方案 A 在属性值 Y 和其余各方案的离差，表示为 $V_{ij}(W)$，定义如下：

$$V_{ij}(W)=\sum_{k=1}^{n}|W_jZ_{ij}-W_jZ_{kj}|, i=1, 2, \cdots, n, j=1, 2, \cdots, m$$

令 $V_j(W)=\sum_{i=1}^{n}V_{ij}(W)=\sum_{i=1}^{n}\sum_{k=1}^{n}|W_jZ_{ij}-W_jZ_{kj}|, i=1, 2, \cdots, n, j=1, 2, \cdots, m$

其中 $V_j(W)$ 代表对于属性集指标来讲所有方案和其他方案的总离差。向量 W 应使所得总离差最大，为此给出目标函数如下：

$$\max F(W)=\sum_{j=1}^{m}V_j(W)=\sum_{j=1}^{m}\sum_{i=1}^{n}\sum_{k=1}^{n}|Z_{ij}-Z_{kj}|W_j$$

于是，对于加权向量 W 的求解相当于求解下列最优化问题：

$$\begin{cases}\max F(W)=\sum_{j=1}^{m}\sum_{i=1}^{n}\sum_{k=1}^{n}|Z_{ij}-Z_{kj}|W_j\\ s.t.\ \sum_{j=1}^{m}W_j^2=1\end{cases}$$

对于最优化模型求解得到：

$$W_j^*=\frac{\sum_{i=1}^{n}\sum_{k=1}^{n}|Z_{ij}-Z_{kj}|}{\sum_{j=1}^{m}[\sum_{i=1}^{n}\sum_{k=1}^{n}|Z_{ij}-Z_{kj}|]^2}, j=1, 2, \cdots, m$$

为迎合人们的习惯用法，对单位化加权向量 W^* 进行标准化处理，令：

$$W_j^* = \frac{W_j^*}{\sum_{j=1}^{m} W_j^*}, j = 1, 2, \cdots, m$$

最终得到：

$$W_j^* = \frac{\sum_{i=1}^{n}\sum_{k=1}^{n} |Z_{ij} - Z_{kj}|}{\sum_{j=1}^{m}\sum_{i=1}^{n}\sum_{k=1}^{n} |Z_{ij} - Z_{kj}|}, j = 1, 2, \cdots, m$$

利用以上公式求得各指标加权向量 W，并代入下式可得出各方案的综合评价指标：

$$D_i(W) = \sum_{j=1}^{m} Z_{ij} W_{ij}$$

聚类分析法是将不同对象的集合分组为具有类似对象组成的多类结果。其思想可描述为通过对多个观测指标中一些指标的相似度的划分，将相似程度较高的样本聚为一类，同时将关系密切的聚为一个小分类单元，疏远的聚为一个小分类单元，直至将所有指标分类完成。聚类分析方法众多，由于篇幅限制不再一一阐述，本文主要采用运用比较广泛的 ward 聚类法，将 n 个样本分成 k 类，假定 G_p 属于第 P 类，X_{pj}代表 G_p 第 j 个样本，n_p 代表 G_p 样本量，第 G_p 类样本离差平方和 S_p 表示如下：

$$S_p = \sum_{j=1}^{n} (x_{pj} - x_{\bar{p}})(x_{pj} - x_{\bar{p}})$$

而类内的平方和 S 可表示如下：

$$S = \sum_{p=1}^{k}\sum_{j=1}^{n} (x_{pj} - x_{\bar{p}})(x_{pj} - x_{\bar{p}}) - \sum_{p=1}^{k} S_p$$

4.2.1.2 数据说明

本书数据选取自《新疆统计年鉴 2011 ~ 2016》《中国统计年鉴 2011 ~ 2016》《中国工业经济统计年鉴 2011 ~ 2016》的历年均值，以及《2012 年新疆投入产出表》和国家统计局网站。所使用数据均经过相关计算整理以及标准化处理。本书对 34 个行业的具体划分详见表 4 – 15。

表 4 – 15　产业分类名称与代码

产业名称	产业代码	产业名称	产业代码
煤炭开采和洗选业	1	化学原料和化学制品制造业	18
石油和天然气开采业	2	医药制造业	19

续表

产业名称	产业代码	产业名称	产业代码
黑色金属矿采选业	3	化学纤维制造业	20
有色金属矿采选业	4	橡胶和塑料制品业	21
非金属矿采选业	5	非金属矿物制品业	22
农副食品加工业	6	黑色金属冶炼和压延加工业	23
食品制造业	7	有色金属冶炼和压延加工业	24
酒、饮料和精制茶制造业	8	金属制品业	25
烟草制品业	9	通用设备制造业	26
纺织业	10	专用设备制造业	27
纺织服装、服饰业	11	交通运输设备制造业	28
皮革、毛皮、羽毛及其制品和制鞋业	12	电气机械和器材制造业	29
木材加工和木、竹、藤、棕、草制品业	13	计算机、通信和其他电子设备制造业	30
家具制造业	14	仪器仪表制造业	31
造纸和纸制品业	15	电力、热力生产和供应业	32
印刷和记录媒介复制业	16	燃气生产和供应业	33
石油加工、炼焦和核燃料加工业	17	水的生产和供应业	34

4.2.2　变量选取与指标体系构建

4.2.2.1　变量选取

本书所研究的外向型产业集群，是面向丝绸之路沿线国家出口为导向的产业集群的发展，在产业集群特征的基础之上，产业外向度指标对外向型产业集群的分析产生重要影响，为此，书中通过选取包括产业外向度在内的四个维度来全面测度外向型产业集群发展水平。基于数据可操作性与可得性，选用产业扩张弹性（C_1）、比较劳动生产率（C_2）与技术进步率（C_3）衡量产业规模度（B_1）；采用产值区位熵（C_4）、能耗区位熵（C_5）与劳动力区位熵（C_6）分析产业集中度（B_2）；选取影响力系数（C_7）、感应度系数（C_8）、产品附加值率（C_9）来评价产业关联度（B_3）；选用进出口规模（C_{10}）、贸易依存度（C_{11}）与贸易竞争力（C_{12}）来测度产业外向度（B_4）。从产业规模度、产业集中度、产业关联度和产业外向度 4 个维度共 12 个指标（如图 4－7）整体判断我国新疆外向型产业集群发展水平。

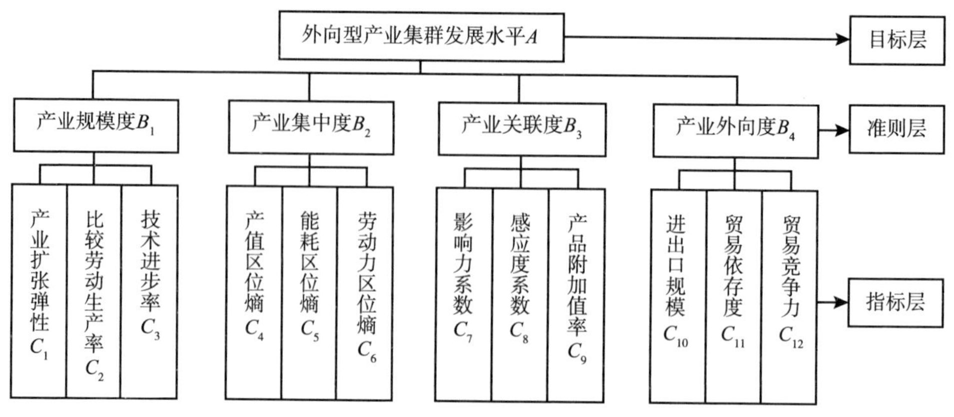

图4－7　新疆外向型产业集群发展水平评价结构模型

4.2.2.2　新疆外向型产业集群发展水平测度指标体系的构建

1. 产业规模度指标

（1）产业扩张弹性。

用于反映产业规模的演化趋势，是衡量产业扩张或萎缩的过程的动态指标。公式如下：

产业扩张弹性＝i产业的年增长率/所有产业年增长率

当其值大于1时，表明i产业规模处于扩张期，即i产业的产出增长速度高于总产出；小于1则表明产业规模正处于萎缩期，即增长率小于各产业平均年增长率；若小于0，则表明产业规模正处于绝对萎缩过程。

（2）比较劳动生产率。

用来衡量某产业与本地区其他产业劳动生产率的相对高低程度。其公式如下：

比较劳动生产率＝i产业产值所占总产值比例/i产业劳动力所占所有产业劳动力比例

当其值大于1时，表明i产业劳动生产率相对大于本地区平均值；若小于1，则表明i产业技术水平低，产业规模小。

（3）技术进步率。

用来衡量技术创新能力与吸收模仿能力的大小。表达式如下：

技术进步率＝i产业产值增长率－（M×资金投入增长率＋N×劳动力增长率）

M、N分别表示产出弹性系数，经济含义为其他条件一定，每增加一单位资金或劳动力投入所增加的产出。技术进步率越大表示该产业部门技术进步较快，技术创新和吸收能力较强，反之亦然。

2. 产业集中度指标

（1）产值区位熵。

用来衡量净产值的专门化率，反映了一产业在某地区内的集聚程度。表达式如下：

$$产值区位熵 = \left(\frac{区域内\,i\,产业净产值}{区域全部产业产值}\right) \Big/ \left(\frac{全国\,i\,产业产值}{全国全部产业产值}\right)$$

其值大于 1 表明 i 产业在区域内已形成一定程度的集聚，具有相对于其他区域产业较高的比较优势，具有一定规模；小于 1 则表明该产业集聚式发展不明显，未形成规模。

（2）能耗区位熵。

新疆作为内地产业转移的重要承接地，其主导产业多依靠本身丰富的资源而持续发展，新疆外向型产业集群的发展离不开本地区能源的作用效果，为此，将能源指标纳入测度指标。能耗区位熵通过对比各区域产业单位能耗度来反映产业能源的使用效率。

$$能耗区位熵 = \left(\frac{区域内\,i\,产业能源消耗量}{区域\,i\,产业总产值}\right) \Big/ \left(\frac{全国\,i\,产业能源消耗量}{全国\,i\,产业产值}\right)$$

能耗区位熵作为负向指标，其值大于 1 表明 i 产业单位产出能耗高于全国水平，能源利用率较低；若小于 1 则表明能源利用率较全国水平较高。

（3）劳动力区位熵。

用来衡量某地区某一产业劳动力集聚度，反映某产业对就业规模的带动效果。

$$劳动力区位熵 = \left(\frac{区域内\,i\,产业就业人数}{区域就业总人数}\right) \Big/ \left(\frac{全国\,i\,产业就业人员数}{全国总就业人数}\right)$$

其值大于 1，表明某区域 i 产业相对于其他地区产业劳动力集聚度较高，规模较大，就业带动作用较强；若小于 1，则表明 i 产业劳动集聚度小于全国平均水平。

3. 产业关联度指标

（1）影响力系数。

反映了某产业部门对其他产业的影响程度，这种影响力可认为是该产业对经济发展的推动力，计算公式如下：

$$\delta_j = \frac{\sum_i^n l_{ij}}{\frac{1}{n}\sum_j^n \sum_i^n l_{ij}} \quad i, j = 1, 2, \cdots, n$$

δ_j 表示 j 产业影响力系数，$\sum_i^n l_{ij}$ 为 j 产业影响力水平，l_{ij} 代表列昂惕夫矩阵对应元素。若其值大于 1，表明 j 产业一单位产出对其余产业生产的影响大于社会影响平均水平；相反，则说明 j 产业生产活动对经济带动作用小于社会影响平均水平。

（2）感应度系数。

反映某产业的前向关联程度，用来衡量其余产业发生变化时致使某产业的产出发生变化的系数。计算公式为：

$$\Phi_i = \frac{\sum_{i}^{n} l_{ij}}{\frac{1}{n}\sum_{j}^{n}\sum_{i}^{n} l_{ij}} \quad i, j = 1, 2, \cdots, n$$

Φ_i 为 i 产业感应度系数，$\sum_{i}^{n} l_{ij}$ 为 i 产业影响力水平，l_{ij}代表列昂惕夫矩阵对应元素。若其值大于1，表明 i 产业受其余产业影响的程度较大；系数小于1表明 i 产业受各产业部门拉动程度相对较小。

（3）产品附加值率。

用来衡量某一产业部门垂直化分工程度，即产业部门使用生产原料的加工程度。

产业附加值率 $=i$ 产业工业增加值/工业总产值

其值越大表明 i 产业部门内部分工越细致，与相关支持产业的联系越密切，可充分带动配套产业的发展。附加值率指标能够反映某一产业的辐射带动作用。

4. 产业外向度指标

（1）进出口规模。

进出口规模越大，表明该产业国内市场容量具有一定规模，通过扩大产业额贸易规模可以实现对相关产业的推动作用。

（2）贸易依存度。

用地区内某一产业的进出口总额与该产业总产值的比重来表示，用来衡量该产业的外向度状况。贸易依存度越大，表明该产业的对外开放程度越高，在国际市场上表现出一定的比较优势，具有一定的国际竞争力。

（3）贸易竞争力指数。

作为以出口为导向的面向丝路沿线国家的新疆外向型产业集群的发展，产业的出口贸易竞争力被视为重要的参考标准。贸易竞争力指数是某产业出口额与进口额的差值与该产业进出口总额的比重，比值越接近于1表明该产业出口竞争力越大；等于1表明该产业只出口不进口；等于0表明该产业竞争力水平处于中间值；越接近 -1 表明出口竞争力越弱。

4.2.3 基于离差最大化和聚类分析的新疆外向型产业集群发展水平测度分析

4.2.3.1 离差最大化分析

1. 指标的无量纲化处理

方案集 $A=\{A_1, A_2, \cdots, A_n\}$ 表示为本书所选的新疆 34 个产业，属性集

（指标值）$y_{ij}(i=1, 2, \cdots, n; j=1, 2, \cdots, m)$ 表示为外向型产业集群发展水平 12 个测度指标。通过对相关数据统一正向指标化处理后，利用如下表达式对数据进行 0－1 间无量纲化处理，结果详见表 4－16。

$$z_{ij}=\frac{b_{ij}-\min(b_{ij})}{\max(b_{ij})_i-\min(b_{ij})_i}, \ i=1, 2, \cdots, n, \ j=1, 2, \cdots, m$$

表 4－16　　数据标准化处理结果

代码	C1	C2	C3	C4	C5	C6	C7	C8	C9	C10	C11	C12
1	0.089	0.030	0.829	0.105	0.934	0.131	0.214	0.165	0.234	0.000	0.000	0.000
2	0.038	0.170	0.788	1.000	0.904	1.000	0.000	0.727	1.000	0.278	0.007	0.135
3	0.040	0.120	0.802	0.119	0.915	0.177	0.272	0.369	0.067	0.087	0.030	0.000
4	0.100	0.070	0.814	0.090	0.880	0.196	0.272	0.369	0.075	0.087	0.055	0.000
5	0.082	0.060	0.831	0.031	0.912	0.056	0.448	0.013	0.038	0.003	0.005	1.000
6	0.126	0.167	0.817	0.070	0.831	0.100	0.135	0.605	0.176	1.000	0.132	0.965
7	0.117	0.108	0.820	0.095	0.618	0.126	0.431	0.097	0.120	0.143	0.044	0.995
8	0.134	0.134	0.828	0.067	0.919	0.078	0.431	0.097	0.099	0.143	0.068	0.995
9	0.131	1.000	0.829	0.044	0.958	0.037	0.431	0.097	0.081	0.143	0.168	0.995
10	0.126	0.034	0.806	0.034	0.898	0.072	0.467	0.093	0.075	0.023	0.007	0.898
11	1.000	0.000	0.000	0.008	0.915	0.019	0.354	0.049	0.032	0.036	0.400	0.000
12	0.069	0.284	0.807	0.005	0.950	0.001	0.354	0.049	0.024	0.036	0.177	0.000
13	0.133	0.095	0.803	0.007	0.658	0.010	0.705	0.162	0.027	0.063	0.346	0.791
14	0.101	0.021	1.000	0.003	0.880	0.006	0.705	0.162	0.024	0.063	0.313	0.791
15	0.125	0.113	0.847	0.024	0.948	0.031	0.463	0.253	0.038	0.002	0.005	0.000
16	0.110	0.003	0.828	0.005	0.824	0.018	0.463	0.253	0.026	0.002	0.020	0.000
17	0.047	0.402	0.792	0.318	0.928	0.512	0.558	0.539	0.826	0.003	0.000	0.617
18	0.108	0.114	0.820	0.073	0.713	0.153	0.453	0.747	0.312	0.093	0.007	0.319
19	0.077	0.031	0.779	0.011	0.647	0.032	0.474	0.160	0.036	0.000	0.000	0.500
20	0.079	0.107	0.822	0.091	0.800	0.185	0.453	0.747	0.045	0.093	0.031	0.319
21	0.095	0.109	0.813	0.035	0.943	0.042	0.319	0.015	0.064	0.006	0.003	0.646
22	0.100	0.074	0.821	0.061	0.865	0.103	0.504	0.105	0.191	0.009	0.001	0.922
23	0.009	0.094	0.792	0.048	0.898	0.115	0.642	1.000	0.000	0.133	0.007	0.533
24	0.147	0.286	0.833	0.162	0.689	0.220	0.642	1.000	0.265	0.133	0.036	0.533

续表

代码	C1	C2	C3	C4	C5	C6	C7	C8	C9	C10	C11	C12
25	0. 058	0. 084	0. 785	0. 019	0. 967	0. 029	0. 811	0. 298	0. 051	0. 069	0. 030	0. 000
26	0. 105	0. 080	0. 822	0. 004	1. 000	0. 006	0. 553	0. 388	0. 030	0. 098	0. 583	0. 037
27	0. 085	0. 104	0. 797	0. 010	0. 972	0. 000	0. 553	0. 388	0. 039	0. 098	0. 123	0. 037
28	0. 000	0. 084	0. 773	0. 002	0. 860	0. 004	1. 000	0. 242	0. 022	0. 034	0. 167	0. 879
29	0. 186	0. 550	0. 854	0. 067	0. 980	0. 024	0. 742	0. 127	0. 176	0. 028	0. 005	0. 238
30	0. 146	0. 002	0. 694	0. 000	0. 000	0. 000	0. 418	0. 101	0. 023	0. 024	0. 044	0. 238
31	0. 118	0. 074	0. 739	0. 001	0. 914	0. 001	0. 371	0. 053	0. 023	0. 029	1. 000	0. 000
32	0. 098	0. 208	0. 819	0. 147	0. 885	0. 233	0. 363	0. 613	0. 563	0. 000	0. 000	0. 500
33	0. 101	0. 148	0. 818	0. 147	0. 958	0. 324	0. 168	0. 058	0. 052	0. 000	0. 000	0. 500
34	0. 264	0. 042	0. 844	0. 088	0. 238	0. 081	0. 299	0. 000	0. 037	0. 000	0. 000	0. 500

2. 综合评价指标的确定

根据多指标离差最大化方法可以计算得出 12 个指标的最优加权向量为 W_j^*，即 W =（0. 040，0. 068，0. 047，0. 049，0. 091，0. 065，0. 088，0. 136，0. 086，0. 048，0. 079，0. 203）。同时利用各指标最优加权向量得出计算各方案（产业）A_i 的综合评价指标 $D_i(W^*)$，随后根据各方案综合评价指标值的高低对其进行排序，排序结果详见表 4 – 17。

表 4 – 17　　　　新疆产业集群综合指数表

产业代码	综合评价指标值	排名	产业代码	综合评价指标值	排名
1	0. 2042	30	18	0. 3671	16
2	0. 4838	3	19	0. 2711	22
3	0. 2343	26	20	0. 3554	17
4	0. 2332	27	21	0. 3067	19
5	0. 3822	14	22	0. 3984	11
6	0. 5041	2	23	0. 4433	6
7	0. 3933	12	24	0. 4364	7
8	0. 4190	9	25	0. 2575	24
9	0. 4820	4	26	0. 3019	20
10	0. 3772	15	27	0. 2634	23

续表

产业代码	综合评价指标值	排名	产业代码	综合评价指标值	排名
11	0.4721	5	28	0.1992	32
12	0.2021	31	29	0.3263	18
13	0.3875	13	30	0.1439	34
14	0.4073	10	31	0.2499	25
15	0.2205	28	32	0.4243	8
16	0.1988	33	33	0.2963	21
17	0.5181	1	34	0.2151	29

4.2.3.2　聚类分析

虽然多指标离差最大化法能够得出新疆产业集群的综合评价指标值以及排名，但倘若缺乏集群的分类标准，同样无法判断产业集群是否形成，不同类产生集群具体包括哪些产业，以及分析不同程度的产业集群中各产业存在哪些优势和不足。为此在多指标离差最大化法的基础上，对新疆34个产业以及每个产业相同的12个判断指标选用聚类分析法，利用无量纲化处理好的数据，用SPSS19.0软件进行分析，联接方法选用组间联接，聚类方法运用系统聚类中的ward聚类法，距离测度采用平方和euclidean距离分析法，分别得到如图4-8的谱系图和图4-9的冰柱图。

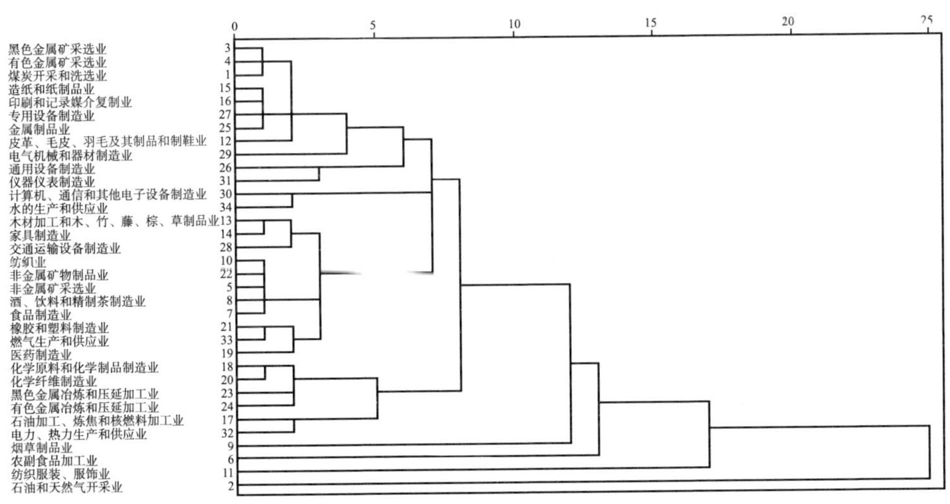

图4-8　新疆34个产业聚类分析谱系图

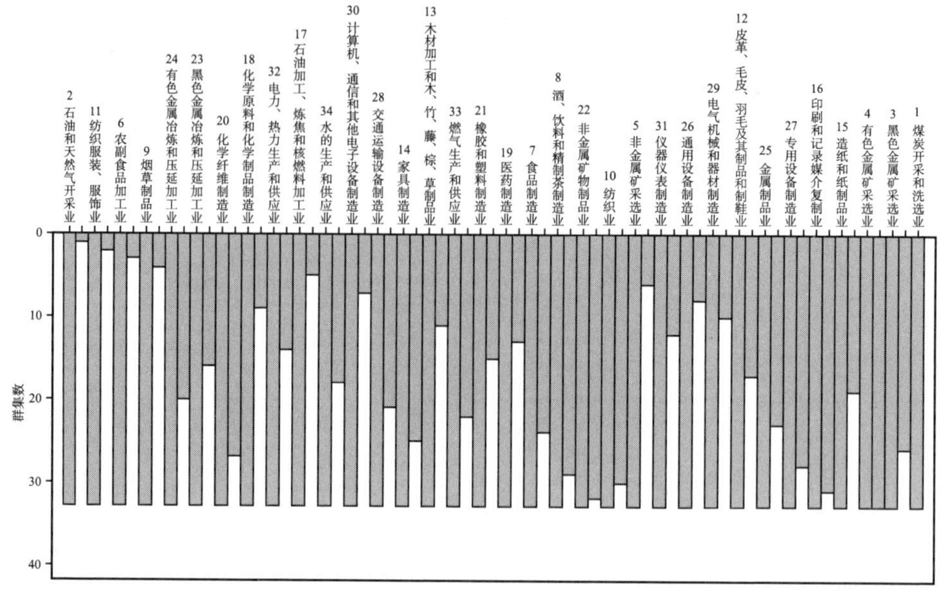

图4-9 新疆34个产业聚类分析冰柱图

通过观察图4-8和图4-9可以发现，新疆34个产业可分为四类：第一类为石油和天然气开采业，共1个行业；第二类为纺织服装、服饰业，共1个行业；第三类为农副食品加工业，共1个行业；第四类为其余的31个行业。

为了使结论较为清晰、直观，同时也为了分析比较不同集群的优势与不足，分别给出以下四类产业集群12个指标的平均值和各产业综合评价指标平均值，得到如表4-18所示的矩阵表。

表4-18　　新疆产业分类结果矩阵表

产业名称	第一类	第二类	第三类	第四类
产业扩张弹性	0.0377	1.0000	0.1258	0.1026
比较劳动生产率	0.1702	0.0000	0.1672	0.1505
技术进步率	0.7880	0.0000	0.8171	0.8148
产值区位熵	1.0000	0.0085	0.0697	0.0617
能耗区位熵	0.9037	0.9151	0.8305	0.8242
劳动力区位熵	1.0000	0.0191	0.0999	0.0969
影响力系数	0.0000	0.3541	0.1354	0.4832
感应度系数	0.7271	0.0492	0.6049	0.2825
产品附加值率	1.0000	0.0324	0.1761	0.1188
进出口规模	0.2781	0.0357	1.0000	0.0531

续表

产业名称	第一类	第二类	第三类	第四类
贸易依存度	0.0070	0.3996	0.1324	0.1056
贸易竞争力	0.1354	0.0000	0.9646	0.4447
综合评价指标值	0.4721	0.1992	0.5041	0.3290

4.2.3.3　实证研究结果分析

利用离差最大化法和聚类分析法综合测度分析得出新疆外向型产业集群发展水平，根据综合指标的计算结果以及聚类谱系图得出新疆已形成石油和天然气开采业、纺织服装和服饰业、农副食品加工业为主的产业集群，而其余产业的测度结果表明集群特征并不明显，通过产业分类矩阵表可以发现新疆产业集群分别呈现出各自的优势与不足。

1. 石油和天然气开采业

从多指标离差最大化最终分析结果来看，石油和天然气开采业综合评价值为 0.4721，居 34 个产业中的第 3 位，这表明石油和天然气开采业在新疆是具有一定优势的产业。从产业分类结果矩阵表来看，石油和天然气开采业在产值区位熵和劳动力区位熵以及产品附加值率上比较有优势，指标值均为 1，这表明石油和天然气开采业具有较高产值规模和较高的集聚度；表示产业关联度的影响力系数和感应度系数以及产品附加值率的指标分别为 0、0.7271、1，这意味着石油和天然气开采业具有较强的关联度，然而从产出角度来看，作为后向关联对于其余投入产业的影响力系数为 0，从投入角度看，作为前向关联对于其余产业的产出感应度系数为 0.7271，这表明石油和天然气开采业多作为油气资源的前向关联的投入品，对油气资源产业具有较高的敏感度，这与石油和天然气开采业的性质紧密相关。从产业的外向型特征指标来看，集群的贸易依存度较低，仅为 0.0070，这表明我国作为进口石油大国，对外出口较低，从而出口依存度较低。综上可知，石油和天然气开采业产业集群已具备一定规模，形成了处于“扎堆”低级发展阶段的产业集群，集群的外向性特征未凸显。

2. 纺织服装和服饰业

从多指标离差最大化最终分析结果来看，纺织服装和服饰业综合评价值为 0.1992，在 34 个产业中居第 5 位，未跻身前三的原因在于产业比较劳动生产率和技术进步率指标均为 0，即创新性和竞争性较低。近年来新疆纺织产业产出供大于求，已逐步失去市场竞争力，即使投入大量资本和劳动力仍然不能高于其余产业附加值，加上产业本身对技术进步需求相对较低，从而导致失去一定优势，综合指标被拉低。但根据产业集中度和关联度指标来看，虽然整体数值不高，但反映出纺织服装和服饰业呈现出产出集聚发展的态势，且对上下游关联产业具有一定的影响和带动作用，表明纺织服装和服饰业已具备产业集群的雏形。从产业的外向型特征指标来看，具有一定的出口规模和贸易依存度、贸易竞争力为0，表明虽然产业有一定的出口规模和依存度，但是由于比较劳动生产率和技术进步较低，纺织服装和服饰业在市场上缺乏一定的竞争力。综上可知，纺织服装和服饰业已具有产业集群雏形，形成了“扎堆”低级发展阶段的产业集群；外向度相对较低，市场竞争力有待提高，因此发展面向丝路沿线国家的外向型产业集群具有一定的提升空间和发展潜力。

3. 农副食品加工业

从多指标离差最大化最终分析结果来看，农副食品加工业综合评价值为0.5041，在34个产业中居第2位，这表明农副食品加工业在新疆是具有较大优势的产业。从产业分类结果矩阵表来看，农副食品加工业在进出口规模上具有优势，指标值为1，贸易竞争力为0.9646，这表明农副食品加工业具有较高的贸易规模，同时具有较高的市场竞争力；表示产业关联度的感应度系数和表示产业规模度的技术进步率以及表示产业集聚度的能耗区位熵的指标分别为0.6049、0.8171、0.8305，这意味着农副食品加工业在产业集群的各个维度都具有较强的说服力。综上可知，农副食品加工业已形成处于“结网”成熟发展阶段的产业集群，并呈现外向型产业集群发展特征。

4. 其余产业

从多指标离差最大化和聚类分析结果来看，其余31个产业尚未形成初步的产业集群，虽然其中不乏高综合指标值，但其中各指标的协调度不能够满足集群形成的基本条件，因而在聚类分析过程中被淘汰出去。虽然烟草制品业综合指标值超越农副食品加工业，排名第4位，但由于烟草业的高垄断、高暴利、特殊性，使其比较劳动生产率指标为1，从而具有较高的创新性与竞争力，但同时烟草制品业产业集中度、产业关联度指标值均小于0.1，即产业集中度低，企业间产业链活动性差，因此违背了本文对于产业集群的定义，不被看作集群。从结果矩阵来看，其余30个产业各项指标平均值均较低，产业集群优势不明显，但均适合作为上述三类产业集群的支持产业和配套设备，以达到各产业在加入新疆优势产业形成的外向型产业集群时，能够在相互依存，相互学习、相互竞争中取得双赢，最终扩大产业国际市场竞争力。

4.2.4 结论分析

本节主要概括了基于多指标离差最大化法和聚类分析法的产业集群识别模型，首先运用多指标离差最大化对各属性指标赋予客观权重，而后运算得出各产业综合评价指标值以及排序值；然后根据聚类分析按照各产业的异同点进行分类，并判断得出哪些产业已形成产业集群，最终根据矩阵表中各指标分析其产业集群规模度以及大概发展阶段，通过外向度指标合理判断外向型产业集群特征是否呈现以及发展潜力如何，并同时得出各产业集群发展中的优势与不足。最后，将离差最大化和集聚分析相结合得出的实证结果与实际较为符合。

实证研究结果表明，石油和天然气开采业、纺织服装和服饰业已初步形成产业集群，但外向型产业集群水平较低；农副食品加工业已形成一定规模的产业集群，并且外向型产业集群水平较高，其余产业尚未发现呈现产业集群特征。就石油和天然气开采业而言，属于油气资源最主要的配套产业，而油气资源作为新疆最主要的矿产资源，其发展具有一定的优势，为此，应以石油天然气开采产业集群为出发点，大力推动新疆本地油气资源产业集群式发展。就纺织服装和服饰业而言，纺织服装与服饰业产业集群作为具有一定发展基础的产业，同时属于新疆传统优势产业纺织业的配套产业，而纺织业作为新疆经济的有力推动力，对其配套产业的发展具有一定的辐射带动作用，并且正逐步适应中亚市场的需求，然而，其松散的结构、较低的规模效应导致纺织业缺乏竞争力，未形成以主导产业为主的紧密集群，相对于其他地区纺织业发展竞争力不足，故应以纺织服装和服饰业产业集群为出发点，带动新疆纺织业集群化发展，提升产业竞争力，深入丝路沿线国家市场，打造新疆典型的纺织业优势外向型产业集群。就农副食品加工业而言，依托新疆的特色资源，属于新疆具有特色的支柱产业，农副食品加工业具有较强的竞争优势，对于配套产业的辐射带动作用和依赖性较强，农副食品加工业的进一步发展还需要进一步打开国际市场，即重点发挥外向型产业集群的竞争力作用，培育具有特色的新疆食品加工业外向型产业集群。

新疆作为我国丝绸之路经济带建设的核心区、向西开放的桥头堡，在“丝路”中具有重要的地位，在我国和丝绸之路经济带沿线国家的经贸发展和产业格局中扮演着举足轻重的枢纽作用。而新疆外向型产业集群的培育和发展，有利于促进新疆产业结构升级和经贸发展，增强新疆产业国际综合竞争力，推动新疆产品真正“走出去”，实现新疆乃至全国经济的新的跨越式发展。

4.3　丝绸之路经济带建设中新疆外向型产业集群发展缺陷及制约因素

4.3.1　不同阶段的新疆外向型产业集群发展缺陷

产业集群发展阶段分为“扎堆”低级发展阶段、“结网”成熟发展阶段、

"根植"高级发展阶段，通过上文对外向型产业集群发展水平的测度，根据其指标特征，发现新疆现有外向型产业集群处于不同的形成和发展阶段，即尚未凸显集群特征的其余31个产业、集群特征"初步显现"的处于"扎堆"低级发展阶段的纺织服装服饰业；以及集群特征"明显增强"的处于"结网"成熟发展阶段的农副食品加工业。本节有针对性地分别指出各阶段面向丝绸之路经济带沿线国家外向型产业集群培育和发展存在的缺陷。

4.3.1.1 处于培育阶段的外向型产业集群发展缺陷

通过对新疆外向型产业集群发展水平的测度，结合表4-14中新疆优势产业的综合排名情况，所得出的尚未显现出集群特征的31个产业中，主要以矿产加工业、机械设备制造业、食品制造业等加工制造业为主，因此，对于未显现集群特征的外向型产业集群的培育，应优先考虑以上优势产业，并指出其集群培育缺陷。

从机械设备制造业、矿产加工业、食品制造业的集群分类指标可知，机械设备制造业的产业规模度、产业集中度较低，其中主要受制于产业扩张弹性与劳动生产率的缓慢增长，并且产品附加值率和贸易竞争力较差；矿产品加工业在贸易竞争力、进出口规模、产品附加值率方面均处于劣势地位；食品制造业则应在产值区位熵、影响力系数、感应度系数、产业附加值率以及贸易依存度方面给予重视。

1. 面向哈萨克斯坦外向型产业集群培育缺陷

从与哈萨克斯坦的出口情况来看，出口以番茄酱、各类食品及纺织品等劳动密集型加工制造品为主。对于矿产加工业、机械设备制造业的产品出口较少，并且哈萨克斯坦亟须引进高技术产业来提升本国产业结构层次。即使新疆在机械装备制造、矿产业加工、食品加工制造业等产业取得了较快发展，但从新疆现有产业优势来看，主要以依赖丰富自然资源的资源型产业为主，而高技术含量、高附加值的机械制造、矿产加工业等高新技术产业在区域内优势明显不足。

2. 面向乌兹别克斯坦外向型产业集群培育缺陷

从与乌兹别克斯坦的出口情况来看，出口以通信设备、电器及电子产品等技术密集型产品为主，同时还包括塑料制品、服装、食品等劳动密集型产品，矿产品加工业产品出口较少。我国新疆与乌兹别克斯坦产业结构的互补性低。近年来，乌兹别克斯坦提出要大力扶持机械、建筑业、有色冶金等产业的发展，在建筑业发展过程中，乌兹别克斯坦仅限于混凝土等建筑材料的发展，化工原料依赖于进口，缺乏技术优势。乌兹别克斯坦机械工业的发展仍处于初级阶段，高技术精密设备主要依赖引进，因此，新疆矿产品加工业应努力提升其技术水平，抓住政策机遇，以实现对乌兹别克斯坦市场的逐步突破，为集群化发展奠定基础。

3. 面向吉尔吉斯斯坦外向型产业集群培育缺陷

从与吉尔吉斯斯坦的出口情况来看，出口以服装、百货、五金、塑料制品等为主，双方外贸互补性较强，但均以劳动密集型产业为主，对于技术密集型产业的合作水平低，未来发展应向技术密集型产业转变，提升双方的产业结构层次。吉尔吉斯斯坦经济结构以第三产业为主，工业化水平也处于初级发展阶段，以电力、建材、机械制造、采矿、有色冶金、食品加工为主。近年来，吉尔吉斯斯坦政府提出重点发展能源及矿产资源产业，但受制于技术升级和设备更新，需求依赖于进口，故亟须通过引进高技术水平设备来促进能源矿产资源产业的发展。面对吉尔吉斯斯坦产品技术含量低，而亟待调整的产业布局，新疆目前仍缺乏技术密集型产品的输出，为此，通过资源优势的发挥，有针对性地出口具有高技术含量的制造业，对于以区域产品技术提升乃至综合经济实力的外向型产业集群的培育尤为重要。

4. 面向土库曼斯坦外向型产业集群培育缺陷

从与土库曼斯坦的出口情况来看，出口以棉纺产品、矿产资源以及农产品为主，双方的外贸商品结构有一定的互补性，土库曼斯坦的石油天然气产业、纺织业发展较快，而金属加工、机械制造等产业因受限于技术与基础设施建设水平，发展相对落后，食品制造业、机械设备制造业与矿产加工业等轻工业和我国新疆相比仍有一定的发展空间，针对土库曼斯坦产业发展的不足，新疆还缺乏覆盖性优势，故新疆应以自身相对优势为基础，以提升技术为依托，提高出口方式，为外向型产业集群的培育奠定基础。

5. 面向塔吉克斯坦外向型产业集群培育缺陷

从与塔吉克斯坦的出口情况来看，出口较多的为机电产品等技术密集型产品。近年来，塔吉克斯坦重点扶持化工产业、轻工业和食品工业，将其视为优先发展产业，技术及设备水平低下，发展水平受限。虽然在以上行业的发展中我国新疆均领先于中亚国家，但规模及技术水平还有待提高，因此，应通过外向型产业集群的培育，有针对性地提升产品技术水平，扩大出口，稳固产业发展优势，打造区域品牌效应，在“丝路”建设的外贸合作中取得共赢。

4.3.1.2 处于“扎堆”低级发展阶段的外向型产业集群发展缺陷

通过对新疆外向型产业集群发展水平的测度可知，纺织服装和服饰业已初步形成产业集群，现处于集群特征“初步显现”的“扎堆”低级发展阶段，外向型产业集群水平较低。由纺织服装和服饰业的集群分类指标可知，其比较劳动生产率与技术进步率以及贸易竞争力处于较低水平，这表明较低的单位生产能力与缓慢的技术进步率阻碍了集群的进一步发展，从而降低了本地纺织服饰产业的贸易竞争力，不利于其迈向“结网”成熟发展阶段。

1. 面向哈萨克斯坦外向型产业集群发展缺陷

哈萨克斯坦作为我国新疆最大的贸易伙伴，虽然双方在商品结构上有一定的互补性，并且以纺织品等劳动密集型产业为主。但哈萨克斯坦亟须引进高技术产业来提升本国产业结构层次，为此，在纺织品较强的出口势头下，新疆应重视提升纺织业生产过程中的技术创新能力，尤其是对纺织企业的劳动生产率与技术进步率的提升，减少集群发展的劣势，从而提高产业比较优势，通过发挥集群效应对创新的带动作用，提升产品技术水平，提升纺织服装及服饰产业的贸易竞争力，扩大出口，从而反作用于产业集群规模，最终带动整体经济发展的外向型产业集群成熟发展。

2. 面向乌兹别克斯坦外向型产业集群发展缺陷

乌兹别克斯坦对纺织业的进口占比较高，以棉纺产品为主，但是，近年来，乌兹别克斯坦提出要大力扶持能源化工、机械、建筑业、有色冶金、高附加值农副产品等产业的发展，因而纺织服装业对于乌兹别克斯坦的贸易竞争潜力将会受到影响，反观新疆纺织业劳动生产率与技术进步率的缓慢调整，很大程度上影响了纺织产业的贸易竞争力，最终阻碍了集群向“结网”成熟发展阶段迈进的步伐。因此，对于纺织业的产业规模度与产业竞争力进行迅速调整，是新疆纺织服装业集群面向乌兹别克斯坦更成熟发展阶段的迫切需求。

3. 面向吉尔吉斯斯坦外向型产业集群发展缺陷

吉尔吉斯斯坦对纺织服装业的出口主要以服装、百货、塑料制品、小饰品等产品为主，双方外贸互补性较强，但均以劳动密集型产业为主，对于技术密集型产业的合作水平低，未来发展方向应向技术密集型产业转变，提升双方的产业结构层次。近年来，吉尔吉斯斯坦政府提出重点发展能源及矿产资源产业，但受制于技术升级和设备更新，需求依赖于进口，面对吉尔吉斯斯坦产品技术含量低，而亟待调整的产业外贸结构，新疆目前仍缺乏技术密集型产品的输出，为此，提升纺织业集群内产业创新能力以及提升规模度对面向中亚国家的外向型产业集群迈向成熟阶段尤为重要。

4. 面向土库曼斯坦外向型产业集群发展缺陷

土库曼斯坦对我国新疆棉纺产品的进口占较大比重，同时土库曼斯坦自身纺织业发展较快，正不断缩小与新疆纺织业的差距，由于纺织业的发展中技术进步缓慢、劳动生产率低等劣势不但制约着集群内部的成熟发展，而且直接影响了未来对土库曼斯坦的出口，从而不利于外向型产业集群的发展，故新疆应以自身集群相对优势为基础，改善集群发展中的劣势，构建以土库曼斯坦为出口目标市场的纺织业外向型产业集群，这是深入双方外贸合作的关键。

5. 面向塔吉克斯坦外向型产业集群发展缺陷

塔吉克斯坦向新疆进口纺织产品的比重微乎其微，这是由于塔吉克斯坦作为中亚发展比较缓慢的国家，经济结构比较单一，与我国新疆外贸商品结构也相对单一，只是以机电产品等技术密集型产品为主。塔吉克斯坦重点扶持化工产业、轻工业和食品工业，但由于技术及设备水平低下，发展水平受限。虽然我国新疆在纺织行业的发展水平均领先于中亚国家，但其规模及技术水平还有待提高，这样才能刺激塔吉克斯坦的需求增长。因此，需要秉着没有需求创造需求的原则，增加产业竞争力，深化集群内部各维度产业的合作，以推动集群向成熟阶段发展。

4.3.1.3　处于"结网"成熟发展阶段的外向型产业集群发展缺陷

通过对新疆外向型产业集群发展水平的测度可知，农副食品加工业已形成一定规模的产业集群，现处于集群特征"明显增强"的"结网"成熟发展阶段，并且外向型产业集群水平相对成熟。由农副食品加工业的集群分类指标可知，其产值区位熵值较低，表明集群规模度水平有待提高。

1. 面向哈萨克斯坦外向型产业集群发展缺陷

哈萨克斯坦向我国新疆进口番茄酱、食品加工品等为主的劳动密集型产品。即使新疆在食品加工制造业取得了较快进步，但距离哈萨克斯坦针对高技术、高附加值产品的要求具有不小的差距。因此，新疆农副食品加工业集群的发展在依赖丰富的自然资源条件下，应更加重视提升企业技术水平，实现资源优势向比较优势转化。由于农副食品加工业在整体规模的发展中还存在一定缺陷，因此，应着力于改善集群发展过程中的劣势，实现农副食品加工业集群规模化发展，发挥集群规模效应对外向型产业集群高级发展的推动作用。

2. 面向乌兹别克斯坦外向型产业集群发展缺陷

乌兹别克斯坦进口农副食品主要以畜牧业产品为主，总体占比较低，这主要源于乌兹别克斯坦经济结构单一，我国新疆与乌兹别克斯坦产业结构的互补性低。然而，近年来乌兹别克斯坦提出要大力扶持高附加值农副产品等产业的发展。现如今新疆农副产品加工业外向度水平较低、缺乏技术优势，其特色农业资源优势尚未充分发挥，在一定程度上影响了农副产品加工业集群的进一步发展。因此，要摆脱集群劣势，紧抓政策优势，做深农副产品精深加工等特色优势产业，延长产业链，增加产品附加值，发挥资源特色产业优势对外向型产业集群高级化发展的推动作用。

3. 面向吉尔吉斯斯坦外向型产业集群发展缺陷

吉尔吉斯斯坦进口我国新疆农副食品加工业产品占比极少，这源于吉尔吉斯斯坦优势产业以电力、建材、机械制造、采矿、有色冶金、食品加工为主，产业互补较强，为此，在没有需求的情况下创造需求是新疆农副食品加工业面向吉尔吉斯斯坦发展的重要目标，以特色农产品为核心，依托特色食品集群化发展，改善集群发展过程中产业规模度的发展劣势，鼓励集群规模化发展，提升产品国际市场竞争力，推动集群发展迈向高级阶段。

4. 面向土库曼斯坦外向型产业集群发展缺陷

土库曼斯坦进口我国新疆的农副食品加工产品以农产品为主，双方的外贸商品结构有一定的互补性。不足的是，在外贸合作中，我国新疆与土库曼斯坦原料工业及劳动密集型产业中所占比重较大，高新技术产业及高附加值产品明显不足。受限于技术水平与基础设施建设水平，土库曼斯坦食品加工等轻工业与文化产业同我国新疆相比较仍有一定的发展空间，因此，针对新疆农副食品加工业产业集群的现有特色产品优势，深化集群发展、提高技术水平、提升产业链、增加产品附加值是农副食品加工业外向型产业集群深入发展的关键驱动力。

5. 面向塔吉克斯坦外向型产业集群发展缺陷

塔吉克斯坦经济结构比较单一，与我国新疆的外贸商品结构也相对单一，主要进口机电产品等技术密集型产品。近年来，塔吉克斯坦加强食品加工业的扶持力度，但囿于技术及设备水平低下，发展水平受限。因此，作为与塔吉克斯坦合作有待提升的我国新疆，应基于丝绸之路经济带建设带来的产业合作机遇，提高农副食品加工业内部集群发展水平，做大做强特色农副产品，尤其注重发展集群规模及内部技术水平，扩大出口，稳固集群内特色产业优势，刺激塔吉克斯坦市场需求，打造区域品牌效应，推动产业集群向高级化发展，最终在丝路建设的外贸合作中取得共赢。

4.3.2 丝绸之路经济带建设中新疆外向型产业集群发展制约因素

4.3.2.1 科技水平与生产力的制约

科技水平的发展是工农业产品深加工、延长产业链的基本条件，也是进一步开发、利用和配置资源，提升资源配置效率的基本要求。同时，科技创新作为产业竞争力不断提升的重要途径，也影响着一国或区域经济结构的转变，科技投入的不足限制了新疆企业的创新能力，导致新疆内部各产业科技力量薄弱，科研成果转化能力低。随着技术不断进步以及国家重要战略的不断调整，新疆在“互联网+”“一带一路”，以及“五大中心”“十大进出口产业集聚区”的建设中，确定高技术水平的创新是主要驱动力。为此，要通过发展高新技术，加快集聚区内各生产要素的流通与优化配置，推动以本地优势产业为主的产业发展，进而形成在高新技术的基础上应运而生的新产业，带动新特色优势产业的集群化发展。

4.3.2.2 企业融资能力的制约

新疆中小企业普遍呈现出布局分散、自筹资金能力低、经营规模小等特点。中小企业的外部融资能力较低，对新兴资本市场的深入程度与沿海其他省份相比还相距甚远，此外，企业自身诚信问题也成为中小企业融资能力提升的制约因素。目前政府对于中小企业资金融通扶持力度相对较弱，新增贷款项目只是集中投入到大企业、中央以及区内重点投资的基础设施建设项目中，加之资金外流和央行政策调整，使企业放贷减少，进而加剧区域内中小企业融资难的困境。企业作为产业集群的核心零部件，是高级“根植”阶段产业集群的绝对主体，而中小企业的集群作为新疆集群的主要组成部分，亦是区域竞争力的“中间性组织”，集群内企业间的合作与交流，需要强大的资金作为周转基础，从而通过溢出效应增加集群内产业的多样化，最终拉动整个区域经济的发展。

4.3.2.3 体制与制度的制约

产业集群的形成过程是以完善的市场机制为基础，是各生产要素不断聚集和流动的结果，从而呈现出“自由性”“流动性”的特征。若市场机制不够完善，将导致生产要素在集聚时受到诸多阻碍，最终产生产业壁垒。由于目前新疆市场化改革较为滞后，央企与地企脱节严重。中央企业、地方企业各自为营，从而人为地割裂了企业与产业集群间经济的本质联系，致使集群内企业间在知识技术上的协调发展遇到阻碍，集群内知识溢出效应的作用发挥不够充分，最终加剧了企业布局与区域经济发展间的矛盾。在产业集群形成和发展过程中，政府通过鼓励、规划、引导和创造集群环境会推动产业集群的发展。目前，新疆对于产业集群发展规划和政府在职能的定位上严重缺乏，同时存在某些明显误区。政府在产业集群的形成和发展过程中，着重强调以 GDP 论英雄，针对市场化的改革相对滞后，缺乏科学适宜的产业集群整体发展规划，尤其是单个园区的规划水平，加之不同园区之间因为自身发展追逐本身缺乏的有限资源而展开恶性竞争，不利于企业乃至整个区域产业集群化发展。

4.3.2.4 外商投资的制约

伴随着经济全球化及“一带一路”建设发展，不同国家和地区的产业交流与融合亦变得愈来愈普遍，同时产业经济逐渐表现出区域化特征。通过区域间经济不断紧密化的合作与交流，发达地区外商直接投资对本地产业经济发展的带动作用也逐渐显现。实证研究发现，新疆人均利用外商直接投资对产业结构的升级优化呈现高度的正相关，这意味着外部企业的加入对东道国产业集群的推动作用较为显著。由于外商投资为东道国集群内企业的技术创新和知识溢出作出贡献的同时，也对区域的经济与产业结构的优化有推动作用。因此，政府应特别重视对外投资可能带来的投资带动效应，制定以集群推动型创新技术为导向的对外投资政策，同时也应避免一味关注产出而忽视效率与环保问题，尤其应鼓励工业企业通过集聚式发展实现创新资源与技术的合理化配置，激活集聚区企业间领先技术的辐射带动效应。

4.4 丝绸之路经济带建设中新疆外向型产业集群发展路径设计

集群的发展是一个复杂的动态演化过程，从尚未显现集群特征的培育阶段，到初步显现集群特征的“扎堆”低级发展阶段，再到集群特征明显增强的“结网”成熟发展阶段，最终成长为集群特征显著的“根植”高级发展阶段，每一个阶段的过渡都需要经历不同的演化路径，所面临的发展目标和所遵循的路径也各有差异，重点需求的资源状况也不尽相同。因此，本章分别从集群的不同发展过渡阶段，有针对性地设计出与每个阶段升级匹配的基本路径。

4.4.1 从培育阶段迈向“扎堆”低级阶段的外向型产业集群发展路径设计

4.4.1.1 从培育阶段迈向“扎堆”低级阶段的发展路径设计的必要性

1. 产业转型升级的需要。优势产业的集群化发展，有利于本地产业结构的合理化与高级化，尤其是对以优势产业为主的产业集群化发展的培育，通过带动相关产业的共同竞争与合作，依托集群效应的辐射带动作用，为本地产业的转型升级奠定基础。

2. 产业规模化发展的需要。产业的发展需要整体发展作为基础，产业之间的竞争也将成为规模的竞争，未来经济发展需要产业的综合全面发展，以增强整体产业的综合竞争实力，政府市场双引导发展模式的构建有利于扩大产业规模化发展，增强生产专业化能力，提高生产技术和资源有效利用率，实现经济的可持续发展。

3. 产业竞争力提升的需要。新疆凭借优越的地理位置，是“一带一路”倡议实施的不可或缺的区域，与他国深入贸易合作交流是我国新疆经济跨越式发展的重要机遇，政府的政策性引导能够更快地实现新疆集群内企业“走出去”；同时，集群内企业间的互相协作将使各方面获得共赢，因此，政府和市场间的共同作用能够深入驱动集群实现外向型发展特征，最终提升本地产业的国际竞争力。

4.4.1.2 从培育阶段迈向“扎堆”低级阶段的发展路径设计思路

尚未显现集群特征的培育阶段到“扎堆”低级发展阶段的过渡，基本路径为单个优势产业产品生产规模以及出口规模不断增大，因发展需要而吸引新相关联的部门在此集聚，从而分工现象初步出现，此时规模效应引起的成本优势及贸易竞争力优势逐步体现，这样才会逐步形成集群特征初步显现的“扎堆”低级发展阶段，如图4－10所示。

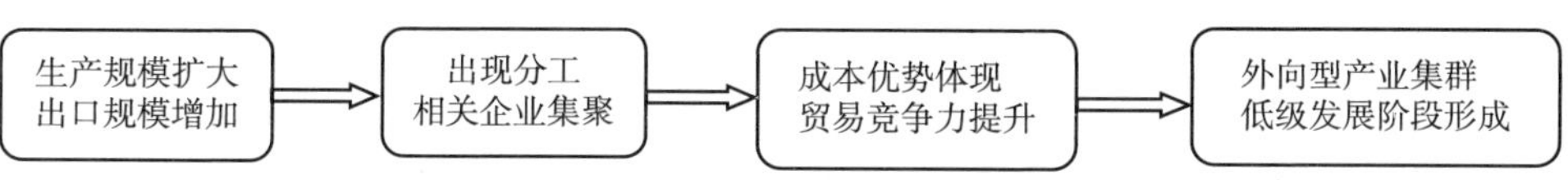

图4－10　外向型产业集群“扎堆”低级发展阶段形成的基本路径

低级发展阶段集群内各部门的形成是产业规模化发展带来的简单垂直专业化分工的结果，包括加工前的原材料公司提供生产资料，加工中的龙头企业为主体的产品生产基地，加工后产成品的国际市场流通，主要以满足中亚市场需求为主，其中包括区域内基本的政府机构与辅助机构的参与支持，这就是外向型产业集群“扎堆”低级发展阶段的基本框架，如图4－11所示。

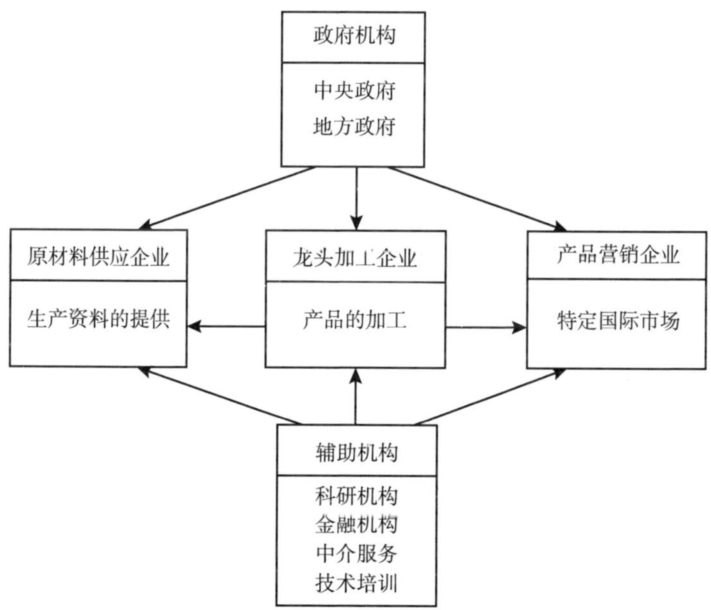

图4－11　外向型产业集群“扎堆”低级发展阶段基本框架图

在集群培育过程中，尚未显现集群特征的培育阶段到“扎堆”低级发展阶段的过渡看似简单易行，但需要适宜的发展路径与各部门的积极配合，再结合地位优势及资源优势才能逐步形成，为此，针对还处于培育阶段的优势产业，本书设计出以下发展路径，如图 4－12 所示。

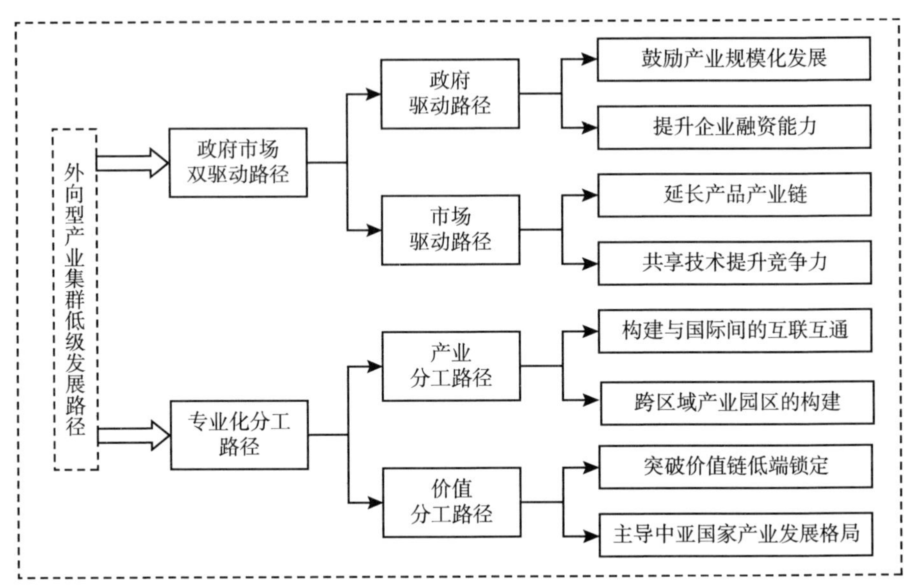

图 4－12　外向型产业集群“扎堆”低级发展路径设计图

集群初期的培育，需要政府的正确引导，政府驱动产业集群的形成主要需要通过产业结构的调整，强化市场竞争机制，具体包括鼓励优势产业的规模化发展，提升企业融资能力。随着产业规模的逐渐增大，这时在市场主导作用下的技术知识共享、人才的交流与学习，通过本地产业竞争力的提升形成市场效应，加快横纵向关联环节对于要素的集聚，带动上下游企业发展。同时，通过专业化分工形式促成价值链构造及产业链整合，首先完善国内产业分工体系，以中亚国家的市场需求为生产目标，并加快全球价值链的低端锁定突破，这需要沿着产业链与价值链分工的路径加以实现，如图 4－12 所示。

4.4.1.3　从培育阶段迈向“扎堆”低级阶段的发展布局规划

对于新疆外向型产业集群的培育，一方面，应依托现有优势产业，构建以装备制造、特色轻工、化工、建材、新能源等各具特色的加工制造业外向型产业集群，立足于具有较强区位优势以及制造业资源优势的乌鲁木齐、昌吉、石河子、奎屯、独山子、克拉玛依、哈密、库尔勒、喀什和伊犁等区域；构建引导加工贸易由制造环节向创新、技术、研发、服务为主的转型升级，应依托乌鲁木齐综合保税区、喀什综合保税区以及阿拉山口综合保税区，增设以加工贸易转型升级为主的示范试点，引导加工贸易由低端价值链向完整产业链覆盖的转变。

另一方面，依托现有产业园区和加工基地的建设、现有产业集群，有利于外向型产业集群的加快建设。立足于“一轴、六区、八中心”的特色产业加工基地、乌鲁木齐市装备制造产业园区、新能源产业园区以及昌吉输变电产业园区。依托现有的广汇汽车集团、上海汽车大众、陕西汽车集团、中国重汽等汽车产业集群，以及以中车、铁建为代表的轨道交通装备产业集群，以金风科技为核心的风电装备产业集群，以新研股份、三一重工为依托的机械产业集群，以及以江苏金昇、天山毛纺织、石河子八一棉纺厂等为代表的纺织及新兴装备产业集群的崛起，为外向型产业集群的发展奠定发展基础。

通过打造与国际接轨的商业贸易环境，针对中亚等国际市场，积极承接东部发达地区产业转移，整合国际先进优势资源，合理布局进口加工和出口产业集聚区，集聚技术创新要素，加快承接中东部产业梯度向西转移，积极构建具有特色的外向型产业集群。以天山北坡经济带制造产业优势带动天山南坡优势特色食品制造业的集群化发展，最终着力于新疆经济整体实现跨越式发展。

4.4.2　从“扎堆”低级迈向“结网”成熟阶段的外向型产业集群发展路径设计

4.4.2.1　从“扎堆”低级阶段迈向“结网”成熟阶段的发展路径设计的必要性

1. 提升产业配套能力的需要。在产业集群走向成熟发展阶段的过程中，相关产业间的合作与交流频繁进行，同时集群内产业间的相互竞争也有利于产业的专业化发展，成熟发展阶段的产业集群内产业分工的深化，无疑提升了产业的配套能力。

2. 增强优势产业带动能力的需要。同样，产业的发展需要整体发展作为基础，产业之间的竞争也将成为规模的竞争，未来经济发展需要产业的综合全面发展，以增强整体产业的综合竞争实力，而成熟的集群内部产业的带动能力与产业共赢合作意识的增强，能够更充分地发挥集群的辐射带动作用。

3. 稳固经济发展根基的需要。当前新疆产业集群的发展还主要以单纯生产为中心，应特别注重向经济效益为主的成熟型集群转变。需要协调好各产业企业间的关联水平，延长集群内产业链，加大高附加值产业生产环节，提高收益水平和技术能力，增强竞争力水平，进而稳固整体区域经济的增长。

4.4.2.2　从“扎堆”低级阶段迈向“结网”成熟阶段的发展路径设计思路

初步显现集群特征的“扎堆”低级发展阶段到成熟发展阶段的过渡，基本路径为，集群效应使生产规模及出口规模继续增加，因集群规模化发展需要而吸引更多的新关联部门在此集聚，于是产业分工进一步深化，同时人才优势、技术优势及政策优势逐步显现，最后逐步升级为集群特征明显增强的“结网”成熟发展阶段，如图4－13所示。

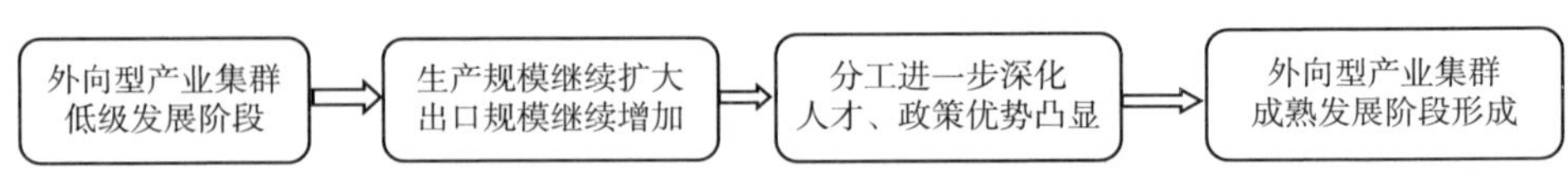

图4－13 外向型产业集群“结网”成熟发展阶段形成的基本路径

通过测度得知，新疆处在集群“扎堆”低级发展阶段的优势产业只有纺织服装及服饰业，因此，本节以纺织服装服饰业为例，构建成熟发展阶段的集群框架，如图4－14所示。成熟阶段的纺织服装服饰业的产业集群，逐渐凸显出人才、技术优势，其横向产业链条相对更加细化，具有产业规模效应带来的成本优势及技术辅助，集群内各个部门渐渐“结网”并成熟运行，在成熟发展阶段的后期，逐渐有外资企业加入，为产业集群形成以外资企业为核心的高级化发展奠定了基础。

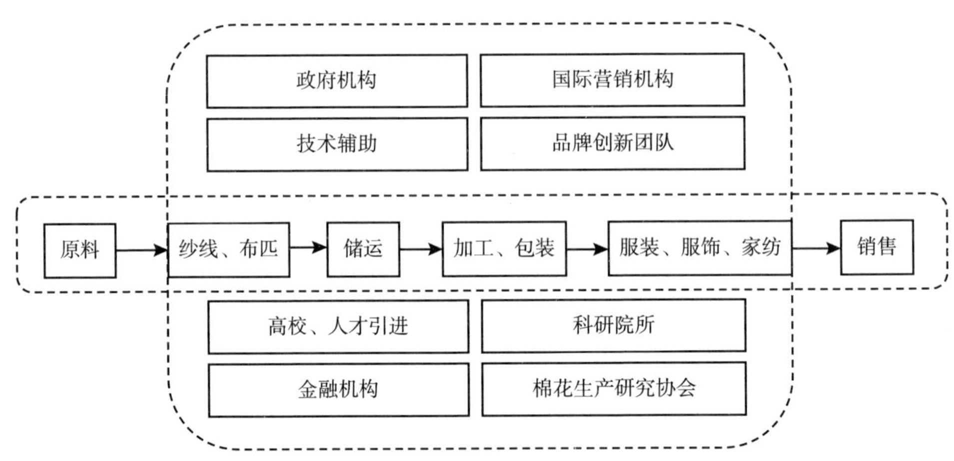

图4－14 纺织服装业外向型产业集群“结网”成熟发展阶段基本框架

结网成熟发展阶段的集群的形成，更注重集群内部与外部的共同作用，因此针对纺织服装服饰业成熟发展路径的设计，主要分为内生驱动路径与外生驱动路径，如图4－15所示。集群内部通过资本资源整合、信息资源整合、产业资源整合、基础设施资源的整合奠定新疆纺织服装服饰业集群可持续发展的基础。内部企业技术的创新和管理创新能够引领纺织产业集群品牌的塑造，从而有利于外部环境资源的整合，完善营销渠道，开拓中亚等国家市场，通过吸引外商到本地投资，吸引人才的集聚，力争将新疆纺织服装业的生产嵌入发达的价值链网络，并最终引导纺织产业的外向型产业集群走向高级化。

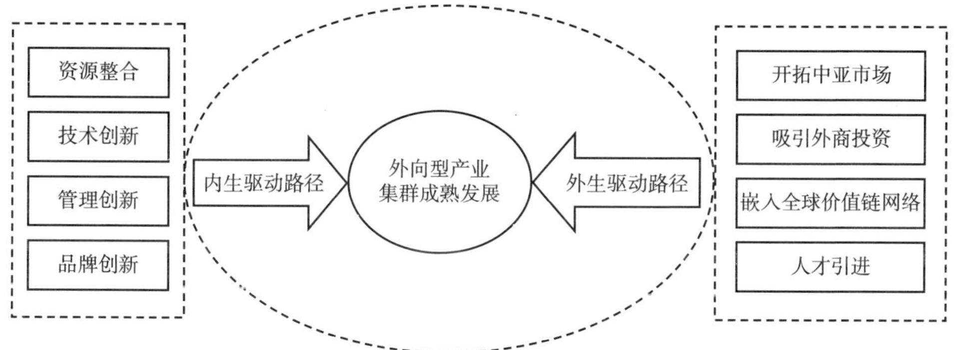

图4-15 纺织服装业外向型产业集群“结网”成熟发展路径设计图

4.4.2.3 以纺织服装业为核心的外向型产业集群发展布局规划

纺织业作为新疆的支柱产业，发展势头良好，新疆纺纱产能位列西部十二省区之首，现已形成以阿克苏、石河子、库尔勒为中心的具有一定规模的纺织服装产业基地，集群效应明显，为此，发展外向型产业集群应立足于集群基础上，构造面向中亚国家以出口为主的纺织业外向型产业集群，故本文选取乌昌经济区、石河子—奎屯地区、阿克苏—阿拉尔地区、库尉地区及喀什地区五大纺织产业聚集区为优先发展区位，在纺织业集群效应的辐射带动下，拉动集群内相关支持产业的“出口”。通过分析产业集群区优势产业状况以及中亚各国需求情况，结合纺织业集群内的支持产业，规划以纺织服装业为核心的新疆外向型产业集群发展布局（详见表4-19）。

丝绸之路经济带沿线国家对我国新疆产品的需求是新疆面向“丝路”国家发展外向型产业集群的着力点，表中集群目标产品可视为国外需求而我国新疆专注出口的产品，目标市场则锁定在与我国新疆外贸发展深入的中亚国家。其中，哈萨克斯坦主要从我国新疆进口番茄酱、纺织品、塑料制品、车辆、杂项产品；乌兹别克斯坦主要从我国新疆进口电子设备、计算机、塑料制品、服装、鞋类、茶叶、食品等；塔吉克斯坦主要从我国新疆进口机电产品、机械设备、纺织品、服装、家具、茶叶、建材；吉尔吉斯斯坦主要从我国新疆进口服装、纺织品、鞋类、袜子、小百货、小五金、工具、塑料制品、家具、建材等；土库曼斯坦从我国新疆进口的产品以机电产品为主，主要包括机械设备、电子加工品及其配件、有色金属加工品。就国内集群区的角度而言，乌昌经济区在金融保险、文化体育等现代服务业，生物医药、机械电子、新能源等高新技术产业，现代物流业等产业基地，应扩大对哈萨克斯坦在纺织品、塑料制品、车辆、杂项产品的出口规模，对乌兹别克斯坦的出口应主要以电子设备、计算机、塑料制品、服装、鞋类、纺织、机电为主，对塔吉克斯坦的出口应以机械设备、机电产品、纺织品、服装、家具、茶叶、建材为主，对吉尔吉斯斯坦应以纺织品、服装、鞋类、袜子、小百货、小五金、工具、塑料制品、家具、建材等为主要目标产品，同时，对土库曼斯坦应以机械设备、电子加工品及其配件、有色金属加工品出口为主。

表 4－19　以纺织服装业为核心的新疆外向型产业集群发展布局

经济带	主要城市带	目标市场	目标产品
天山北坡	乌鲁木齐—昌吉	哈萨克斯坦	纺织品、塑料制品、车辆、杂项产品
		乌兹别克斯坦	电子设备、计算机、塑料制品、服装、鞋类、纺织、机电
		塔吉克斯坦	机械设备、机电产品、纺织品、服装、家具、茶叶、建材
		吉尔吉斯斯坦	纺织品、服装、鞋类、袜子、小百货、小五金、工具、塑料制品、家具、建材
		土库曼斯坦	机械设备、电子加工品及其配件、有色金属加工品
	石河子—奎屯	哈萨克斯坦	食品、纺织品、杂项产品
		乌兹别克斯坦	纺织、棉花、农产品
		塔吉克斯坦	纺织品、服装、茶叶、建材
		吉尔吉斯斯坦	服装、纺织品、鞋类、袜子、小百货、小五金、工具、家具、建材
天山南坡	库尔勒—尉犁	中亚国家	纺织品、特色农产品
	阿克苏—阿拉尔	中亚国家	纺织、化工、特色旅游业、农副产品
南疆三地州	喀什地区	中亚国家	特色旅游业、纺织业、农副食品

石河子奎屯经济区作为纺织、食品、商贸物流、金融保险、文化旅游等产业基地，在纺织业支持产业的带动下，应扩大对哈萨克斯坦在食品、纺织品、杂项产品上的出口规模，对乌兹别克斯坦的出口应主要以纺织、棉花、农产品为主，对塔吉克斯坦的出口应以纺织品、服装、茶叶、建材为主，对吉尔吉斯斯坦应以服装、纺织品、鞋类、袜子、小百货、小五金、工具、家具、建材等为主要目标产品。

库尔勒—尉犁县作为农产品精深加工基地、纺织工业基地，针对中亚目标市场，以纺织业、特色农产品加工业为主要发展目标，而阿克苏—阿拉尔地区同样作为石油天然气化工基地、农产品精深加工基地与纺织工业基地，应充分发挥产业优势，不断向中亚国家输出纺织、化工、特色旅游业、农副产品等优势产品。喀什地区作为特色林果产品生产加工基地、纺织工业基地、民族特色产品生产加工基地，对于中亚各国的外贸应以特色旅游业、纺织业、农副食品为主。

4.4.3　从"结网"成熟迈向"根植"高级阶段的外向型产业集群发展路径设计

4.4.3.1　从"结网"成熟阶段迈向"根植"高级阶段的发展路径设计的必要性

1. 发展新兴特色产业的需要。当前新疆产业集群的发展还主要是以资源型传统产业的生产为中心，随着集群转向高级化发展的过渡阶段，集群的创新能力及科技水平稳步提升，对于依托本地特色的新型产业的发展具有深远的影响，因此，高级化集群发展路径的设计，将有利于新兴特色产业的发展。

2. 延伸产业链的需要。随着集群发展的升级，产品的分工就越细化，使产品呈现多元化趋势，满足更广的市场需求。集群高级化发展路径的设计，有利于延长产业链，加大高附加值产业生产环节，提高收益水平和技术能力，增强竞争力水平，进而实现集群整体经济效益的增长。

3. 提升全球价值链的需要。外向型产业集群的高级化发展，是慢慢过渡为以外资企业为核心的产业集群，其中不乏跨国企业的合作交流，以及国际顶尖知识网络的引进，通过外企与新疆本地企业的融合发展，实现新疆在全球价值链低端锁定的突破指日可待。

4.4.3.2　从"结网"成熟阶段迈向"根植"高级阶段的发展路径设计思路

集群特征明显增强的"结网"成熟发展阶段到集群特征显著的"根植"高级发展阶段过渡的基本路径为，成熟集群效应带来的显著的成本优势及招商优惠政策的有效实施，使得发达国家及地区积极投资建厂，嵌入本地价值链，通过先进技术与管理经验的引进，使得集群逐步显现出以外商投资企业为核心的集群特征，即处于高级发展过渡阶段的外向型产业集群，之后通过技术与知识优势吸引更多的新关联部门嵌入集群网络，使得集群内技术知识网络进一步深化，最终形成集群特征显著的"根植"高级发展阶段的外向型产业集群，如图4－16所示。

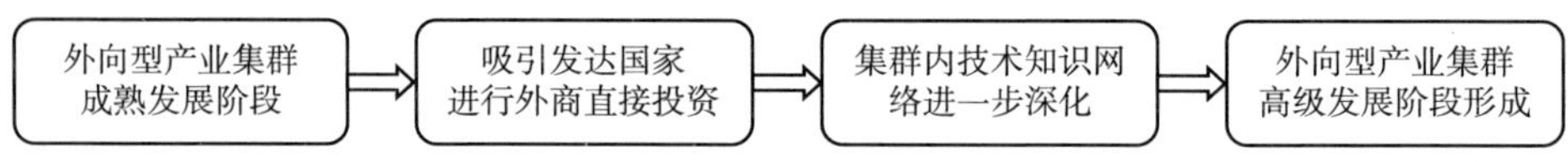

图 4－16 外向型产业集群“根植”高级发展阶段形成的基本路径

通过测度得知，新疆处在集群“结网”成熟发展阶段的优势产业只有农副食品加工业，因此，本节以农副食品加工业为例，构建高级发展阶段的集群框架，如图 4－17 所示。高级化“根植”发展阶段的外向型产业集群不同于前两个阶段的明显特征是以外商直接投资企业为核心，本地产业价值链突破低端锁定，逐渐引领中亚国家市场产业格局，并对本地经济产生深远影响。集群内外协作良好，配套产业齐全，互动良好，竞争意识显著，集群内集群效应显著，主要表现为技术知识溢出效应、集群规模经济效应、集群结构升级效应，集群内部技术发展能力较强，并具有很强的产业辐射带动能力，对经济产生深远影响。因此，高级化产业集群路径的构造，将成为驱动新疆实现经济跨越式发展的关键。

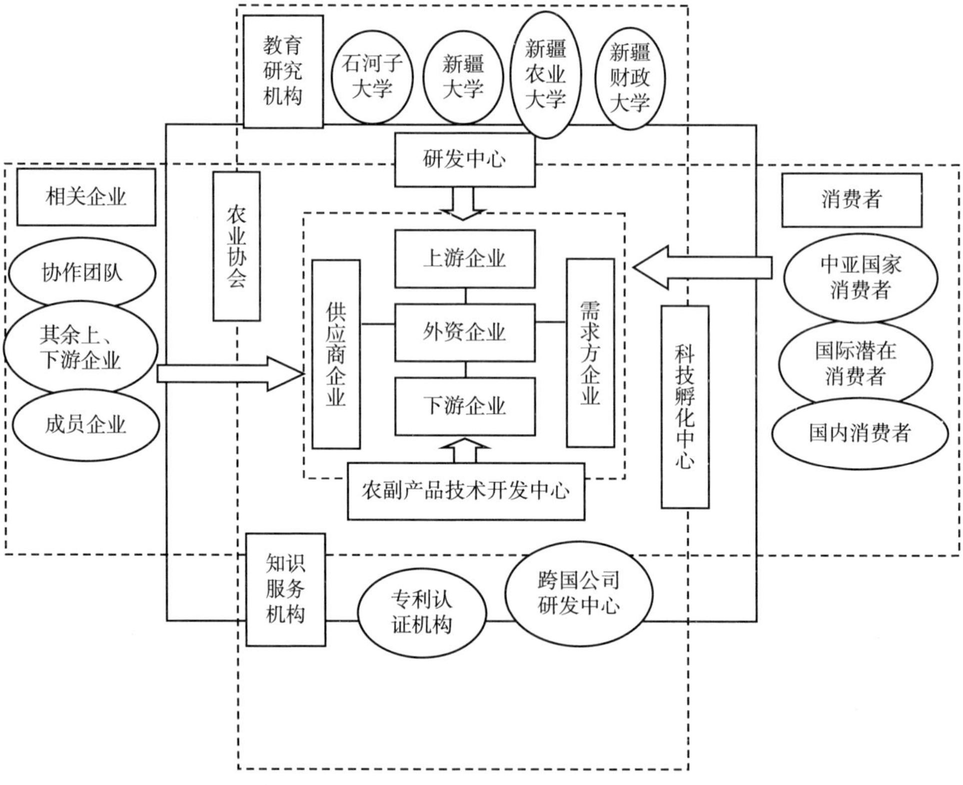

图 4－17 农副食品加工业外向型产业集群“根植”高级发展阶段基本框架

高级化发展阶段外向型产业集群的过渡需要考虑集群各方面优势的提升，其中主要以创新驱动为主。三螺旋创新体系（IGU）模型中政府—产业—高校及科研院所的互动成为近年来国家或地区广泛接受的创新战略，故本节参照 IGU 的理论框架，设计出农副食品加工外向型产业集群高级化发展路径，如图 4－18 所示。首先，政府驱动路径中，通过完善农副食品种植设施需求，改善农副产品生产条件，来强化基础设施的建设；通过加大国际市场招商引资，满足中亚市场消费需求，来加强市场体系的构建。其次，产业发展驱动中，通过配置特色龙头企业，依托特色产业加工园区，实现特色产业的培植，并通过推动集群品牌营销，塑造集群品牌文化，以强化品牌产品建设。再次，通过延长集群产业链，创新农业产权制度，健全产业体系。最后，在高校协助驱动路径，通过创新低碳农业技术、健全科技成果转化来引领创新技术体系；通过完善科技成果推广、科技培训指导以健全服务体系。以上三条路径的互动协助，将成为农副食品加工业高级化产业集群发展的重要保障。

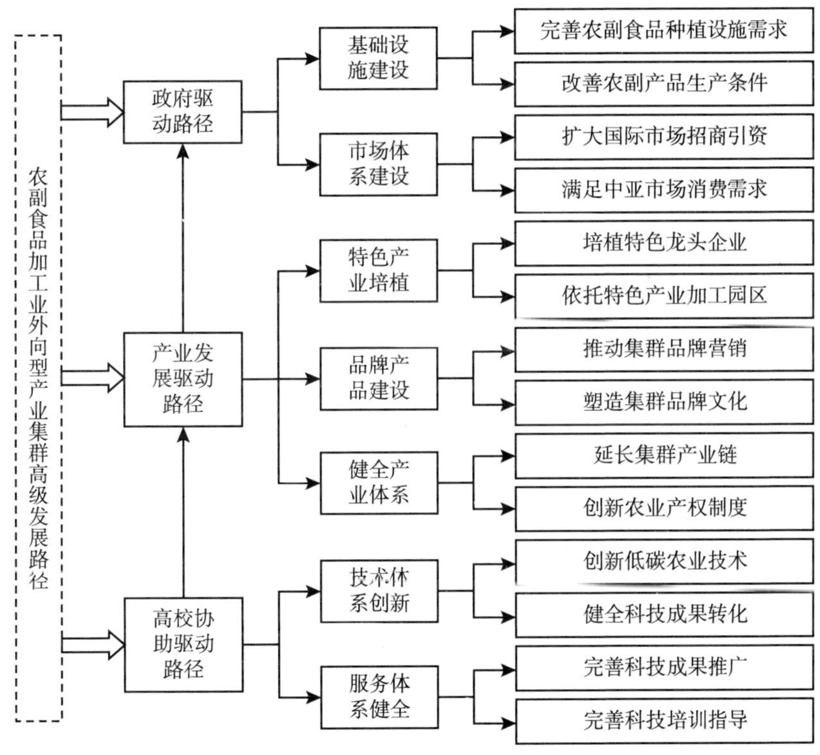

图 4－18　农副食品加工业外向型产业集群“根植”高级发展路径设计

4.4.3.3 以农副食品加工业为核心的外向型产业集群发展布局规划

我国新疆在农副食品加工业的发展上具有农产品资源优势，虽然中亚国家也具有该产业的自然资源等优势，但囿于相对落后的技术、陈旧的设备，该产业的发展受到了制约，这意味着新疆在此领域有很好的发展前景，各产业带均设有食品加工业集群区，重点包括在中亚需求较大的饮料制造、蔬菜水果加工以及精细米面制造等特色精深加工农副产品。本书选取各产业带中食品加工为主的重点集群区乌鲁木齐经济技术开发区、伊宁边境经济合作区以及霍尔果斯经济开发区，天山南坡产业带主要选取巴州、阿克苏地区，北部沿边以阿勒泰、塔城地区为主，以及南疆三地州。通过分析产业集群区各优势产业状况以及中亚各国需求情况，结合食品加工业集群内各支持产业，规划以农副食品加工业为核心的新疆外向型产业集群发展布局（详见表4－20）。

乌鲁木齐经济技术开发区作为新疆的食品饮料生产基地、出口加工基地以及机械设备制造基地，已形成一定规模的产业集群。针对中亚国家不同的需求，对哈萨克斯坦在食品饮料、番茄酱、机械设备、矿产品方面的出口规模应扩大，对乌兹别克斯坦的出口应主要以食品、茶叶、农产品、机电产品为主，对塔吉克斯坦的出口应以机械设备、机电产品、纺织品、服装、家具、茶叶、建材为主，对吉尔吉斯斯坦应以机械设备、机电产品为主，对土库曼斯坦应以机械设备、电子加工品及其配件、有色金属加工品为主。

表4－20 以食品加工业为核心的新疆外向型产业集群发展布局

经济带	主要城市带	目标市场	目标产品
天山北坡	乌鲁木齐经济技术开发区	哈萨克斯坦	食品饮料、番茄酱、机械设备、矿产品
		乌兹别克斯坦	食品、茶叶、农产品、机电
		塔吉克斯坦	机械设备、机电产品
		土库曼斯坦	机械设备、电子加工品及其配件、有色金属加工品
	伊宁边境经济合作区	哈萨克斯坦	食品、塑料制品、杂项产品
		乌兹别克斯坦	农副产品
		塔吉克斯坦	农副产品、茶叶、新型建材
		吉尔吉斯斯坦	塑料制品、家具、新型建材
	霍尔果斯经济开发区	中亚国家	食品、新型建材

续表

经济带	主要城市带	目标市场	目标产品
天山南坡	巴音郭楞蒙古自治州	中亚国家	纺织品、特色农产品
	阿克苏	中亚国家	纺织、化工、特色旅游业、农副产品
北部沿边	阿勒泰地区	中亚国家	矿产、生态旅游
	塔城地区	中亚国家	畜牧产品、粮食、食品
南疆三地州	喀什地区	中亚国家	特色旅游业、纺织业、特色农产品
	克孜勒苏柯尔克孜自治州	中亚国家	特色农产品
	和田地区	中亚国家	特色农产品、特色工艺品、特色旅游

伊宁边境经济合作区现已形成农副产品精深加工、生物化工、新型建材等支柱产业，以食品加工为核心的外向型产业集群发展潜力巨大，故应以农副产品为主，培育和发展以哈萨克斯坦为目标市场的食品、塑料制品等，以乌兹别克斯坦为目标市场的农副产品；以塔吉克斯坦为目标市场的农副产品、茶叶、新型建材，以及以吉尔吉斯斯坦为目标市场的塑料制品、家具、新型建材。霍尔果斯经济开发区现正打造农副产品深加工和出口机电产品等产业基地。

天山南坡地区的巴州与阿克苏地区作为石油天然气化工基地、农产品精深加工基地、纺织工业基地，应迎合中亚国家所需，发展农副产品、纺织、化工、特色旅游业。北部沿边地区作为西部地区绿色农牧产品基地、特色产品生产加工出口基地，是未来特色食品加工产业集群的重点发展产业，应优先发展以中亚国家为目标市场的畜牧产品以及特色农产品。南疆三地州作为特色林果产品生产加工基地、纺织工业基地、民族特色产品生产加工基地、商贸物流中心，在“丝路”建设中，应面向中亚国家重点发展特色农产品、特色工艺品、特色旅游以及纺织业。

4.5　丝绸之路经济带建设中新疆外向型产业集群发展对策与保障措施

4.5.1　丝绸之路经济带建设中新疆外向型产业集群发展对策

4.5.1.1　把握“一带一路”倡议契机

在“一带一路”建设进程中，新疆通过政策的引导，正源源不断流入大量的资金、技术和人才。并在政府对口支援、西部大开发的战略背景下，进一步以东部经济发达地区的发展经验为借鉴，在稳固基本民生问题的前提下，优化特色优势产业的发展，不断推进新疆稳定快速发展。“一带一路”倡议的实施，使得新疆得到了前所未有的发展机遇，新疆应把握机遇，主动承接发达地区产业转移，优化和调整产业结构，同时提升产业的软硬实力，推动企业进行技术创新，树立居安思危的意识。依托特色优势产业，发展新兴产业，优化外向型产业，发展外向型产业集群。在产业推动经济发展的同时，我国新疆应深化与丝路沿线国家的产业合作，将外向型产业集群视为重点发展对象，构建面向国际市场的产业体系，通过走产业集群的道路来促进新疆的跨越式发展，实现深层次的国际合作和向西开放，为新疆发挥在丝绸之路经济带的核心区地位夯实基础。

4.5.1.2 大力发展优势产业，构建优势产业集群

资源优势作为新疆当下经济发展的有利条件，应将其转换为区域竞争优势，从而起到大力推动经济发展的作用。针对资源优势向竞争优势的转化，产业的集群化发展充当着主要驱动力，产业的集群通过集群内企业间技术溢出效应提升集群内产业技术水平，从而通过产业链的延长、产品附加值的增加，最终实现本地资源优势向竞争优势的逐渐转化。同时，集群内各企业间配套产业间分工合作的专业化与合理化，以及生产过程的有效合作，能快速推动新疆优势产业的发展。新疆应把握自身资源优势，基于本地优势产业，立足于现有的纺织业、石油化工业、食品加工业产业集群，带动农林牧渔业、运邮仓储业、金属冶炼及加工业、交通运输设备制造业、木材加工造纸业、机械设备制造业、金融业等相关支持产业的共同发展。同时应以中亚国家为丝路建设中的目标市场，发展集群内各产业的外向性，将新疆建设成为面向国际市场的民族特色手工品加工基地、特色农牧产品深加工基地、特色旅游基地、纺织产品加工基地以及现代物流基地，最终推动新疆外向型产业集群的成熟发展。

4.5.1.3 以新疆本地集群为基础满足中亚市场产品需求

外向型产业集群作为产业集群的特殊存在形式，其发展仍然建立在现有产业集群的基础之上，故新疆应以现有的纺织业、石油化工业、食品加工业产业集群为基础，扩大优势产业集群规模，以满足中亚市场的需求。在纺织业支持产业的带动下，乌昌经济区纺织业集群、石河子—奎屯经济区纺织业集群应扩大对哈萨克斯坦在食品、纺织品、杂项产品方面的出口规模，对乌兹别克斯坦应主要以纺织、棉花、农产品出口为主，对塔吉克斯坦以纺织品、服装、茶叶、建材出口为主，对吉尔吉斯斯坦应以服装、纺织品、鞋类、袜子、小百货、小五金、工具、家具、建材等为主要目标产品。库尔勒—尉犁地区作为农产品精深加工基地、纺

织工业基地，针对中亚目标市场，应以纺织业、特色农产品加工业为主要发展目标。阿克苏—阿拉尔地区应充分发挥产业优势，不断向中亚国家输出纺织、化工、特色旅游业、农副产品等优势产品。喀什作为特色林果产品生产加工基地、纺织工业基地、民族特色产品生产加工基地，对于中亚各国的外贸应以特色旅游业、纺织业、农副食品为主。乌鲁木齐经济技术开发区作为新疆的食品饮料生产基地、出口加工基地以及机械设备制造基地，已形成一定规模的产业集群；伊宁边境经济合作区现已形成农副产品精深加工、生物化工、新型建材等支柱产业，以食品加工为核心的外向型产业集群发展潜力巨大；霍尔果斯经济开发区现正打造农副产品深加工和出口机电产品等产业基地；巴州与阿克苏地区作为石油天然气化工基地、农产品精深加工基地、纺织工业基地，北部沿边地区作为绿色农牧产品基地、特色产品生产加工出口基地，南疆三地州作为特色林果产品生产加工基地、纺织工业基地、民族特色产品生产加工基地、商贸物流中心，在“丝路”建设中，是未来特色食品加工产业集群的发展重点，应优先发展以中亚国家为目标市场的畜牧产品以及特色农产品，同时应面向中亚国家重点发展特色农产品、特色工艺品、特色旅游以及纺织业。

4.5.1.4 因地制宜规划产业布局

产业空间布局作为新疆“丝路经济带”核心区建设的基础内容，以新疆“丝路经济带”核心区建设提出的“三个基地”为支撑，“三个通道”为主线，“十大进出口产业集聚区”为载体，“五大中心”为重点的总体发展思路具有改革性的推动作用，故丝绸之路经济带建设中新疆产业空间布局的优化对新疆外向型产业集群的发展奠定了基础。而目前我国新疆与丝绸之路经济带沿线国家产业空间布局存在着不均衡的问题，因此产业布局的规划成为亟须解决的基础问题。首先资源禀赋对区域内的产业格局起着重要作用。要实现空间布局的优化，资源禀赋条件不可或缺。此时资源依赖型产业尚未进行比较优势产业的充分转换，因此现阶段资源型产业的发展应用于带动新疆优势产业的发展，最终努力实现新疆外向型产业集群的发展。在“丝路经济带”建设中，新疆应加强与中亚各国的产业合作，从而调整产业结构，优化产业空间布局，实现区域内产业合作的互利共赢。因此，新疆应基于不同阶段不同地区产业比较优势优化产业空间布局，避免产业空间布局的趋同性。天山南坡产业带应特别注重发展石油化工、纺织业、农产品精深加工等基地建设；天山北坡产业带应以农产品精深加工、纺织业、矿产品加工、机械装备制造、石油化工、商贸物流为主；南疆三地州产业带应依据口岸地缘优势，构建面向中亚的商贸物流中心、纺织业基地、特色林果加工基地；北部沿边高寒产业带应主要以绿色农牧产业发展为主，构建绿色农牧产品加工基地、特色产品出口基地。

4.5.1.5 促进产业结构优化升级，发展高新技术产业

新疆依托其资源禀赋条件，优势产业多为资源型产业，以油气开采业、化学工业和电力工业为主的资源依赖型产业占新疆工业总产值的60%。但是以资源为主的优势产业技术含量低，产业链短、附加值低、加工程度浅、自主创新能力弱。高新技术产业的发展是产业发展方式转变乃至产业结构转型升级的关键驱动力，高新技术产业的支撑代表着经济发展方式以及各产业的发展方向。而优势产业集群的发展，通过产业结构的不断优化升级，延长产业链，提升产品技术附加值，提高劳动率和生产率，增加产品使用效率，以集群内优势产业的革新为扩散效应，从而推动集群内完整产业链和价值链的创新。应扶持新兴产业的发展，注重高技术人才的引进与培养，为新疆高新技术产业的集群发展创造条件。新疆应大力发展新能源等高新技术产业，促进高新技术产业的快速发展，通过技术和创新，推动产业从要素驱动转变为创新驱动，促进产业产出水平的提升及结构的优化。

4.5.2 丝绸之路经济带建设中新疆外向型产业集群发展保障措施

4.5.2.1 完善集群内优势产业与相关配套产业合作机制

产业集群的构建离不开优势产业与支持产业在生产活动、组织方式中的相互关联与合作交流。区域内在资源禀赋丰盈的情况下，集群的构建若缺乏具有针对性的相关制度的运行机制，则会致使整个集群在面对政策环境变化时缺失基本的应变恢复力，与此同时，整个集群的发展将会面临诸多障碍与瓶颈，阻碍集群内产业结构的优化升级乃至整个区域经济的发展，从而限制集群内完整有效地产业价值链体系的构建。相关针对性运行机制的规划能快速有效地提升集群内资源的配置效率，避免集群内产业间由交流边界带来不确定性和不必要的沉没成本。“丝路经济带”建设中新疆外向型产业集群的发展，需要完善的产业合作机制和完整的价值链体系，基于优势产业在中亚国家的市场地位，鼓励构建以优势产业为核心，面向中亚国家的外向型产业集群，并在现有集群的基础上，完善集群内优势产业与配套产业的合作机制，发展集群的外向性，尤其应紧抓丝绸之路经济带建设中提出的新疆发展“三个通道、五个中心、十个基地”战略机遇，在实施战略的同时，应在集群基础之上因地制宜地制定完整的产业链合作机制，鼓励以优势产业为核心的产业集群化发展。

4.5.2.2 改善贸易结构，强化外向型产业集群竞争力

提升外向型产业集群的竞争力，一方面应加强产品的高新技术创新能力，增

加产品附加值，延长产业链，加深产业链，从而实现产业链在纵向和横向上的延伸；另一方面应开展多边贸易，更多地实现集群内需求市场的开拓发展，依托新疆资源优势，发展特色优势产品，在满足国内市场以及中亚国家市场需求的同时，拓宽国际市场，实现“丝路经济带”新疆优势特色产业真正“走出去”，最终实现集群外向性发展的良性循环。在新疆接受国内发达省份对于资金、技术及内地产业转移的支援的同时，应最大程度地依托地方不同产业特色，规划适宜的产业空间布局，深化各产业间的纵横关联度。应细化、鼓励并扶持优势产业相关配套产业，对资金、技术、人才等在产业链间的流动进行合理的引导，鼓励初级加工成品实现在新疆内部去产能。对于发展中亚等丝路沿线国家市场，应根据各国消费偏好实现本地出口产品的精深加工，以高附加值产品满足中亚等国际市场的需求。突破一直以来对于中亚国家单一的贸易结构，积极拓展欧洲市场，加大各口岸对发展外向型产业集群的培育，加强多样化贸易，不断提升新疆外向型产业集群的竞争力。

4.5.2.3　加强集群内企业技术创新扶持力度

集群内企业间的有效竞争是实现集群快速发展的路径之一，而企业进行技术创新是集群内高技术产业发展的基石，也是整个区域经济快速发展的关键驱动力。新疆应通过国家向西开放战略政策的引导，以优势产业为主，向发达省份对口转移的产业学习新型管理经验与先进生产技术，从而实现核心产业的技术优先革新，同时应加大集群内物流与通信技术的发展投入，深化集群内的创新环境，提升高技术产品的生产，进而通过集群内企业间知识溢出效应及扩散效应带动整个集群的共同技术革新。外向型产业集群的发展应以中亚市场需求为发展视角，应制定我国新疆与中亚市场需求相匹配的产业集群生产方案，促进产业结构的合理化与高度化，实现以粗放式生产向外贸促发展的经济模式转变。技术创新作为提升产业集群竞争力的主要路径之一，其实现措施包括高素质创新型人才的培养与引进，应以产学研为一体，校企联合，针对所需人才进行定向委培，以提升科研成果转化率，从而实现区域技术创新能力的提升。与此同时，应不断完善人才激励机制，增加人才外出学习和培训交流机会，从各方面鼓励人才积极投入到技术创新革命中去。

4.5.2.4　推动产业集群规模化发展，满足中亚目标市场需求

新疆由于在我国区位的特殊性，地处中国西北部，地域辽阔，但距离中东部市场较远，因此物流成本与所需时间总是影响新疆本土产品对于内地需求的反应敏感度以及时效性，致使新疆特色产品在国内市场占有率上始终处于劣势，对优势产业形成集群式发展作用有限。但是相对于与中亚五国的距离与市场占有率，

我国新疆相对具有很大的地缘优势，在响应国家丝绸之路经济带建设的同时，我国新疆向西开放以中亚五国为市场突破向欧洲市场的发展，具有不可估量的贸易潜能，因此，日后构建大规模面向中亚五国的外向型产业集群的发展成为必要选择。近年来，“丝路核心区”的战略实施，使新疆面临着快速发展的难得机遇，对口援疆与发达省份产业的转移为新疆带来了资金、人力与技术资源，应将资源运用到发展外向型产业集群，扩大产业集群规模，同时应借鉴沿海地区对外出口的成功经验以及集群发展管理经验，针对中亚市场的需求构建合理的集群发展目标，不断培育并发展现有集群的外向性，定位中亚市场，扩大集群规模。

4.5.2.5 加强基础设施建设，构造良好投资环境

区域内基础设施的完善、政府激励政策的实施以及良好的投资环境是吸引外商直接投资的重要砝码，由于发达国家及地区对我国新疆进行顺梯度的直接投资有利于新疆直接引进国际先进的管理经验与技术，从而带动集群内整体产业技术水平的提升与优化，因而通过改善投资环境吸引外商直接投资来带动集群内产业的快速发展成为必要。在丝绸之路经济带建设中，“道路畅通”是区域经济可持续发展的必要条件之一，新疆应加大交通基础设施的建设。首先，应通过现代物流技术的提升来大大减少运输成本和时间成本，以吸引发达地区向新疆进行直接投资，促进新疆对国内发达地区的产业转移以及国际发达国家技术的承接。基于自身区位、地缘优势，连通口岸与市区等地区公路、高铁、火车、航空等交通路线，完善新疆的交通运输体系，合理增加新疆与国际对接的交通路线，如以喀什、乌鲁木齐机场为枢纽的航线的构建，中巴铁路、南线铁路的建设，中吉乌等多线的对接。其次，通过加强口岸、外向型产业园区、产品出口加工基地的建设及配套设施的完善，出台相应的管理机制，同时提供完善的政策保障和服务。真正完善新疆核心区发展所需的内外交通路线，确立其西北部综合交通枢纽的地位。

第5章

丝绸之路经济带建设中我国新疆对中亚国家经贸合作政策研究

5.1 我国新疆与中亚国家经贸合作状况

5.1.1 我国新疆与中亚国家概况

本书研究的中亚国家指的是哈萨克斯坦共和国、乌兹别克斯坦共和国、吉尔吉斯共和国、土库曼斯坦和塔吉克斯坦共和国五个国家。

5.1.1.1 地理区位

新疆维吾尔自治区总面积为166.49万平方公里，占我国陆地总面积的六分之一，位于我国的西北部，在国内与西藏、青海、甘肃三省区相邻，陆地边境线长达5 600多公里，占全国陆地边境线的四分之一，是我国陆地边境线最长的省区。

与我国新疆周边接壤的国家从东到西依次为蒙古、俄罗斯、哈萨克斯坦、吉尔吉斯斯坦、塔吉克斯坦、阿富汗、巴基斯坦和印度。中亚五国总面积近400万平方公里，有三个国家都与我国新疆接壤，而且边境线较长，其中与哈萨克斯坦相接的边境线长1 700公里，与吉尔吉斯斯坦相接的边境线长1 100公里，与塔吉克斯坦相接的边境线长550公里。中亚国家处于欧亚大陆的内心，是连接欧洲的陆上通道的必经之地。

5.1.1.2 人口与民族

截至2018年底，新疆总人口2 486.76万人，其中少数民族人口1 496.06万人，约占总人口的60%。中亚国家总人口6 397.4万人，我国新疆与中亚国家面积、人口数据详见表5－1。

表5－1　　2014年中国新疆与中亚国家面积、人口数据表

项目	中国新疆	哈萨克斯坦	乌兹别克斯坦	吉尔吉斯斯坦	土库曼斯坦	塔吉克斯坦
土地面积（万平方公里）	166.49	272.49	44.89	19.99	49.12	14.31
首都（首府）	乌鲁木齐	努尔苏丹	塔什干	比什凯克	阿什哈巴德	杜尚别
人口（万人）	2 486.76	1 667.54	2 800	554.3	683.6	691.96
密度（人/平方公里）	14.9	6.1	62.4	27.7	13.9	48.4

资料来源：2015年《新疆统计年鉴》与中国驻中亚国家经济商务参赞处网站

由表5－1可以看出，我国新疆只比哈萨克斯坦土地面积小，但是人数比其多，比其他四国的土地面积都大且人数也比其中三国的多。

我国新疆与中亚地区一样，是多民族聚居的地区，相同的民族很多，但是中亚地区的宗教情况比较复杂。新疆共有47个民族，中亚国家有大大小小130多个民族。2014年关于我国新疆与中亚国家人口较多的民族的比例情况详见表5－2。

表5－2　　中国新疆与中亚国家占前三位的民族人口比例

民族比例排序	中国新疆	塔吉克斯坦	吉尔吉斯斯坦	土库曼斯坦	哈萨克斯坦	乌兹别克斯坦
	47个民族	86个民族	90多个民族	100多个民族	125个民族	130多个民族
一	维吾尔族 49.04%	塔吉克族 80%	吉尔吉斯族 68.3%	土库曼族 77%	哈萨克族 64.6%	乌兹别克族 78.8%
二	汉族 37.39%	乌兹别克族 15.3%	乌兹别克族 14.2%	乌兹别克族 9.2%	俄罗斯族 22.3%	塔吉克族 4.9%
三	哈萨克族 7.0%	俄罗斯族 1%	俄罗斯族 8.1%	俄罗斯族 3%	乌兹别克族 3%	俄罗斯族 4.4%

资料来源：2015年《新疆统计年鉴》与中国驻中亚国家经济商务参赞处网站

5.1.1.3 资源概况

新疆拥有占全国80.7%的探明矿种，其中有96种矿产资源已查明储量，有5种资源储量位居全国榜首，27种矿产储量排名前五，稳居前十的已高达41种。其矿产资源的种类之多，矿藏量储备之大，质量之优，使得新疆成为新的矿产资

源中心。因此，新疆的资源开发工作也提上重要日程。据探明，新疆石油、天然气、煤炭预测资源分别有209.2亿吨、11万亿立方米、2.19万亿吨，分别占全国资源总量的30%、34%、40%。在21世纪，能源资源基地当属中亚，其石油、天然气、有色金属、水力资源的储量丰富。其中哈萨克斯坦境内有90多处矿种已被探测出来，而有色、稀有金属等多处矿床也被探明。太阳能电池板中离不开多晶硅这种稀有原料，而在世界各国中，多晶硅对外贸易量最大的国家当属吉尔吉斯斯坦，除此以外，金、铁、钨等矿物质在吉尔吉斯斯坦储量也十分可观。除了吉尔吉斯斯坦外，乌兹别克斯坦矿物质储量在世界上也是数一数二的，像铜、金、铀等矿藏都名列世界前茅。哈萨克斯坦部分矿产分布详见表5-3。

表5-3　　哈萨克斯坦矿产资源储量

项目	铀	铜	金	铅	钨	锰	锌
储量（万吨）	150	3 450	0.19	1 170	200	60 000	3 470
占全球储量的比重（%）	19	10	4	23	50	-	-
世界排名	2	9	8	6	1	5	1

资料来源：中亚五国油气工业部

塔吉克斯坦在铝锭生产和银矿开采方面具有一定的优势。石油、天然气储量最丰富的是土库曼斯坦和哈萨克斯坦（哈、乌、土三国石油天然气储量详见表5-4）。塔吉克斯坦和吉尔吉斯斯坦的水电资源丰富，其中吉尔吉斯斯坦潜在的水力发电能力为1 450亿千瓦时，目前仅开发利用了10%左右；塔吉克斯坦的水电蕴藏量为6 000万千瓦，年发电量达5 270亿千瓦时，但目前开发利用率仅为3%。

表5-4　　哈萨克斯坦、乌兹别克斯坦、土库曼斯坦三国石油天然气储量

石油/天然气储量	哈萨克斯坦	乌兹别克斯坦	土库曼斯坦
探明石油储量（亿吨）	50	5.8	77
预计石油储量（亿吨）	170	53	120
探明天然气储量（万亿立方米）	3	2.1	2.8
预计天然气储量（万亿立方米）	6	5.4	22.8

资料来源：中亚五国油气工业部

5.1.1.4　经济发展状况

新疆GDP从2008年到2014年翻了一番，从4 183.21亿元增长到9 264.1亿元，是1978年的237倍；产业结构不断优化，第一二三次产业的比重从2000年的 21.12%、43.01%、35.9，调整为 2014 年的 16.6%、42.6%、40.8；各族人民的生活水平逐年提高。2014 年，新疆城镇居民人均可支配收入 23 214 元，比上年增长 10.1%。新疆部分经济指标发展情况详见表 5－5。

表 5－5　　2008～2014 年新疆部分经济指标

指数	2008 年	2009 年	2010 年	2011 年	2012 年	2013 年	2014 年
GDP（亿元）	4 183.21	4 277.05	5 437.47	6 610.05	7 505.31	8 360.2	9 264.1
GDP 增长率（%）	11	8.10	10.60	12	12	11	10
城镇居民可支配收入（元）	11 432.1	12 258	13 644	15 513.62	17 920.68	19 874	23 214
城镇居民可支配收入增长率（%）	10.80	107.10	11.30	13.70	15.50	10.90	16.80
就业人员（万人）	847.58	866.15	894.65	953.34	1 010.44	1 096.59	1 135.24
就业人员增长率（%）	2.10	2.19	3.29	6.56	5.99	8.53	3.52
进出口总额（万美元）	2 221 680	1 382 771	1 712 834	2 282 225	2 517 075	2 756 191	2 766 930
进出口总额增长率（%）	61.97	－37.76	23.87	33.24	10.29	9.50	0.39
固定资产投资（万元）	22 599 746	28 272 359	35 396 941	47 127 699	62 583 830	81 484 141	97 447 919
固定资产投资增长率（%）	22.11	25.10	25.20	33.14	32.80	30.20	19.59

资料来源：《2015 年新疆统计年鉴》

由表 5－5 可以看出，新疆 GDP 的年增长率在 10% 以上；城镇居民可支配收入的年增长率在 10% 以上；就业人员的增长率不断提高，但 2014 年有所下降；进出口在前几年增长较快，这两年增长速度减缓，这主要跟国家的国情相关，我国最近几年注重调整结构，放缓了增长速度，增长动力不是很足，经济发展进入新常态。

2014 年，哈萨克斯坦的国内生产总值为 2 178.7 亿美元，增长 4.3%，固定资本投资 65 740 亿坚戈，同比增长 3.9%。工业生产总值 184 920 亿坚戈，同比增长 0.2%。截至 2015 年 1 月 1 日，在哈萨克斯坦注册的法人共有 35.3 万户，同比增长 4.4%，零售企业库存量 3 248 亿坚戈。

2014 年吉尔吉斯斯坦的国内生产总值为 7.4 亿美元，增长 0.1%。吉尔吉斯斯坦政府为 2015 年吉尔吉斯斯坦国民经济增长制定的目标为 6.5%。近 13 年来吉尔吉斯斯坦出口额增长将近翻两番，2000 年出口额为 5. 11 亿美元，2013 年为 20. 12 亿美元。

乌兹别克斯坦经济增长速度总体较为平稳，多年来国内生产总值增速一直保持在 7% 以上。2014 年国内生产总值 597 亿美元，同比增长 8. 1%；通胀率为 2. 6%；贸易总额 280. 54 亿美元；累计吸引外资 1 000 多亿美元。2015 年上半年，国内生产总值 290 亿美元，同比增长 8. 1%。预计全年 GDP 增幅仍为 8% 左右。

2014 年塔吉克斯坦国内生产总值为 9. 24 亿美元，增长 8. 6%。国家财政收入减少与进口商品额急剧下降导致海关收入减少有关，汽车、水泥、化肥、石油、木材等产品进口量大幅下跌。国家银行在外贸结算中将投入 100 万元人民币流通，以降低本国货币索莫尼的贬值压力。据悉，2015 年 1 ~ 10 月，索莫尼对美元汇率累计下跌 26. 7%。

2014 年土库曼斯坦 GDP 为 47. 9 亿美元，经济发展主要依赖天然气出口，财政收入也主要依靠石油天然气、化工、电力、建筑等重点行业，出口对象主要有俄罗斯、中国和伊朗等几个国家。土库曼斯坦称将进一步发展农业、交通通信、纺织、食品工业。

由表 5 - 6 可以看出，我国新疆比中亚国家各国的 GDP 都要高，人口也要比中亚四国的多，只有乌兹别克斯坦的人口比新疆的要多，但是哈萨克斯坦与土库曼斯坦的人均 GDP 都要高过新疆。由一二三产的比重来看，中亚国家的一二三产比例还是比较合理的，三产占比都比较高，土库曼斯坦由于国情的原因，二产占比较高，总体来说各国的经济状况都是在朝着好的方向发展。

表 5 - 6　　2014 年中国新疆与中亚国家整体经济发展指标

区域	土地面积	人口（万人）	GDP（亿美元）	人均 GDP（美元）	产业结构（%）			城镇人口比重（%）
					一产	二产	三产	
中国新疆	166. 5	2 298	9 264. 1	4 031. 38	16. 6	42. 6	40. 8	46. 07
哈萨克斯坦	272. 5	1 728. 90	2 122. 48	12 601. 70	6. 4	40. 3	53. 3	58
吉尔吉斯斯坦	20	583. 42	74. 04	1 269. 10	29. 2	19. 3	51. 5	36. 4
塔吉克斯坦	14. 3	829. 58	92. 42	1 114. 00	22. 4	23. 7	53. 9	26. 5
土库曼斯坦	48. 8	530. 72	479. 32	9 031. 50	12. 3	53. 5	34. 2	49. 1
乌兹别克斯坦	44. 7	3 075. 77	626. 44	2 036. 70	19. 5	33. 2	47. 3	36. 8

资料来源：《2015 年新疆统计年鉴》；中亚五国的产业结构使用的是 2010 年数据

5.1.2 我国新疆与中亚国家经贸合作环境现状

5.1.2.1 我国新疆与中亚国家经贸合作优势分析

1. 地缘优势

距离是影响贸易的一个重要因素，一般来说，在其他条件基本相似的情况下，距离越近的两个国家贸易量会越大，对经贸合作也会产生较大影响。

我国新疆维吾尔自治区与中亚国家中的哈萨克斯坦、吉尔吉斯斯坦、塔吉克斯坦三国接壤，共有约 3 300 公里边界线，其中与哈萨克斯坦的边界线约 1 700 公里，与吉尔吉斯斯坦的边界线约 1 100 公里，与塔吉克斯坦的边界线约 500 公里。新疆与土库曼斯坦和乌兹别克斯坦也是近邻。地缘是我国新疆与中亚开展经贸合作的一个重要优势。

新疆是中国对中亚国家开放的重要门户。新疆共开设了 14 个一类口岸，其中航空口岸有 2 个，分别是乌鲁木齐航空口岸和喀什航空口岸。一类边境陆路口岸共有 12 个，其中吉木乃、巴克图、阿拉山口、霍尔果斯和都拉塔是对哈萨克斯坦开放的陆路口岸；吐尔尕特和伊尔克什坦是对吉尔吉斯斯坦开放的边境陆路口岸；对塔吉克斯坦尚未开放一类边境陆路口岸，但有二类边境陆路口岸卡拉苏对其开放。这些口岸的开放同样对中国与中亚国家的经贸合作具有重要意义。

2. 人文优势

我国新疆与中亚国家的民族构成比较相似，中亚国家的主体民族在新疆地区均有分布，哈萨克斯坦主要民族为哈萨克族，在我国也被称为哈萨克族；吉尔吉斯斯坦主要民族是吉尔吉斯族，在我国被称为柯尔克孜族；塔吉克斯坦主要民族为塔吉克族，在我国境内亦被称为塔吉克族；乌兹别克斯坦的主体民族为乌孜别克族，在我国境内同样被称为乌孜别克族，这个民族在我国主要分布在新疆，只有土库曼斯坦的土库曼族，主要分布在我国的青海，称为撒拉族。具体情况见表 5 -7。

表 5 -7 全国与新疆部分民族人数比较

单位：万人

区域	哈萨克族	柯尔克孜族	塔吉克族	乌孜别克族	俄罗斯族
全国	159.87	20.24	5.11	1.85	1.54
新疆	159.7	20.2	4.86	1.85	1.2

资料来源：《2015 年新疆统计年鉴》《2015 年中国统计年鉴》

由表 5 -7 可以看出，中亚国家的主要民族在我国主要分布在新疆，这些民族语言基本相通，宗教信仰与社会习俗基本相似，[①] 这就奠定了我国新疆与中亚国家经贸合作的基础，如国家对这些民族成员进行相关方面的培养，必将成为我国新疆与中亚国家经贸合作乃至其他领域合作的主力军。

3. 经济与市场优势

我国新疆与中亚国家的经济贸易领域具有互补性。它不仅体现在资源配置上，而且体现在能源种类储备基础上。由于新疆产业结构体系完善，恰好弥补了中亚国家因受到苏联经济体制影响所造成的产业结构不合理问题。此外，中亚国家有位居世界前列的石油、钨、铀、磷、天然气储量，新疆可将这些自然资源进口并制作出新产品，提高自己的深加工能力，同时也可将产品互通流转，与周边国家互通有无，配合市场运转。中国与中亚国家的资源和能源互补，极大地促进了双方进行进一步交流合作的机会，有利于提高双边经贸合作，扩大双方利益。[②]

5.1.2.2 我国新疆与中亚国家经贸合作劣势分析

1. 面向中亚国家的交通基础设施相对落后，双方标准不一

在公路方面，我国新疆与哈萨克斯坦之间已开通多条公路，但公路运输运量小的这一劣势是众所周知的，同时我国新疆与中亚国家在公路标志和标线上有很大差异，如在过境车辆监管标准方面，我国新疆实施的标准与中亚国家实施的标准差别较大。

在铁路方面，目前我国新疆通往中亚国家的铁路线口岸站共有两个，一个是1990年9月12日开放的阿拉山口口岸站，另一个是2012年12月22日开放的霍尔果斯口岸站。历年以来，阿拉山口口岸站年过货量占新疆16个口岸年过货量的90%以上，年过货量远远超出原设计的过货量，运输压力过大。另外双方的铁路技术标准也不统一，双方进行铁路运输必须进行车皮换装或换轮作业，这既耗费了时间又增加了成本。

2. 面向中亚国家的人才培育机制不完善，经贸人才短缺

精通汉语及五国语言并熟悉经贸业务技能的双语人才是我国新疆与中亚国家开展经贸合作的中坚力量。在我国新疆与中亚国家居住有维吾尔、哈萨克、柯尔克孜、乌孜别克、塔吉克等跨境民族，他们语言、风俗习惯相同，是我国新疆与中亚国家开展经贸合作的最有潜力的一支队伍。但由于新疆针对中亚国家经贸方面技能培训的培养机制尚不完善，使得具有此方面潜力的人才大量流失。目前，在我国新疆与中亚国家的经贸合作中，此类既精通双语，又精通经贸合作业务的

---

① 李金叶，舒鑫．“丝绸之路经济带”构建中新疆经济定位的相关思考［J］．新疆大学学报（哲学人文社会科学版），2013（6）：18－22．

② 王雪锋，龚新蜀．试析我国新疆与中亚国家的经贸合作［J］．国际商务（对外经济贸易大学学报），2008（2）：35－38，51．

高层次人才极为短缺，这是我国新疆与中亚国家经贸合作的又一劣势。

3. 企业整体竞争力及投资的不对称

目前，我国新疆与中亚国家的经贸合作主要体现在外贸上，但在中亚市场的竞争力普遍较弱，2012 年在新疆农业大学举办的"'中国新疆·欧亚经济一体化'国际论坛"上，参与交流的哈萨克学者所列出的在哈萨克斯坦著名的外国企业中，中国企业名字不见踪影，中国企业在中亚国家的竞争力较弱。此外，在我国新疆与中亚国家经贸合作进程中，中亚国家对新疆投资的缺失造成的投资不对称现象对双边经贸合作的深入发展也将产生不利影响。

5.1.2.3 我国新疆与中亚国家经贸合作机遇分析

1. 中亚五国相继制定吸引外资和开展国际经贸合作的相关法律法规

中亚五国独立以后为了发展经济，制定了一系列的吸引外资的政策，并颁布了营造开展国家经贸合作的相关法律法规。哈萨克斯坦吸引外资及对外经贸合作的法规性文件主要有《哈萨克斯坦直接投资法》《哈萨克斯坦阿克莫拉经济特区法》和《哈萨克斯坦共和国外商投资法》。吉尔吉斯斯坦吸引外资及对外经贸合作的法律文件主要有《吉尔吉斯斯坦共和国外国投资法》《吉尔吉斯斯坦共和国外商租赁企业经营法》《比什凯克自由经济区条例》等。塔吉克斯坦吸引外资及对外经贸合作的主要法律文件有《塔吉克斯坦共和国外商投资法》《塔吉克斯坦共和国对外经济活动法》《塔吉克斯坦共和国企业法》和《塔吉克斯坦共和国企业注册法》。土库曼斯坦吸引外资及对外经贸合作的法律主要有《外资投资法》《对外经济活动法》《外国特许权法》《投资活动法》。乌兹别克斯坦吸引外资及对外经贸合作的法律主要有《对外经济活动法》《外资出口产品有色金属、黑色金属、贵重金属、石油、天然气、棉花及短绒外商活动保障法》等。① 中亚国家的这一系列法律法规的制定和颁布在一定程度上为我国新疆相关企业到中亚国家从事经贸活动及投资办厂提供了相关法律保障，是我国新疆与中亚国家开展经贸合作的又一重要机遇。

2. 上合组织为我国新疆与中亚的经贸合作提供了平台

2001 年 6 月 15 日，上海合作组织成立，成员国有中国、俄罗斯、哈萨克斯坦、吉尔吉斯斯坦、塔吉克斯坦与乌兹别克斯坦。土库曼斯坦作为客人也参与进来。中亚国家都参与进来，为我国新疆与中亚国家开展经贸合作提供了平台。

目前，上合组织已基本具备了较为完备的机制与法律基础，中国与中亚国家在上海合作组织框架下通过签订各类双边或多边经贸合作协定，建立相关组织，

① 陈俭．中国与中亚五国农业经贸合作模式研究［D］．乌鲁木齐：新疆农业大学，2012.

积极应对并克服了国际金融危机和欧洲债务危机对本地区的冲击，步入了实现贸易与投资便利化的实质性阶段。新疆地区作为我国面向中亚国家的门户，很多项目都在新疆实施，为新疆与中亚国家的经贸合作提供了平台。

3. 中哈霍尔果斯边境合作中心的成立提供了新平台

中哈霍尔果斯国际边境合作中心地跨中国与哈萨克斯坦两国，是中国与其他国家建立的首个国际边境合作中心。该中心共分中方与哈方两个管辖区，中方区地处新疆维吾尔自治区伊犁哈萨克自治州霍城县，该区所在地霍尔果斯距乌鲁木齐市约670公里，在2010年5月中央政府召开的新疆工作座谈会上被确立为特殊经济开发区；2011年，哈萨克斯坦在该区所在地建立“霍尔果斯东大门”经济特区，距阿拉木图市约380千米。中方的管理机构为新疆维吾尔自治区人民政府，哈方管理权几易其手，最近为哈萨克斯坦共和国铁道部拥有。但目前该合作中心仍处于建设阶段，是新疆与中亚经贸合作的又一个机遇。

4. 丝绸之路经济带的提出为我国新疆与中亚经贸合作提供了新机遇

2013年9月，习近平主席在访问中亚四国时提出了“丝绸之路经济带”的倡议，这给我国在该区域实现全面的国际区域合作提供了又一次可能，也是新疆在“丝绸之路经济带”框架下，进一步促进经济发展和对外开放的又一次重大机遇。2015年新疆正式被确定为“丝绸之路经济带核心区”，同年自治区出台的《2015年新疆政府工作报告》也对“丝绸之路经济带”的建设做出了详细规划，由此新疆全面投入到“丝绸之路经济带核心区”的建设当中。

5.1.2.4　我国新疆与中亚国家经贸合作挑战分析

1. 中亚国家政局不稳定

中亚国家自独立以来，由于派系之间利益的争夺、“三股势力”（宗教极端势力、民族分裂势力、国际恐怖势力）的长期存在、西方“民主”观念的渗透、贫富差距的扩大等一系列原因，使得五国政局处于动荡之中，近年虽有所好转，但仍存在政权非正常更迭的风险。由于中亚地区政局的不稳定，我国新疆的相关企业对进入中亚国家与五国开展合作一直持较为谨慎的态度。

2. 中亚国家内部问题严重

中亚国家普遍实行总统制。目前中亚国家对我国的了解还不够深入，出台的对外贸易政策缺乏连贯性，导致我国新疆到中亚国家投资建厂的企业很被动。随着丝绸之路经济带倡议的提出，中亚国家也制定了一系列外商投资法律，但是也有诸多歧视我国的法律条文。比如，规定了我国到中亚国家劳务的移民名额，还提高我国企业缴纳税收的税率，并制定了苛刻的企业准许制等。这一现象在很大程度上限制了我国新疆与中亚国家经贸合作的进一步发展。

5.1.3 我国新疆与中亚国家经贸合作现状分析

5.1.3.1 贸易合作现状

我国新疆与中亚国家对外贸易一直保持上升的趋势（详见表5－8），我国新疆与中亚国家外贸进出口总额从2006年到2014年增长了3.04倍，从91亿美元增加到277亿美元；其中，出口增长明显快于进口，2006年到2014年间，进口与出口分别增长了1.07倍和2.65倍。2014年，我国新疆与中亚国家进出口总额比上年减少了17.5亿美元，出现负增长，其中进口减少了26.6亿美元，减少较多。2006～2014年，进口比重从20.96%变化到9.68%，在逐年减少，出口比重从79.04%增加到90.32%，可见，我国新疆与中亚国家贸易中，出口占主要地位，并且增长较快。从我国新疆对中亚国家出口占新疆总出口额的比重来看，平均占比70%左右，2008年的比例最高，达到84.66%，近年来占比逐渐变小，但是仍占主要地位。

表5－8　2006～2014年中国新疆对中亚国家进出口贸易额及增长率

年份	进口额（万美元）	同比增长（%）	出口额（万美元）	同比增长（%）	进出口总额（万美元）	同比增速（%）	中国新疆外贸进出口总额（万美元）	新疆对中亚国家的进出口额占新疆的比例（%）
2006	155 064.5	－28.92	584 906.2	52.63	739 970.8	23.05	910 327.0	81.29
2007	155 490.2	0.27	942 134.1	61.07	1 097 624.3	48.33	1 372 000	80.00
2008	211 398.3	35.96	1 669 816.8	77.24	1 881 215.1	71.39	2 222 000	84.66
2009	184 625.7	－12.66	935 011.6	－44.01	1 119 637.4	－40.48	1 395 000	80.26
2010	292 570.9	58.47	1 081 670.3	15.69	1 374 241.3	22.74	1 712 834.2	80.23
2011	449 109.3	53.50	1 249 303.9	15.50	1 698 413.2	23.59	2 282 224.6	74.42
2012	456 540.4	1.65	1 287 942.8	3.09	1 744 483.3	2.71	2 517 075.2	69.31
2013	431 391.6	－5.51	1 457 087.7	13.13	1 888 479.3	8.25	2 756 191	68.52
2014	165 845.1	－61.56	1 547 795.2	6.23	1 713 640.3	－9.26	2 766 929.5	61.93

资料来源：新疆海关网

利用2006～2014年我国新疆对中亚国家的贸易数据计算新疆对中亚国家

的贸易依存度，可以反映出我国新疆的经济增长对中亚国家进出口贸易的依附程度，计算公式为一国或地区进出口总额与其国内（地区）生产总值或国民生产总值之比。计算结果详见表5-9。

表5-9 中国新疆对中亚国家的贸易依存度 单位：%

年份	对哈萨克斯坦贸易依存度	对吉尔吉斯斯坦贸易依存度	对乌兹别克斯坦贸易依存度	对塔吉克斯坦贸易依存度	对土库曼斯坦贸易依存度
2006	13.13	4.86	0.70	0.57	0.11
2007	15.06	7.02	0.72	0.81	0.09
2008	15.07	13.25	0.72	2.08	0.13
2009	1.44	0.23	0.62	1.39	0.12
2010	11.53	3.31	0.77	1.34	0.16
2011	10.36	3.72	1.68	0.72	0.12
2012	9.39	3.40	1.18	0.70	0
2013	9.09	3.09	1.18	0.65	0
2014	6.71	2.72	1.33	0.51	0.09

资料来源：根据2010~2014年《新疆统计年鉴》相关数据计算整理得出

如表5-9所示，我国新疆对哈萨克斯坦的贸易依存度比较高，2008年高达15.07%，2009年贸易依存度降到最低，其余年份变化不大，但是总体呈下降趋势。新疆对土库曼斯坦的贸易依存度最低，变化较小，均在0.1%左右。新疆对乌兹别克斯坦的贸易依存度在2006~2010年比较平稳，均在0.7%左右，在2011年增长到了1.68%，之后变化也比较平稳，保持在1%~2%之间；新疆对吉尔吉斯斯坦的贸易依存度在2008年与2009年有一个大的变化，2008年特别高，达到13.25%，而2009年又跌回0.23%，其他年份变化比较平稳，在3%左右；新疆对塔吉克斯坦的贸易依存度变化趋势先高后低。从我国新疆对中亚国家的贸易依存度可以看出，中亚五国中，哈萨克斯坦是新疆的主要贸易国家，新疆对哈萨克斯坦的贸易在中亚五国中占主要地位。

5.1.3.2 投资与经济技术合作现状

自1992年我国与中亚国家建交以来，新疆就积极地行动起来，充分利用自己的区位优势与经济技术优势，与中亚国家开展了很多的经济技术合作。近年来新疆很注重技术创新，企业拓展市场的能力也有所增加，在丝绸之路经济带的建设构想提出后，双方企业联系得更加紧密。从最开始简单的经济技术合作，到逐步开始联合投资建厂，新疆企业利用国内成熟的技术在中亚国家入股技术投资，也有的直接自己投资建厂，扩大了投资合作范围，从食品加工行业到房地产开发与勘探设计行业，已经初见成效，投资层次在提高，投资结构也趋于合理。目前我国新疆与哈萨克斯坦的经济技术合作项目合同书已经达到284个，是境外投资总数的46.8%。

5.1.3.3 交通运输合作现状

我国新疆与中亚国家之间的交通运输合作离不开公路口岸合作，两者是相辅相成的关系。与铁路口岸合作相比，我国新疆与中亚国家之间的公路口岸合作范围比较广，无论是相对发达的北疆地区还是相对落后的南疆地区，公路口岸的合作都有一定的发展。

从表5-10中我们可以看出，我国新疆与中亚国家在公路口岸合作上，合作范围广，新疆沿边所有地州基本都有公路口岸存在，有些地州甚至有两个以上的合作口岸。与对口口岸之间的距离也比较近，例如，吉木乃口岸和迈哈布奇盖口岸的距离仅为0.5公里；巴克图口岸与巴克特口岸的距离仅为0.8公里；距离最远的卡拉苏口岸与库里玛口岸之间也仅有13.8公里。

表5-10　中国新疆与中亚国家公路口岸简表（部分）

口岸名称	口岸类型	依托城镇	所属地州	开放时间	接壤国家	对口口岸	距离（公里）
卡拉苏	公路	塔什库尔干	喀什	2007.12	塔吉克斯坦	库里玛	13.8
伊尔克什坦	公路	乌恰县	克孜勒苏	1998.1	吉尔吉斯斯坦	伊尔克什坦	10
吉木乃	公路	吉木乃县	阿勒泰	1994.3	哈萨克斯坦	迈哈布奇盖	0.5
都拉塔	公路	察布查尔锡伯县	伊犁	1994.3	哈萨克斯坦	科里扎特	3.8
阿拉山口	公路	博乐市	博尔塔拉	1991.7	哈萨克斯坦	多斯特克	12.3
巴克图	公路	塔城	塔城	1990.1	哈萨克斯坦	巴克特	0.8
吐尔尕特	公路	乌恰县	克孜勒苏	1983.12	吉尔吉斯斯坦	图鲁嘎尔	12
霍尔果斯	公路	霍城县	伊犁	1983.11	哈萨克斯坦	霍尔果斯	1.5

资料来源：根据中华人民共和国商务部、交通部以及新疆口岸办公室官网的相关数据资料整理制作得出

5.1.3.4　金融合作现状

近年来我国新疆与中亚各国的金融机构之间逐步开展了贸易结算、出口信贷、银团贷款、融资服务、互设机构、信息交流与人才培训等业务合作，中国人民银行与哈萨克斯坦先后签署《关于建立中哈霍尔果斯国际边境合作中心的框架协议》及《关于中哈霍尔果斯国际边境合作中心活动管理的协定》，旨在提高我国新疆与中亚国家的金融合作。截至 2014 年一季度，国开行新疆分行在中亚支持了涉及油气、航空、农业、中小企业等多个领域的 77 个项目，发放贷款余额达 212.15 亿美元。目前我国新疆与中亚国家金融合作存在着很大的问题，资金不能自由流动是阻碍双方经贸合作的最大障碍，此外双方银行的经营管理体制不一样，金融业的管理模式也不尽相同，存在信息不对称的问题，阻碍了资金对经济的推动作用。

5.1.4　我国新疆与中亚在“丝绸之路经济带”建设中经贸合作的战略意义

5.1.4.1　新疆地位使然

新疆是我国面积最大、国境线最长、交界邻国最多的省区，向西开放的地缘空间和人文资源优势明显，但受自身发展和外部因素的影响，新疆对外开放的优势一直没有得到有效发挥，对新疆经济社会发展的带动作用有限。近年来，随着我国对外开放战略的演进发展，国家对新疆的定位也在逐渐清晰明确，新疆对外开放的门户地位和枢纽作用日益凸显，正逐步发展成为中国面向中亚、对接中亚、走入中亚区域经济合作的先行区。在共建“丝绸之路经济”构想下，新疆如何进一步把握国家对外开放战略调整的机遇，树立新的对外开放战略思路，制定新的经贸合作政策，面向国际国内两个市场、两种资源，以更宽广的视野推进对内对外开放，是新疆在国家战略中的担当，也是新疆未来发展的重要潜力。

5.1.4.2　国家战略需要

2010 年以后，国际国内的形势都发生了重大变化，我国已成为世界第二大经济体，在国际上的战略地位更加凸显，在国际舞台上的作用更加重要。作为我国的重要邻国，以我国为战略伙伴关系的以哈萨克斯坦为首的中亚各国经济也在快速发展，前景广阔，在世界政治经济格局中的地位和作用也在不断增强。美国、欧洲、俄罗斯等大国在中亚的角逐日益激烈，伊朗、巴基斯坦、土耳其、日本、韩国、印度等国在中亚的市场份额不断扩大，中国在中亚区域的竞争压力日益增加。如何充分利用新疆的地缘优势，加快与中亚国家的经贸发展，是新疆发展的迫切需要，也是国家开放战略深化的迫切需要。新疆作为“丝绸之路经济带”的核心区，在坚持互利共赢的基础上，积极促进新疆与中亚的经贸合作，推动互联互通建设，打造“丝绸之路经济带”的“核心区”和“试验田”，可为在更加广泛的区域中实现这一重要构想产生示范效应。

5.2 丝绸之路经济带建设中我国新疆对中亚经贸合作政策状况

20 世纪 90 年代初，中亚国家独立，我国与中亚五国建交，从此揭开了我国与中亚五国关系的新篇章，也为我国新疆与中亚开展经贸合作开启了新时代。中亚五国独立以来，我国新疆对中亚的经贸合作政策大体上经历了三个阶段的演变：第一阶段从 1992 年 1 月到 2001 年 6 月，以政治合作为主，经贸合作为辅，主要在我国与中亚五国政治合作基础上，我国新疆与中亚国家开展小范围的经贸合作；第二阶段从 2001 年 6 月至 2013 年 9 月，上合组织成立以来，是政治政策推动经贸政策平稳升温阶段，在上合组织的框架下制定了一系列的经贸合作政策；第三阶段为 2013 年 9 月至今，是经贸合作政策全方位提升阶段。在丝绸之路经济带背景下，我国与中亚五国的外交频繁，我国新疆与中亚国家的经贸合作范围全面扩大。

5.2.1 我国新疆对中亚国家经贸合作政策的历史考察

5.2.1.1 建交之初：政治合作为主、经贸合作为辅（1992 ~ 2001）

20 世纪 90 年代后半期，我国积极与五国建立外交关系。1994 年 8 月“中亚地区经济发展进程”国际研讨会在乌鲁木齐顺利召开，这一阶段我国新疆没有太多自己的措施促进与中亚五国的经贸合作，大都是国家层面的政策，新疆予以执行，比如边界问题。国家才有处理国界问题的权力，所以此阶段我国新疆与中亚国家的接触较少。我国在 1994 年与 1996 年先后与哈萨克斯坦、吉尔吉斯斯坦两国签订了国界协定并成立联合勘界委员会实施勘界立标工作。

1997 年 9 月，我国与哈萨克斯坦签订了有关石油天然气领域的合作协议，标志着我国对外政策的改变。我国新疆也积极响应，与中亚国家进一步开展了能源方面的诸多投资合作。新疆在 1991 年出台了相关的展会政策，每年举办一届“乌鲁木齐边境地方经济贸易洽谈会”，对象主要针对中亚国家与东欧国家，成功地促进了我国新疆地区与中亚地区的经贸合作，为双方合作提供了最初的平台。

1990 年 9 月 12 日，被誉为“世界十字路口”的第二条铁路大动脉全线开始运行，横贯亚欧大陆，我国真正与世界接轨，加强了与中亚国家，尤其是哈萨克斯坦的外贸交流。从此，我国新疆与中亚国家的贸易额逐年递增，增长率高达 43.76%，外贸累计额大于 35 亿美元。我国新疆地区成为中亚国家进行贸易合作的主力军，在 1992 ~ 1998 年连续 7 年间，我国新疆与中亚国家的贸易额占据新疆外贸额的半壁江山，仅在 1994 年有所波动，其他年份都呈上升趋势。我国新疆与中亚国家互利互惠的经贸合作方式，无疑使得我国新疆成为中亚国家最好的合作伙伴。20 世纪 90 年代，中亚国家迫切需求国外轻工业产品的输入。据了解，仅水果方面，每年中亚地区都需要 190 万 ~ 200 万吨，在毛织品方面需求更多，每年约 300 万 ~ 1 200 万件。中国丰富的轻工业产品恰好可以满足中亚国家这方面的市场需求，我国新疆作为通往中亚各地区的门户，更是加大了本地区产品的输出额。

5.2.1.2　上合组织建立以来：政治政策推动经贸政策平稳升温（2001 ~ 2012）

2001 年 6 月，我国与中亚一些国家历经 10 年之久的考察与探索期，终于成立了上海合作组织，要求深化合作，加强盟友关系，建立良好的外交环境，并进行更加深入的洽谈合作。

2002 年 7 月，新疆乌鲁木齐成立了新疆中亚科技经济信息中心。2004 年，中吉经贸合作委员会中国新疆 - 吉尔吉斯斯坦工作组机制成功建立，并商定一年一次轮流主办。

以开展一个相互交流的平台，促进经贸合作，扩大合作范围为目的，新疆在 2005 年筹办了首届中国新疆吸引外商投资洽谈会暨中亚地区经济合作论坛，以便让致力于新疆发展及中亚合作的国内外商户能够相互借鉴学习，达到双赢发展。中国新疆吸引外商投资洽谈会暨中亚地区经济合作论坛共有三个环节，即展示洽谈、主题讨论和城市推介。这次会议由乌鲁木齐市政府等主持承办，具有国际性、专业性的特点，有各级政府和数百个企业参加，打开了我国新疆通往中亚地区经贸合作的大门。

从 2008 年起，乌鲁木齐对外经济贸易洽谈会由“由地方政府搭台，国家支持举办”的地方性展会再一次上升为接口中亚欧洲的国家级展会，直接由商务部、中国贸促会等 14 个省部委举办，此外名称也由“年”变成了“届”。这次提升，大大提高了乌鲁木齐在国际上的影响力，并对新疆的对外开放，尤其是对西开放起到了极大的促进作用，为我国占据中亚市场，加强对外交流合作，扩展业务范围，都有很大程度的促进作用，使得我国新疆在中亚地区乃至世界范围的关注度都得到大大增加。

在2002～2012这11年间，我国新疆对中亚国家的贸易保持着较高的增长额，年均增长额为18%以上，稳居全国增长率榜首。但同时也发现我国新疆对中亚国家的经贸方式存在很多问题，它不能开拓市场和形成规模效益，并且由于具有过小的生产规模、形成水平低、效益低下的特点，带来连环缺陷效应，造成较少的大客户类型和拳头产品，更多的是短期行为现象，也就是我们常说的“三低一小”和“两小一多”的特点。

由表5－11可以看出，我国新疆与塔吉克斯坦贸易增长倍数最高，主要是因为基数比较小，虽然增长倍数较大但是数额并不是很大；我国新疆与哈萨克斯坦的贸易额增长倍数小，但贸易额是五个国家中最大的，其次为吉尔吉斯斯坦，最低为土库曼斯坦。

表5－11　2002年、2012年中国新疆与中亚五国贸易额对比　单位：亿美元

	哈萨克斯坦	乌兹别克斯坦	吉尔吉斯斯坦	土库曼斯坦	塔吉克斯坦
2002	13.7	0.19	1.54	0.09	0.05
2012	116.7	8.3	40.40	1.18	14.07
增长倍数	5.82	43.68	26.23	13.11	281.4

资料来源：2003年与2013年的《新疆统计年鉴》

5.2.1.3　丝绸之路经济带的提出：经贸合作政策全方位提升(2013～2018)

在2013年习近平中亚之行过程中，新疆维吾尔自治区召开了两次副省级以上领导干部会议，认真学习研究“丝绸之路经济带”倡议，紧跟时代的脚步，时刻抢占“丝绸之路经济带”带来的发展机遇，时刻保持高度的政治敏锐性和发现机遇的强烈意识，努力充当建设“丝绸之路经济带”的带头人，表现出积极的发展态度。“丝绸之路经济带”的建设已成为新疆战略发展的重要目标，新疆维吾尔自治区党委积极召开各层会议，安排各级领导对各项活动进行专项研究。在“丝绸之路经济带”的理论研究过程中，一直积极进行各种探索，努力做好“丝绸之路经济带”发展的领头人，并积极与国家有关部门进行相关沟通交流，积极发表意见。

目前我国新疆已与中亚国家建立了战略平台。新疆成功举办的中亚欧地区已

初具影响力的中国－亚欧博览会；由国家全力支持的中吉乌铁路、中哈天然气管道等重大工程已取得成果，我国新疆与中亚各国通道建设飞速发展；喀什、霍尔果斯两个经济开发区实行特别优惠政策，中哈霍尔果斯国际边境合作中心全面建设。新疆作为我国面向中亚地区的大门，贯通了南北两地，直通内地，经济发展已蓄势待发。

农产品快速通关“绿色通道”的开通，极大地提升了我国新疆与中亚国家的农产品贸易。新疆维吾尔自治区政府与我国国家口岸办正加快通关口岸开放步伐，例如中塔卡拉苏－库里玛、中吉伊尔克什坦和吐尔尕特口岸农产品快速通关“绿色通道”的开通。

5.2.2　丝绸之路经济带建设中我国新疆对中亚国家经贸合作政策的目标

5.2.2.1　促进新疆经济发展

如果新疆能够抓住这次与中亚国家经贸发展的契机，充分利用丝绸之路经济带建设中与中亚国家制定的经贸合作政策，使新疆地区成为中国通往世界的西大门，我国新疆就与欧亚国家建立了经济、文明的交通轨道，丝绸之路经济带建设中我国新疆对中亚国家的经贸合作政策也能够促进地区经济文化的进一步发展，加快地区战略目标的实现。

5.2.2.2　加强中国的对外关系，提升国际影响力

由于中亚国家的经济发展、富饶的自然资源、生活水平的显著提高和社会基础设施建设的完善，各国纷纷将目标转向丝绸之路经济带所开辟的中亚市场。新疆因为独特的地理位置，使其成为我国与中亚国家连接的桥梁，成为商品、物资聚集地。新疆地理位置特殊，因此它肩负了很多重担，它不仅要发展本地区的外向型经济，还要加强商品的互相流通，真正与中亚国家达成互通有无。

5.2.2.3　推进丝绸之路经济带的建设

丝绸之路经济带的提出不仅得到了中亚各国的积极响应，而且引起了世界的广泛关注。我国新疆与中亚国家处在整个丝绸之路经济带中经济塌陷最为严重的地带，我国新疆与中亚国家应通过制定相应的经贸合作政策促进双方的经贸合作，共同发展经济，实现跨越式发展，填补经济凹陷，为整个丝绸之路经济带的建设添砖加瓦。

5.2.3 丝绸之路经济带建设中我国新疆与中亚国家经贸合作的具体政策分析

5.2.3.1 行政政策

我国新疆与中亚国家经贸合作政策中的行政政策是指国家或地方政府通过行政机构，采取强制性的命令、规定、指示等行政方式，调节和管理经济活动。

1. 成立中吉政府间经贸合作委员会新疆－吉尔吉斯斯坦工作组

2014 年 7 月 10 日，中吉政府间经贸合作委员会中国新疆－吉尔吉斯斯坦工作组会议在乌鲁木齐举行，双方围绕经贸、交通、农业、卫生、金融以及旅游等领域的合作深入交流意见，并签署会议纪要。中吉双方很重视农业领域的合作，双方就加强农业领域的合作展开深入交流。探讨在中吉陆路口岸建立农产品快速绿色通道，保障双方农产品能够快速通过口岸；发展外向型企业，鼓励新疆农业龙头企业到吉尔吉斯斯坦投资建厂，同时建立双方植物病虫害预测、预报、防治联动体系。

在经贸领域，双方将进一步开展经贸交流和贸易促进活动，加强纳伦自由经济区与喀什经济开发区的合作。每年继续在吉尔吉斯斯坦奥什市办好新疆出口商品展洽会，加强多领域优势行业、企业合作。在交通领域方面，双方将继续研究开通吉尔吉斯斯坦共和国至我国新疆喀什国际航线的可能性，及开通“乌鲁木齐－吐尔尕特－比什凯克”和“乌鲁木齐－伊尔克什坦－奥什”国际道路运输线路的工作。会上，双方还就卫生、金融、旅游等领域合作展开交流。

2. 自治区成立对外领导小组办公室

新疆面临“丝绸之路经济带”核心区建设的重大历史机遇，对外开放的任务艰巨、工作繁重，对新疆对外开放的目标提出了新的要求，需要专门的队伍来统一研究、筹划和推进。2015 年自治区下发了《关于成立自治区对外开放领导小组及办公室的通知》，成立自治区对外领导小组办公室，成立的目的是解决以往跨部门协调力度弱的问题，加大与海关、检验检疫、外汇管理等部门的协调力度，形成合力对重大工作和项目统筹推进，提升和加快商务领域对外开放的整体水平。强调在工作中加强研究、适应变化、积极变革；要变被动为主动，变压力为动力；尽快构建自治区开放型经济新体制，推动我国新疆同中亚国家和其他丝绸之路经济带沿线国家形成宽领域、深层次、高水平、全方位的合作格局。对外领导小组办公室主要是引导动员企业“走出去”，开拓周边市场和收购当地品牌，特别是中亚地区，为今后扩大开放谋篇布局，还要坚持科技创新，不断提高番茄酱、电解铝等产品的科技含量和附加值，扩大国际影响力。

3. 新疆矿博会新增中亚国家矿业部长级论坛

乌鲁木齐举办的中国新疆国际矿业与装备博览会已经成功举办六届，第七届新疆矿博会还将新增中亚国家矿业部长级论坛。展览内容包括“一带一路”建设及产业援疆、大型矿业集团绿色矿山建设经典模式、先进采选冶炼技术装备及配套信息化产品展示等，同时还将为矿山企业提供技术、规划、金融等相关服务。

在中亚国家矿业部长级论坛上，各国的部长级嘉宾将就矿业勘查开发与我国达成一揽子意向合作，其中哈萨克斯坦、吉尔吉斯斯坦、塔吉克斯坦等国家的矿产资源管理部门将联手新疆矿博会共同举办招商推介会，进一步促进矿产资源合作。新疆矿博会已得到周边国家矿业管理部门的认可。今后，将加大工作力度，取得一些实质性进展。我国新疆已开始筹划与相邻国家合作，整体开发利用资源。这些国家也非常乐于参与，期待实现共赢。同期还将举办“一带一路”中亚国家矿业部长沙龙，探讨“一带一路”矿业发展方向。

5.2.3.2 高层对外交往

本书高层对外交往主要指自治区政府与中亚国家高层进行访问交流学习，从而达成关于经贸合作的一系列共识，并签订战略协议，进而提升我国新疆与中亚的政治关系，促进两者的经贸合作发展。

1. 自治区党政代表团访问塔吉克斯坦

在习近平主席成功访问塔吉克斯坦之后，我国新疆代表团也访问了塔吉克斯坦。我国新疆与塔吉克斯坦的友谊源远流长，这次出访主要是从地方政府层面进一步落实《中塔关于进一步发展和深化战略伙伴关系的联合宣言》，为新疆在丝绸之路经济带建设中进一步加强与中亚国家的经贸合作奠定基础。

在此次访问中，新疆代表团也与拉赫蒙总统达成了一系列共识。双方表示会坚持安全合作，保护边疆安全，联合打击宗教势力，在和平共处的基础上增进双方的友谊，并提升民众之间的交流。近年来塔吉克斯坦人民出现了学习汉语的热潮，为两国民众的交流奠定了基础。此外还要加强产业合作，特别是农产品的合作，延长农产品产业链，利用新疆本土的优势，借鉴新疆的农产品经验，不单单只是农产品的简单的贸易合作，还要提升在节水灌溉和农产品种植等领域的合作，提高塔吉克斯坦的农业发展水平。另外还要加强在交通运输上的合作，加快中塔口岸的公路设施建设，促进双方贸易畅通。

2. 新疆经贸代表团出访吉尔吉斯斯坦

2015 年 8 月，自治区人民政府副主席史大刚率新疆经贸代表团出访吉尔吉斯斯坦，与吉尔吉斯斯坦总统、总理、第一副总理等官方高层会晤，针对新疆建设丝绸之路经济带核心区的设计理念和战略规划进行了一次全方位推介，新疆代表团与吉尔吉斯斯坦经济部部长奥列格·米哈伊洛维奇共同主持召开了新疆－吉尔吉斯斯坦经贸合作工作组第八次会议，在会议上对双方的经贸合作成果给予充分肯定，并对下一步经贸合作方向达成一致意见，表示以后要加强在交通运输领域的合作，并对具体的合作项目进行了探讨与磋商。进一步强化了新疆与吉尔吉斯斯坦的友好合作关系，新疆代表团还参观了伊塞克湖经济论坛暨 2015 丝绸之路国家商品展，与展会企业进行交流。此次 2015 丝绸之路国家商品展由新疆华和国际商务咨询机构承办，共有国内外 100 余家企业参展，国内参加展会的官方政府和企业代表主要来自新疆、山西、陕西、上海、广东、甘肃、四川、山东等省（区、市），国外参展的有吉尔吉斯斯坦、俄罗斯、哈萨克斯坦、塔吉克斯坦、乌兹别克斯坦、格鲁吉亚、亚美尼亚、乌克兰等国家。新疆参展企业主要来自乌鲁木齐高新技术开发区、阿克苏地区和奎屯市。新疆代表团表示要积极吸取此次展会成功举办的经验，今后要多与吉尔吉斯斯坦举办这样的商品展会，为双方企业交流搭建平台，促进双方贸易往来，为与吉尔吉斯斯坦开展全方位、多领域务实合作铺开一条崭新的道路。

3. 成立“中亚智库”

2015 年香港国际投资总会、中国国际商会合作发展部、中国国际投融资服务委员会、汉唐智库、长江智库、河南大学国际金融研究院、重庆现代金融研究院、新疆社科院中亚研究所、新疆欧亚金融研究中心、新疆日报网等 22 家机构在乌鲁木齐举行了研讨会，商讨共同组建中亚智库。

新疆以往是我国离东部最遥远的地方，在国家提出“一带一路”构想后，我国新疆成为到欧洲和中亚、西亚最近的地方，新疆从口袋底变为我国与外部世界交流、能量交换最恰当的前沿。智库是一个地区乃至一个国家软实力的重要载体，也是打造核心竞争力的重要因素。智库对经济项目有建言献策的作用，也可以为战略推进提出前瞻性的建议。中亚智库选择在首府建立，是考虑到新疆在丝绸之路经济带上的重要位置。中亚智库将为丝路经济带战略的实施提供决策参考，为丝路经济带核心区建设提供政策咨询服务，为国内金融机构和企业到中亚投资发展提供专业咨询。在“一带一路”背景下，中亚智库的建立，将为“一带一路”倡议的实施贡献智慧和力量。

中亚智库是以研究机构为成员单位的开放型、自律型、松散型的非注册联盟体和生态圈，主要以中亚经济金融领域的战略问题和公共政策为研究内容。2015 年，中亚智库计划编制 7 个关于中亚各国情况的专题报告，办好三场国内外会议，邀请更多国外专家加入中亚智库等活动，充分发挥其“智囊”作用，切实促进丝绸之路经济带核心区域的发展。

5.2.3.3 开发区与边境经济合作区政策

开发区与边境经济合作区政策是指我国新疆针对中亚国家建设的开发区与边

境经济合作区，根据本地的特色建设不同开发区，并针对开发区实行一些优惠政策，例如实施财政贴息政策，对园区企业加以扶持和引导，全面规划、因地制宜、突出重点，积极推进外引内联，深化与周边国家的经贸合作。

1. 中国－中亚自由贸易园区

新疆正积极推动中国－中亚自由贸易园区的设立与建设，在我国与中亚国家双边或多边自贸协定（FTA）谈判存在困难的背景下，在我国新疆区域内建设境内自由贸易园区（FTZ）是务实做法。喀什、霍尔果斯和乌鲁木齐有可能在新疆的FTZ中三足鼎立。其中霍尔果斯针对北疆，喀什针对南疆，两者在对口援疆时已被选定为享受特殊经济政策的区域，口岸、空港等基础设施较为完备；乌鲁木齐是新疆区域政治经济社会发展的中心，出口加工业相对较好，运输、金融等条件也更为便捷。

《关于规范和促进边境经济合作区发展的意见》推动自贸区建设是新疆对外开放的内容之一，在建设丝绸之路经济带的背景下，新疆的对外开放包括更为丰富的内涵。比如新疆将在塔吉克斯坦设立资源开发境外经济贸易合作区，在中哈霍尔果斯边境合作中心哈方设立制造业合作区，新疆将以更加开放和包容的姿态在“丝绸之路经济带”地区开展多元化的经贸合作。

在推动“丝绸之路经济带”建设的合作方式上不设门槛和标准，既可以单边，又可以双边或多边，中亚各国可以根据自身需要选择合适的模式参与到“丝绸之路经济带”的建设中来，这正是“丝绸之路经济带”最有活力和吸引力的地方。

2. 喀什中亚南亚工业园区

近年来喀什瞄准中亚市场，努力将喀什打造成中亚南亚经济圈的重心。为此喀什政府下文建立了喀什中亚南亚工业园区，依托本土的资源优势，根据企业的产品与性质分为喀什边境轻工业园、重工业园、纺织工业园和化工业园四大工业园区。工业园区以高水平规划园区，并用高标准建设园区，致力打造高效能服务园区。目前，工业园区已经投资5 000万元，在第二届中国新疆喀什中亚、南亚商品交易会上，众多的外商把目光放在了喀什中亚南亚工业园区上，去园区参观考察，并签订了6个合作项目。目前园区已经初见规模，基础配套设施已经基本完成。

3. 乌鲁木齐出口加工区

近年来，随着丝绸之路经济带的建设，我国新疆面向中亚市场的企业逐年增加，新疆对中亚国家的外贸结构也在转型升级，由原来的边境小额贸易转变为加工贸易，因此，新疆维吾尔自治区政府成立乌鲁木齐出口加工区，以此来推动我国新疆与中亚国家的经贸合作，并助力新疆的外贸结构转型升级。

在乌鲁木齐出口加工区落户的企业以中亚市场为主，比如当年建设当年投产的纳爱斯集团，该集团生产的洗衣粉源源不断地销往中亚。园区的公共基础设施都比较先进，实行全封闭管理，园区还制定了一系列的政策优惠措施，入园企业可享受出口免税、进口免税、入区退税、进料保税、外汇管理等优惠政策，还承诺让入园企业不出园区就能完成一系列的进出口手续，设置了联合办公大厅，集海关、商检、银行、运输、仓储为一体，享受一次申报、一次审单、一次查验。这一系列的优惠政策增加了入园率，未来出口加工区的经济将呈现爆发式增长。

4. 喀什、霍尔果斯经济开发区

2014 年新疆制定并公布了《关于在喀什、霍尔果斯经济开发区试行特别机制和特殊政策的意见》，这是新疆为了落实中央文件《关于加快喀什、霍尔果斯经济开发区建设的实施意见》（新政发〔2012〕48 号）的要求，抓住丝绸之路经济带建设的机遇，加快喀什、霍尔果斯经济开发区的建设，促进我国新疆与中亚国家经贸合作，意见中指出，要加快喀什、霍尔果斯经济开发区的体制与政策创新，集全新疆的优势，促使企业创新，努力将两个经济开发区建设成为连接中亚与我国的重要通道，成为我国向西开放、共建“丝绸之路经济带”的重要窗口。

5.2.3.4 贸易平台建设政策

新疆维吾尔自治区政府文件中明确指出要充分用好贸易促进平台，办好中国－亚欧博览会，支持办好在哈萨克斯坦、吉尔吉斯斯坦、塔吉克斯坦、乌兹别克斯坦等中亚国家举办的新疆出口商品展，促进自治区重点行业、重点企业与采购商、参展商有效沟通，利用展会抢订单。

1. 中国－亚欧博览会

乌鲁木齐对外经济贸易洽谈会从 1992 年开始举办。2010 年《中共中央国务院关于深入实施西部大开发战略的若干意见》中明确指出要提升乌鲁木齐对外经济贸易洽谈会的功能，国家给予一定资金支持。2011 首届中国－亚欧博览会在中国新疆国际会展中心举办，目前已成功举办 6 届。中国－亚欧博览会为新疆与中亚国家之间的经贸合作搭建了平台，也拉开了新疆全新对外经贸合作的序幕。在丝绸之路经济带背景下，中国－亚欧博览会不仅是新疆对外招商引资的平台，而且加强了新疆与国家各相关部门、相关省区的合作交流。新的起点下，我国新疆要利用好这个平台，出台相关的完善措施，进一步推进与中亚国家的经贸合作。

2. 塔吉克斯坦－中国新疆出口商品展洽会

我国新疆与塔吉克斯坦的经贸合作发展势头良好，新疆制定了一系列与周边国家举办展会的计划，根据自治区商务工作会议部署和自治区商务厅 2015 年度境外展会计划，第八届塔吉克斯坦－中国新疆出口商品展洽会于 2015 年 9 月 17 日～19 日在塔吉克斯坦首都杜尚别顺利举办。塔吉克斯坦－中国新疆出口商品展洽会是自治区在周边国家举办的传统展会之一，参展商品主要有日用百货、轻工纺织、家电、工程机械、建材、五金、机电产品七大类，近百种商品，室外展出了大型机械产品。塔吉克斯坦是丝绸之路经济带上的重要国家之一，是新疆的第三大贸易伙伴，举办此次商品展，是落实两国领导人共识和丝绸之路经济带建设的具体措施，为双方企业交流搭建了平台。双方互派代表团，通过友好协商，深入探讨，就加强农业、经贸、投资等领域的合作达成多项共识，已建立起双边地方政府间的长期交流合作机制。

3. 吉尔吉斯–国际矿业投资与基建工程合作推介会

2015 年 7 月新疆维吾尔自治区人民政府主办了国际矿博会和工程机械展，引起了国内外的注意，也吸引了国内外企业的目光。吉尔吉斯共和国经济部中国招商代表加尼别克·奥斯曼诺夫专门对这次展会进行了访问，与新疆维吾尔自治区政府交换意见，并达成友好战略合作。丝绸之路经济带建设以来，我国新疆逐步完善展会、论坛等活动，这次展会只是面向中亚国家进行经贸合作的一小步，还会有更多的展会、会议等展示新疆企业的实力与发展潜力，让外面看见新疆的发展前景。以后还要积极地与吉尔吉斯斯坦合作举办更多的专业化的国际合作论坛和展会，拓展合作领域，加强在传统工业、基础设施建设等项目上的合作，也要积极寻求新兴信息化产业的合作，深化双方的经贸合作。

5.2.3.5　其他政策

丝绸之路经济带建设中我国新疆对中亚国家的经贸合作政策还有很多，比如，在交通运输政策上，新疆开通了首列“西行班列”，还与中亚国家签订了一系列的公路建设合作协议。我国新疆还制定了相应的财税政策与进出口贴息政策，针对出口中亚国家的企业给予一定的政策倾斜，政策要求利用好外经贸发展资金，突出稳增长、调结构，确保财政资金及时足额拨付，确保资金用于鼓励边贸企业扩大进口，促进边贸发展。

1. 建设“西行班列”

丝绸之路经济带建设以来，我国新疆为了与中亚国家联系更紧密，加强双方的经贸合作，2014 年，开通了首列通过中亚及欧洲各国的货运班列，被称为丝绸之路西行国际货运班列，简称“西行班列”。“西行班列”的主要目的地是哈萨克斯坦、塔吉克斯坦、土库曼斯坦、吉尔吉斯斯坦等五国的主要城市，基本实现对中亚各个铁路站点的全覆盖，辐射整个中亚地区。乌鲁木齐海关专门制定了西行班列的专用窗口，设定快捷通道，保证运送货物实行“一次申报、一次查验、一次放行”，保障运行畅通。西行班列上的货物全部都是在新疆本地采购，主要有石油设备、汽车配件、家用电器、建材及日用百货等。2014 年“西行班列”共开行 58 列，共计 2 583 车 5 160 标箱 7.59 万吨货物，贸易值约 2.4 亿美元。目前新疆也比较注重宣传，开设了跨境电子商务平台，吸引更多资信良好的企业采用该线路运输货物，让西行班列成为“丝绸之路经济带”上一道亮丽的风景。

2. 与亚洲开发银行合作

亚洲开发银行项目负责人格拉汉姆·沃克与过境贸易便利化专家尼格尔·莫尔先生与新疆商务厅负责人进行了座谈。格拉汉姆·沃克详细介绍了亚洲开发银行“促进中亚区域经济合作成员国之间及与邻国过境贸易”项目的内容。该项目的主要目的是改善中亚区域经济合作成员国之间的贸易关系，推动成员国之间建立完善的贸易通关机制。项目核心是通过建立一套完善的海关综合担保机制，促进区域间陆路跨境运输畅通。根据对方提出的问题，新疆商务厅介绍了我国新疆与中亚区域经济合作成员国以及毗邻国家之间的贸易规模、贸易结构、进出口商品种类、货物运输方式、口岸通关情况，并交流了目前我国新疆与周边国家跨境陆路运输过程中存在的困难以及新疆当前外经贸工作的发展机遇和未来几年的发展方向。双方就未来合作项目达成一致意见，为我国新疆进军中亚市场开辟了另一条道路。

5.2.4 丝绸之路经济带建设中我国新疆对中亚国家经贸合作政策的特点

5.2.4.1 政策针对性不强

丝绸之路经济带建设以来，新疆制定了一系列鼓励与中亚开展经贸合作的政策，但是大部分都是宏观政策，缺少微观政策，政策缺乏针对性。应该针对不同产业制定不同的政策，比如针对光伏产业，要想向中亚推进，就应该从财政、企业、政府等方面出发，制定详细的政策计划，这样才能使政策更好地开展与落实。

5.2.4.2 以国家主权、国家利益为主

新疆作为中国面积最大的自治区，在制定相关的经贸合作政策时都是在国家主权完整、把国家的利益放在首位的原则的基础上制定的，不能把新疆的利益凌驾于国家利益之上。国家主权神圣不可侵犯，在坚持国家主权的基础上，我国新疆对中亚的很多的政策都是在国家相关政策的基础上针对本土的特色和发展目标制定的。

5.2.4.3 政策涉及领域不断拓宽

丝绸之路经济带背景下，我国新疆对中亚国家的经贸合作政策涵盖面日益广泛，包括贸易、交通运输、科技、文化、能源等各个领域的合作。就合作主体而言，不仅包括政府部门，而且包括商业界、学术界、新闻界和其他民间组织以及中小企业之间的合作。可以说，目前我国新疆对中亚的经贸合作政策正在不断完

善，政策涉及领域在不断拓宽。

5.2.4.4　积极主动制定新政策

丝绸之路经济带建设以来，我国新疆采取积极主动的姿态紧紧抓住这次机会，通过制定有利于与中亚国家开展经贸合作的政策，抢占先机，积极开拓中亚的经济市场。通过制定鼓励政策，激励企业去中亚投资建厂，提高企业对中亚市场的兴趣度，扩大对中亚国家的出口额，加强与中亚国家的合作力度，抢占中亚市场。新疆维吾尔自治区政府除了积极制定政策外，也积极主动地采取战略行动，先后出访塔吉克斯坦、吉尔吉斯斯坦，开展经济外交，就经贸合作达成了一致意见，建立了长期稳定的合作关系。

5.2.4.5　政策制定以丝绸之路经济带建设为主线

目前我国新疆针对中亚国家的政策都是围绕丝绸之路经济带的建设，通过政府的顶层设计和对外推动，依托地缘优势，加快与中亚国家物流、制度和人文方面的互联互通建设，实现以通关便利化和运输便利化、跨境贸易人民币结算以及商务人员自由流动为主要内容的互联互通，为建设“丝绸之路经济带”创造互联互通基础。建设边境自由贸易区，努力建设双边自贸区，推动各国互利共赢、共同发展，为实现丝绸之路经济带沿线主体国家形成经济利益共同体、政治安全共同体和社会文化共同体的未来愿景奠定坚实的基础。构建“丝绸之路经济带”是一个克服困难、逐步推进的过程，政策制定不宜操之过急，应采用渐进式政策，循序渐进，慢慢消化吸收。

5.3　丝绸之路经济带建设中我国新疆对中亚国家经贸合作政策效果评价

5.3.1　我国新疆对中亚国家经贸合作政策效果评价指标体系构建的原则

我国新疆对中亚国家经贸合作政策效果评价指标体系是我国新疆对中亚国家经贸合作政策效果评价的子系统，是对经贸合作政策效果的细化。在构建指标体系过程中，首先，每个指标的选取都要结合经贸合作政策的政策要点，能够全面体现经贸合作政策的特征和侧重点；其次，指标体系应围绕经贸合作政策目标体系结构进行，以使每个指标都能够从各自所代表的方面反映经贸合作政策效果和政策目标的实现程度；最后，把所有指标组合起来应该能够全面、系统地反映我国新疆对中亚国家经贸合作政策效果。

5.3.1.1 全面性原则

全面性原则是指在建立新疆中亚经贸合作政策效果评价指标体系时，要全面、整体地对经贸合作政策进行分析，其覆盖面要广泛而全面。经贸合作政策是一个非常复杂的政策体系结构，其中包括多项政策，如行政政策、产业政策、财政政策，等等。在评价我国新疆对中亚的经贸合作政策的效果时，不能单独从某一方面进行评价，而应结合多方面进行综合评价。

5.3.1.2 系统性原则

系统性原则是把指标体系当作一个复杂的系统，这个系统里面分为若干个子系统，注意划分各个子系统间的关联性和层次性。就本文而言，在构建我国新疆对中亚国家经贸合作政策效果评价指标体系的过程中，要把经贸合作政策效果指标体系分为经济效果与社会效果两个子系统，并注意这两个子系统间的关联性和层次性。在注重这两个子系统相互联系性的同时也要注重每个指标的相互独立性。

5.3.1.3 科学性原则

科学性原则指在构建指标体系过程中，要结合评价对象的特征以及评价的侧重点，运用规范的、科学的研究方法构建指标体系。在构建我国新疆对中亚经贸合作政策效果评价指标体系时，分析了我国新疆与中亚国家经贸合作政策的重点和特点，结合政策的一般性和特殊性，从可持续发展的角度设计指标体系。

5.3.1.4 可操作性原则

可操作性是指所选取的指标要有可靠的数据来源，也要能实际运用。在构建我国新疆与中亚国家经贸合作政策效果评价指标体系过程中，要重点考虑指标数据的可获得性与指标的可定量性，尽量避免只有理论意义但不能实际使用的指标。本书所选的指标数据应该能够从国家统计局对外公布的统计年鉴、商务厅和海关等部门公布的统计数据，以及新疆统计年鉴中获得。

5.3.2 我国新疆对中亚国家经贸合作政策效果评价指标体系的确立

本书将我国新疆对中亚经贸合作政策效果评价指标体系分为三层：一层设定为目标层，既要能够满足评价方法的要求，又要能够体现评价对象的性质；二层设定为准则层，需要能够体现出经贸合作政策的内涵与特征，反应经贸合作政策的目标要求；三层设定为指标层，在选择操作层指标时，首先要考虑指标数据收集的可能性，其次考虑数据的准确性，最后考虑指标的全面性，是否能够从不同侧重点对评价对象进行全面评价。

目前对政策的效果评价一般包括技术效果、经济效果、社会效果与政治效果四个方面。技术效果主要是科技文化政策产生的效果，政治效果指的是从政治的角度认识、分析和评价政策的效果，一般适用于政治政策产生的效果。[①] 本书研究的是经贸合作政策，根据我国新疆对中亚国家经贸合作政策的目标、运行原理和政策的实施途径，通过经济效果与社会效果两个方面，全面分析我国新疆对中亚国家经贸合作政策产生的政策效果。

5.3.2.1 经济效果指标的选取

我国新疆对中亚国家经贸合作政策的经济效果主要从双方的贸易合作水平、投资水平、外贸结构以及对经济的拉动作用等方面进行评价。

本书选择了贸易结合度、进出口总额、外贸依存度、出口增长率与进出口差额来反映我国新疆对中亚国家经贸合作政策对双方贸易合作水平的推进效果。贸易结合度是指一国（地区）对某一贸易伙伴国（地区）的出口占该国（地区）出口总额的比重，与该贸易伙伴国（地区）进口总额占世界进口总额的比重之比。其数值越大，表明两国（地区）在贸易方面的联系越紧密。本书采用我国新疆对中亚国家的出口总额和所有中亚国家的出口与进口总额进行计算。进出口总额可以直接反映双方的贸易总量。外贸依存度反映一国（地区）的进出口额在GDP中的比重，反映了该国（地区）对进出口市场的依赖程度。出口增长率和进口增长率统称为贸易增长率，反映外贸增长的幅度和发展趋势。进出口差额又称贸易竞争力指数，反映该产品或产业的国际竞争力。

我国新疆对中亚国家的经贸合作政策会促进双方的投资水平，本书选择外商直接投资合同额、实际使用外资金额、实际利用外资占GDP的比重来评价我国新疆对中亚国家的经贸合作政策中双方投资的带动效果。因新疆本地企业生产技术水平有限，中亚国家的外商投资对新疆外贸发展至关重要，因此这几个指标也可以反映出我国新疆与中亚国家外贸发展的潜力。

我国新疆对中亚经贸合作政策的目标之一是改善双方的贸易条件，促进我国新疆对中亚国家贸易结构转型升级。根据附加值的高低分类，外贸商品结构包含初级产品及工业制成品。根据商品生产所密集使用的要素，出口商品可分为劳动密集型、资源密集型、资本技术密集型产品。新疆的边境贸易占据出口贸易的半壁江山，但边境贸易出口产品附加值较低。随着新疆产业结构的升级和贸易结构的不断变化，其产业内贸易比重不断上升。相比产业间贸易，产业内贸易是更高级别的贸易。因此本文选取工业制成品出口比重、高新技术产品出口比重、边境

---

① 沈承刚．政策学［M］．北京：首都经济贸易大学出版社，1996.

贸易出口比重、一般贸易出口比重和产业内贸易比重五个指标来评价我国新疆对中亚国家的经贸合作政策对外贸结构的调节作用。

新疆对中亚经贸合作政策的经济效果还体现在我国新疆与中亚国家的经贸合作对新疆经济发展的促进作用，因此本书选择了外贸拉动经济增长率、外贸对GDP贡献率两个指标来评价。

部分指标计算公式如下：

$$\text{工业制成品出口比重：} C = \text{工业制成品出口额}/\text{出口额} \times 100\%$$

$$\text{外贸依存度：} C = (\text{当年进出口额}/\text{当年 GDP}) \times 100\%$$

$$\text{外贸对经济增长贡献率：} C = \frac{(\text{当年进出口额} - \text{上年进出口额})}{(\text{当年 GDP} - \text{上年 GDP})} \times 100\%$$

$$\text{外贸拉动经济增长率：} C = \text{外贸对经济增长贡献率} \times \text{GDP 增长率}$$

5.3.2.2 社会效果指标的选取

我国新疆对中亚国家经贸合作政策的社会效果体现在贸易增长成果的共享性，促进新疆企业发展、技术进步，促进社会就业、社会稳定等方面。本书选择了新增对外投资企业数、外贸企业专利授权量、R&D 占 GDP 的比重、企事业单位主要技术人员比重、外贸就业人数、旅游收入占 GDP 的比重以及旅游人数七个指标对我国新疆对中亚国家经贸合作政策的社会效果进行评价。其中，新增对外投资企业数，旅游收入占 GDP 的比重、旅游人数均指我国新疆对中亚国家。中亚国家来我国新疆旅游人数增多也可以从侧面反映新疆社会稳定，我国新疆与中亚国家的关系良好。具体指标体系详见表 5-12。

表 5-12　　中国新疆对中亚国家经贸合作政策效果评价指标体系

目标层	准则层	指标层
中国新疆对中亚国家经贸合作政策效果评价体系	经济效果	贸易结合度
		进出口总额
		外贸依存度
		出口增长率
		进出口差额
		外商直接投资合同额
		实际使用外资金额
		实际利用外资占 GDP 的比重
		工业制成品出口比重
		高新技术产品出口比重
		边境贸易出口比重

续表

目标层	准则层	指标层
中国新疆对中亚国家经贸合作政策效果评价体系	经济效果	一般贸易出口比重
		产业内贸易比重
		外贸拉动经济增长率
		外贸对 GDP 贡献率
	社会效果	新增对外投资企业数
		外贸企业专利授权量
		R&D 占 GDP 的比重
		企事业单位主要技术人员比重
		外贸就业人数
		旅游收入占 GDP 的比重
		旅游人数

5.3.3　我国新疆对中亚国家经贸合作政策效果评价模型构建

5.3.3.1　方法的选取

目前关于测评的方法有很多，主要包括熵值法、Topsis 法、Fisher 最优分割法、主成分分析法等。

（1）熵值法。

熵值法通过计算熵值来判断一个事件的随机性及无序程度，也可以用熵值来判断某个指标的离散程度，指标的离散程度越大，该指标对综合评价的影响越大。

（2）Topsis 法。

Topsis 法通过对实际值逼近理想值的排序来判定方案的优劣性。其主要步骤分为两个：首先计算评价对象的理想解和负理想解，然后比较各方案与理想解之间的距离，根据距离大小排序，接近程度最大的方案则为最优方案。

（3）Fisher 最优分割法。

Fisher 分割法的主要思想：若想要用 N 个样本的 M 个指标反映一个问题，对 M 个指标进行综合评价得到评价序列，且每个样本保持不变，综合序列进行阶段划分共有 $2^{N-1}+1$ 种方法，若能找出一种使得最小化段内样本差异和最大化各段间样本差异的分割方法，那么该种分割方法就是所谓的“最优分割法”。

（4）主成分分析法。

主成分分析法对各指标进行降维处理，将大量指标进行线性组合，提取出若干个综合指标即主成分，其中每个主成分都能够反映原始变量的大部分信息，且所含信息互不重复，代替原来的指标，然后进行综合评价。

为了尽量保证综合评价结果的科学客观，本文选定熵值法来对反映我国新疆对中亚国家经贸合作政策效果的指标进行赋权和评价，以达到较高的可信度，然后根据所得权重计算综合得分，以此来对我国新疆对中亚国家经贸合作政策效果进行综合评价。

5.3.3.2 熵值法原理

熵的概念是德国物理学家克劳修斯（K · Clausius）和博尔格曼（L · Boltgman）首次提出来的，熵指的是对一件不确定性事物的度量。当信息量越大时，事物的不确定性就会越小，则熵也就越小，反之亦然。根据熵的特性，可以用熵值来判断某个指标的离散程度，求得的指标权重代表该指标在指标体系中变化的相对速率，评价对象的系数既表述了评价对象现状与目标的复合程度，又表现了向目标接近的速度。熵值法计算步骤如下：

（1）构造样本矩阵。假定评价体系包括 n 个指标，由 m 个样本组成，则可以建立如下数学集合：

$$U=\{u_1, u_2, \cdots, u_i, \cdots, u_m\} \quad i=1, 2, \cdots, m$$

每一个样本 u_i 由 n 个指标的数据表示：

$$u_i=\{X_{i1}, X_{i2}, \cdots, X_{ij}, \cdots, X_{in}\} \quad j=1, 2, \cdots, m$$

于是得到评价系统的初始数据矩阵：

$$X=\{X_{ij}\}_{m\times n}=\begin{bmatrix} X_{11} & \cdots & X_{1n} \\ \vdots & 0 & \vdots \\ X_{m1} & \cdots & X_{mn} \end{bmatrix}$$

上式中 X_{ij} 表示第 i 个样本第 j 项评价指标的数值。

（2）指标标准化处理。由于各指标量纲、数量级均有差异，所以为消除因量纲不同对评价结果的影响，在进行综合评价时，需要对各指标进行标准化处理。

方法一：

$$X_{ij}^*=\frac{X_{ij}-\overline{X_j}}{\sigma_j} \quad i=1, 2, \cdots, m; j=1, 2, \cdots, n$$

$$\sigma_j=\sqrt{\frac{1}{m}\sum_{i=1}^{m}(X_{ij}-\overline{X_j})^2}\ \overline{X_j}=\frac{1}{m}\sum_{i=1}^{m}X_{ij}$$

其中，X_{ij}^* 为标准化值，X_{ij} 为原始指标值，$\overline{X_j}$ 为矩阵中第 j 列指标的平均值，

σ_j 为矩阵中第 j 列指标的标准差。

方法二：

$$X_{ij}^* = \frac{X_j - X_{\min}}{X_{\max} - X_{\min}} \quad X_{ij}^* = \frac{X_{\max} - X_j}{X_{\max} - X_{\min}}$$

其中，X_{ij}^* 为标准化值，X_j 为第 j 项指标值，$X_{\max}$为第 j 项指标的最大值，$X_{\min}$ 为第 j 项指标的最小值。若所用指标值越大越好，则选用前一个公式；若所用指标值越小越好，则选用后一个公式。

（3）计算指标熵值 e_j、各指标所占比重 p_{ij}。

$$e_j = k\sum_{i=1}^{m} p_{ij}\cdot \ln p_{ij}; \quad p_{ij} = \frac{X_{ij}^*}{\sum_{i=1}^{m} X_{ij}^*} \quad i = 1, 2, \cdots, m; j = 1, 2, \cdots, n$$

因此，$e_j = -\frac{1}{\ln m}\sum_{i=1}^{m} p_{ij}\ln p_{ij}$ 且满足 $0 \leqslant e_j \leqslant 1$；$i = 1, 2, \cdots, m; j = 1, 2, \cdots, n$。

（4）计算第 j 项指标的权重 W_j、差异系数 d_j。

$$W_j = \frac{d_j}{\sum_{j=1}^{n} d_j} \quad d_j = 1 - e_j; j = 1, 2, \cdots, n$$

（5）计算综合得分。

$$F_i = \sum_{j=1}^{n} W_j p_{ij} \quad i = 1, 2, \cdots, m; j = 1, 2, \cdots, n$$

根据此公式计算我国新疆对中亚国家经贸合作政策效果得分，进而对我国新疆对中亚的经贸合作政策进行综合评价。

5.3.4　我国新疆对中亚国家经贸合作政策评价模型的运用

5.3.4.1　指标权重的确定

本书选择 2000 ~ 2014 年我国新疆对中亚贸易相关数据进行评价分析。数据主要来源于《新疆统计年鉴》《中国统计年鉴》、中国经济与社会发展统计数据库、新疆统计信息网、乌鲁木齐海关网。由于条件限制，有一些指标数据难以将中亚和非中亚国家具体划分开，采用的是新疆对外贸易数据。中亚国家的贸易额所占比例达到 70% 左右，因此采用新疆对外贸易的数据也具有一定的合理性。

首先，利用熵值法和收集整理的原始数据来计算我国新疆对中亚经贸合作政策效果评价体系中各指标的熵值、差异系数和权重，结果详见表 5 - 13。从表中各指标的权重值来看，各个指标权重大小不一，权重值在 0.05 上下波动；从总体来看，经济效果、社会效果作为我国新疆对中亚经贸合作政策实施效果的两个方面，均有不可忽视的重要性，任何一项都会影响新疆对中亚经贸合作的成效。

表 5-13　中国新疆对中亚国家经贸合作政策效果评价体系的各指标权重

目标层	准则层	指标层	熵值 e_j	差异系数 d_j	权重 w_j
中国新疆对中亚国家经贸合作政策效果评价体系	经济效果	贸易结合度	0.9326	0.0674	0.0257
		进出口总额	0.8719	0.1281	0.0489
		外贸依存度	0.9193	0.0807	0.0308
		出口增长率	0.9379	0.0621	0.0237
		进出口差额	0.9282	0.0718	0.0274
		外商直接投资合同额	0.903	0.097	0.037
		实际使用外资金额	0.8177	0.1823	0.0695
		实际利用外资占 GDP 的比重	0.9214	0.0786	0.03
		工业制成品出口比重	0.9388	0.0612	0.0233
		高新技术产品出口比重	0.7882	0.2118	0.0807
		边境贸易出口比重	0.9093	0.0907	0.0346
		一般贸易出口比重	0.8555	0.1445	0.0551
		产业内贸易比重	0.9302	0.0698	0.0266
		外贸拉动经济增长率	0.9614	0.0386	0.0147
		外贸对 GDP 贡献率	0.9738	0.0262	0.01
	社会效果	新增对外投资企业数	0.8991	0.1009	0.0385
		专利授权量	0.7816	0.2184	0.0833
		R&D 占 GDP 的比重	0.8542	0.1458	0.0556
		企事业单位主要技术人员比重	0.9213	0.0787	0.03
		外贸就业人数	0.9034	0.0966	0.0368
		旅游收入占 GDP 的比重	0.7527	0.2473	0.0943
		旅游人数	0.6762	0.3238	0.1235

5.3.4.2 综合评价

根据我国新疆对中亚经贸合作政策效果评价体系的各指标的权重，计算我国新疆对中亚国家经贸合作实施效果的综合得分，结果详见表 5-14。

表5-14 中国新疆对中亚国家经贸合作政策效果综合评价

年份	经济效果	社会效果	综合得分	排名
2000	0.0237	0.0065	0.0302	14
2001	0.0328	0.0068	0.0396	9
2002	0.0297	0.0053	0.035	11
2003	0.0256	0.0053	0.031	13
2004	0.0205	0.0068	0.0273	15
2005	0.0216	0.0114	0.033	12
2006	0.0277	0.0115	0.0391	10
2007	0.0323	0.0181	0.0504	7
2008	0.033	0.0194	0.0524	6
2009	0.0276	0.0226	0.0503	8
2010	0.04	0.0545	0.0946	5
2011	0.0485	0.0638	0.1123	4
2012	0.0577	0.071	0.1287	3
2013	0.0607	0.0758	0.1365	2
2014	0.0571	0.0832	0.1403	1

从我国新疆对中亚经贸合作政策的综合得分可以看出（见表5-14与图5-1），自2000年到2014年以来，虽然有个别年份出现上下波动，但是整体上呈上升趋势，这说明我国新疆对中亚经贸合作政策的实施取得了一定程度的效果，发展趋势较好。2000~2009年变化不是很明显，受金融危机的影响，2009年新疆对中亚经贸合作政策效果的综合得分下降到0.0503，排名也下降到第八位，说明与贸易相关的外部环境变化会对我国新疆对中亚经贸合作效果产生影响。

2010年的综合得分比2009年高了一倍，说明新疆及时做了政策调整，使经济快速得到恢复。从2010年开始综合得分逐步平稳上升，在2014年达到最大值，这说明近几年我国新疆对中亚经贸合作政策效果取得了良好的成绩。但是对比2011年到2014年的综合得分发现，分差不是很大，只有细微的差别，说明在丝绸之路经济带建设中，政策效果不是很明显，也许存在一定的政策时滞性，但是就目前来说，政策发挥的作用不大。

由图5-1可以看出，整体上社会效果比经济效果贡献大。2000~2009年，经济效果与社会效果几乎持平，不分上下；但从2010年开始，社会效果快速上升，经济效果波动性上升，上升幅度不大，这说明2010年新疆对外贸易政策更注重民生，注重稳定中求发展，这也符合新疆目前的发展规划。

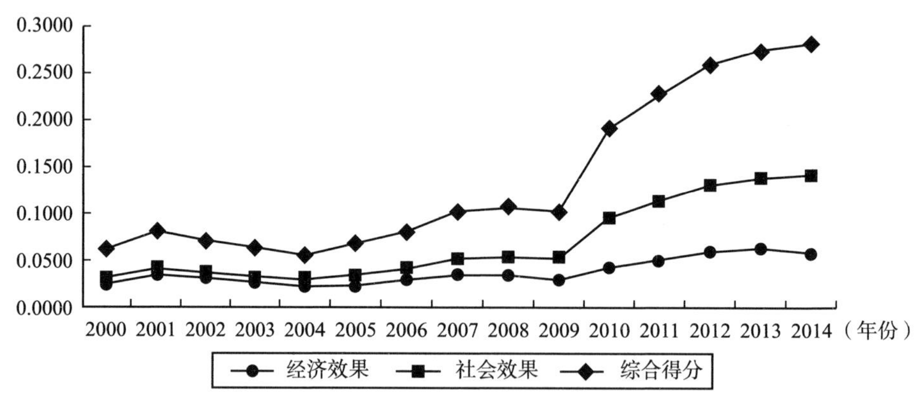

图5－1 中国新疆对中亚国家经贸合作效果综合评价趋势图

5.3.5 我国新疆对中亚国家经贸合作政策效果分指标分析

5.3.5.1 经济效果分析

从贸易结合度来看，我国新疆对中亚国家的贸易结合度每年均大于1，说明两地区贸易关系紧密，但是整体上呈下降趋势。2000～2004年呈现一个大的增长，2005年出现回落，之后变化不大，直到2010年有一个较大的提升，之后又慢慢下降，在2014年有上升的趋势。这说明在2010年之前，我国新疆只注重与中亚国家的贸易往来，没有注重调整结构。2010年，新疆调整了发展方向，不只要贸易额的增长，还注重出口产品的质量，如图5－2所示。

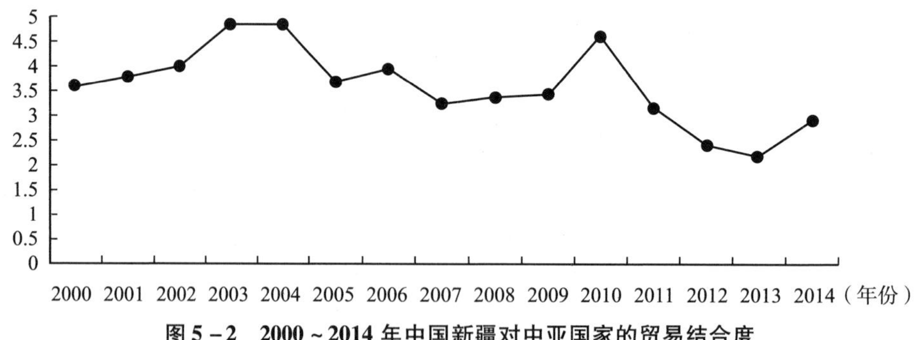

图5－2 2000～2014年中国新疆对中亚国家的贸易结合度

我国新疆对中亚的进出口额总体上呈上升的趋势，从2000年到现在增长较多，在 2009 年出现一个比较大幅度的降低，对新疆经济的影响较大。之后新疆迅速调整，出台了一系列对外贸易政策，我国新疆对中亚的进出口额又继续缓慢增加，但是增加不多，还有下降的趋势，如图 5－3 所示。

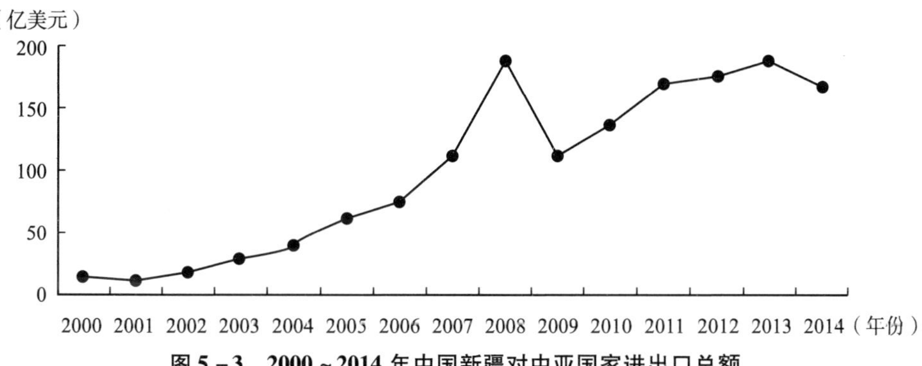

图 5－3　2000～2014 年中国新疆对中亚国家进出口总额

从外贸依存度来看，本节选择的是我国新疆与中亚国家的数据，反映了我国新疆对中亚国家贸易对新疆经济发展的影响和依赖程度。2000～2014 年新疆贸易依存度总体呈上升趋势，2000 年为 0.08，2008 年为 0.31，达到历史最高值，说明我国新疆经济发展对与中亚国家的贸易的依赖程度上升，但受金融危机影响，2009 年以后出口贸易依存度下跌，2014 年为 0.11。我国新疆对中亚国家的外贸依存度这几年虽然在下降，但是整体水平还是很高，我国新疆不只重视与中亚国家的贸易，还积极寻求新的发展路径。具体情况如图 5－4 所示。

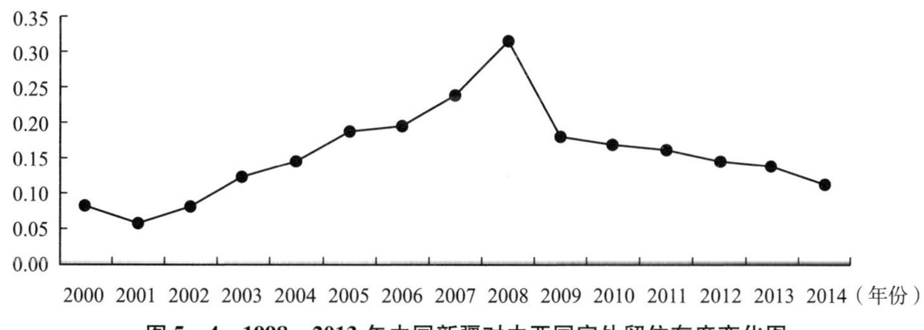

图 5－4　1998～2013 年中国新疆对中亚国家外贸依存度变化图

从出口增长率来看，出口增长率指一国或地区在某一时期的出口总额相比上一时期出口总额所增加的比率。2000～2014 年进出口总额波动发生变化，进出口增长率也呈现正负交替状况。2000 年新疆出口增长率为 16.9%，2014 年为 6.23%，其中 2001 年和 2009 年为负值，其余时间为正值。具体变化情况如图 5－5 所示。

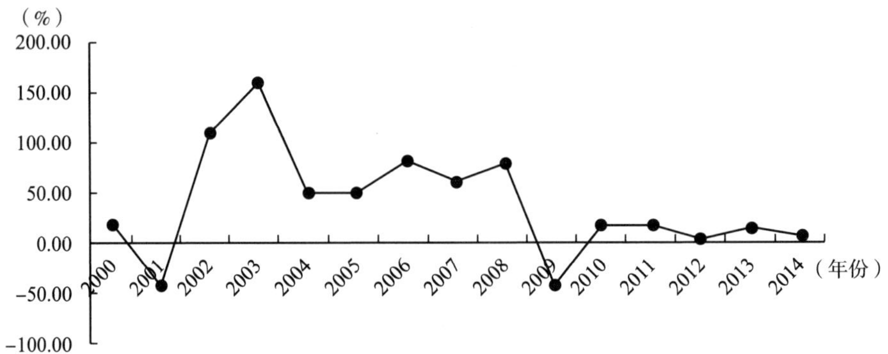

图 5-5 1998～2013 年中国新疆对中亚国家出口增长率变化图

从进出口差额来看，本书利用的数据是我国新疆对中亚国家的进出口额，反映了我国新疆与中亚国家出口能力与进口能力的对比。我国新疆对中亚 2000～2014 年进出口差额不断增加，从 -13.7 亿美元增加至 138.19 亿美元，2000～2002 年进出口差额为负值，说明这几年我国新疆对中亚国家的进口额大于出口额，其余年份进出口差额均是正值，说明进口额约大于进口额，而且在 2008 年进出口差额达到最大，具体情况如图 5-6 所示。

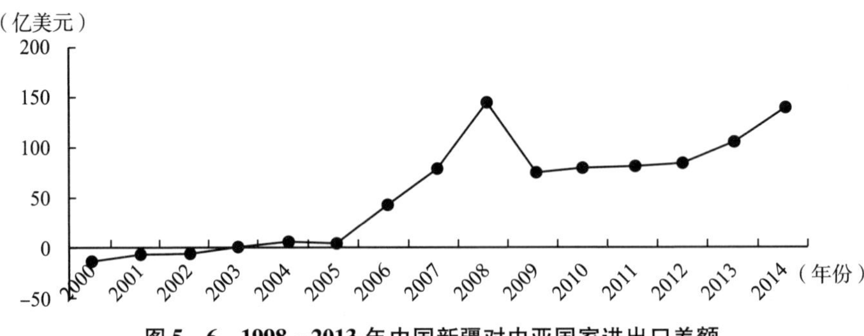

图 5-6 1998～2013 年中国新疆对中亚国家进出口差额

外商直接投资合同金额与实际使用外资额的变化比较一致，整体呈上涨趋势。2000～2008 年直线上涨，2009 年出现下跌，2010 年到达谷底，外商纷纷撤资，使新疆的外贸受到严重的打击，之后新疆借着丝绸之路经济带的春风，主动出访中亚国家，签订了一系列的合作协议，使得新疆的外商投资合同额有了一个大的提升，如图 5-7 所示。

从高新技术产品出口比重来看，本节是根据《联合国国际贸易标准分类》（SITC）公布的国际贸易和对外贸易商品结构的分类数据，高新技术产品指未列明化学品及有关产品（SITC5 类）和机械及运输设备（SITC7 类）。相对于其他

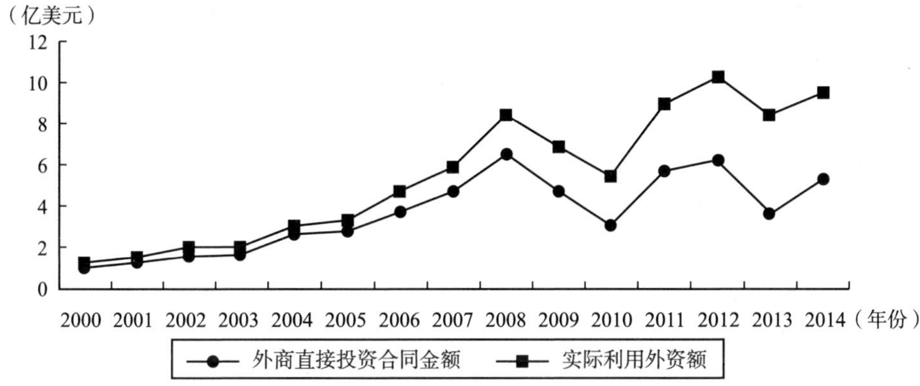

图5-7 2000~2014年中国新疆外商直接投资金额与实际利用外资额的对比

七类商品而言，这两类商品的技术含量相对较高，因此其出口贸易额在总出口额中所占比重的高低能够反映新疆出口商品的技术含量的高低，即间接反映新疆本地生产的出口商品的技术含量的高低。2000~2014年新疆高新技术产品出口比重从8.73%上升至35.14%（如图5-8）。根据调研可知，新疆本地生产产品约占新疆总出口产品的30%，按照此比例折算，2000年新疆本地生产的资本技术密集型商品出口比重仅为2.6%，2014年变化至10.5%。

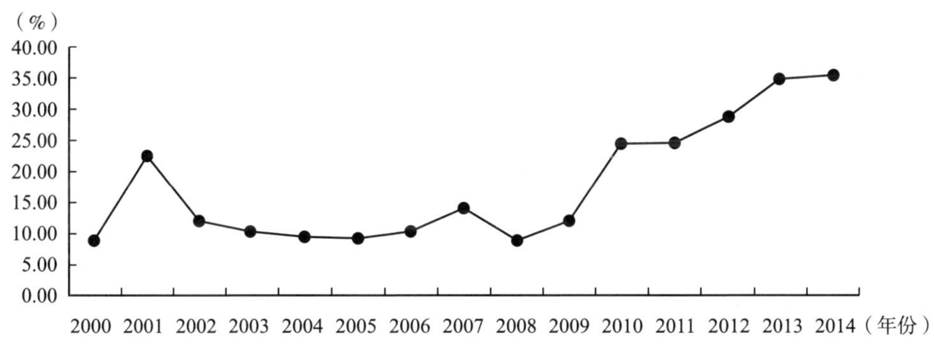

图5-8 2000~2014年中国新疆对中亚国家高新技术产品出口比重变化

我国新疆与中亚国家的贸易方式主要以边境贸易为主，从短期新疆外贸结构发展来看，改变以边境贸易为主的贸易方式比较困难，因此当下任务是在维持边境贸易商品额数量的同时，提高边境贸易商品的技术含量。2000~2014年新疆边境贸易出口比重总体处于上升趋势，2000~2008年边境贸易出口比重从48%上升至81%，且在2008年达到最高值，之后边境贸易出口比重先下降后上升，至2014年达到54%；而新疆一般贸易出口比重呈先下降后上升趋势，2000~2008年从46%下降至15%，2009年到2014年又从15.5%上升至36%，由此可以看出，我国新疆通过政策的调整在不断优化对中亚国家的出口贸易结构，具体变化如图 5 -9 所示。

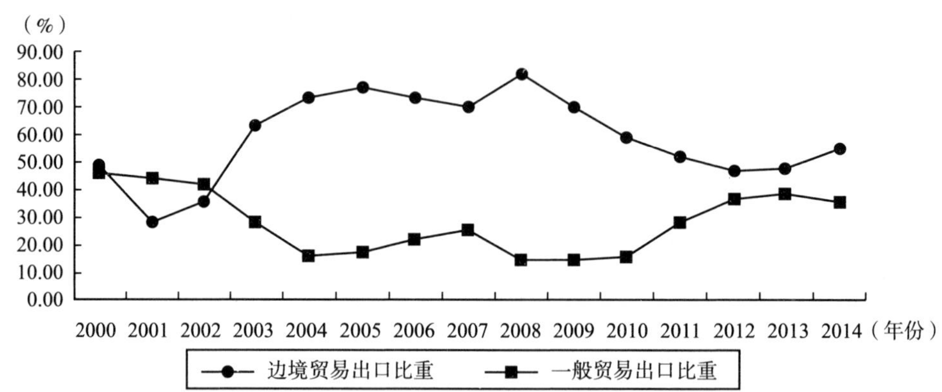

图 5 -9　2000 ~2014 年中国新疆对中亚国家一般贸易与边境贸易出口比重比较

从产业内贸易指数来看，2000 ~2014 年新疆产业内贸易指数波动变化总体呈上升趋势。2000 年产业内贸易指数为 0. 57，达到历史最高值，之后到 2008 年逐渐下降，2008 年仅为 0. 15，2008 ~2014 年又呈现一个递增趋势，2014 年达到 0. 41，具体变化情况如图 5 -10 所示。

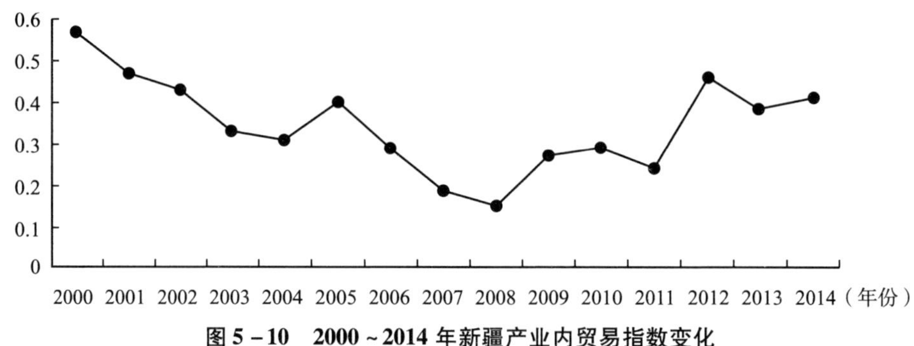

图 5 -10　2000 ~2014 年新疆产业内贸易指数变化

从实际利用外资占 GDP 的比重来看，我国新疆外贸发展依赖于外商企业投资，与中亚国家的经贸合作很大一部分就是投资合作，因此本书选择了实际利用外资占 GDP 的比重这一指标。2000 ~2014 年新疆实际利用外资占 GDP 的比重呈上升趋势，从 0. 12% 上升至 2013 年 0. 36%；在 2014 年出现了下降，为 0. 28%，具体变化如图 5 -11 所示。

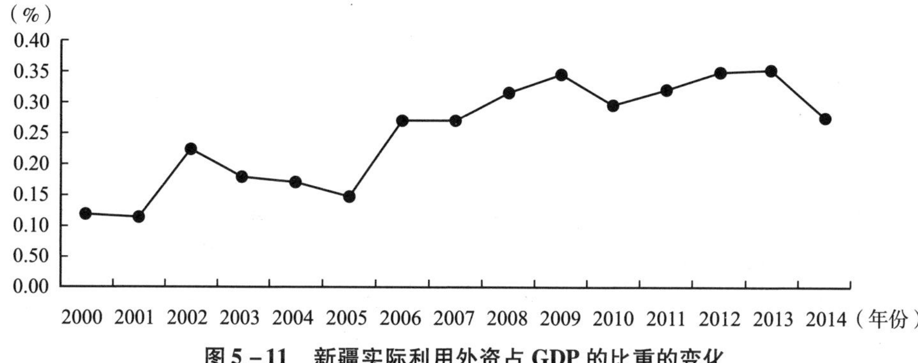

图 5－11　新疆实际利用外资占 GDP 的比重的变化

从外贸对经济增长贡献率来看，由于金融危机的影响，我国新疆对中亚国家的进出口对新疆经济增长的贡献率在 2009 年出现了大跳水，为 320%，2001 与 2014 年也均出现了负贡献，其余年份变化比较平缓，在 2008 年达到最大，为 56%，说明我国新疆与中亚国家的外贸水平比较低，质量不高。丝绸之路经济带建设以来我国新疆对中亚的外贸政策没有很好地带动新疆 GDP 的增长，具体变化如图 5－12 所示。

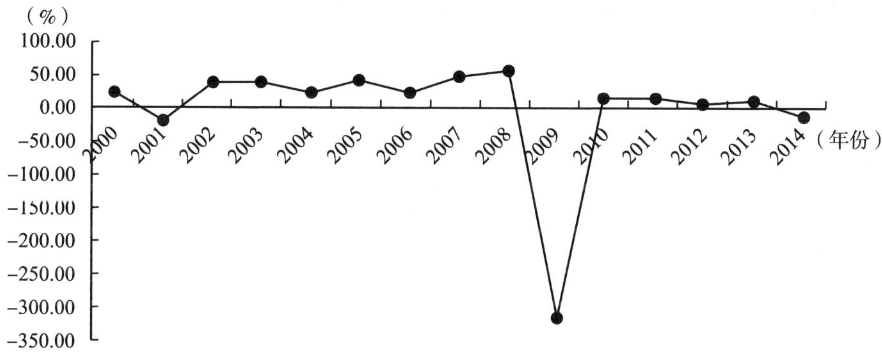

图 5－12　中国新疆对中亚国家的外贸对 GDP 的贡献率的变化

外贸拉动经济增长率等于外贸对经济增长贡献率乘以 CDP 增长率。2000 2008 年我国新疆与中亚国家的贸易对经济增长率的拉动作用逐渐增强，在 2008 年达到最高，为 16.9%，2009 年最低，出现负增长，为－12.6%，2010 年有所回升，但是没有达到最高水平，在 2011 年以后呈现下降趋势（如图 5－13），说明外部对新疆经济增长的拉动作用逐年减小。丝绸之路经济带建设以来，虽然我国新疆重视与中亚的经贸合作，但是在政策上还是存在一定的缺陷，导致其对经济的贡献率不高。

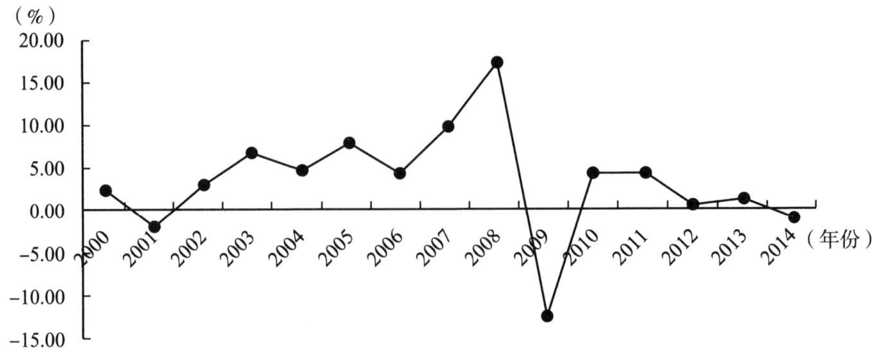

图5-13 中国新疆对中亚国家的贸易拉动经济的增长率的变化

5.3.5.2 社会效果分析

社会效果主要考察我国新疆与中亚国家的经贸合作政策对企业、就业等的影响。新增对外投资企业指的是从我国新疆到中亚国家每年新增投资企业，签订合同也为与中亚国家新签订的合同数。到中亚国家投资的企业整体呈上升趋势，但是数量较少。签订的合同数2000~2006年呈上升趋势，2007年以后又呈下降趋势，2006年最高，为91个，具体变化如图5-14所示。

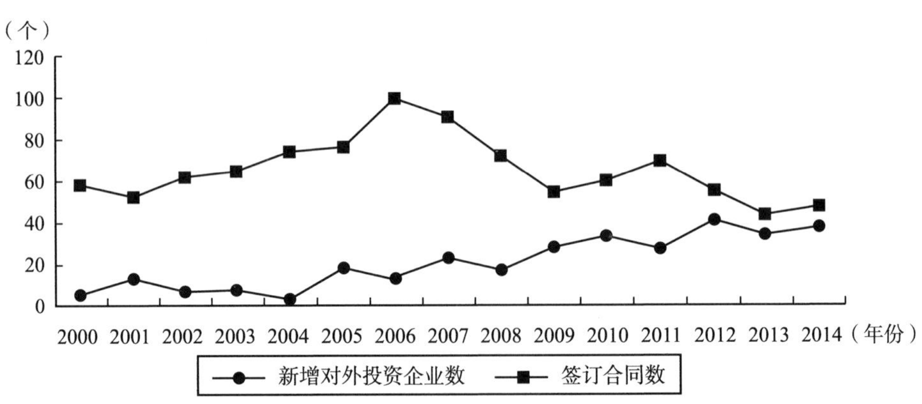

图5-14 2000~2014年中国新疆到中亚国家投资企业数与签订的合同的变化

企事业单位主要技术人员的比重可以衡量新疆外贸是否具有可持续发展的能力，企事业单位主要技术人员的比重呈下降的趋势，波动幅度不大，从2000年的5.48%下降到2014年的4.12%，具体变化如图5-15所示。

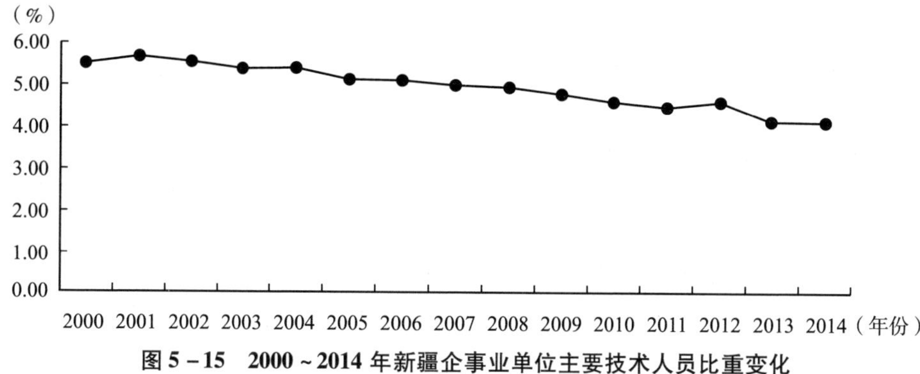

图 5－15　2000～2014 年新疆企事业单位主要技术人员比重变化

由图 5－14 与 5－15 可以看出，我国新疆在制定对中亚国家经贸合作政策的时候没有特别照顾企业，缺少专门针对出口中亚的企业的扶持，使得企业的积极性不高。中亚的政策环境不好，也是企业不愿去投资中亚的一个原因，再者企业缺乏面向中亚国家的人才，语言不通也是一个大的阻碍。

旅游收入占 GDP 的比重即中亚国家到我国新疆旅游的收入占新疆 GDP 的比重。我国新疆与中亚经贸合作的加强必定会带动旅游业的发展，旅游收入占 GDP 的比重呈上升趋势，2000～2008 年变化比较平缓，增长的幅度不大，在 2010 年有一个较大的提升，达到 27%，2010～2014 年变化也比较平缓，变化不大，如图 5－16 所示。

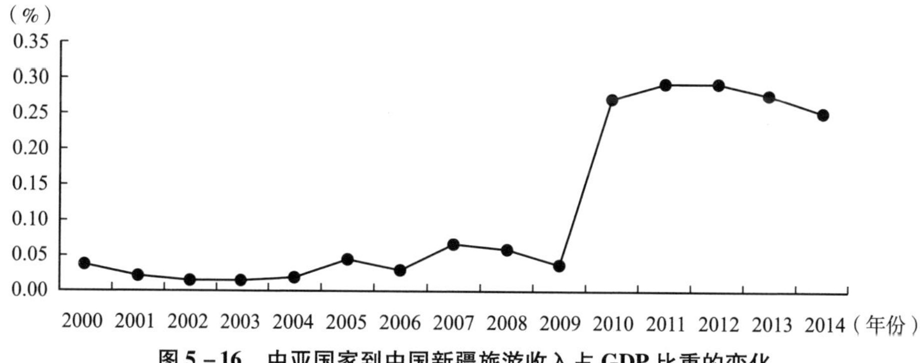

图 5－16　中亚国家到中国新疆旅游收入占 GDP 比重的变化

我国新疆与中亚国家的地理位置比较相近，气候比较相同，使得中亚国家的游客来新疆旅游的欲望不强，因此，新疆应寻求特色旅游项目，比如疗养旅游、文化旅游等。

5.3.6 我国新疆对中亚国家经贸合作政策存在的问题

1. 政策方案规划与实际脱节

新疆由于信息收集系统不完善，缺乏专业的信息收集机构与中介组织，政府也缺乏与中亚国家的交流，较少主动去中亚国家进行市场调研，种种原因导致新疆维吾尔自治区政府对中亚的市场了解不全面，数据更新也比较慢，导致信息不对称，使得在设计对中亚国家经贸合作政策时不能正确把握方向，政策方案与实际脱节，现实指导性较弱，对企业进入中亚国家市场的指导和协调远远不够，企业对中亚的市场和政策都不了解，企业去境外发展的很少。

2. 政策缺乏针对性

现在我国新疆对中亚国家的经贸合作政策大多是国家级别政策，或者对多个国家均适用，缺少专门针对中亚国家的政策，也缺少专门针对某一产业或者是某一方面的政策扶持，眉毛胡子一把抓，容易造成都抓不好的情况。新疆是我国丝绸之路经济带建设的核心区，与中亚国家相毗邻。中亚国家是丝绸之路经济带建设中的重要贸易伙伴。国家层面的政策大多比较宏观，所以新疆应该因地制宜，制定专门针对中亚的投资、金融、财政等专项政策。

3. 政策缺乏连贯性和稳定性

由我国新疆对中亚国家经贸合作政策效果的分指标分析可以看出，每个指标的变化规律不强，每年变化幅度较大，可以看出若当年我国新疆对中亚国家经贸合作政策比较完善，则指标得分较高，说明我国新疆对中亚国家的经贸合作政策缺乏连贯性与稳定性，缺乏监管，落实不到位，没有政策的跟踪与反馈。政策的宏观调控就是为经贸合作指明方向，是一个长期的过程。在政策的实施过程中一定切忌“忽冷忽热”，并且避免政策的冲突，政策的冲突会使一些人钻空子，使得政策的调控效果降低，可能造成市场的波动。在政策实施过程中需要全程监控，及时发现问题，适时适度地在原来的政策基础上进行必要的补充与微调，保证政策的稳定性，使政策不断完善，这样才能真正确保双方的经贸合作长远发展。

4. 政策缺乏金融支持

我国新疆与中亚国家的经济发展水平不一样，交易习惯也不一样。中亚国家偏好现金交易，而新疆的金融业与我国内地的相比还是比较落后，信用卡、支票、电子转账、兑换币种等金融服务比较落后，这就造成新疆与中亚国家的资金不能自由流动，也打击了双方企业投资的积极性，使得双方投资合作水平不高。

5. 政策对企业激励不足

丝绸之路经济带建设以来，我国新疆对中亚国家不少经贸合作政策措施还停留在各级政府的传统计划和行政命令的基础上，政策的制定与实施都依赖于政府部门，主体企业与消费者参与较少，在政策制定中，缺少对企业的调研，不了解企业真正的需求，最后造成政策因缺乏对企业经济利益的激励，使企业参与度不高、缺乏创新动力。

5.4 丝绸之路经济带建设中我国新疆对中亚国家经贸合作政策的优化

5.4.1 完善行政政策，提高政策的连贯性与稳定性

5.4.1.1 成立丝绸之路经济带中亚领导小组

应成立丝绸之路经济带中亚领导小组，专门负责我国新疆与中亚国家的经贸合作，我国新疆与中亚的贸易额每年都占新疆对外贸易额的70%，而且在丝绸之路经济带的建设中，我国新疆与中亚的经贸合作政策系统性不强，各部门没有很好的配合，各自制定各自的政策，使得政策缺乏连贯性与稳定性，甚至有些政策会自相矛盾，这就是政策效果不明显。成立专门的中亚领导小组办公室，可以统筹协调，联动各个部门进行实际调研，避免出现政策冲突和不切实际的问题，切实改善我国新疆与中亚五国的经贸合作政策。

5.4.1.2 成立中亚信息服务中心

丝绸之路经济带建设中我国新疆与中亚国家经贸合作政策存在方案规划与实际脱节、信息不对称等问题，政府缺少与民众的沟通机制，也缺少数据的来源。随着“互联网+”时代的到来，“互联网+政务”也在普遍应用，新疆维吾尔自治区政府可以成立一个中亚信息服务中心，专门收集与中亚相关的信息，无论是贸易信息、投资政策还是优惠政策，都应及时予以发布，使投资者、企业家和老百姓都能第一时间得到信息，减少信息不对称所带来的危害。逐步构建电子政务中心，将数据整合成一个完整的信息库，企业可以在网上办理相关事务，政府针对中亚国家制定的政策也可以及时发布，从而建立一个高效、快速的健康信息服务中心，实现云数据和信息共享。

5.4.2 深化外经贸政策，提升我国新疆在中亚国家的影响力

丝绸之路经济带建设以来，我国新疆主动与中亚国家建立联系，新疆维吾尔

自治区政府代表团先后出访了吉尔吉斯斯坦与塔吉克斯坦，与其政府达成了经贸合作共识，并与吉尔吉斯斯坦与塔吉克斯坦共同举办了展会，双方经贸合作关系得到进一步的提升，但是其余的三个国家，我国新疆并没有与之举办相关的展会。新疆应该多途径、多方位主动与哈萨克斯坦、乌兹别克斯坦、土库曼斯坦高层取得对话，为双方经贸合作打好基础。

新疆还应积极与亚投行取得联系，亚投行已经逐渐成为建设“一带一路”的投资与融资平台。丝绸之路经济带建设中我国新疆与中亚国家有很多合作项目，项目的实施离不开资金的支持。新疆可以与亚投行签订合作协议，解决资金周转问题，改善投资环境。亚投行也可以寻找到合作项目，从而达到双赢。

5.4.3 拓展开发区边合区政策，提升贸易的便利性

5.4.3.1 设立中吉边境自由贸易区

中哈霍尔果斯边境自由贸易区的成功建立，不仅为我国新疆与中亚国家的合作建立了新的平台，也为丝绸之路经济带周边的经贸合作提供了机会。我国新疆与吉尔吉斯斯坦相邻，新疆可以借鉴中哈霍尔果斯边境自由贸易区的经验，在南疆伊尔克什坦口岸建立中吉边境自由贸易区。① 充分发挥新疆的地缘优势，加快我国新疆与中亚国家的经贸合作进程，如果中吉边境自由贸易区建设得比较完善，我国新疆还可以逐步与其他国家建立自由贸易区，最终形成大型中亚自由贸易区。

5.4.3.2 提升通关过境的便利化

我国新疆与中亚国家的经贸合作要想长远发展，应尽快加快通关便利化。首先应该解决我国新疆企业到中亚国家进行经营活动办理签证难的问题，为企业走出去提供先决条件。加大我国新疆与中亚国家双方口岸基础设施的投入，改善口岸条件，提升口岸服务质量，使口岸真正成为“丝绸之路经济带”建设中我国新疆与中亚国家开展经贸合作的便捷的贸易通道。此外在通关便利化政策的制定中，应积极吸收企业界的合理意见和建议，充分考虑企业的需要，真正实现海关、质检等监督部门与商界的关系从监管走向合作。

---

① 高志刚．新疆参与新丝绸之路经济带建设面临的问题与政策建议［J］．区域经济评论，2014（2）：92－94．

5.4.4 提升会展管理政策，激发会展市场活力

5.4.4.1 设立小微企业参展补贴

重庆帮助小微企业拓展营销渠道，小微企业参加会展活动时，可申请政府发放的展位费、交通补助，每年最高可获3万元补助。在会展活动结束后5个工作日内，填写会展补助资金申请表，经会展活动承办单位认可，连同相关资料一并报注册地区工商局。随后的工作由工商部门、财政部门来做，补助的钱拨付到参展微企账户。目前新疆还没有相关的政策，我国新疆针对中亚国家的展会如塔吉克斯坦－中国新疆出口商品展洽会，这些会展对参展企业的规格要求较高，一些小微企业根本没有进入的资格，也没有实力参展，我国新疆对中亚国家的展会应适当减低标准，并对中微企业给予一定的展会补贴，提高小微企业进展会的能力，激发会展市场活力。

5.4.4.2 保障企业知识产权

在办展过程中，很多企业与客户交流会掌握大量的客户信息。客户是企业稳定的客源，这些客户信息均属于商业机密，除此之外，企业的产品在展览和解说的过程中也会被竞争对手所窃取，这就造成了知识产权的问题。展会的主办方也有泄露知识产权的可能，主办方为了吸引更多的游客，会精心布置展馆并设计精妙的开闭幕式。这些信息都是主办方的知识产权，都是要予以保护的，每年都有因为知识产权的问题使得企业的参展兴趣不高的问题，会展业发展举步维艰。因此，我们要注重企业知识产权的保护，给企业免去后顾之忧。目前，上海市、江西省等都相继出台了会展自律公约，如《上海市会展业自律公约》《江西省会展行业自律公约》。但是目前新疆还没有相关的会展自律公约，新疆的会展业要想得到长久的发展，保护知识产权势在必行。因此，下一步新疆应制定相关的会展自律公约，完善会展的知识产权保护，不仅要保护主办方的权益，更要保护参展企业的知识产权，使企业免去后顾之忧，让更多的企业加入会展行列。按照公约的规定对展会中发生的知识产权侵权纠纷进行处理，增加会展业的市场活力。

5.4.4.3 增设中亚商品展销会

我国新疆与中亚国家目前较有针对性的展会只有塔吉克斯坦－中国新疆出口商品展洽会，一年在我国新疆举办，下一年在塔吉克斯坦举办，已经形成规模，是新疆与塔吉克斯塔经贸合作的一个重要平台，但是新疆针对哈萨克斯坦、吉尔

吉斯斯坦等其余中亚四国缺少类似的展会。从目前来看，我国新疆与塔吉克斯坦联合举办的会展获得了良好的效果，新疆应该效仿这届展会，针对其他中亚国家举办不同类型的展会，拓展新疆与其他中亚国家的经贸合作平台，通过展会提升新疆在中亚国家的影响力与竞争力，扩大经贸合作，因此，应尽快筹建针对中亚国家的新的展会。

5.4.5 推进产业合作政策，进一步开发中亚市场

5.4.5.1 增强我国新疆与中亚国家光伏产业的合作

目前中亚国家都相继出台了鼓励发展可再生能源的政策及法案，借助世界银行、亚洲开发银行、伊斯兰发展银行等金融组织的资金支持，哈萨克斯坦、乌兹别克斯坦等国已经在开展较大规模的光伏发电项目。这个市场机遇令人振奋，新疆有发展光伏产业优势的得天独厚的条件，拥有长日照与广阔的土地，与此同时，新疆的太阳能光伏产业链已经初具规模，已经在乌鲁木齐、石河子等地形成了产业基地。新疆维吾尔自治区政府要牢牢抓住这些优势，现阶段应制定相关的光伏产业政策，鼓励企业参与中亚国家光伏产业的发展，鼓励企业直接去中亚国家投资建厂，并且给予一定的资金支持和税收减免，充分调动企业参与中亚光伏市场的积极性，并加快推动生产制造基地的建立。

5.4.5.2 增强我国新疆与中亚国家通信产业的合作

中国通信产业目前存在产能过剩的问题，而中亚国家通信产业存在较大的发展空间，因此推动中国与中亚国家通信产业合作将惠及双方，通过调节通信产业的发展促进双边经济贸易关系进一步强化。丝绸之路经济带核心区的建设发展以及自治区有关“互联网+”“云计算”“大数据”等一系列政策陆续出台，为新疆规范信息化建设投资提供了政策保障，为信息产业的快速发展提供了内生动力，但是缺少信息企业“走出去”的相关政策，新疆应抓住机遇，制定中亚跨境光缆规划，建立中亚云计算产业园、软件园等，加大信息产业投入力度，推动新疆信息产业向中亚市场挺进，占据中亚信息化市场的制高点。

5.4.5.3 扩大我国新疆对中亚国家农产品出口的力度

目前我国新疆与中亚国家经贸合作中农产品贸易还占据着重要地位，新疆应尽快完善农业产业政策，以实现农产品在本区域内自由流动，消除双方农产品贸易的关税与非关税壁垒。目前我国新疆塔城已经举办多次针对中亚国家的农产品交易会，比较出名的有“新疆塔城蔬菜旅游文化节暨中亚－塔城进出口商品交易

会”“新疆塔城蔬菜旅游博览会暨中国－中亚国际农业产业博览会”等。新疆维吾尔自治区政府应给予一定的政策支持，鼓励其他地区因地制宜，在与中亚国家合作的进程中积极激励、引导与鼓励各类涉农企业参与进来，充分发挥企业的主体作用，逐步把我国新疆打造成中亚国家农产品的集散地，成为中亚人民的“菜篮子”。

5.5 丝绸之路经济带建设中我国新疆对中亚国家经贸合作政策优化的保障措施

5.5.1 中国国家层面

5.5.1.1 国家应给予政策倾斜

丝绸之路经济带提出以后，各国纷纷响应并积极加入进来，现在整体呈现“两边高中间低”的情况。我国新疆与沿海地区相比经济发展水平差别较大，中亚国家的经济发展水平与欧洲发达国家相比差距也比较大，新疆作为我国面向中亚国家的门户，国家应给予更多的支持，较中东部要给予大的政策倾斜力度，支持我国新疆与中亚国家的经贸合作，使新疆尽快崛起。

就目前来说，新疆急需金融政策的支持。我国新疆在与中亚国家经贸合作中缺乏金融的支持，使得我国新疆与中亚国家的经贸合作缺乏支撑。国家外汇管理局应适当授权新疆外汇管理分局一定的自主权，实行差别待遇，让我国新疆可根据本地的与中亚国家的经贸合作状况及时进行调整①。比如现在我国新疆与中亚国家合作的都是大企业，但是大企业较少，新疆应在金融政策上扶持中小企业的发展，可以设立中小出口企业专项资金，提高其出口退税率。新疆目前缺乏创新动力，可为高新企业出口融资担保，鼓励企业创新，并帮助企业积极开拓中亚市场，增强新疆本地企业的自主创新能力。除了外汇管理局，政策性金融机构也应给予新疆一定的政策倾斜，开发适合新疆实际的业务，支持新疆中小企业出口信贷。中国出口信用保险公司也应为我国新疆出口中亚国家的企业提供信用保险支持。

5.5.1.2 赋予我国新疆更多对中亚国家经贸合作政策自主制定权

要想使我国新疆与中亚国家的经贸合作进一步提升，中央政府还要赋予新疆

---

① 黄伟新．新疆对外贸易发展方式转变研究［D］．石河子：石河子大学，2015.

更多对中亚国家经贸合作政策的自主制定权，鼓励我国新疆积极与中亚国家开展经贸合作。首先，可以授权我国新疆与中亚国家进行关于边境贸易政策的自主谈判，如边境自贸区的一些优惠政策等。其次，可以授权我国新疆自主与中亚国家领导针对双边贸易问题进行磋商，比如可以与中亚国家商谈展会制度、口岸的通关效益等。再者，可以授权我国新疆与中亚国家就有关地方政府之间重点合作项目、地方性经济政策以及整体的规划等问题开展广泛的协商，从而推动我国新疆与中亚各国经贸合作机制的建立与发展。最后，在我国新疆与中亚国家经贸往来中涉及的技术问题，中央政府要予以重视，并积极解决，如设立正规的边境贸易结汇机构，在规范检验检疫标准等方面给予支持。

5.5.1.3 完善双边贸易法律法规体系，优化企业投资环境

我国是法治国家，强调依法行政，任何事都需要有法律的支撑。中央政府要建立和完善我国的对外贸易法律框架，制定解决双边贸易争端矛盾的相关法律，并完善我国新疆与中亚国家进行经贸合作的规章制度，加大对相关部门的监管力度，特别是海关、商检等管理部门，此外，针对中亚政局不稳、政策多变等问题造成的合作损失构建长效的解决机制，以维护我国合法利益。给我国新疆到中亚国家投资的企业一个完备的后盾支持，解决企业的后顾之忧。此外，我国还应优化关于外商投资的法律体系，给外商企业营造一个优良的投资环境，吸引更多的外商前来投资。

5.5.1.4 加大金融合作监管力度，共同防范金融风险

在上合组织金融监管合作机制基础上，完善我国与中亚国家的金融监管、风险救助体系，双方共同建立区域内的征信系统、金融信息披露系统、反洗钱合作系统、本外币跨境流动监测系统等，实现区域内金融信息的共享，进一步维护金融秩序，为增强区域金融风险防范能力提供准确信息。此外，需加强我国与中亚国家央行之间的沟通交流，建立金融风险应对机制，共同打击跨境金融犯罪，全方位防范和化解金融风险，维护区域内金融的安全与稳定，为我国新疆与中亚国家经贸合作政策的实施提供一个良好的金融环境。

5.5.1.5 充分发挥上合组织的作用，深化与中亚国家的政治互信

目前中亚国家多数参与了上海合作组织，是我国与中亚国家发展经贸合作的平台。上合组织创建之初是为打击“三股势力”、维护国家稳定而建立，现在逐渐在扩大其作用。我国政府应该在上海合作组织中发挥更加积极的作用，定期举行反恐军事演习，加强各国在军事领域的合作与互信，营造和平发展的地区环境。应完善各国领导人的定期会晤机制和对话机制，在加强与中亚国家政治互信

的同时加强双方经贸合作，完善各项职能，重视民间青年之间的交往，为新疆争取机会，增加中亚国家对我国新疆的信任，提高我国新疆在中亚地区的影响力，为我国新疆与中亚国家的经贸合作提供良好政治环境。

5.5.2　新疆地方层面

5.5.2.1　加强基础设施建设

新疆要想在丝绸之路经济带建设的浪潮中占领一席之地，就必须加强基础设施的建设，特别是交通道路的建设，使得我国新疆地区与中亚国家和我国内地的货物实现无障碍交换，为提升我国新疆地区与中亚国家的贸易量打好基础。新疆的交通运输设施整体来说比较落后，特别是我国南疆的公路与铁路设施。丝绸之路经济带建设以来，新疆维吾尔自治区政府已经意识到了这个问题，正在高质量高标准地建设南疆的铁路与公路。不仅要完善南疆的交通运输，而且应提高其他交通枢纽的运输能力，并完善口岸的通关设施，提升服务质量，多管齐下，全方位联动才能真正提升新疆的运输能力，才能更好地为我国新疆与中亚国家的经贸合作服务。

5.5.2.2　发挥政府制定政策的主导作用

政府一定要发挥制定政策的主导作用，要因地制宜，不断改革和完善我国新疆对中亚国家的经贸合作政策。一是政府相关政策制定部门要经常深入基层，了解我国新疆对中亚国家对外贸易发展动态，或者依托科研院所和高等院校，加大对中亚国家的贸易研究，实时掌握和监控双方的对外贸易状况，政策制定者只有在深入了解新疆对外贸易状况之下才能制定出合理的政策，并能够对对外贸易活动存在的问题以临时文件等方式及时给予解决。二是政府部门要及时对中央政府出台的对外贸易政策进行研究与分析，在制定各类政策执行细则时要结合新疆对外贸易的特殊情况，对于没有考虑各地方各自特点并严重阻碍新疆对外贸易发展的政策条款，相关部门要及时向中央政府有关部门申报停止在新疆执行。

5.5.2.3　建立和完善经贸合作安全防范机制

我国新疆与中亚国家经贸合作政策的制定与实施过程中都需要引进安全防范机制。制定和完善信息沟通政策与安全预警政策，及时掌握中亚国家的信息，预测中亚国家的经济形势，及时跟踪调查，及时发现问题，根据问题及时修正政策，给企业和民众正确的引导，避免企业和民众走弯路，受到不必要的损失。丝绸之路经济带建设以来，我国新疆更加注重与中亚国家在能源领域的合作，所以需要重点建设能源安全预警机制，避免对中亚国家的能源有太高的依赖性，使得经济上过于被动，但也要积极需求更高层次的合作，促进我国新疆与中亚国家经贸合作安全平稳健康发展。

5.5.2.4 加强面向中亚国家人才培养

丝绸之路经济带建设以来，我国新疆的外贸人才缺口很大，特别是针对中亚国家的外贸人才。自治区商务厅、边贸局需与教育局、组织部等部门共同协作、共同制定新疆外贸人才发展规划，确定外贸人才发展目标、原则和任务，充分发挥我国新疆与中亚国家的民族优势，明确每个阶段人才发展工作重点。联合高等院校、科研院所、干部学院、党校等部门共同进行针对中亚国家的外贸人才培养，对各单位的培养对象和培养重点进行区分，赋予各单位一定数量或层次的外贸人才培养任务，并定期予以检查。加大对重要紧缺外贸人才的培养和引进投入，加大对高层次和杰出外贸人才的奖励。鼓励外贸企业对职工进行培训和继续教育，甚至学历教育，对在外贸人才培养上作出重要贡献的单位和企业给予资金奖励，对于专门从事外贸人才培养的机构给予一定税收优惠和补贴，从而改善新疆外贸人才不足的现状，并实现外贸人才的长期良性发展。

5.5.2.5 建立政府与民间组织合作交流机制

建设丝绸之路经济带的作用之一就是加强沟通，我国新疆通过丝绸之路经济带的平台加强与中亚政府间的交往交流。新疆维吾尔自治区代表团出访中亚就是一个很好的开头，今后还要开展更多的政治活动。除了要加强政府的政治互信之外，还要加强民间组织的交流，行业协会和商会也应该充分发挥作用，展开交流，积极与中亚国家的行业协会联系，共谈合作，增强我国新疆企业与中亚国家企业的联系，加强民众之间的联系，提高民众之间的感情，在政府友好政治往来的基础上开展民间合作，多方位促使我国新疆地区与中亚国家的经贸合作提升。

参 考 文 献

一、中文部分

［1］阿尔弗雷德·马歇尔．经济学原理［M］．西安：陕西人民出版社，2013.

［2］阿密娜．中国与中亚国家的关系［D］．浙江大学，2013.

［3］阿依努斯卡．新疆对中亚五国贸易发展问题探析［D］．中央民族大学，2005.

［4］安虎森，朱妍．产业群理论及其进展［J］．南开经济研究，2003（3）：31－36.

［5］白素霞，陈井安．产业集群向创新集群演化研究［J］．经济体制改革，2015（3）：114－117.

［6］白永秀，王颂吉．丝绸之路经济带：中国走向世界的战略走廊［J］．西北大学学报（哲学社会科学版），2014（4）：32－38.

［7］鲍敦全．新疆在中国与中亚国家经贸合作中的地位和作用［J］．东欧中亚市场研究，2001（12）：12－15.

［8］保建云．中国与中亚国家进出口贸易特点及存在的问题分析［J］．国际贸易问题，2008（7）：40－46.

［9］保罗·克鲁格曼．战略性贸易政策与新国际经济学［M］．海闻，译．北京：中国人民大学出版社，2000.

［10］毕燕茹．新疆出口加工基地建设初探［D］．新疆大学，2006.

［11］毕燕茹．中国与中亚国家产业合作研究［D］．新疆大学，2010.

［12］伯尔蒂尔·奥林．地区间贸易和国际贸易［M］．王继祖，等，校译．北京：商务印书馆，1986.

［13］卜晓燕．利用产业集群促进区域经济发展研究［D］．对外经济贸易大学，2007.

［14］曹洪华，闫晓燕，洪王牙．西部主体功能区产业布局——基于产业梯度转移理论的思考［J］．资源开发与市场，2008，（4）.

［15］曹学敏．皖北地区外向型经济发展对当地经济影响的研究［D］．安徽

大学，2013.

［16］曹颖．区域产业布局优化及理论依据分析［J］．地理与地理信息科学，2005，（5）.

［17］陈国亮．海洋产业协同集聚形成机制与空间外溢效应［J］．经济地理，2015（7）：113－120.

［18］陈梦筱．城市形态与产业空间布局实证研究［J］．区域经济评论，2015，（2）.

［19］陈苗苗．产业集群对区域产业竞争力的影响研究［J］．知识经济，2014（9）：5－5.

［20］陈淑嫱．中国新疆与中亚国家区域产业合作研究［D］．石河子大学，2009.

［21］陈玉萍．基于产业结构调整的新疆就业前景分析［J］．新疆财经，2012（6）：57－63.

［22］陈振环．重庆市物流产业集群与区域经济发展研究［D］．重庆工商大学．

［23］程霞珍．安徽文化产业集群发展的政府支持研究［D］．安徽大学，2014.

［24］程云洁．新疆外贸竞争力分析及发展对策［J］．经济研究导刊，2008（4）：132－133.

［25］崔光莲，李俊英．点轴开发——西部开发形势下的新疆固定资产投资布局［J］．新疆社会科学，2002（2）：33－36.

［26］崔茂森．我国产业结构升级的深层分析［J］．东岳论丛，2004（3）：172－173.

［27］大卫·李嘉图．政治经济学及赋税原理［M］．北京：商务印书馆，1976：70－91.

［28］邓浩．中国与中亚国家关系：回眸与前瞻［J］．国际问题研究，2002（3）：8－12.

［29］董宇鸿．基于协同理论的产业集群效应研究［J］．河南工业大学学报，2010（3）：46－48.

［30］杜培林．产业集群的核结构研究［D］．山东大学，2015.

［31］杜晓鹏．中国新疆与中亚国家经贸合作研究［D］．新疆师范大学，2013.

［32］法赫利．中国与中亚的关系（1991－2011年）：合作与共赢［D］．山东大学，2013.

［33］樊春艳．产业簇群的模式划分及其特点趋势分析［J］．知识经济，2010（4）：109－109.

［34］范剑勇，冯猛，李方文．产业集聚与企业全要素生产率［J］．世界经济，2014（5）：51－73.

［35］方甲．产业结构问题研究［M］．北京：中国人民大学出版社，1997：59－85.

［36］费希尔．安全的进步与冲突［M］．伦敦：麦克米伦出版社，1935：143－179.

［37］冯梅，孔垂颖．我国攀西地区钒钛产业集群绩效的实证研究［J］．宏观经济研究，2015（1）：88－94.

［38］付华蓉．新疆与中亚国家经济贸易发展探析［J］．新疆金融，2008（10）：24－25.

［39］付青叶．关于新疆经济增长的产业集聚的实证分析［J］．沿海企业技，2005（5）：166－167.

［40］高新才．丝绸之路经济带：开辟国际关系新通道［N］．中国社会科学报，2014（3）.

［41］高志刚．“丝绸之路经济带”框架下中国（新疆）与周边国家能源与贸易互联互通研究构想［J］．开发研究，2014（1）：46－50.

［42］龚新蜀，李梦洁，张洪振．OFDI是否提升了中国的工业绿色创新效率——基于集聚经济效应的实证研究［J］．国际贸易问题，2017（11）：127－137.

［43］郭爱君，毛锦凰．丝绸之路经济带：优势产业空间差异与产业空间布局战略研究［J］．兰州大学学报（社会科学版），2014（1）：40－49.

［44］郭晶．低碳目标下城市产业结构调整与空间结构优化的协调——以杭州为例［J］．城市发展研究，2010（7）：25－28，51.

［45］郭菁，胡麦秀．产业集群研究述评［J］．黑龙江农业科学，2011（4）：93－96.

［46］郭克莎，王延中．中国产业结构变动趋势及政策研究［M］．北京：经济管理出版社，2002：162－194.

［47］郭新明，李寿龙．中国（新疆）与中亚国家经济互补性的领域项目及金融配套支持研究［J］．新疆金融，2008（1）：8－24.

［48］韩林芝，郭奎．新疆产业与就业结构协同性分析及对策建议［J］．改革与开放，2015（21）：51－53.

［49］韩跃．战略性新兴产业空间布局研究［D］．首都经济贸易大学，2014.

［50］贺湘焱．中国新疆与中亚五国地缘经济合作发展研究［D］．新疆师范大学，2007.

［51］黄海平．基于区域竞争力的新疆特色产业集群发展研究［D］．石河子

大学，2010.

［52］黄亮雄，安苑，刘淑琳．中国的产业结构调整：基于三个维度的测算［J］．中国工业经济，2013（10）：70－82.

［53］黄明．上海开发区产业集群发展研究［D］．华东政法大学，2013.

［54］黄卫．精心打造“丝绸之路经济带”的核心区［J］．求是，2014（7）：22－24.

［55］胡鞍钢，马伟，鄢一龙．“丝绸之路经济带”：战略内涵、定位和实现路径［J］．新疆师范大学学报，2014（2）：1－9.

［56］胡小娟，张兴华．提高外向型产业集群吸收国际产业转移质量的思考［J］．湖南大学学报（社会科学版），2006，20（4）：62－67.

［57］惠宁，谢攀，等．产业集群与区域经济增长的实证研究［J］．西北大学学报哲学社会科学版，2009，39（6）：34－39.

［58］季萍萍．东北地区产业结构与空间布局的变化趋势研究［D］．东北师范大学，2006.

［59］江曼琦．聚集效应与城市空间结构的形成与演变［J］．天津社会科学，2001（4）：69－71.

［60］蒋宇飞．产业转移视角下南通滨海园区临港产业空间布局研究［D］．安徽合肥工业大学，2015.

［61］靳亚珍．丝绸之路经济带背景下新疆产业结构调整的空间布局优化研究［D］．石河子大学，2017.

［62］金远．我国外向型经济发展战略面临的问题及建议［J］．商业经济与管理，2005（7）：68－71.

［63］李翠花．中国（新疆）与中亚国家区域金融合作研究［D］．新疆财经大学，2013.

［64］李栋佳．长株潭城市群空间结构与产业布局优化研究［D］．湘潭大学，2014.

［65］李桂龙，魏恒姝．丝绸之路经济带背景下新疆物流整合与产业集聚联动发展［J］．新疆农垦经济，2015（1）：31－35.

［66］李海凤．产业集群创新能力与厂商学习、知识积累关系研究［J］．科学管理研究，2015（1）：64－67.

［67］李豪．提升中国新疆与中亚国家经贸合作层次的战略分析［D］．西南财经大学，2008.

［68］李辉，张旭明．产业集群的协同效应研究［J］．吉林大学学报，2006（3）：43－45.

［69］黎继子．集群式供应链及其管理研究［D］．华中农业大学，2006.

［70］李健，郝珍珍．基于产业影响和空间重构的低碳城市建设研究［J］．中国人口·资源与环境，2014（7）：65－72.

［71］李江帆．产业结构高级化与第三产业现代化［J］．中山大学学报（社会科学版），2005（4）：124－130，144.

［72］李瑾．产业集群对区域经济增长的影响研究［D］．上海社会科学院，2015.

［73］李金叶．新疆与中亚国家经贸合作的现状、前景及对策［J］．新疆社科论坛，1995（4）：29－32.

［74］李立叶．新疆产业布局合理化水平研究［J］．经济论坛，2014（2）：32－36.

［75］李宁．“丝绸之路经济带”的物流业基础与建设［J］．理论月刊，2014（5）：134－137.

［76］李钦．中国新疆与中亚国家经贸合作比较研究［J］．商业经济，2010（12）：59－61.

［77］李钦．中国与中亚地区经贸合作中新疆的定位及对策［J］．科技经济市场，2009（6）：59－60.

［78］李清华．关于新疆边境贸易发展的研究［D］．新疆农业大学，2000.

［79］李群涛．中国与中亚区域合作研究［D］．郑州大学，2011.

［80］李三保．吉林省县域经济产业协同发展研究［D］．长春理工大学，2010.

［81］李新英．新疆在中亚市场的战略取向和战略步骤［J］．新疆社科论坛，2004（4）：67－69.

［82］李雪梅，闫海龙，王伯礼．丝绸之路经济带：新疆的布局和策略［J］．开放导报，2014（2）：29－32.

［83］厉以宁．区域发展新思路［M］．北京：经济日报出版社，1999：82－105.

［84］李悦．产业经济学［M］．北京：中国人民大学出版社，1998：113－148.

［85］李中耀，潘志平，秦放鸣，等．“丝绸之路经济带”：机遇与挑战——立足新疆的视角［J］．新疆大学学报（哲学人文社会科学版），2013（6）：1－3.

［86］梁琦．中国制造业分工、地方专业化及其国际比较［J］．世界经济，2004（12）：32－40.

［87］凌激．中国与中亚国家经贸合作现状、问题及建议［J］．国际观察，2010（5）：17－22.

［88］刘波．吉林省产业结构优化与产业空间布局研究［J］．经济纵横，2006（6）：21－25.

［89］刘存福，侯光明，李存金．中小民营企业集群的社会网络分析及发展趋势探讨［J］．科学学与科学技术管理，2005，26（7）：144－148.

［90］刘锋，刘贤腾，余忠．协同区域产业发展空间布局初探——以沿淮城市群为例［J］．城市规划，2008（6）：88－92.

［91］柳丰华．中国在中亚：政策的演变［J］．俄罗斯中亚东欧研究，2007（6）：63－72.

［92］刘璟．区域产业协同发展及空间布局策略研究［J］．中国经济特区研究，2012，（1）.

［93］刘璟，陈恩，冯杰．区域产业协同发展及空间布局分析——以深惠莞为例［J］．产经评论，2012（6）：28－39.

［94］刘俊．新时期仪征市产业结构调整与产业布局优化研究［D］．南京师范大学，2006.

［95］刘浪琴．新疆与中亚各国区域经济合作研究［D］．中南民族大学，2009.

［96］刘书成．新疆出台丝绸之路经济带核心区实施意见［N］．新疆晨报，2015－1－21.

［97］刘涛．区域产业布局模式识别：指标体系与实证检验［J］．地理科学，2010，（2）.

［98］刘秀玲，苗芳，孙险峰，等．FDI 与民族地区特色外向型产业集群的发展［J］．大连民族学院学报，2013，15（2）：156－159.

［99］刘月兰，李豫新．基于 Granger 因果检验的新疆产业结构变动与经济增长关系分析［J］．生态经济，2009（7）：33－35，55.

［100］刘云兵．产业集群、经济增长与西部欠发达地区的产业政策［D］．东北财经大学，2016.

［101］龙涛，于汶加，代涛等．中国在吉尔吉斯斯坦区域资源产业开发布局分析［J］．资源科学，2015（5）：96－105.

［102］卢进勇，杜奇华，李锋．国际经济合作教程［M］．北京：首都经济贸易大学出版社，2016.

［103］路林书．外向型经济与中国经济发展［M］．北京：机械工业出版社，1988.

［104］卢山，江行舟，江可申．江苏沿海地区产业同构测度与产业协同发展［J］．湖北经济学院学报，2010（2）：74－80.

［105］陆婷．新疆外向型产业集群培育研究［D］．新疆财经大学，2013.

［106］吕岩威，孙慧．基于离差最大化和聚类分析的新疆产业集群识别研究［J］．科技管理研究，2012，32（24）：174－178.

［107］罗斯托．从起飞进入持续增长的经济学［M］．成都：四川人民出版社，1988：37－54.

［108］马建堂．从总量波动到结构变动——再论经济周期影响产业结构变动的机制［J］．经济研究，1989（4）：43－50.

［109］马纳提．浅析新疆与中亚经贸合作—基于霍尔果斯经济特区［J］．中国发展，2011（3）：64－68.

［110］马延吉．辽中南城市群产业集聚发展与格局［J］．经济地理，2010（8）：124－128.

［111］迈克尔·波特．国家竞争优势［M］．北京：华夏出版社，2004：173－206.

［112］孟韬．空间变化、结构调整与三线企业的集群创新［J］．改革，2013（1）：35－40.

［113］孟晓军，刘志辉，李永东．新疆产业结构转移的定量关系研究［J］．干旱区资源与环境，2008（4）：41－44.

［114］欧艳国．新疆发展外向型经济研究［D］．中央民族大学，2010.

［115］庞瑞秋，白鸿蓉，刘艳军．长春市产业空间布局演化：轨迹、机制与调控［J］．东北师大学报（自然科学版），2007（4）：143－148.

［116］綦良群，王成东．高新技术产业与装备制造业协调发展模式及测度研究［J］．科技进步与对策，2013（11）：122－129.

［117］钱曼曼．欠发达地区产业集群成长潜力评价研究［D］．合肥工业大学，2012.

［118］钱勇．关于新疆与中亚区域经济合作的几点思考［J］．大陆桥视野，2007（5）：8－12.

［119］秦菲菲，杨山．县域产业结构升级与空间重构——以江苏启东市为例［J］．经济地理，2013（1）：119－125.

［120］任杲．区域经济视角下的产业集群发展研究［D］．燕山大学，2015.

［121］任太增．产业集群的内部结构与治理［J］．河南师范大学学报（哲学社会科学版），2015（2）：36－40.

［122］阮彩灵，龚新蜀．新疆与中亚国家经济合作的优劣势分析［J］．科技和产业，2010（3）：16－20，37.

［123］阮建青，石琦，张晓波．产业集群动态演化规律与地方政府政策［J］．管理世界，2014（12）：79－91.

［124］仇保兴．发展小企业集群要避免的陷阱——过度竞争所致的“柠檬市场”［J］．北京大学学报哲学社会科学版，1999，36（1）：25－29.

［125］沈群红，胡汉辉，封凯栋．从产业集聚到产业集群的演进及政府在产

业集群发展中的作用——基于速度经济和管理能力有限性的视角［J］. 东南大学学报哲学社会科学版，2011，13（3）：31－36.

［126］沈正平，刘海军，蒋涛. 产业集群与区域经济发展探究［J］. 中国软科学，2004（2）：120－124.

［127］施刚. 宁波市海洋产业空间布局和结构优化研究［D］. 浙江工业大学，2013.

［128］石林. 新疆承接产业转移的行业选择与空间布局研究［D］. 新疆财经大学，2014.

［129］石泽. 试论全方位发展的中国与中亚国家关系［J］. 国际问题研究，2006（1）：14－18，27.

［130］司光南. 新疆十五个地州市产业结构转换研究［J］. 科学决策，2010（5）：58－63.

［131］苏东水. 产业经济学［M］. 北京：高等教育出版社，2000：48－79.

［132］孙慧. 特色产业集聚对区域经济发展的影响［J］. 生产力研究，2008（19）：125－127.

［133］孙靖帮. 新疆与中亚国家经济贸易发展研究［J］. 西部金融，2012（11）：84－86，89.

［134］孙久文. 区域经济学［M］. 北京：首都经济贸易大学出版社，2011：37－63.

［135］孙兰凤，安尼瓦尔·阿木提. 新疆与中亚区域经济合作问题研究［J］. 开发研究，2008（4）：33－36.

［136］孙兰凤. 新疆与中亚区域经济合作的问题与对策［J］. 新疆金融，2008（3）：20－23.

［137］唐立久，穆少波. 中国新疆："丝绸之路经济带"核心区的建构［J］. 新疆师范大学学报（哲学社会科学版），2014（2）：19－24.

［138］田海宽. 基于京津走廊经济发展的廊坊市产业结构调整和空间布局优化研究［D］. 武汉理工大学，2009.

［139］田朝阳. 秦岭河谷型乡镇产业结构与空间规划布局的关系研究［D］. 长安大学，2014.

［140］屠凤娜，杨智华. 论产业集群的基本分类［J］. 环渤海经济瞭望，2007（2）：47－50.

［141］王传民. 县域经济产业协同发展研究［D］. 北京交通大学，2006.

［142］王传民，袁伦渠. 基于灰色关联分析的县域产业协同发展模型［J］. 生产力研究，2006（4）：188－189.

［143］汪存华. 新疆产业分工与南北疆区域协调发展研究［D］. 石河子大

学，2013.

［144］王福君．鞍山地区产业结构升级与产业空间布局研究［J］．鞍山师范学院学报，2008（3）：18－21.

［145］王海燕．新时期新疆在中国与中亚地区经贸合作中的地位［J］．新疆社会科学，2005（3）：78－83.

［146］王海燕．中国新疆与中亚国家的合作关系［J］．东欧中亚市场研究，2000（9）：21－27.

［147］王海燕．中国新疆与中亚国家经贸合作关系的回顾和展望［J］．俄罗斯中亚东欧市场，2005（6）：16－27.

［148］王海燕．中国新疆在中国与中亚诸国经贸合作中的定位［J］．俄罗斯中亚东欧市场，2006（2）：31－35.

［149］王缉慈，等．创新的空间：企业集群与区域发展［M］．北京：北京大学出版社，2001：102－141.

［150］王缉慈．地方产业群战略［J］．中国工业经济，2002（3）：47－54.

［151］王建峰．区域产业转移的综合协同效应研究——基于京津冀产业转移的实证分析［D］．北京交通大学，2013.

［152］王林梅，邓玲．我国产业结构优化升级的实证研究——以长江经济带为例［J］．经济问题，2015（5）：39－43.

［153］王冕．中国与中亚国家经贸合作探析［J］．对外经贸，2014（5）：13－14，25.

［154］王明亚．丝绸之路经济带的构建及其战略意义［J］．天水行政学院学报，2013（6）：9－14.

［155］王其猛．新疆棉花生产布局优化研究［D］．石河子大学，2013.

［156］王维，江源，张林波，等．基于生态承载力的成都产业空间布局研究［J］．环境科学研究，2010（3）：333－339.

［157］王维．沟域经济中产业结构与空间布局关系研究——以山海关北部山区沟域经济规划为例［D］．河北农业大学，2013.

［158］王晓霞．产业集群升级研究：地方政府视角［M］．北京：中国社会科学出版社，2012.

［159］王兴明．产业发展的协同体系分析［J］．经济体制改革，2013（5）：102－105.

［160］王雪锋，龚新蜀．试析我国新疆与中亚国家的经贸合作［J］．国际商务（对外经济贸易大学学报），2008（2）：35－38，51.

［161］王玉海，刘学敏，谷潇磊．首都经济圈内涵及产业空间再造路径探讨［J］．北京社会科学，2013（1）：46－55.

［162］王玉祺．产业结构调整影响的城市空间结构优化研究——以重庆市主城区为例［D］．重庆大学，2014.

［163］王玉柱．区域协同发展战略下产业结构调整问题研究［J］．理论学刊，2014，(9).

［164］王铮，朱永彬，王丽娟，等．中国碳排放控制策略研究［M］．科学出版社，2013.

［165］王志飞．新疆在与中亚国家区域经济合作中的战略定位研究［D］．石河子大学，2009.

［166］王志远．中国与中亚国家贸易关系的实证分析［J］．俄罗斯中亚东欧市场，2011（6）：18－31.

［167］魏守华．集群竞争力的动力机制以及实证分析［J］．中国工业经济，2002（10）：27－34.

［168］沃西里·列昂惕夫．1919～1923 年美国经济结构［M］．北京：商务印书馆，1993：205－237.

［169］吴迪．区域产业集群竞争优势构建——基于产业集群与区域创新能力互动关系视角［J］．企业经济，2012（2）：130－133.

［170］吴殿廷，陈启英，楼武林，姜晔．区域发展与产业布局的耦合方法研究［J］．低于研究与开发，2010，(4).

［171］吴宏伟．中国与中亚国家政治经济关系：回顾与展望［J］．新疆师范大学学报（哲学社会科学版），2011（2）：39－46.

［172］乌兰．内蒙古产业集群对经济增长的影响研究——以能源产业为例［D］．内蒙古大学，2016.

［173］吴巍．邢台市桥东区产业空间布局规划研究［D］．河北工程大学，2014.

［174］西蒙·库兹涅茨．各国的经济增长［M］．北京：商务印书馆，1985：12－25.

［175］席瑞，王雪梅，杨雪峰．新疆产业结构变化及空间布局研究［J］．天津农业科学，2014（3）：81－84.

［176］熊彼特．经济发展理论［M］．北京：商务印书馆，1997：44－59.

［177］夏泽义．广西北部湾经济区产业空间结构研究［D］．西南财经大学，2011.

［178］肖英．新型工业化战略与新疆工业可持续发展［D］．新疆大学，2004.

［179］咸正芳．论中国与中亚区域合作中的制约因素及解决路径［D］．陕西师范大学，2012.

［180］肖春梅，李立叶，宋帅邦．新疆乌昌地区产业集聚水平的测度［J］．新疆财经，2014（4）：51－59.

［181］肖凤英．新疆外贸对新疆经济增长贡献的实证分析［J］．新疆财经，2006（2）：30－35.

［182］肖萍．文化与旅游产业的耦合与协同发展研究——以江苏省为例［D］．南京师范大学，2015.

［183］徐杰，段万春，张世湫．对西部地区产业布局合理化水平研究［J］．经济问题探索，2013，（5）.

［184］徐杰，段万春，张世湫．西部地区产业布局合理化水平研究——以云南省为例［J］．经济问题探索，2013（5）：94－101.

［185］徐康宁．开放经济中的产业集群与竞争力［J］．中国工业经济，2001（11）：22－27.

［186］徐力行，毕淑青．关于产业创新协同战略框架的构想［J］．山西财经大学学报，2007（4）：52－53.

［187］徐力行，高伟凯．产业创新与产业协同——基于部门间产品嵌入式创新流的系统分析［J］．中国软科学，2007（2）：132－133.

［188］徐涛．新疆阿拉尔市棉纺产业集群发展中的政府行为研究［D］．塔里木大学，2014.

［189］须同凯．中国与中亚国家经贸合作发展迅速前景看好［N］．国际商报，2007（1）.

［190］许云霞．中国新疆与中亚地区经贸合作的历程现状与前景［J］．科技经济市场，2010（4）：63－64.

［191］亚当·斯密．国富论（英文版）［M］．北京：中央编译出版社，2012.

［192］亚当·斯密．国民财富的性质和原因的研究［M］．北京：商务印书馆，1988：122－135.

［193］闫海龙，张永明．促进中国新疆与中亚经贸发展的战略思考——基于丝绸之路经济带的视角［J］．经济研究参考，2014（23）：38－41.

［194］姚勤华，潘光，余建华，等．中国与中亚国家经贸合作的发展和深化［J］．东欧中亚研究，1998（6）：75－82.

［195］杨公仆，夏大慰．产业经济学教程（修订版）［M］．上海：上海财大出版社，2002：19－47.

［196］杨江峰．启东市产业结构转型与布局重构研究［D］．南京师范大学，2012.

［197］杨水根．产业链、产业集群与产业集群竞争力内在机理探讨——以湖

南省工程机械产业集群为例［J］. 改革与战略，2011，27（3）：153－156.

［198］杨文静. 产业转移背景下湘南三市产业协同发展与区域合作研究［D］. 湘潭大学，2013.

［199］杨冶. 产业经济学导论［M］. 北京：中国人民大学出版社，1985：91－127.

［200］叶峰. 四川省三次产业协同发展研究［D］. 四川农业大学，2011.

［201］于树一. 中国与中亚国家经贸合作的特征［J］. 俄罗斯中亚东欧市场，2010（9）：30－37.

［202］贠霄. 中国新疆与哈萨克斯坦产业比较分析［D］. 新疆财经大学，2013.

［203］袁旭东. 基于产业集群视角的产业布局研究——以咸阳市为例［D］. 西北大学，2008.

［204］詹红岩. 青海省城镇产业结构调整和布局优化问题研究［J］. 青海社会科学，2013（5）：54－58.

［205］詹霞. 发展中国家外向型产业集群的升级［J］. 经营与管理，2008（11）：17－19.

［206］赵保华. 低碳经济视角下广西北部湾经济区产业结构及空间布局优化研究［D］. 广西师范学院，2011.

［207］赵东波，李英武. 中俄及中亚各国“新丝绸之路”构建的战略研究［J］. 东北亚论坛，2014（1）：106－112，127.

［208］赵菲菲. 丝绸之路经济带国内段沿线省份产业空间布局战略研究［J］. 吉林工商学院学报，2015（3）：16－20.

［209］赵华胜. “丝绸之路经济带”的关注点及切入点［J］. 新疆师范大学学报（哲学社会科学版），2014（3）：27－35，2.

［210］赵萍. 新疆与中亚贸易合作的新机遇、新问题与对策［J］. 现代经济信息，2014，（1）：128－129.

［211］赵向阁，侯宇. 河北省县域经济外向型发展的 SWOT 分析及对策探寻［J］. 农业经济，2014（4）：71－73.

［212］赵新民. “一带一路”下新疆传统纺织产业集群创新研究——以石河子为例［J］. 科技管理研究，2017（17）：156－161.

［213］赵旭. 长江三角洲区域竞争优势的架构分析［J］. 上海企业，2004（10）：36－37.

［214］张春林. 丝绸之路经济带框架下促进新疆对外开放与经济发展的建议［J］. 中国经贸导刊，2013（33）：16－19.

［215］张广荣. 中国境外经贸合作区发展政策探析［J］. 国际经济合作，

2013 (2): 40 -42.

[216] 张惠丽，王成军，金青梅．文化产业集群效应及发展路径研究 [J]. 广西社会科学，2014 (10): 183 -188.

[217] 张婧．新时期吉林省工业结构调整与空间布局研究 [D]. 东北师范大学，2008.

[218] 张胜达，敬莉．新疆收入分配、劳动力转移与产业结构变迁的动态演进关系——基于 VAR 模型的实证研究 [J]. 开发研究，2012 (4): 70 -75.

[219] 张晓波，阮建青．中国产业集群的演化与发展 [M]. 杭州：浙江大学出版社，2011.

[220] 张小梅．基于产业集群生命周期的知识创新模型研究 [J]. 知识经济，2011 (13): 9 -10.

[221] 张小平，邓晓卫，焦军彩．基于集聚效应的产业布局优化研究 [J]. 商业时代，2011: (4).

[222] 张秀生，王鹏．经济发展新常态与产业结构优化 [J]. 经济问题，2015 (4): 46 -49, 82.

[223] 张治河，黄海霞，谢忠泉，等．战略性新兴产业集群的形成机制研究——以武汉·中国光谷为例 [J]. 科学学研究，2014, 32 (1): 24 -28.

[224] 郑广坤．面向中亚五国的新疆外向型产业集群培育与优化研究 [D]. 新疆财经大学，2014.

[225] 郑鑫．基于价值工程的北京石景山区产业空间布局优化研究 [D]. 北方工业大学，2012.

[226] 中国人民大学重阳金融研究院．欧亚时代—丝绸之路经济带研究蓝皮书 2014 -2015 [M]. 北京：中国经济出版社，2014: 12 -18.

[227] 周兵，蒲勇键．产业集群的增长经济学解释 [J]. 中国软科学，2003 (5): 119 -121.

[228] 周荣荣．长三角产业结构优化调整与经济转型升级 [J]. 江苏社会科学，2012 (6): 78 -83.

[229] 周维．湘潭市产业布局优化与提升研究 [D]. 湖南师范大学，2009.

[230] 朱道才，赵双琳．产业协同、县域经济协调发展与政策选择 [J]. 兰州商学院学报，2008 (5): 93 -100.

[231] 朱金鹤，崔登峰．促进新疆与中亚国家扩大边境贸易之浅见 [J]. 现代财经（天津财经大学学报），2011 (5): 92 -97.

[232] 朱金鹤，崔登峰．新疆与中亚国家对外贸易：优势、障碍与对策研究 [J]. 新疆农垦经济，2010 (12): 35 -40.

[233] 朱彤，庞磊．经济增长、产业结构与就业结构协同效应测度分析

[J]. 产业经济评论，2015 (2)：28 -36.

[234] 朱卫平，陈林. 产业升级的内涵与模式研究——以广东产业升级为例 [J]. 经济学家，2011 (2)：60 -66.

[235] 朱显平，邹向阳. 中国 - 中亚新丝绸之路经济发展带构想 [J]. 东北亚论坛，2006，15 (5)：3 -6.

[236] 宗和. 中国与中亚经贸合作成效显著前景广阔 [J]. 中亚信息，2013 (7)：5 -7.

二、外文部分

[1] Alexander B., Tatiana K., Svetlana U. Formation of Industrial Clusters Using Method of Virtual Enterprises [J]. Procedia Economics & Finance, 2013, 5: 68 -72.

[2] Andersen E. Evolutionary Economics: Post Schumpeterian Contributions [M]. London: Macmillan Press, 1994: 122 -125. Ann Scott Tyson. Russia and China Bullying Central Asia [N]. The Washington Post. 2005 -7 -15.

[3] Arza V., Science I., Arza V., et al. SPRU Electronic Working Paper Series [J]. 2003.

[4] Barbieri E., Tommaso M. R. D., Bonnini S. Industrial development policies and performances in Southern China [J]. China Economic Review, 2012, 23 (3): 613 -625.

[5] Barro R. Government Spending in A simple model of Endogenous Growth [J]. Journal of Political Economy, 2002 (98): 217 -148.

[6] Bauer A., Alsen - Hinrichs C., Wassermann O. A cancer mortality atlas on small geopraphic scales [J]. Das Gesundheitswesen, 1999, 61 (2): 93 -100.

[7] Bortis H. Some Considerations on Structure and Change [J]. Structural Change and Economic Dynamics, 2001, 12 (2): 79 -94.

[8] Bradley O. Babson, Korea's regional economic role [J]. East Asia, 2003, 20 (4): 99 -109.

[9] Brenner T. Identification of Local Industrial Clusters in Germany [J]. Regional Studies, 2006, 40 (9): 991 -1004.

[10] Chenery S. and Syequin M. Industrialization and Growth: A Comparative Study [M]. New York: Oxford University Press, 1986: 122 -125.

[11] Cohen S. and Tully J. Growth and Equity Effects of Changing Structures in the Netherlands Simulations within A Social Accounting Matrix [J]. Economic Modelling, 1991, 8 (1): 3 -15.

[12] Combes, Duranton & Overman. Agglomeration and the adjustment of the

spatial economy-super [J]. Papers in Regional Science, 2005, 84.

[13] Cristian. Antonelli. Localized technological change, new information technology and the knowledge-based economy: the European evidence [M]. Evolutionary Economics, 1998: 177-198.

[14] Czamanski S., Ablas L. A. D. Q. Identification of Industrial Clusters and Complexes: A Comparison of Methods and Findings [J]. Urban Studies, 1979, 16 (1): 61-80.

[15] Defourny J. and Thorbecke E. Structural Path Analysis and Multiplier Framework Decomposition within a Social Accounting Matrix [J]. The Economic Journal, 1984, 94 (373): 111-136.

[16] Desrochers P., Sautet F. Cluster-Based Economic Strategy, Facilitation Policy and the Market Process [J]. The Review of Austrian Economics, 2004, 17 (2): 233-245.

[17] Dervis K. and Robinson S. General Equilibrium Models for Development Policy [M]. Cambridge: Cambridge University Press, 1982: 122-125.

[18] Dilip M. and Anthony S. A Decomposition Analysis the Trend Income Inequality [J]. The Economic, 1986 (368): 886-902.

[19] Falck O., Heblich S, Kipar S. Industrial innovation: Direct evidence from a cluster-oriented policy [J]. Regional Science & Urban Economics, 2010, 40 (6): 574-582.

[20] Feder G. On Exports and Economic Growth [J]. Journal of Development Economics, 1983, 12 (1): 59-73.

[21] Friedman J. A general theory of polarized development [M]. Los Angeles: UCLA Press, 1969: 122-125.

[22] Friedman J. and Alonso W. Regional development and planning [M]. Cambridge: MIT Press, 1964: 122-125.

[23] Friedman J. Two concepts of Urbanization [J]. Urban Affairs Quarterly, 1996 (1): 78-84.

[24] Friedrich, Carl J. Alfred Weber's theory of the location of industries. [M]. The University of Chicago Press, 1929.

[25] Garcia T. and Therese J. Do Inter regional Transfers of Improved the Economic Performance of Poor Regions? [J]. The Case Spain, 1996 (7): 157-181.

[26] Giuliani E., Pietrobelli C, Rabellotti R. Upgrading in Global Value Chains: Lessons from Latin American Clusters [J]. World Development, 2004, 33 (4): 549-573.

[27] Henderson J. V., Kuncoro A., Turner M. Industrial Development in Cities [C]. National Bureau of Economic Research, Inc, 1995: 1067-1090.

[28] Jensen - Butler C., Engelstoft S., Smith I., et al. The economics of industrial clusters and an examination of their performance in denmark [J]. China Medical Herald, 2009.

[29] Joule K. Four Ecosystem Principles for an Industrial Ecosystem [J]. Journal of Cleaner Production, 2001 (9): 253-259.

[30] Justin Lin, Gewei Wang, Yaohui Zhao. Regional Inequality and Labor Transfers in China [J]. Economic Development and Cultural Change, 2004 (3): 587-603.

[31] Korhonen J. Four ecosystem principles for an industrial ecosystem [J]. Journal of Cleaner Production, 2001, 9 (3): 253-259.

[32] Krugman P. First nature, second nature, and metropolitan location [J]. Journal of Regional Science, 1993, 33 (2): 129-144.

[33] Krugman, P. R. Increasing returns, monopolistic competition and international trade [J]. Journal of International Economics, 1979, (9).

[34] Laura B., J. Qian, R. Watson. Chinese Cities at a Crossroads: The Need for Smart Growth [R]. The Report of Natural Resources Defense Council, 2004Harmann. Haken. Synergetics - Anintroduetion [M]. Sprenger, Berlin, 1997.

[35] Les Oxley. Cointegration, causality and export-led growth in Portugal, 1865~1985 [J]. Economics Letters, 1993, 43 (2): 163-166.

[36] Lop M. and Manresa A. Income Distribution in a Regional Economy: A SAM Model [J]. Journal of Policy Modeling. 2004, 26 (6): 689-702.

[37] Machado G., Schaeffer R, Worrell E. Energy and carbon embodied iu the international trade of Brazil: an input-output approach [J]. Ecological Economic, 2001 (39): 409-424.

[38] Marius Brülhart, Federica Sbergami. Agglomeration and growth: Cross-country evidence [J]. Journal of Urban Economics, 2009, 65 (1): 48-63.

[39] Markusen A. Sticky Places in Slippery Space: A Typology of Industrial Districts [J]. Economic Geography, 1996, 72 (3): 293-313.

[40] Martha Brill Olcott. Taking Stock of Central Asia [J]. Journal of International Affairs, 2003.

[41] Martha Brill Olcott. The Great Powers in Central Asia [J]. Current History, 2005 (12).

[42] Martin P., Ottaviano G I P. Growth and Agglomeration [J]. International Economic Review, 2001, 42 (4): 947-968.

[43] Martin R., Sunley P. Deconstructing clusters: chaotic concept or policy panacea? [J]. Journal of Economic Geography, 2003, 3 (1): 5 -35 (31).

[44] Marshall A. Principles of Economics [M]. London: Macmillan Press, 1920: 21 -81.

[45] Mccann P., Arita T., Gordon I R. Industrial clusters, transactions costs and the institutional determinants of MNE location behaviour [J]. International Business Review, 2002, 11 (6): 647 -663.

[46] Michael. Porter. Industrial Organization and the Evolution of Concepts for strategic Planning: The New Learning [J]. Managerial and Economica, 1983, (3): 114 -115.

[47] Mongelli I., Tassielli G., Notarnicola B. Global warning agreement, international trade and energy/carbon embodiments: an input-output approach to the Italian case [J]. Energy Policy, 2006 (34): 88 -100.

[48] Nicholas Gill. Howdoes trade affect regional disparities [J]. World development, 2006 (7): 1201 - 1222.

[49] Nicklas Norling. China's Role in Central Asia. Soft and Hard Power [J]. Global, 2007.

[50] Norman Friedman. Terrorism, Afghanistan and America's New Way of War [M]. U. S. Naval Institute Press, 2003.

[51] Norman V. D., Venables A J. Industrial Clusters: Equilibrium, Welfare and Policy [J]. Economica, 2004, 71 (284): 543 -558.

[52] Paul Krugman. Increasing Returns and Economic Geography [J]. Journal of Political Economy, 1991 (3): 76 -94.

[53] Pauline Jones Luong, Erika Weinthal. New Friends, New Fears in Central Asia [J]. Foreign Affairs, 2002, 81 (2): 61.

[54] Pauline Jones Luong. Institutional Change and Political Continuity in Post - Soviet Central Asia: Power, Perceptions and Pacts [M]. Cambridge University Press, 2002.

[55] Pauline Jones Luong. The Middle Easternization of Central Asia [J]. Current History, 2003 (12).

[56] PolAntras and Elhanan Helpman. Global Sourcing [J]. Journal of Political Economy, 2004 (3): 552 - 580. Porter M. Clusters and new economics competition [J]. Harvard Business Review, 1998 (11): 138 -161.

[57] Porter M. E. Location, Competition, and Economic Development: Local Clusters in a Global Economy [J]. Social Science Electronic Publishing, 2000, 14

(1): 15 – 34.

[58] Porter M. E. The Competitive Advantage of Nations. New York, The Free Press [J]. Competitive Intelligence Review, 1990, 1 (1): 427.

[59] Qu Tao, Green M. Chinese Foreign Investment – A Subnational Perspective on Location [M]. New York: Oxford University Press, 1998: 122 – 125.

[60] Ramakant Dwivedi. China's Central Asia Policy in Recent Times [J]. The China and Eurasia Forum Quarterly, 2006 (4).

[61] Richard Weitz. Averting a New Great Game in Central Asia [J]. The Washington Quarterly, 2006 (2).

[62] Robert. D. Buzzell. Strategy and Performance: PIMS Principle [M]. New-York: Free Press, 1987: 102 – 180.

[63] Roy Alliso. Strategic Reassertion in Russia's Central Asia Policy [J]. International Affairs, 2004 (2).

[64] Sebastien Peyrouse. Central Asia's Growing Partnership with China [N]. EUCAM Working Paper, 2009 – 10 – 4.

[65] S. Frederick Starr. Making Eurasia Stable [J]. Foreign Affairs, 1996 (2).

[66] S. Frederick Star. Silk Road to Success [J]. The National Interest, 2005 (12).

[67] Smith A. An Inquiry into the Nature and Causes of the Wealth of Nations [J]. Journal of the Early Republic, 2015, 35 (1): 1 – 23.

[68] D. Peacute; rez – Ramiacute; rez, R. J. Nemirolf and J. B. Rafert. Stelder. Where do cities form? A Geographical Agglomeration Model for Europe [J]. Journal of Regional Science. 2006, 46 (3): 602 – 603.

[69] Nils Stieglitz, Industry Dynamics and Types of Market Covergence: Industrial Dynamics of the New and Old Economy – Who is embracing Whom? [J]. Druid Summet Conference, 2002: 342 – 350.

[70] Van Grunsven L. Clusters and Economic Growth in Asia [J]. Journal of Southeast Asian Economies, 2015, 32.

[71] Vernon R. International investment and international trade in the product cycle [J]. Quarterly Journal of Economics, 1996, 80: 190 – 207.

[72] Weber A. The Theory of the Location of Industries [M]. Chicago: Chicago University Press, 1929: 50 – 92.

[73] Zhang Y. , Zheng X. , Liang C. , et al. The Development Strategy for Industrial Clusters in Qingdao [J]. Energy Procedia, 2011, 5: 1355 – 1359.

后　记

丝绸之路经济带的建设有利于沿线国家充分实现资源互补，机遇共享，共同进步与繁荣。新丝绸之路经济带不仅仅是传统意义上的贸易通道经济带，更重要的在于其实体经济层面上的产业带、产业链和价值链。经济带沿线国家要素禀赋不同，发展水平各异，决定了沿线国家在资源禀赋、技术层次、劳动力供给、经济实力、市场容量等方面优势不同，经济结构差异性和互补性强，具备开展产业分工合作的深厚基础。丝绸之路经济带的提出也为我国新疆参与中亚地区的合作提供良好的契机，新疆作为我国通往欧亚的桥头堡，在丝绸之路经济带建设中具有举足轻重的地位，凭借明显的区位和资源禀赋优势，成为我国向西高度开放的关键。基于此，研究丝绸之路经济带背景下新疆产业发展问题，理性分析我国新疆与丝绸之路沿线国家产业合作面临的机遇和挑战，进而提出应对策略，对发挥新疆在丝绸之路经济带建设中的核心区地位，构建面向国际市场的产业体系，从而增强新疆产业国际竞争力，提升产业经济实力，实现新疆与丝绸之路沿线国家产业协调发展及深层次合作，促进新疆经济的跨越式发展具有重要意义。作为长期研究新疆经济发展问题的经济学教学与研究学者，很荣幸能对此问题进行研究。希望自己的研究成果能够让更多的学者关注新疆产业发展问题，为实现新疆产业在国际市场中高质量、高效率的发展提供更多的帮助。

本书是我们关注研究丝绸之路经济带背景下新疆产业发展问题所取得的一些阶段性研究成果。在研究过程中，由本人主持并提出研究思路，设计总体研究方案，确定研究框架，带领团队成员进行实地调查研究，并讨论确定各章的写作内容，最后对全书各章节进行调整、补充、修改并定稿。许晓莹、王磊、张凤丽协助拟定调研方案，协调课题调研，收集相关资料，参加书稿的整理、写作和修改工作。课题组成员靳亚珍、李津津、李梦洁、樊晶磊、李永翠也对本书的写作提供了帮助。在完成本书写作的过程中，我们深入新疆各地进行实地调研，由于丝绸之路经济带沿线涉及国家众多，且与研究相关的部分产业资料、数据未公开发布，收集过程非常不易。本书的资料收集和调研得到了自治区商务厅、自治区统计局、乌鲁木齐海关等有关部门和领导的大力支持和协作。此外，本书的付梓还要感谢为调研提供热情帮助的各地州市的相关部门领导、企业和有关人员。同时，在本书的写作过程中，我们参考了大量文献，也向这些文献的作者表示深深的谢意。

丝绸之路经济带背景下新疆产业发展问题，既是理论界研究的热点问题，又是新疆经济社会发展中的现实重大问题。随着丝绸之路经济带建设进程的不断推进以及新疆经济的不断发展，我们的研究也将会更加全面深入。虽然作者为本书的完成做了大量工作，但本书还可能存在一些缺陷和不足，欢迎各位专家和读者批评指正。

龚新蜀

2019 年 2 月 20 日